公共资源管理

GONGGONGZIYUANGUANLI

黄新华 等 | 著

光明日报出版社

图书在版编目（CIP）数据

公共资源管理 / 黄新华等著 . -- 北京：光明日报
出版社，2022.8

ISBN 978 - 7 - 5194 - 6721 - 0

Ⅰ.①公⋯ Ⅱ.①黄⋯ Ⅲ.①资源管理 Ⅳ.
①F205

中国版本图书馆 CIP 数据核字（2022）第 132791 号

公共资源管理

GONGGONG ZIYUAN GUANLI

著　者：黄新华等			
责任编辑：刘兴华		责任校对：陈永娟	
封面设计：中联华文		责任印制：曹　净	

出版发行：光明日报出版社

地　　址：北京市西城区永安路 106 号，100050

电　　话：010-63169890（咨询），010-63131930（邮购）

传　　真：010-63131930

网　　址：http://book.gmw.cn

E - mail：gmrbcbs@gmw.cn

法律顾问：北京市兰台律师事务所龚柳方律师

印　　刷：三河市华东印刷有限公司

装　　订：三河市华东印刷有限公司

本书如有破损、缺页、装订错误，请与本社联系调换，电话：010-63131930

开　　本：170mm×240mm

字　　数：332 千字　　　　　　　　印　　张：18.5

版　　次：2022 年 8 月第 1 版　　　　印　　次：2022 年 8 月第 1 次印刷

书　　号：ISBN 978 - 7 - 5194 - 6721 - 0

定　　价：85.00 元

目　录
CONTENTS

第一章

绪　论

公共资源具有稀缺性。党的十八大以来，公共资源管理成为国家和政府部门深化改革的重要领域。为加强公共资源管理，保证资源供给的协调和可持续性，国家和地方层面制定和出台众多关于公共资源管理的办法，一系列改革措施强化了公共资源管理的制度约束，优化了公共资源的合理配置，提高了公共资源的管理效率，进一步满足了社会需求。但是，公共资源管理仍存在许多问题。在制度建设层面，公共资源管理的法规政策滞后于现实的需求，资源种类及相关产权模糊不清。在制度实施层面，公共资源管理过程存在复杂的利益冲突和职责纠纷，相关激励与约束机制不够健全。从管理效果来看，市场化配置程度有待提高、信息公开有待完善、平台建设有待加强。进一步推动公共资源管理改革，创新公共资源供给，是实现公共资源可持续发展和经济社会高质量发展的必由之路。但是公共资源有别于私人资源，深化公共资源管理改革，管好公共资源是一个重大的理论和实践问题。本章阐明公共资源管理的研究意义、研究方法与研究述评，讨论公共资源管理研究的理论价值和实践价值，介绍研究所采取的具体方法，梳理国内外公共资源管理的研究成果。

一、研究意义

改革开放以来，经过 40 余年快速的经济发展，我国日益面临着人口、经济和社会发展对公共资源可持续发展的依赖。尤其是进入 21 世纪以来，人口结构的转变、产业结构的转型与升级、经济社会的快速发展，对我国公共资源管理提出了新的要求和挑战。但是，由于公共资源管理牵扯范围广、涉及领域多，一直以来是公共管理与公共政策的一大难题。随着公共资源的开发与利用的深度以及广度的增加，在进行公共资源的开发、利用过程中出现各种各样的问题，成为影响社会和谐的一个重要因素。对公共资源进行合理、规范、有效的管理成为国家经济社会发展的一个必然趋势，也是新发展阶段构建高水平社会主义市场经济的必然要求。

（一）理论意义

一是界定公共资源范围，厘清公共资源的基本范畴。公共资源可分为自然性资源、行政性资源和资产性资源，改革开放以来，新的公共资源加速形成与旧的公共资源的使用消耗并存，界定公共资源的范围，有助于按照分类管理的原则，制定公共资源分类管理的目录清单，从而提高公共资源的利用效率。

二是分析公共资源管理现状，促进公共资源优化配置。通过对公共资源管理现状的深入分析，厘清公共资源管理的进展与不足，以政府公共服务职能为核心，把公共资源管理受托责任和财政管理受托责任相结合，将公共资源管理运营纳入公共财政"大循环"，阐明公共资源管理配置的内在机理，从而提高公共资源配置与运行效率。

三是探究公共资源管理模式，推动公共资源配置改革。公共资源管理不仅需要遵从经济管理规律的指导，还需要努力探索与公共管理体制相适应的实践基础。通过系统探究公共资源的配置模式，对公共资源的政府配置、市场配置、社会（社区）配置和多元共治模式的治理结构、运作流程、优势与劣势等进行分析和对比研究，有助于为公共资源管理改革提供理论指导。

（二）实践意义

一是改革管理模式，提升公共资源管理效能。按照再造管理流程、提高管理绩效、优化配置格局的原则，从登记、管理、维护、经营等多个环节入手，探讨改革公共资源管理与配置的方式，兼顾经济效益、社会效益和居民福利，提升公共资源的管理水平与配置效能。

二是增强地方财政实力，缓解城市公共资源建设和维护的资金问题。通过公共资源管理的优化配置，盘活公共资源，尤其是可经营性公共资源，探究公共资源的合理定价机制，有助于缓解公共资源的建设与维护面临的财政资金问题。通过公共资源的合理运营，依靠运营收益反哺城市公共资源建设投入，推动城市化发展，缓解公共资源需求量大与资金投入短缺之间的矛盾。

三是提高城市综合竞争力，为城市发展提供可持续的公共资源。研究公共资源管理，促进公共资源的合理开发与利用，构建符合经济发展需求的公共资源配置模式，树立"大资源、大循环、大战略"的宏观格局，有助于提升城市的综合竞争力，为建设资源节约型、环境友好型、创新驱动型、文化交融型、社会和美型的城市提供可持续的公共资源支撑。

二、研究方法

为从理论与实践的层面深入探究公共资源管理问题，本书采用的主要研究方法包括四种。

（一）文献研究法

通过 Web of Science、JSTOR、Wiley、CNKI、谷歌学术、百度学术等网络平台查阅有关公共资源管理的文献资料，对国内外文献进行梳理，准确把握公共资源管理与配置理论研究的学科分布、新进展、新观点与新方法，从而掌握公共资源管理的理论发展路径。此外，通过政府网站、报纸杂志、会议报告等相关文献资料和统计资料收集、整理各地区公共资源管理的法律规章文本、政策文件、调研报告、领导人讲话、批示与著作等文献资料，对其内容进行研究和分类，梳理出我国公共资源管理的实践进展。

（二）案例研究法

采取单案例研究与多案例研究相结合的方法。多案例研究主要通过观察不同地区公共资源管理的基本情况、改革措施以及政策效果，总结和提炼公共资源管理的一般性实践经验。单案例研究主要通过选择具有代表性的个案（厦门）作为研究对象，因为在中国投资协会创新投融资专业委员会、新华社《环球》杂志、中国人民大学生态金融研究中心和第三方绿色评级机构联合出品的《走向绿色生态大国——2020 中国绿色城市指数 TOP50 报告》中，厦门以 94.8 的绿色指数在生态环境部重点监测的 169 个城市当中摘得桂冠。通过对厦门市公共资源管理案例进行深入剖析与思考，有助于总结与吸取公共资源管理与配置的有益经验。

（三）实地研究法

深入公共资源管理实践的制度、文化、习俗情境，围绕公共资源分布的重点领域、管理方式、管理结果等内容，对相关管理部门进行调研，具体通过与职能部门负责人和工作人员开展座谈、深度访谈、问卷调查等方法，充分了解公共资源管理与配置的现状。此外，综合公共资源管理相关核心利益主体的迫切诉求，分析当前公共资源管理模式存在的主要问题。在此基础上融合理论与实践，探讨公共资源管理的有效策略，提出公共资源管理创新的核心要素。

（四）系统分析方法

本书的核心问题是"如何管理好公共资源"，研究目标是探讨如何创新公共资源治理模式并构建适应性的公共资源管理机制，这需要从整体上分析公共资源管理的理论与实践脉络、现实困境以及系统的治理机制完善路径。本研究遵循系统分析的逻辑思路和方法，从理论困境和实践问题两条路径揭示公共资源管理存在的不足，在总结实践经验的基础上，从制度规则、交易平台、产权市场、主体网络以及配套改革等不同角度，构建公共资源管理的治理模式和治理机制。

三、研究综述

（一）公共资源管理的基础理论研究

1. 集体行动困境的理论溯源

公共资源理论的研究从一定程度上来说是在公共物品的概念下展开的。公共物品（public goods）最初始于经济学家对社会物品进行划分。为便于经济学研究，经济学家将区别于私人物品的其他物品称为公共物品。保罗·A. 萨缪尔森（Paul A. Samuelson）在《公共支出的纯理论》中提出公共物品理论，公共物品是指"每个人对这种物品的消费，都不会导致其他人对该物品消费的减少"①的物品，具有消费的非排他性和非竞争性的特征。非排他性（non-rivalness）指的是：当某种物品生产完成并投入使用后，单一个人的消费无法排除其他人也有同时消费这一产品的可能性，并且在一定条件下你无法拒绝消费这一产品。非竞争性（non-excludability）通常是指：当某种物品生产完成并投入使用后，消费者的增加不会影响其他消费者对此物品所要进行继续消费的数量或质量，此种情况下发生任意增加的消费者其所承担的边际成本趋近于零，比如，我们通常所提的"搭便车"行为。萨缪尔森认为在公共物品中，公共物品在个人之间是不可分的，其中任何一个消费者都能够支配公共物品，也就是说我们可以将公共物品中的个人消费等价于集体消费。而私人物品在个人间具有明确区分度，物品的总量等于每一个消费者对这种物品的消费（拥有）数量之和。萨缪尔森遵循新古典经济学框架的"供给—需求"模式，运用数理方法建立了共享资源供给与支出的标准集体行动模型，通过公共资源供求曲线与比较静态分析，论证了由于存在"搭便车"行为导致公共资源供给不足现象的大量存在。

关于公共资源治理过程中的集体行动困境，其核心问题同样是理性个体在集体行动中的"搭便车"问题。对这一困境最经典的模型描述包括"公地悲剧""囚徒困境"以及"集体行动逻辑"：自从哈丁（Garrit Hadin）提出了"公地悲剧"模型以来，如何有效管理公共资源的问题便成为学界讨论的热点；罗宾·M. 戴维斯（Robyn M. Dawes）围绕"公地悲剧"问题，从博弈论角度将公共资源管理问题阐释为"囚徒困境"模型；② 曼瑟尔·奥尔森（Mancur Olson）

---

① SAMUELSON P A . The Pure Theory of Public Expenditure ［J］. Review of Economics & Statistics, 1954, 36（4）: 387-389.

② DAWES R M. The Commons Dilemma Games: An N Person Mixed-Motive Games with a Dominating Strategy for Defection ［R/OL］. ORI Research Bulletin, 1973（13）: 1-12.

以个体追求自身利益最大化为出发点，提出个人理性与集体理性的矛盾，并主张用集体行动逻辑理论化解社会集体行动的困境。这三种模型运用不同的分析方法和推演逻辑描述了个人在面对集体利益时所遵循的行为机理。

（1）"公地悲剧"

哈丁在《科学》杂志上发表了论文"公地悲剧"，他设想了一个"对所有人开放"的牧场，对于理性的放牧人而言，每个放牧人都从自己的牲畜中得到直接收益，当其他人在牧场上过度放牧时，每个放牧人都会因公共牧场退化而承担相应的成本。因此，每个放牧人都有增加越来越多的牲畜的动力，因为他将从自己的牲畜上得到直接收益，承担的只是由过度放牧所造成损失的一部分①。这是理性人追求自身利益进行理性选择的必然结果。由此得出的结论是，在公共资源有限的情况下，个人会在利益驱使下尽可能增加畜牧，使公共利益让位于个体利益，将个人使用公共资源产生的成本转嫁给所有公共资源使用者，以追求自身利益最大化，最终导致公共资源加速耗竭和共同毁灭的"公地悲剧"。

造成"公地悲剧"的主要原因在于公共资源的产权界定不清晰，理性人在个人利益的驱使下追求使个人边际收益大于边际成本，最大限度地使用公共资源，造成国有资产管理等领域的社会边际成本大于个人边际成本。"公地悲剧"推理模型证明，如果不加节制地容许人们共同使用一种稀缺性的公共资源，必然会导致公共资源加速耗竭与浪费。为了应对公共资源管理领域的"公地悲剧"困境，哈丁提出要建立明确产权制度并保证其能够有效实施，同时政府部门要对公共资源的准入资格和利用条件进行直接的干预或管制，从而对公共资源使用加以限制和规范。奥斯特罗姆则将"公地悲剧"问题归因于政府处理公共资源问题时做出的不当假设：一是使用公共资源的群体局限于追求短期利益最大化，忽视能够促进长期共同利益的战略合作；二是强调若没有政府的解决方案，追求短期利益最大化群体将处于陷阱之中，难以解脱；三是忽略追求利益最大化群体可能制定的各项制度，很少思考如何借助于这些制度与安排来帮助人们获得更多的信息，降低交易成本。因此要借助政府制度安排和私有化制度安排促进公共资源使用者之间的战略合作，实现群体长期利益最大化以及公共资源管理的可持续。

（2）"囚徒困境"

"囚徒困境"描述了这样一种情况："两名犯罪嫌疑人被带到拘留所分别看

---

① HARDIN G. The Tragedy of the Commons [J]. Science, 1968 (162): 1243-1248.

管，地方检察官确信他们犯有某种罪，但是没有足够的证据在审判中证明他们有罪。如果两名囚犯都不认罪，地方检察官将编造一些非常小的罪名或非法持有武器控告他们，他们会受到轻微的处罚；如果两人都承认了，就会被起诉，但检察官会建议不给他们最严厉的惩罚；但是如果一个人承认，另一个人不承认，承认的会受到宽大处理，而不承认的则会加重罪名"。戴维斯认为博弈存在唯一占优战略并非帕累托最优（合作，合作），而是次优策略组合的纳什均衡（不合作，不合作），它是个体理性条件下的稳定均衡结构。① "囚徒困境"揭示的是两个被捕的囚徒之间的一种特殊博弈，说明为什么在合作对双方都有利时，保持合作也是困难的。"囚徒困境"是博弈论的非零和博弈中具有代表性的例子，其本质告诉我们为什么我们要保持合作、互不背叛。

"公地悲剧"博弈就是"囚徒困境"博弈在公共资源领域的具体应用，"囚徒困境"的博弈结果就是"公地悲剧"的结局。囚徒困境博弈模型反映了在公共资源管理中的情景为，公共资源使用者由于无法判断他人的选择结果，会出现三种选择方案：第一种情况是假设放牧人双方选择"合作"策略，各自控制牲畜数量，公共牧场资源将得到合理利用与有效保护，每人将获得收益；第二种情况是如果放牧人一方选择"合作"策略，另一方选择"背叛"策略，那么背叛方将获得收益，而合作方将遭受净损失；第三种情况是如果双方都选择"背叛"策略，不考虑公共草场的承载能力，为获得自身利益而不断扩大放牧规模，牧场公共资源将会耗竭，双方所获得的收益均为零。而公共资源使用者只能根据自身利益最大化选择背叛的策略，尽可能地增加对公共资源的消费，扩大自己的收益，最终导致的结果是公共资源并非帕累托意义上的最优结局。它体现了个人理性与集体理性之间的冲突，也就是说个人理性策略会导致集体非理性的悖论结局。对于公共资源来说，在没有约束的情况下，单个消费者自身利益最大化的倾向，往往造成公共资源的破坏。如果畜牧人在博弈过程中自发建立相关管理制度积极达成公共资源利用、合作协议，就能够降低交易成本、建立信任，进而保证公共牧场资源的可持续利用。由此可见，囚徒困境模型很好地解释了为什么实践中有些公共资源由于使用者之间难以合作而导致治理失败，而有些公共资源由于使用者之间自发建立合作关系最终得到有效治理，从而避免了"公地悲剧"的发生。

---

① DAWES R M. The Commons Dilemma Games：An N Person Mixed-Motive Games with a Dominating Strategy for Defection［R/OL］. ORI Research Bulletin，1973（13）：1-12.

（3）"集体行动逻辑"

传统的集团理论认为，只要具有共同利益的个人便会自愿地为促进他们的共同利益而行动。奥尔森则指出，个人的理性并不是实现集体理性的充分条件，解决公共资源管理问题的核心是解决"搭便车"问题，[①] 而"搭便车"这种机会主义行为的出现又与利用公共资源的群体有关：集体规模越大，个体"搭便车"的动机越强烈，因为此时其机会主义行为难以被发现。当个体选择"搭便车"后，自己只承担了全部成本的 $1/N$（N 为群体人数），所获得的收益却远高于其分摊的成本。成员是否会为集体利益行动取决于成本与收益的比较，即加入集体的效用高于"搭便车"的效用。只有当一个群体中个体数少到一定程度或者存在着强制性手段时，才能促使或者约束个体为群体的共同利益而做出贡献。否则，一个理性的、追求自身利益最大化的个体通常不会为实现他们群体的共同利益而付出自身的努力。所以说在公共资源的消费中，如果缺乏制度和规则的约束，作为理性的个人会很自然地选择"搭便车"而坐享其成，而不是自愿地为促进集体的公共利益或实现公共资源的可持续存在而付诸行动。因此，为激励个体为促进集体利益而付出行动，对大团体应当采取"选择性诱因"手段，激励个人为集体做贡献或者惩罚"搭便车"的行为。选择性诱因是一种激励机制，可能是惩罚性的，也可能是奖励性的；可能是经济的，也可能是社会的，目的都在于激励成员为集体目标而行动。

尽管三种模型运用不同的推理逻辑和方法，相互之间却具有紧密的联系。首先，三个经典模型都假定：集体中的个体是完全理性的经济人角色。个体在集体行动中会遵循理性经济人的行动逻辑，选择有利于实现个体利益最大化的行动策略——尽可能逃避集体行动参与成本的分担。任何时候，一个人只要不被排斥在分享由他人努力所带来的利益之外，就没有动力为共同的利益做贡献，而只会选择做一个"搭便车"者。如果所有的参与人都要选择"搭便车"，就不会产生集体利益。因此，理性个体在集体行动中，面对逃避参与成本分担的机会主义诱惑时，会倾向于选择使个体利益最大化的搭便车策略，那么，集体的合作就无法达成，集体利益就无法供给，公共事物的治理就将无法避免陷入集体行动的困境中，从而无法实现有效的治理。其次，三种模型本质上均反映了公共资源主体之间的博弈矛盾。"公地悲剧"反映的是使用公共资源的个体之间的博弈。在有限公共资源的分配中，一方多，另一方就必然会少，这是"零

---

① 奥尔森. 集体行动的逻辑［M］. 陈郁，郭宇峰，李崇新，译. 上海：上海人民出版社，1995：41-42.

和博弈"。"囚徒困境"实质上是完全信息下的非合作博弈状态。在博弈规则和博弈结果都已知的情况下，每个人拒绝合作，导致个人利益和集体利益双重受损。集体行动逻辑理论中，排他性集体利益的分配体现的是零和博弈，相容性集体利益的分配体现的是正和博弈。大集团成员的"搭便车"行为和"选择性诱因"手段，都体现了成员之间围绕利益而进行的博弈。再次，三种模型都揭示了个人与集体理性的冲突。个人理性与集体理性的冲突四种理论都反映了个人理性与集体理性的冲突。"公地悲剧"论述了个人为追求自身利益，最大限度地使用公共资源，最终实现了自身利益最大化，但造成了公共资源被过度使用的问题。"公地悲剧"状态下，每个囚徒都知道最佳策略组合，且个人的策略选择所带来的损益受其他人策略选择的影响，但每个囚徒都从自身利益最大化角度考虑，导致最终的策略组合是次优的，不仅损害了集体利益，而且损害了个人利益。当个人的边际效益小于边际成本时，个人不会为集体利益而行动。选择性诱因手段正是通过将个人利益与集体利益联系在一起，消除了个人理性与集体理性的冲突。公共资源的治理问题实质上是由个人理性与集体理性的冲突造成的。最后，三种模型对公共资源的分析均将产权问题贯穿其中。"公地悲剧"由于没有明确的产权边界，每个人都有所有权但没有排他权，从而导致公共资源被过度利用。"公地悲剧"和奥尔森的"集体行动逻辑"并未直接涉及产权问题，但解决这些问题的方式可从产权入手，因为产权本身就是一种激励方式，对人们的行为有引导作用。

总之，在公共资源管理、公共事物治理以及公共物品供给问题上，由于集体行动所产出的集体收益（公共品）的外部性和非排他性特征，只要集体收益成功供给，不管他是否为这个集体收益的产出参与了集体行动付出了参与成本，任何一个个体都不可能排除在集体收益的分享外。由于集体收益的产出与否具有不确定性，集体中的单个个体是否参与集体行动，对集体收益的产出不起决定作用；而集体收益一经产出，集体中的每个个体均能分享收益具有确定性，参与了集体行动的个体必为此付出参与成本也具确定性；如此情境下，由于分享收益具有确定性，那么对个体而言，分担集体行动的参与成本就成为一种损失。归根结底，解决公共资源管理困境，实际上就是一个集体行动的制度安排和治理模式选择问题，即如何使得理性的个人独立行动通过恰当的制度安排转化为集体行动，实现帕累托最优。

2. 公共资源管理的政策性理论

"公地悲剧""囚徒困境""集体行动逻辑"三个模型所反映的观点说明了以下两个问题：一是作为公共资源，由于其存在消费的非排他性和消费边际成本为零的特性，出于个人利益最大化考虑，往往造成公共资源的破坏。二是对于公共资源管理来说，单纯地依靠个人理性和由共同利益而产生的集体行动，是无法解决公共资源的管理问题的，也无法达到资源配置的最高效率。由此，学术界对公共资源的管理方式进行了讨论。① 针对集体行动困境问题的解释性政策方案，现有竞争理论中学界公认较有解释力的："利维坦"式的政府规制、产权私有化的市场化管理、新制度主义的自主治理以及以社会资本为基础的网络治理。

（1）政府规制

公共资源的政府规制理论都认可政府控制的政策安排，戴维德·W. 艾伦菲尔德（David W. Ehrenfeld）提出"如果人们不能期待私人拥有维护公共资源的兴趣，那么就需要由公共机构、政府或国际权威来实行外部管制"②。如威廉·奥普尔斯（William Ophuls）也曾总结说"我们只有悲剧性地把利维坦作为唯一手段时，才可能避免'公地悲剧'"。③ 换言之，"没有公共控制，'公地悲剧'必然发生，如果经济效率来源于公共财产资源的开发，那就要求对公共财产资源实行公共控制"。④ 政府是公共资源管理的重要主体，发挥着积极的作用。当人们在面临公共资源悲剧问题与集体行动难题时，往往最先想到的是具有强制权威的政府。

庇古从福利经济学的角度系统研究外部性问题，并将外部性概念化为私人边际成本（收益）与社会边际成本（收益）之间的差异，其目的是要通过确认这种差异从而消除这种差异，以最大化社会福利。庇古给出的外部性"解药"是：既然依靠自由竞争会出现外部性，导致市场失灵，就应通过国家干预来纠正外部性所造成的市场失灵。按照庇古的思路，为了实现帕累托最优，国家必须越出传统上规定的边界，利用国家拥有的征税权力，对那些制造外部影响的企业和个人征收一个相当于私人与社会边际成本差额的税收或者给予同等数量的补贴，使企业和个人自动按照效率标准提供最优产量。庇古税在各国得到广泛的应用，最为典型的就是环境经济政策中的环境税。环境税的原理就是把治理环境的社会成本内化为污染者的私人成本，从而消除环境污染行为的外部性。

① 公共资源管理的一般方式在第三章中会进行系统探讨。
② EHRENFELD D W. Conserving Life on Earth ［M］. London：Oxford University Press，1972：322.
③ OPHULS W. Leviathan or oblivion ［J］. Toward a steady state economy，1973（14）：219.
④ CARRUTHER I，STONER R. Economics aspects and policy issues in groundwater development ［M］. Washington DC：World Bank，1981：496.

政府向造成环境污染的负外部性的企业征税，以便使私人成本和治理污染所需要的社会成本相等；相对应地，当出现保护环境的正外部性行为时，政府则使用补贴的办法以取得较大产出。环境税包括对污染企业或者污染物所征收的税，或对投资于防治污染和环境保护的纳税人给予的减免。最优庇古税应该等于边际社会成本和边际私人成本之间的差距，即减排一单位环境污染所带来的社会成本，也就是边际减排成本，恰好等于一单位环境污染减排改善环境质量所带来的边际社会收益。

"利维坦"是托马斯·霍布斯（Thomas Hobbes）提出的解决集体行动困境的经典方案，强调强制的第三方监督执行。霍布斯在《利维坦》中从人性的角度阐述了人性如何导致人类无法和平相处后，提出保证人类安定生活的唯一方法——建立"使大家畏服、并指导其行动以谋求共同利益的共同权力"，"把大家所有的权力和力量付托给某一个人或者一个能通过多数的意见把大家的意志化为一个意志的多人组成的集体"①，因为只有共同权力才能迫使群体意见统一，抵抗内忧外患，保障人民的安定生活。所以霍布斯主张每个个体通过签订契约的方法将自我管理的权力让渡给第三方（国家），成为它的臣民，服从于它；第三方则以武力等暴力机器为后盾通过强制监督执行的方式，行使共同权力为大家提供公共安全秩序，这种共同权力是一种绝对的不受制约的权力，它迫使人们必须服从公权力的强制统治。

上述理论为增强中央政府对公共资源实行集中控制和管理的政策提供了理论支持。在单纯的政府治理模式中，由中央和地方政府集中控制和管理公共资源是治理的唯一途径，需要处理好中央政府与地方政府的关系、政府内部各职能部门之间的职能协调。政府一般通过制定法律法规、税收、颁布命令、制定政策等进行制度供给，然后通过借助官僚机构建立一个科层制的组织机构来负责有关执法与监管事务。这种模式保证了约束条件的一致性和执行的外在强制力，理想状态下能够避免"公地悲剧"的发生。即如埃莉诺·奥斯特罗姆（Elinor Ostrom）所分析的那样，这是以政府拥有对称的信息、监督得力、制裁及时有效以及极低的行政成本为前提条件的。②

政府管理公共资源的方式主要分为三大类。第一，通过强制性的公共权力，如通过禁止权和处罚权处罚各种滥用公共资源的行为，通过征税权来引导生产

---

① 霍布斯．利维坦［M］．黎思复，黎廷弼，译．北京：商务印书馆，1985：137.

② 奥斯特罗姆．公共事物的治理之道——集体行动制度的演进［M］．余逊达，陈旭东，译．上海：上海译文出版社，2012：24.

和消费，强化对公共资源的保护；第二，通过建立完善的公共资源保护体系，在一定程度上解决信息不充分、逆向选择和"搭便车"所提高的交易费用，减少不必要的摩擦费用；第三，通过政策法规来引导和激励全社会参与公共资源的管理，加强各阶层、集团和社会群体之间的信息交流和沟通，推进公民的治理合作等。

由于科层制自身存在的弊端，中央强制控制无法成为公共资源管理的唯一途径。政府管理能力常常难以与社会生活的复杂性完全实现匹配，政府无力做到事无巨细均管理到位；政府在信息获取、决策有效性、公职人员责任心、处理问题的时效性等方面存在信息不对称、决策偏差、管理成本过高、效率低下等方面的不足。这些不足抑制了政府单一主体治理的效能，政府失灵成为难以避免的现象。正如埃莉诺·奥斯特罗姆对利维坦主义提出的批判，虽不能否认但它"是建立在信息准确、监督能力强、制裁可靠有效以及行政费用为零这些假定的基础上的。没有可靠的信息，中央机构可能犯各种各样的错误"①。

（2）市场化管理

随着公共资源管理的利维坦主义受到一众批评，许多政策学者开始对政府途径过度警惕而转向对市场途径的信赖，强调通过市场机制来解决公共资源治理难题是一种最优的选择。要借助自由市场机制，就需要把私有产权制度引入公共资源领域。这些学者相信，只要把公共资源进行私有化处理，就能实现良好的利用和治理。就像罗伯特·J.史密斯（Robert J. Smith）所认为的那样，"在自然资源和野生动植物问题上，只有创立一种私有产权制度来取代资源公有制度，才能够避免'公地悲剧'的发生"②。

罗纳德·H.科斯（Ronald H. Coase）对庇古的外部性边际分析思路提出质疑，并在质疑过程中提出公共资源治理的新方案。科斯认为，外部性的根源来自交易费用。交易中出现了未能定价的外部性主要是因为测度和监督费用太高，使得外部性内部化的激励不足。如果定价制度的运行无成本，最终的结果（产值）是不受法律影响的。权利如何界定对市场中权利交换导致的资源配置效率非常重要，进而对合约的达成产生重要影响。③ 后来这些被总结归纳为"科斯

① 奥斯特罗姆. 公共事物的治理之道——集体行动制度的演进［M］. 余逊达，陈旭东，译. 上海：上海译文出版社，2012：13.

② SMITH R J. Resolving the Tragedy of the Commons by Creating Private Property Rights in Wildlife［J］. Cato Journal，2012，1（2）：439-468.

③ COASE R. The Problem of Social Cost［J］. Journal of Law and Economics，1960（3）：1-44.

定理"。"科斯定理"的核心思想是，如果市场机制的运行是无成本的，即不存在交易费用，那么无论初始产权如何界定，市场机制都会自动使资源配置达到最优；反之，如果市场机制的运行是有成本的，即交易费用大于零，则不同的产权界定将会导致不同的资源配置效率。

科斯把产权界定与交易成本联系起来，不过科斯的"产权"不只是"所有权"，而是包括所有权在内的一束权利，不界定产权会导致资源使用的低效率和无序状态（导致"公地悲剧"）。① 科斯的产权理论认为：假定产权界定明确，市场交易费用为零，导致外部性的企业或个人与受其影响的企业或个人之间完全可以通过交换导致外部性的权利而使双方的处境变好；产权的重新分配仅影响当事人之间的收入分配，对自愿配置的效率不产生影响。可见，这里不存在市场失灵，也不需要任何外来的政府干预，外部性的存在并不构成国家干预的必然根据。政府干预本身也是要花费成本的，如果这个成本大于外部性所造成的损失，就显然没有效率了。科斯明确说明，我们必须考虑各种社会格局的运行成本（不论它是市场机制还是政府管理机制），以及转成一种新制度的成本。在设计和选择社会格局时，我们应该考虑总的效果。在科斯看来，只要产权明晰且交易成本为零，无论权利如何界定，都可以通过市场交易和自愿协商达到资源的最优配置，无须任何形式的政府干预。这就是说，可以用市场交易形式替代庇古税手段解决外部性问题。从产权角度看待外部性的立场，有别于庇古的新古典分析，本质上它是一种方法论的转变。

公共资源产权私有化理论实质上是在价值规律、市场价格机制、市场供求机制和市场法律制度体系共同作用下，由市场发挥对资源配置的决定性作用过程中，各类市场主体按照市场规则而形成的对公共资源利用和"公地悲剧"治理的行为模式。市场机制是不通过政府指令而凭借交易方式中的相互作用，以对人的行为在全社会范围实现协调的一种制度。② 它主要包括价格机制、供求机制、竞争机制、风险约束机制等，其中价格机制是市场机制的核心和基础。公共资源市场机制的模式是通过市场的价格、供求与竞争等法则来管理公共资源的，以期达到公共资源配置效率的最大化。市场机制配置资源和供给物品之所以有效，是因为清晰的产权把对公共资源利用的收益和风险与个体得失直接联系起来，只要市场供求关系、资源价格机制具有完备性，市场自身的资源配置功能以"看不见的手"的形式对市场中的各种行为主体进行强利益激励和约束，

---

① 黄少安．罗纳德·科斯与新古典制度经济学［J］．经济学动态，2013（11）：97-109.

② 林德布鲁姆．市场体制的秘密［M］．耿修林，译．南京：江苏人民出版社，2002：4.

从而促进公共资源利用趋向最优状态。

在实践中，许多国家的一些公共资源，如一些牧场、农场、渔场等，通过私有化的方式，确实达到了良好的治理效果。但这种治理模式也有很多局限性，并不能成为所有公共资源治理的唯一方案。第一，奥斯特罗姆在对私有产权方案的批评中指出，产权私有化方案"忽视了一个事实——即在一个动态环境中，是以可持续的方式管理草地还是迅速毁掉草地的决策将取决于私人所有者所使用的贴现率。贴现率高，私人所有者会像一系列未经组织的共同所有者那样尽可能地'过度使用'公共资源"①。第二，"很难确切地知道，当一些分析人员强调对某些公共池塘资源实行私有产权的必要性时，他们指的到底是什么……对于流动性资源，例如，水和渔场，就不清楚建立私有产权指的是什么了"②。因为有很多公共资源很难进行产权划分，比如，河流、大型湖泊等；有的即使可以进行划分，但在保证排他性上，也面临技术上或成本上的巨大障碍。还有一些资源由于自身的动态性、生态相关性、公益性等诸多复杂因素，私有化处理之后会产生诸如社会不公、生态失衡等很多负面效应。第三，资源或产权过度分割将造成碎片化，导致公共资源局部排他性过强，进而造成资源使用不足，这就形成了"反公地悲剧"。因此，产权私有如果导致"反公地悲剧"，就大大减损了公共管理的效能。第四，由于市场主体信息不对称和利益诉求多元化，市场价格扭曲、市场机制失灵常常发生，由此造成的巨大资源浪费是市场治理模式自身所无法避免的。因此，市场治理模式在实际上也只能解决一小部分公共资源的治理难题，对于其他很多公共资源来说，单靠这种模式无法应对。

（3）自主治理

由于前两种公共资源治理模式存在的问题，奥斯特罗姆并不完全赞同"公地悲剧"假设，她认为"个人把他们自己从各种不同的困境中解脱出来的能力因环境的不同而不同"③。奥斯特罗姆从资源管理的制度与制度变迁的角度，对高山草地、森林、农田灌溉系统、渔场等公共池塘资源做了实证的成功与失败案例的比较研究后，得出了致使集体行动成败的原因在于制度规则本身是否有效的结论。根据她的分析，在一个共享资源的群体中，即使政府的强制式管理

---

① 奥斯特罗姆. 公共事物的治理之道——集体行动制度的演进［M］. 余逊达，陈旭东，译. 上海：上海译文出版社，2012：16
② 奥斯特罗姆. 公共事物的治理之道——集体行动制度的演进［M］. 余逊达，陈旭东，译. 上海：上海译文出版社，2012：17
③ 奥斯特罗姆. 公共事物的治理之道——集体行动制度的演进［M］. 余逊达，陈旭东，译. 上海：上海译文出版社，2012：31.

没有介入，也没有通过私有化方式来引入市场机制，只要群体成员意识到合作的必要性，借助彼此之间的密切关系，以及共同的价值、信念，再加之社会中实际存在的声望、信誉、舆论等约束因素，从内部形成一个具有有效约束力的合作机制在实际上是可能的。并且，这种从内部自发产生的管理机构和运行机制，不但成本低、效率高，而且可以避免前两种模式存在的政府失灵或市场失灵问题。因为规则的制定、执行和监督都是直接利用这些资源的成员，他们不但能够清楚地洞悉实践中真正的问题在哪里，据此制定有针对性的规则，而且能够直接进行监督和制裁。这些优势在政府模式和市场模式下很难体现出来。

公共池塘资源自主治理成功的实证案例，回答了解决公共资源治理中集体行动困境的问题，公共资源管理不是唯有利维坦和产权私有化的政策方案，而且无论是政府还是市场，在使用者以长期的、建设性的方式利用自然资源系统方面都未能取得成功。而许多自治组织的人们却能借助不同于政府，也不同于市场的制度安排，在一个较长的时间内对某些资源系统成功实施了适度的治理，这表明公共事物的治理还可以取道社会自治，即社区居民（资源使用者）自主治理。奥斯特罗姆明确指出公共池塘资源的治理中面临三个必须解决的难题：一是制度供给问题，二是可信承诺问题，三是相互监督问题，进而归结出成功自主组织治理的八大制度设计原则，即清晰界定边界、占用或供应规则与当地条件相一致、集体选择的安排、监督、分级制裁、冲突解决机制、对组织权的最低限度认可以及嵌套式企业。① 她认为，满足这八大制度设计原则的规则能解决前述制度供给、可信承诺和相互监督三个难题，进而确保绝大多数居民能遵守集体行动规则，克服搭便车问题。因此，我们应将公共资源完全交给该领域的占用者自我治理和管理，通过合约规则、成员互相监督、第三方监督、社区习俗和惯例、声誉激励、相关领域的嵌入等一系列的机制来约束占用者的机会主义行为，促使他们对公共资源利用予以合作，最终实现公共资源永续利用的目标。②

一般来说，自治组织在公共资源治理方面较政府或市场更容易达成合作，具有一定的优势。实践中，一些地区的公共资源利用形成的自主组织进行自主治理，确实取得了非常好的治理效果。奥斯特罗姆在其著作中通过大量的案例

---

① 奥斯特罗姆. 公共事物的治理之道——集体行动制度的演进 [M]. 余逊达，陈旭东，译. 上海：上海译文出版社，2012：108.
② 奥斯特罗姆. 公共事物的治理之道——集体行动制度的演进 [M]. 余逊达，陈旭东，译. 上海：上海译文出版社，2012：5.

和数据对比令人信服地证明了这一点。但是并不是所有的公共资源都能采取自主治理的方式解决，这种治理模式与市场化模式一样，在某些类型的公共资源治理中，能够发挥独特的作用，而在另外一些公共资源中，却发挥失灵。原因在于，这种模式有着严格的适用范围。奥斯特罗姆在她的研究中也指出"自治组织和自主治理公共资源只是为制度提供了一个分析的框架，所研究的宏观资源也只是规模较小的农田灌溉系统、渔场和水利等；并且，自主治理对形成的自主组织及其运行过程也有着严格的要求，它更多地依赖自主组织全体成员或大多数成员形成共同意识和持续合作态度，在无政府状态下，自主组织形成自主治理的效率低下，组织成本偏高，治理能力普遍较低。因此并不是每一个类似的公共资源都能够具备那样的组织条件和运行环境。当特定的环境接近于模型原有的假设时，这些模型可以成功地预测出人们所采取的策略和结果。但是当现实超出了假设的范围时，就无法预测结果"。奥斯特罗姆也认为，在大规模的公共资源环境中，如果缺乏沟通，每个人都独立行动，没有人注意个人行动的效应，改变现有结构的成本又很高的情况下，这些自主治理的模型几乎是派不上用场的。①

社会资本理论代表学者罗伯特·帕特南（Robert D. Putnam）也对奥斯特罗姆的自主治理提出了质疑，他认为这种"新制度主义"还是留下了一个悬而未决的关键问题：这些有助于克服集体行动困境的正式制度，实际上为什么能够产生以及它们是如何产生的？参与者自己似乎无法创造制度，正是为了这个原因，他们首先需要有个制度，而且，不偏不倚的"立法者"同公正无私的霍布斯式最高统治者一样，都是成问题的。② 我们无法订立一个契约（也就是法规）去遵守我们的宪法，这样就会陷入类似契约的无穷无尽的回归。社会控制的正式机制，从其原型上说，无法躲避"搭便车"。居于统治地位的小集团会削弱宪法的权威；其他方面都善良的公民会让其邻居去监督那些篡权者，自己则坐享其成；藐视法律的人则会偷税漏税，开车闯红灯。③ 基于上述批评，帕特南认为奥斯特罗姆的研究结论尚停留在表面，指出影响制度绩效、解决集体行动困境难题的根本原因在于社区的社会资本存量，制度因资本得以建立，并以此提出

---

① 奥斯特罗姆. 公共事物的治理之道——集体行动制度的演进［M］. 余逊达，陈旭东，译. 上海：上海译文出版社，2012：275.

② 帕特南. 使民主运转起来：现代意大利的公民传统［M］. 王列，赖海榕，译. 南昌：江西人民出版社，2001：194-195

③ 帕特南. 使民主运转起来：现代意大利的公民传统［M］. 王列，赖海榕，译. 南昌：江西人民出版社，2001：195

了他的社会资本理论。

（4）社会资本理论

皮埃尔·布迪厄（Pierre Bourdieu）的社会资本理论萌生于 20 世纪 60 年代末到 70 年代初对文化的研究。他认为，社会资本是实际的或潜在的资源集合体，那些资源是同对某种持久性的网络的占有密不可分的。这一网络是与某团体的会员制相联系的，它从集体性拥有资本的角度为每个会员提供支持，提供为他们赢得声望的凭证。布迪厄所强调的社会关系网络是一种体制化的社会关系网络，这说明：首先，能够给个体带来利益的社会关系网络，只能通过投资进行象征性的建构才能形成，并通过制度化的建构来巩固与强化，不是靠亲属关系或血缘关系等自然因素而赋予。其次，这种社会关系网络经过制度化的建构之后，能够从不稳定的偶然联系转变成稳定联系的持久性社会关系网络，从而成为个体获取利益的重要资源。再次，这种社会关系网络与团体会员制相联系，并依靠体制性的行为得到维护。① 由此可见，个人能够有效调动的社会关系网络范围的程度，以及与个人有联系的其他人所拥有的经济资本与文化资本的多少，决定了个人拥有的社会资本的大小。

詹姆斯·科尔曼（James S. Coleman）主要是从社会结构功能出发，对社会资本理论进行了深化研究。他认为社会资本不是根据规范性规则或社会网络来定义的，而是根据它们的某种后果来定义的。这些后果也许是进行富有成效和效率的合作的能力，也可以表现为现实的、物理性产品的形式。② 据此，科尔曼进一步指出，社会资本不是一个单一实体，而是由一系列拥有两个共同要素的不同实体所构成，这些要素均由社会结构的一些方面构成，而且它们促进了参加者（无论是个人或者法人参加者）的某些行动。③ 科尔曼对社会资本的认识是建立在社会结构之上的。他认为，人们处于社会性的互相依存之中，每个行动者实现自己的利益都不是单方面的行为。因为每个行动者的利益有可能部分地或全部地被其他行动者所控制，出于满足各自利益需求的目的，行动者之间需要进行交换，于是在行动者之间形成了持续存在的各种社会关系，这些社会关系是个人的一种有效资源。这种资源就是社会资本，它有助于人们实现特定

---

① 姜振华. 社区参与与城市社区社会资本的培育［M］. 北京：中国社会出版社，2008：35.

② 纽顿. 社会资本与现代欧洲民主［M］//李惠斌，杨雪冬. 社会资本与社会发展. 北京：社会科学文献出版社，2000：387.

③ 达斯古普特. 社会资本——一个多角度的观点［M］. 张慧东，姚莉，刘伦，等译. 北京：中国人民大学出版社，2005：19.

的目标、满足个人的愿望、获取个人利益。

帕特南的社会资本概念引自科尔曼，其中社会资本"是指社会组织的特征，诸如信任、规范以及网络，它们能够通过促进合作行为来提高社会的效率"①。社会资本理论是帕特南在对意大利南北制度发展的情况及其制度绩效差异做了实证的比较研究后提出并发展起来的，他发现意大利北部地区建立了许多各种各样的社会组织，通过这些社会组织，培育了公民的公共精神，使公民热心于公共事务，彼此间相互信任，公平地对待他人也希望他人公平地对待自己，信守规则和法律，公民参与的方式是横向联合式的，公民具有诚实、信任、守法的美德，在频繁的交往中催生了丰富的社会资本，提升了民主治理绩效，推动了社会良性发展。与意大利北部地区不同，南部地区缺乏具有公共精神的社会组织，公民没有参与公共生活的积极性，认为公共事务与自己无关，彼此间互不信任，背叛、猜疑、逃避等成为生活的常态，社会秩序是按照垂直的等级制建立的，破坏规则和腐败的现象普遍存在，公民缺乏安全感，缺乏社会资本的积累。在这种社会环境下，结果必然是民主制度绩效低下。由此，他把北意大利社会发展与制度绩效的相对高效归因于北区社区市民社会的相对发达及其社区社会资本的高存量；反之，南意大利的低制度绩效与发展落后则被归因于其社会资本存量的不足；并以此论证制度成功与社会资本的关系。社会资本的核心内容包括信任、互惠规范和公民参与网络三个方面：信任是合作的基础，信任意味着对独立行动者之行为有预测②；而社会信任能够从互惠规范和公民参与网络这两个互相联系的方面产生——有效的普遍互惠规范可能会与密集的社会交换网络相连，当协议（规范）"嵌入"更大的私人关系和社会网络的结构之中时，信任就会产生。普遍的互惠把自我利益和团结互助结合起来，降低了交易成本，促进了合作，遵循互惠规范的共同体，可以更有效地约束投机，解决集体行动问题；而参与网络本身也促进了集体行动困境的解决，因为它增加了人们在任何单独交易中进行欺骗的潜在成本；培育了强大的互惠规范；促进了交往，促进了有关个人品行的信息之流通；并且由于它体现的是以往合作的成功，可以把它作为一种文化内涵的模板，未来的合作在此之上进行。③

① 帕特南. 使民主运转起来：现代意大利的公民传统［M］. 王列，赖海榕，译. 南昌：江西人民出版社，2001：195
② 帕特南. 使民主运转起来：现代意大利的公民传统［M］. 王列，赖海榕，译. 南昌：江西人民出版社，2001. 200.
③ 帕特南. 使民主运转起来：现代意大利的公民传统［M］. 王列，赖海榕，译. 南昌：江西人民出版社，2001：203-204.

在公共资源管理的集体行动困境中，社会资本理论将公共资源治理的绩效水平归因于社会资本存量的高低。在公共资源合作治理过程中，各治理主体之间要形成相互信任、紧密连接的社会交换网络。同时，将个人利益与集体利益相互结合，形成互惠互利的社会网络结构，以此降低共同治理中的利益博弈、信息壁垒、组织协调等交易成本。还要构建畅通的公众参与渠道，通过民主监督和利益表达机制进行约束，就能发挥公共资源管理的合作治理效能。

（二）公共资源管理的国内研究

1. 公共资源管理的市场化配置研究

（1）资源配置的市场化与半市场化

随着公共管理改革的推进和市场机制的不断完善，市场化配置逐渐成为公共资源管理的主要方式。一部分学者主张推动特定领域公共资源管理从以政府机制为主转向以市场化机制为主，着力加强公共资源的市场化建设。我国土地资源管理在计划经济体制下存在城乡土地产权不平等问题，土改方向正在朝着土地资源配置市场化方向发展，要建立健全城乡统一的建设用地市场，建立公平合理的集体经营性建设用地入市增值收益分配制度，深化产业用地市场化配置改革，充分运用市场机制盘活存量土地和低效用地。[①] 张捷、王海燕（2020）围绕社区自然资源管理问题提出了市场化生态补偿的"制度拼凑"途径，即在单一制度解构基础上的多种机制相互嵌入，以此调和不同主体的利益和制度偏好，进而缓解市场化生态补偿机制中的多方冲突与矛盾。"制度拼凑"在实践中可以通过权力折中、利益共享和示范驱动三种不同途径实现公共资源市场化管理。[②]

另一部分学者则认为，公共资源管理无法脱离政府机制而依靠市场机制独立运行，需要政府机制和市场机制同时发挥各自优势，主张实行公共资源的半市场化配置。张紧跟、胡特妮围绕基本公共法律服务均等化问题，指出法律服务资源配置存在不均衡、服务市场化与公益性存在紧张性、政府主导下的服务供给难以有效回应公众诉求等问题。对此，服务资源配置要通过市场化、行政化和社会化运行方式提供公共法律服务，实现公共法律服务总供给与总需求的

---

① 李江涛，熊柴，蔡继明. 开启城乡土地产权同权化和资源配置市场化改革新里程［J］. 管理世界，2020（6）：93-105.

② 张捷，王海燕. 社区主导型市场化生态补偿机制研究——基于"制度拼凑"与"资源拼凑"的视角［J］. 公共管理学报，2020，17（3）：126-138.

动态平衡。① 李韬（2019）以公共资源管理的项目为研究对象，阐明项目制度是由科层制和市场机制双重运作的公共资源管理财政转移支付方式，具体通过市场化竞争性项目配置和资金配套等双重机制实现有效的产权激励和约束公共资源使用。研究发现项目制在公共资源管理实践中存在项目资金配套虚化、资源管理效能失活、信息不对称以及寻租合谋问题，需要建立严密的监督体系和项目制管理制度，阻断权力对市场机制的侵蚀。② 贲慧、张阳（2018）通过对公立医院资源配置效率的研究发现，公立医院资源配置效率具有显著的差异性，而社会网络对此具有显著性影响。要改革和完善公立医院资源配置决策机制，就要弱化行政主导作用，强化医院公共资源的市场供给机制，引导社会资金进入公共医疗领域，进而打破垄断、提升医疗资源配置效率③。

（2）公共资源配置的市场化实践

随着公共资源管理理论的发展，各领域开始积极探索公共资源配置的市场化转型，其中以海域资源、教育资源以及土地资源领域的市场化实践较为丰富。针对海域资源，陈艳、文艳（2006）在论述建立海域资源产权市场流转机制的必要性的基础上，分析了海域资源产权市场流转机制的基本框架：培育海域资源产权市场，科学测算海域的"级差地租"，逐步推行规范化的海域使用管理，制定和完善海域使用权流转的监督管理④。姚菊芬（2007）认为，由于我国海域使用权市场化经营的时间较短，海域在一级市场、二级市场中都存在许多问题，提出要建立健全海域使用权流转的专门民事及配套法律法规，确立海域使用权在一、二级市场中合理流转的法律机制，从而保障海域使用权市场化经营的顺利发展⑤。陈书全（2012）认为市场化配置是加强海域资源管理的必然趋势，针对我国海域资源市场化管理实践中存在的问题，要坚持依法管海，建立集中、统一的海洋综合管理体制，培育海域资源市场化配置的运行环境，完善海域资源市场化配置机制，建立健全海域资源价值评估体系，加快海域资源市

① 张紧跟，胡特妮．论基本公共服务均等化中的"村（居）法律顾问"制度——以广东为例［J］．学术研究，2019（10）：47-55.
② 李韬．项目制效率损失的内在结构与改进［J］．行政论坛，2019，26（3）：23-30.
③ 贲慧，张阳．社会网络对公共医疗资源配置效率的影响研究——以江苏为例［J］．江西社会科学，2018，38（5）：227-234.
④ 陈艳，文艳．海域资源产权的流转机制探讨［J］．海洋开发与管理，2006（1）：61-64.
⑤ 姚菊芬．海域使用权市场化经营的法律问题探讨［J］．特区经济，2007（6）：234-236.

场化管理进程，使得海域资源得到最大限度和公平高效的开发利用①。针对体育资源，张文静、沈克印（2020）基于政府购买公共服务视角，发现我国当下公共体育资源配置在市场化改革中存在"缺位""伪市场""内卷化"等，因此指出要理顺政府与市场关系，完善市场法律与政策环境，构建市场法律与政策环境，构建监督与保障机制，强化体育社会组织承接能力②。针对土地资源，杨先明、李波（2018）基于中国制造业企业数据研究土地出让市场化与资源配置效率的关系，发现土地出让市场化改革一方面通过影响企业融资能力、产业集聚与企业创新程度三个机制，显著减少企业退出风险；另一方面促进了低生产率企业退出市场，使得资源从低生产率企业向高生产率企业转移，进而降低了高生产率企业的退出风险，实现了资源配置效率的提升③。于水、王亚星等（2020）基于宅基地三权分置改革研究，指出宅基地两权分置限制使用权流转，三权分置赋予宅基地使用权的独立性与完整性，有利于形成宅基地使用权流转市场及制度建设，推进宅基地使用权市场化流转，提高宅基地资源配置效率④。

（3）公共资源管理市场化困境与出路

公共资源管理的市场化转型仍处于早期阶段，许多资源领域的市场化实践暴露出许多问题。在公共资源管理的市场交易机制方面，刘波（2011）针对公共资源交易市场建设的问题，指出公共资源交易市场建设在于文化程度不均衡、交易竞争不充分、法律制度不健全、管理机制不完善和监督管理不到位，因此要拓展公共资源交易领域、建立协调机制、统一交易平台、改革管理体制和完善监督体系等完善公共资源交易市场建设⑤。赵立波、朱艳鑫（2014）认为推进公共资源交易市场化，建立统一规范的公共资源交易平台是完善社会主义市场经济体制、深化行政体制改革的重要内容，而管办分离是推进公共资源交易改革的关键环节⑥。在公共资源管理的市场化配置方面，周驰（2013）针对公

---

① 陈书全. 海域资源市场化管理的问题与对策研究 [J]. 山东社会科学, 2012 (10): 146-148.

② 张文静, 沈克印. 政府购买服务视角下我国公共体育资源配置市场化改革研究 [J]. 体育文化导刊, 2020 (2): 24-30.

③ 杨先明, 李波. 土地出让市场化能否影响企业退出和资源配置效率? [J]. 经济管理, 2018, 40 (11): 55-72.

④ 于水, 王亚星, 杜焱强. 农村空心化下宅基地三权分置的功能作用、潜在风险与制度建构 [J]. 经济体制改革, 2020 (2): 80-87.

⑤ 刘波. 公共资源交易市场建设存在的问题及对策 [J]. 中国经贸导刊, 2011 (16): 78-79.

⑥ 赵立波, 朱艳鑫. 公共资源交易管办分离改革研究 [J]. 中国行政管理, 2014 (3): 21-25.

共资源配置市场化改革中出现的问题，认为公共资源配置市场化改革的难点在于如何形成决策权、执行权、监督权既相互制约又相互协调的格局，所以要从加强和改善宣传引导、细化并规范制度建设、完善统一的管理体制、健全立体的运作机制等方面来推进公共资源配置市场化改革[①]。杨武松（2015）指出我国社会主义市场经济体系的不完整性与公共资源市场化配置的不成熟性，是导致公共资源市场化配置法律保障无法在结构上体系化的根源，因此，通过更新公共资源市场化配置法律保障制度体系化的理论认知，完善公共资源市场交易规范，构造经济司法体系，完善公共资源市场化配置的监管规则，构造经济公法体系，完善公共资源市场化配置的经济责任制度，构造经济制裁法体系是建构公共资源市场化配置法律保障制度的必由之路[②]。在公共资源的合作治理方面，江燕娟、李放（2018）针对养老服务问题指出，我国养老服务逐渐转向养老机构公建民营的市场化模式，尽管该模式扩大了公共养老服务的资源供给，但在不同收入水平的老年人群体中的公共资源配置效率差异性显著。对此，要进一步完善政府与非营利部门的合作机制，提升社会组织的服务能力并加强监管激励机制[③]。

2. 公共资源管理的定价方式研究

（1）公共资源定价的基本原则

合理的公共资源定价是资源配置市场化的先决性条件。尤喆、成金华等（2020）认为定价机制具有稳定公共资源价格的作用，他们通过对铁矿石定价机制改革与中国铁矿石进口价格波动的因果关联进行实证分析发现，短期协议定价机制与国内进口铁矿石价格波动密切相关，在短期内能有效抑制价格的大幅上涨，经测算，定价机制转型能够降低国内进口铁矿石价格 6.06%～18%。[④] 沈尤佳（2012）利用马克思的土地所有权与地租理论解释资源产品的定价机制，认为资源产品价格长期偏低的原因是国家作为包括自然资源在内的土地的所有者向以土地为生产的自然基础和生产要素的租地资本没有征收或只收取极少量绝对地租和级差地租，超额利润落入了租地资本的口袋，因此，超额利润掌握

---

① 周驰．推进公共资源配置市场化改革的策略思考［J］．人民论坛，2013（4）：66-67.

② 杨武松．公共资源市场化配置法律保障的结构性问题与对策［J］．学习与实践，2015（1）：60-68.

③ 江燕娟，李放．养老机构公建民营模式下老年人公共养老服务资源利用——基于理论分析与实践检验［J］．社会科学家，2018（10）：63-69.

④ 尤喆，成金华，吴桐，等．定价机制转型对铁矿石价格波动的影响［J］．资源科学，2020（8）：1604-1613.

在国家的手中并用来弥补资源开采给自然和社会带来的负担，是实现自然资源和经济社会可持续发展的正确途径。①

公共资源定价首先应遵循公平效率原则。方燕和张昕竹（2011）指出鉴于公共资源的特殊性，公共资源定价需要合理地兼顾效率、社会公正和成本完全补偿原则，因此，在多元化目标角度上，验证了递增阶梯定价机制的最优性，即在递增阶梯定价中，每个数量区段内的边际价格固定，在上下区段之间的边际价格递增，设计递增阶梯定价机制，需确定阶梯（或等级数）、分割点和各等级上的边际价格。② 其次，公共资源价格应围绕价值因地制宜进行调整。朱永彬等（2018）通过对水资源价值评价和定价研究指出，城市供水作为公共资源具有保障民生的性质，因此价格与真实价值之间存在较大差距，要根据各地水资源供给、需求、水质情况以及当地收入水平，相应调整各城市供水价格，使其反映水资源的真实价值，进而实现水资源的高效合理利用。③ 最后，公共服务定价要以科学的成本核算模型为基础，全面考虑服务的专业水平、难易程度、供求状况、市场价格等要素；还应该注意政府购买服务过程中存在的不同价格形态、利益平衡、腐败风险等因素，根据实际情况确定、调整和支付，才有利于节约财政资金，提高购买效益。④

（2）公共资源定价方法

王舒曼和王玉栋（2000）认为由于市场无法主动解决自然资源的定价问题，所以我们必须对自然资源进行人为的定价研究，总结了三种定价思路，即影子价格法、机会成本法和边际社会成本定价法。影子价格是根据资源稀缺程度对现行资源市场价格的修正，反映了资源利用的社会总效益和损失，机会成本法强调在无市场价格的情况下，资源使用的成本可以用所牺牲的替代用途的收入来估算，边际社会成本所决定的自然资源价格是凝结在自然资源之上的人类劳动价值和自然资源生态经济价值的综合反映。⑤ 张维等（2018）在对垃圾处理PPP项目定价模式分析的过程中指出，定价模式与产业发展密切相关。因此，应综合考虑垃圾处理 PPP 项目发展情况选择合理的定价模式。目前，有利于促

① 沈尤佳. 地租理论与资源产品定价问题 ［J］. 贵州社会科学，2012（12）：114-118.
② 方燕，张昕竹. 递增阶梯定价：一个综述 ［J］. 经济评论，2011（5）：130-138.
③ 朱永彬，史雅娟. 中国主要城市水资源价值评价与定价研究 ［J］. 资源科学，2018（5）：1040-1050.
④ 邓金霞. 如何确定政府购买公共服务的价格？——以上海为例 ［J］. 中国行政管理，2020（11）：99-105.
⑤ 王舒曼，王玉栋. 自然资源定价方法研究 ［J］. 生态经济，2000（4）：25-26.

进产业升级的垃圾处理 PPP 项目定价模式主要包括"完全成本 + 合理利润率 + 行业平均成本""最高限价 + 行业平均成本"和"行业平均成本 + 行业平均利润率 + 区域调整"三种模式。① 李升泉（2018）通过考察天然气市场中厂商的动态定价决策过程及定价与创新投入的组合策略，发现多层阶梯定价优于单一定价。在科技创新投入不变的情况下，天然气生产商实行一定幅度的多层阶梯定价所带来的科技创新收益高于单一定价所带来的科技创新收益，这为公共资源管理中的科技投入和定价组合策略提供了参考。②

（3）公共资源定价问题与改进

针对特殊公共资源的定价问题，吴维登（2013）将海岸带滩涂这一公共资源作为定价对象，通过对厦门市居民的滩涂定价问卷调查得到样本数据，通过队员相关分析得出资源的了解程度对被调查者确定资源价格的影响最大，离开资源距离对定价的影响最小，另一个发现是距离、年龄、收入、学历、了解这五个特征因素对资源定价的影响都不是显著的③。李京梅（2015）以围海造地土地资源作为研究对象，基于资源的边际机会成本理论，从价格管理的视角分析围海造地价格构成，认为围海土地价格应该包括边际开采成本、边际使用者成本和边际生态成本，进而指出对围海造地土地产品合理定价，是约束和调整围填海规模，减少和防止围填海过程中的资源浪费和生态破坏，实现海洋资源高效配置的重要保证④。夏义堃（2014）以西方国家公共信息资源开发利用中的定价问题为研究对象，分析公共信息资源定价问题的形成和复杂性，梳理人们支持或反对公共信息资源定价的理由，从资金支持、市场激励、效益发挥和用户获取等视角深入探讨成本回收定价与边际成本定价的利弊，进而从不同定价模式的实践效果比较中，指出边际成本定价或免费正在成为当前公共信息资源定价的首要选择⑤。胡业飞、田时雨（2019）探讨政府数据开放背景下的有偿政府数据开放，认为有偿开放信息数据能够使数据开放成本得到补偿，保障

---

① 张维，张帆，朱青．城市垃圾处理 PPP 项目定价模式比较研究——基于产业升级因素的分析［J］．价格理论与实践，2018，408（6）：130-133．

② 李升泉．创新与定价的最优组合策略——以中国天然气为例［J］．系统工程，2018，36（6）：47-54．

③ 吴维登．海岸带海域公共资源定价影响因子的模糊比较：以厦门海域滩涂定价为例［J］．应用海洋学学报，2013，32（2）：193-198．

④ 李京梅，钟舜彬．围填海造地土地资源产品定价研究［J］．价格月刊，2015（7）：21-25．

⑤ 夏义堃．西方国家公共信息资源定价问题研究综述［J］．图书情报工作，2014，58（11）：130-136．

数据库稳定供给，同时造福社会与公共部门。针对数据使用定价，可超过政府数据开放的"平均固定成本+边际成本"，超出部分用于补贴政府的其他公共服务项目。① 田贵良（2018）认为水权定价问题体现在水权交易价格制定忽略了外部性成本，导致水权价格偏低，定价机制不完善。为改进水权交易定价机制，一是要在水价制定方面鼓励政府、市场协同发力，政府适度简政放权，让供水经营者成为市场主体并在定价过程中进行充分的民主协商；二是优化水价结构，因地制宜实行多级水价制度，同时以生态补偿为基础建立合理的水价分担机制；三是推动水价供给侧改革，完善供水计量设施，实行两部制和季节性相结合的水价制度。②

3. 公共资源管理的腐败治理研究

（1）公共资源腐败的发生机制

自然资源富集引发公共资源腐败。公共资源的特殊性以及资源交易和收益分配机制不合理是资源丰裕地区腐败的起点，其中又以自然资源领域为腐败发生的重灾区。杜函芮和过勇（2019）基于寻租理论提出自然资源的稀缺和产权交易非完全市场化是自然资源富集加剧腐败的两个前提条件。实证结果显示，我国土地资源产权交易额越多的省份，腐败程度越严重，这种影响在城市化水平较高的地区更为显著。③ 赵伟伟和白永秀（2020）通过对资源开发与腐败关系的实证研究发现，在制度因素的调节作用下，资源开发显著增加了腐败，因为资源收益分配制度和资源管理制度难以对丰裕的资源实现有效治理。④

权力资本化引发公共资源腐败。公共权力是政府部门履行社会治理和公共服务职能的重要公共资源，公共权力决定着社会价值权威性分配的公平性和正义性。刘占虎（2018）认为由于受官本位思维和权力消费观念的驱使，个别党员干部将商品交换原则带入政治生活，使得公共权力商品化，进而引发权力交易等腐败现象。新时代全面从严治理腐败，要以制度反腐推进中国腐败治理体系和治理能力现代化，需要着力强化制度授权和依法用权的规则意识，防范商

---

① 胡业飞，田时雨. 政府数据开放的有偿模式辨析：合法性根基与执行路径选择［J］. 中国行政管理，2019（1）：30-36.

② 田贵良. 我国水价改革的历程、演变与发展——纪念价格改革40周年［J］. 价格理论与实践，2018（11）：5-10.

③ 杜函芮，过勇. 土地资源的产权交易与腐败［J］. 经济社会体制比较，2019（3）：94-105.

④ 赵伟伟，白永秀. 资源开发过程中腐败的发生及制度影响［J］. 资源科学，2020，42（2）：251-261.

品交换原则侵入党内生活、侵蚀政治生态。① 周伟贤（2006）指出转轨时期，在市场机会大幅增加而制度约束处于不完备的状态下出现了权力资本化现象，导致受权力租金诱惑的政府官员产生出租权力以获得私利的动机与行为，从而形成寻租与腐败蔓延的现象。②

治理机制不完善引发公共资源腐败。徐天柱（2014）指出，现行公共资源管理与配置的监管模式严重不适应市场经济发展的要求，造成了公共资源管理与配置过程中的腐败和不公平竞争，迫切需要改革现行监管法律制度，在比较三种监管模式，即部门分散监管模式，统一监管和部门监管相结合的模式，统一、独立、专职监管模式的基础上，认为我国应当实行统一、独立、专职监管模式，即构建统一的市场化配置平台，建立统一、独立综合的监管机构，制定严格的市场化交易规则，加强统一的公共服务体系建设。③ 刘细良和樊娟（2010）运用公共选择、委托—代理及寻租等理论对公共资源管理与配置过程中的腐败行为进行定性分析，并从政治、经济、社会文化及个体因素四方面探究其多元形成机理，为真正从源头上预防与遏制腐败提供了理论上的支持。④

（2）公共资源腐败治理途径

通过加强公共资源交易制度建设遏制公共资源腐败。蔡小慎、刘存亮（2012）认为，在公共资源交易过程中公职人员自由裁量权滥觞、利益冲突防范机制缺失和委托—代理运行失灵引致利益冲突造成恶劣的社会影响，通过健全公共资源交易领域制度体系、完善公共资源交易领域多元防范机制和厘清公共资源交易领域政府角色扮演等措施，才能实现该领域利益冲突问题的有效防治。⑤ 陶园、华国庆（2020）认为要从公共资源交易信用评价的方面进行对公共资源管理，他认为我国公共资源交易立法应该选择统一的综合立法模式，通过立法明确信用评价范围，形成规范统一的信用评价标准和评价结果应用方式以及健全评价对象权利保障和救济机制等，实现公共资源交易信用评价的制度

① 刘占虎. 权力商品化的若干表现形式及其防范 ［J］. 中州学刊，2018（4）：13-18.
② 周伟贤. 寻租与腐败的经济学分析 ［J］. 特区经济，2006（12）：41-42.
③ 徐天柱. 公共资源市场化配置监管模式创新及制度构建 ［J］. 行政论坛，2014（2）：87-91.
④ 刘细良，樊娟. 基于公共资源配置的腐败形成机理分析 ［J］. 湖南大学学报（社会科学版），2010（4）：128-132.
⑤ 蔡小慎，刘存亮. 公共资源交易领域利益冲突及防治 ［J］. 学术界，2012（3）：47-54.

化与法制化。①

通过完善公共资源监管体制约束权力异化和腐败行为。邱安民、廖晓明（2013）指出，监管体制不完善、交易管理过程不规范、社会监督渠道不通畅是一直困扰公共资源交易健康发展的顽疾，导致公共资源交易监管成为腐败的高发领域，为了有效遏制腐败，必须从构建权力监督制约闭环，开展重点领域重点岗位公职人员家庭财产申报与公示，完善公共资源交易诚信体系，针对参与投标企业及评标专家设置黑名单制度等方面入手构建贪腐预防惩治体系。② 侯水平、周中举（2007）从公共资源管理与配置监管体制本身存在的问题出发，主张发挥行业自律组织的作用，形成行政监管、司法监管及其他方式监管与市场自律相结合的多元化监管模式，使行政监管与市场自律协调运行，多元化监管主体各司其职，监管范围覆盖整个宏观和微观市场，在监管过程中综合运用市场手段、法律手段和必要的适度的行政手段及纪检监察措施，形成一个全社会参与的多层次、立体化、有机公共资源监管体系。③

从公共资源管理体制改革途径治疗资源腐败。柳锦铭、陈通（2007）指出，市场化分配模式的合理有效存在，是基于其深厚的法学基础——行政许可法及审批制度改革。他们认为，有限自然资源的开发利用、公共资源的配置以及直接关系公共利益的特定行业的市场准入等，都需要赋予特定权利的事项，可以行政许可。同时，在实施上述行政许可时，行政机关应通过招标、拍卖等公平竞争方式做出决定，而非通过行政审批方式完成。当前必须进行行政审批制度改革，原因在于，传统行政审批的实质是限制竞争，以行政权代替市场机制，以政府选择代替市场选择，这必然会造成公共资源配置的低效率，最终导致部门利益、权力寻租、监督乏力。④ 林晓霞（2010）认为处于体制转轨时期的我国公共资源市场功能尚不完备，在公共资源配置的过程中，政府拥有较大的垄断配置权，作为公众资源产权代理人的公职人员，倾向于运用手中的权力为自己谋私利，进行寻租腐败。积极推进公共资源市场化是预防腐败、从源头上铲

---

① 陶园，华国庆. 公共资源交易信用评价的立法模式及其体系建构［J］. 江淮论坛，2020（6）：114-120.

② 邱安民，廖晓明. 论我国公共资源交易及其权力运行规范体系建构［J］. 求索，2013（5）：226-228.

③ 侯水平，周中举. 构建我国公共资源市场化配置监管体制［J］. 西南民族大学学报（人文社会科学版），2007（4）：136-140.

④ 柳锦铭，陈通. 基于综合社会契约论的公共项目契约性分析［J］. 电子科技大学学报（社会科学版），2007，9（6）：14-17.

除腐败的重要途径。①

（3）公共资源腐败治理有效性评价

通过对一系列公共资源管理的腐败治理实践研究，学者们发现部分公共资源腐败治理能够有效减少腐败现象。崔雯雯和郑伟等（2018）基于面板数据实证分析国家审计的腐败防治与决策支持效果，发现国家审计能够有效防止权力滥用、促进资源的有效配置，从而服务于国家治理。因此，腐败的预防应更多地依靠专业审计人员对政策漏洞提出的改进性建议，从根本上抑制腐败。重视审计建议的作用，改变重收缴移送、轻审计建议的现象。强化审计机关与其他部门的协作配合机制，提升腐败威慑效果。② 应千伟和杨善烨等（2020）从代理成本角度研究了国有企业腐败治理的有效性。内部代理问题因较长的代理链条监管不足、缺乏市场化的薪酬激励而被视为国有企业腐败的根本原因。然而腐败治理能够有效降低国有企业代理成本，这种腐败抑制作用主要体现在腐败程度较高、腐败治理力度较大地区的企业里以及高管晋升预期较大的国有企业。③

同时，也有研究表明公共资源腐败治理效果并不显著，且腐败治理机制还存在较大问题。国有企业腐败对国有资产的侵蚀，是导致公共资源浪费流失的重要原因。徐莉萍、陈宇璇等（2018）基于费用归类操纵视角的"八项规定"与国企腐败实证考察发现，"八项规定"的实施并没有起到约束公款消费和较少浪费的效果。因为国有企业存在利用会计科目进行费用归类操纵的隐性腐败账务处理现象，即国有企业会利用非敏感性会计科目隐蔽公款消费，且高管腐败程度高的国有企业是费用归类操纵的重灾区。④ 柳学信、孔晓旭等（2019）认为国有资本监管体制尚存在法律体系不完善、多头监管和政出多门、监管越位缺位和错位、监管过程中权责不对等一系列亟待解决的问题。新时代全面深化国有资产监管体制改革，应以管资本为主推动改革，完善市场机制在资源配置中的决定性作用，重点完善国有资本授权经营体制。⑤

---

① 林晓霞.腐败预防：基于公共资源市场化的视角［J］.东南大学学报（哲学社会科学版），2010，12（S2）：129-131.

② 崔雯雯，郑伟，李宁.国家审计服务国家治理的路径——基于 2003—2014 年间 30 个省（自治区、直辖市）的实证检验［J］.江西财经大学学报，2018（2）：38-47.

③ 应千伟，杨善烨，张怡.腐败治理与国有企业代理成本［J］.中山大学学报（社会科学版），2020，60（6）：171-190.

④ 徐莉萍，陈宇璇，张淑霞.基于费用归类操纵视角的"八项规定"有效性研究——来自中国上市公司的证据［J］.广东财经大学学报，2018（4）：38-50.

⑤ 柳学信，孔晓旭，牛志伟.新中国 70 年国有资产监管体制改革的经验回顾与未来展望［J］.经济体制改革，2019（5）：5-11.

（三）公共资源管理的国外研究

1. 公共资源管理的市场化配置研究

（1）市场化促进公共资源配置效率

私有化是公共资源管理与配置市场化的一种形式，道格拉斯·C. 诺斯（Douglass C. North，1971）和罗伯特·P. 托马斯（Robert Paul Thomas，1971）在通过私有化合理性论证后提出公共产权很难对人的行为产生激励，而私权由于可以带来明确的回报从而会对人们产生更大的正向激励。① 史密斯（2012）认为要解决自然资源的公地悲剧问题，利用私有财产制度代替公共财产制度是唯一的方法。② 克拉克·C. 基伯森（Clark C. Gibson，2002）等认为产权对于自然资源政策至关重要，产权私有化将确保用户有动力来更好地管理资源。③ 凯瑟琳·M. 塔克（Catherine M. Tucker，2010）通过借鉴洪都拉斯西部的一个土著社区的研究成果，发现当稀有或稀缺的"私人物品"成为人们的生计和文化不可或缺的一部分时，这个时候公共资源管理方式就是有效的。④ E.S. 萨瓦斯（E. S. Savas，2002）指出，作为新公共管理核心的民营化理论，还应倡导依靠民间机构，较少依赖政府，利用多样化的所有制与运作关系实现公共利益的公平分配。而实践也证明，无论是发达国家还是发展中国家，公共资源的"市场化"配置机制几乎是与生俱来就优越于传统的配置模式。⑤ 阿里·A. 奥玛纳（Ali A. Al-Mana，2020）等通过对国有石油公司和私有石油公司运营效率的比较分析发现，私有石油公司的表现相对优于国有石油公司。尽管研究中发现存在国有石油公司与私有石油公司效率不相上下的情况，但是整体而言，股东所有的公司一般比国家企业表现得更好，私有化更有利于提高管理业绩和效率。这是因为国有石油公司除了履行商业义务外，还必须履行国家的非商业目标，

---

① NORTH D C, THOMAS R P. The Rise and Fall of the Manorial System：A Theoretical Model［J］. The Journal of Economic History，1971，31（4）：777-803.

② SMITH R J . Resolving the Tragedy of the Commons by Creating Private Property Rights in Wildlife［J］. Cato Journal，2012，1（2）：439-468.

③ GIBSON C G，LEHOUCQ F E，WILLIAMS J. T. Does privatization protect natural resources? Property rights and forests in Guatemala［J］. Social Science Quarterly，2002，83（1）：206-25.

④ TUCKER C M . Private Goods and Common Property：Pottery Production in a Honduran Lenca Community［J］. Humman Organization，2010，69（1）：43-53.

⑤ E·S. 萨瓦斯 . 民营化与公私部门的伙伴关系［M］. 中文修订版 . 周志忍，等译 . 北京：中国人民大学出版社，2002：4-5.

一定程度上影响了公司运营效率。①

（2）私有化抑制公共资源配置效率

国外部分学者对公共资源管理与配置市场化中的私有化进行了反思性研究。奥斯特罗姆认为私有化并不是灵丹妙药，在私有化的过程中，如果对确定合同和监督合同执行的政府部门的监督不够，预期的合同竞标人之间的竞争可能很弱，政府合同很可能变成一种任人唯亲的利益授予，承包者的生产效率可能和公共部门的一样低。更由于存在寻租的激励，寻租和腐败等策略行为也很容易发生。② 托德·桑德尔（Todd Sandler，2010）指出，如果政府不能采取有效的措施来监测和限制公共资源的使用，公共资源的私有化会导致资源的过度使用。③ 有学者通过对 21 世纪初兴古河源头的"Y Ikatu 兴古运动"的分析，发现尽管土地等公共资源私有化管理有利于农业企业扩张和经济发展，却造成了严重的森林砍伐和环境破坏。为了扭转公共资源的持续恶化趋势，需要以合作网络的形式促进政府和多元社会组织力量共同恢复和治理保护区内的河岸森林、湖泊泉水及相关的植被等自然资源。阿里尔德·瓦顿（Arild Vatn，2018）分析环境治理领域的资源管理私有化和市场化机制，指出公共资源管理私营化和市场化在国家扶持下呈迅速发展和扩张的趋势，然而私有化和市场化管理还存在诸多挑战，它在降低服务提供成本方面的效果并不显著。如行动者动机和高昂的资源交易成本可能会影响资源配置和公共服务效率，甚至阻碍市场的建立，进一步增加公共控制的难度。④马塞拉·G. 瑞瓦斯（Marcela G. Rivas，2021）等通过分析当地水资源私人管理的失败案例，指出建立水资源私有化应当重视重建社区的信任，倡导在治理中增加透明度和问责制，因为居民行为在阻碍私有化方面发挥了关键作用。⑤

① AL-MANA A A，NAWAZ W，KAMAL A，et al. Financial and operational efficiencies of national and international oil companies：An empirical investigation ［J］. Resources Policy，2020，68：101701.

② 奥斯特罗姆，施罗德，温. 制度发展与可持续激励：基础设施政策透视 ［M］. 陈幽弘，谢明，任容，译. 上海：上海三联书店，2000：241-242.

③ SANDIER T. Common property resources：privatization，centralization，and hybrid arrangements ［J］. Public Choice，2010（3）：317-324.

④ VATN A. Environmental governance——from public to private？［J］. Ecological economics，2018，148：170-177.

⑤ RIVAS M G，SCHROERING C. Pittsburgh's translocal social movement：A case of the new public water ［J］. Utilities Policy，2021，71：101-230.

（3）私有化对公共资源配置效率的不确定性

部分研究表明，私有化对公共资源配置效率的作用效果具有不确定性。例如，有研究运用动态模型研究资源私有化的分配效应，研究发现无论是否有折扣，私有化并不总是改善帕累托。与开放获取资源相比，当私人使用权平均分配时，穷人的处境会更加恶化。这些条件意味着，如果自然资源有足够的生产力，私有项目机会不平等程度较低，并且没有折扣，私有化将改进帕累托。一旦考虑到过渡到新的稳定状态期间从资源集中获得的收入减少，私有化就仅仅对生产性很强的自然资源和低贴现率的穷人而言是可取的。① 在自然资源的私有化上，个体可转让配额（individual transferable quote）是赋予自然资源私有产权的方式之一，有学者认为自然资源的私有化并不是必然会导致资源的可持续性开采而承担短期成本的保守主义倾向，因而，需要充分考虑自然资源私有化所面临的问题。渔业开发商对澳大利亚五个鲍鱼渔场的案例进行研究后发现，拥有私有产权的渔民与那些没有私有产权的渔民相比，在自然资源管理的主观认识上并没有呈现出更多的保守主义倾向，即在资源的开采上保持克制。从激励的效果来看，与资源开采相关的原料和物理成本对可持续开采行为产生重要的激励作用，这些激励相对于孤立的私有产权制度，更有助于激发管理工作中的保守主义行为。②

2. 公共资源管理的定价方式研究

（1）公共资源的定价方法

近年来，国外学者对公共资源管理与配置的定价方式相关内容的研究，主要针对俱乐部产品定价方法进行研究。尤舒萨格等人研究了不同供给者关于两部定价法的价格和数量竞争在俱乐部产品（club goods）③、地方公共资源等领域的应用。这种广义的两部定价模型不仅提供了多种模型的合成，并能在均衡价格时获得几种新的结果。④ 也有学者模拟了一个个体可能属于多重俱乐部并且俱乐部大小是任意的俱乐部经济，介绍了均衡价格和核心理念以及交流成本。这

① OKONKWO J U，QUAAS M F. Welfare effects of natural resource privatization：a dynamic a-nalysis［J］. Environment and Development Economics，2019，25（3）：1-21.

② GILMOUR P W，DAY R W，DWYER P D. Using Private Rights to Manage Natural Re-sources：Is Stewardship Linked to Ownership?［J］. Ecology and Society，2012（3）：1.

③ 介于纯公共产品与私人产品之间的产品，称为俱乐部产品。俱乐部产品是指由那些受益人相对固定的、通过俱乐部形式组织起来的利益共同体所提供的俱乐部公益性产品。

④ YOSHITSUGU J，INOUNE K，NAKAOKA M. Fuzzy autotuning scheme based on α-parame-ter ultimate sensitivity method for AC speed servo system［J］. IEEE Transactions on Industry Applications，2000，36（2）：492-499.

一理念考虑到背离特定的结果会产生小的通信成本。其认为在给定通信成本时，对于所有足够大的经济体核心是非空的，并且采取平衡价格的结果集合是和核心相等的。① 皮特、诺曼等学者侧重研究了个体参数是私人信息的排他性公共资源的定价和供给的相关问题，在使用私人信息的模型中，他们研究了排他性公共资源的有效供给，这种供给水平是渐进确定性的，使得提供固定数量产品和收取定额的准入使用费有可能近似最优机制。一般来说，固定收费涉及三级价格歧视。② 他们的主要贡献在于指出了在价格歧视能力没有外在限制时，可以证明再大的经济体中简单的价格方案，三级价格歧视和平均成本定价是合理的。另有学者研究了大的经济体系中，关于个体参数是私人信息的排他性公共资源的功利主义福利最大化问题，指出如果不平等的反感很大时，最优分配涉及使用入场费，以使资源在从公共资源中受益多的和受益少的人中重新分配。③

（2）公共资源定价中的公民意愿

公共资源定价不仅仅是国家和政府部门的意愿，更要充分考虑公民意愿，获取公民和社会支持有利于提高公共资源配置效率和管理效能。有学者通过分析民众对道路收费的接受程度，发现反对道路收费的公民群体也具有多元化观点、信念和态度，要制订合理的道路定价方案必须在充分沟通的基础上不断进行微调与整合，这有助于减少公众反对，提高资源配置效率。④ 亚历山德罗斯·尼基塔斯（Alexandros Nikitas，2018）等研究了老年人对道路收费的接受程度，发现环境价值和生产能力是支持道路收费的主要驱动因素，公平价值是反对道路收费的主要驱动因素。此外，其文章强调了对道路收费进行包装的必要性，指出在制定道路收费价格时要将公民视为"社会影响者"，对其保持对等交流，通过定制咨询、亲社会品牌、实施前试验、明确行政角色、透明度和"政治耐

① ALLOUCH N A，WOODERS C W B．Price taking equilibrium in economies with multiple memberships in clubs and unbounded club sizes［J］．Journal of Economic Theory，2008，140（1）：246-278.

② PETER N．Efficient Mechanisms for Public Goods with Use Exclusions［J］．Review of Economic Studies，2004，71（4）：1163-1188.

③ CHRISTIAN M，STEFAN S，ANJA H P，et al．Expression and function of somatostatin receptors in peripheral nerve sheath tumors．［J］．Journal of Neuropathology & Experimental Neurology，2005（12）：1080-1088.

④ KRABBENBROG L，MOLIN E，ANNEMA J A，et al．Public frames in the road pricing debate：A Q-methodology study［J］．Transport Policy，2020：93（c）：46-53.

心"等将定价政策包装成为公众满意的形式。① 斯里尼瓦斯·帕里南迪（Srinivas Parinandi，2018）等通过对亚利桑那州当选的公共事业委员会的电价制定进行研究，分析了经济、公民投诉、工业和利益集团游说对电价决定的影响作用，发现当通胀上升和公民投诉增加时，委员们会回应选民，并设定有利于消费者的电价；而工业和利益集团的游说对电价制定没有显著的影响。② 还有学者通过分析中国医改的综合定价效果，发现患者对医疗资源定价的评价不如政府主导的评价积极。从患者视角来看，医疗服务费用和药品费用水平仍然较高，总体医疗费用没有变化或增加。③ 大卫·克林尼特（David Klenert，2018）等从政治支持角度研究碳资源定价，指出通过适当增加收入，提高公众对碳定价的接受程度，可以弥合实际碳价格与期望价格之间的差距，因为收入的增加有利于从效率和公平角度增进政治信任。④

3. 公共资源管理的腐败治理研究

（1）公共资源管理的腐败现状

阿门·A. 阿尔钦（Armen A. Alchian，1977）指出，国家作为公共资源抽象的拟制性人格，产权呈现出模糊性、象征性的特征。现行公共资源的产权系统，除去抽象的国家所有权外，产权边界极为模糊。利益主体不仅呈现出多元化的倾向，而且多为具体管理权力的化身。这就导致了公共权力在向市场利润渗透的过程中，管理部门及其下属容易出现管理权限与利益的纠纷，也就为寻租腐败以及滥用职权埋下了隐患。⑤

有学者认为公共资源配置中的腐败问题，集中表现为资源分配的垄断化倾向。由于公共资源的所有权主体虚位，其实际产权行驶就通过"行政化委托—代理"模式运营，实际产权经营被制度化为"地方政府—职能部门—各级官员—具体实施者"模式，而且制度供给与市场规则难以遏制上述各个环节中的

① NIKITAS A , AVINERI E, PARKHURST G. Understanding the public acceptability of road pricing and the roles of older age, social norms, pro-social values and trust for urban policy-making：The case of Bristol ［J］. Cities，2018，79：78-91.

② PARINANDI S , HITT M P . How Politics Influences the Energy Pricing Decisions of Elected Public Utilities Commissioners ［J］. Energy Policy，2018，118：77-87.

③ WANG Y, ZHANG Y, MA C , et al. Limited effects of the comprehensive pricing healthcare reform in China ［J］. Public Health，2019，175：4-7.

④ KLENERT D, MATTAUCH L, COMBERT E , et al. Making carbon pricing work for citizens ［J］. Nature Climate Change，2018，8：669-677.

⑤ ALCHIAN A. Some Economics of Property Rights ［M］. Indianapolis：Liberty Press，1977：49-127.

寻租行为。因此，公共资源的配置过程并非完全遵照市场规律，而是呈现出垄断化的格局，并且这种因素垄断化而引致的资源配置"部门化"现象也越来越严重。①

公共资源腐败已经对公共资源管理效率产生了广泛影响。实践表明，公共资源腐败具有较强的负外部性。公共资源腐败过程中的管理特权引发制度腐败，从而造成公共资源垄断和配置不当，对生态效率和经济效率产生负面影响。部分学者探讨了腐败、资源配置和生态效率之间的关系，发现腐败和资源配置不当均对生态效率产生负面影响。具体分析表明，资源错配具有中介作用，腐败会直接降低生态效率，但也会通过加剧资源的错配进而负向影响生态效率。② 此外，公共资源腐败还会对经济效率产生负面影响。公共资源配置中的公共资源租金必然会引发严重的制度性问题，广泛涉及贪污腐败、法律正义问题、行政效率低下、监管问责不足以及政治不稳定，这些制度问题的负外部性还会破坏市场环境、制约经济发展，导致人均 GDP 的波动、物质和人力资本积累水平较低。

（2）公共资源腐败的成因

对于公共资源管理与配置过程中滋生的腐败行为，可从内、外因两个方面进行归纳。关于公共资源管理腐败的内因研究方面，学界指出行业准入机制的不完善是导致公共资源管理与配置中的腐败行为产生的重要原因。尽管完善的行业准入制度是确保公共资源管理与配置有效进行的保障，但是在具体的制度制定与实施过程中，作为主导者的政府机关，极可能因部门利益而设置不同的行业准入标准进行寻租。伯恩哈德·赖恩斯贝格（Bernhard Reinsberg，2020）等通过分析国际货币基金组织的相关数据，发现国际货币基金组织要求国有企业私有化，使得国家和政府机构对腐败行为的控制能力减弱。私有化创造了更多寻租机会，造成高度集中的租金，增加了腐败风险，同时在寻租精英中创造了削弱国家能力的动机。这就导致了制度弱化和腐败加剧的恶性循环，这种恶性循环很难打破，因为腐败是一种集体行动困境。因此，腐败治理应避免大规模私有化，特别是在制度责任薄弱的情况下。③

① PEJOVICH S. The Economic Analysis of Institutions and Systems ［M］. Boston：Kluwer Academic Publishers，1995：44.

② WANG S，ZHAO D，CHEN H. Government corruption, resource misallocation, and ecological efficiency ［J］. Energy Economics，2019，85：104573.

③ REINSBERG B，STUBBS T，KENTIKELENIS A，et al. Bad governance：How privatization increases corruption in the developing world ［J］. Regulation & Governance，2020，14（4）：698-717.

外因研究的学者们认为，国家经济高速增长、政府规模迅速膨胀以及政府支配权力逐渐加强，会导致公共资源集中，由此产生垄断、滋生腐败行为。① 一般认为，资源丰富的国家比资源贫乏的国家更容易发生寻租行为。然而，现实中并非所有资源丰富的国家都存在普遍的腐败现象。为了解释这个问题，娜塔莎·S. 内多费尔（Natascha S. Neudorfer，2018）提出自然资源（例如，矿产的枯竭）和腐败之间的关系取决于该国经济发展状况和政治制度的差异（民主和专制）。实证分析结果表明，贫穷、专制、资源丰富的国家比富裕、民主、资源丰富的国家更容易发生腐败。因此，一个国家的政治和经济条件是揭示自然资源财富和腐败之间关系的重要变量。②

（3）公共资源腐败的治理机制

有关公共资源管理与配置的腐败规制，科斯指出，稀缺资源的配置就是对使用资源权利的安排，价格决定问题，实质是产权界定及采取何种形式的问题。在此，科斯指明了公共资源配置的核心，即产权界定及实现形式。基于此，他倡导要明确界定公共资源的产权主体、客体并分解产权属性，通过法定条件进行资源收益的配置，削弱配置权的垄断势力，通过市场机制，规范行政自由裁量权，防止资源与权力高度集中，从而规避寻租。③ 此外，从公共资源民营化的角度规制腐败，派伊丁·弗丽娅（Apaydin Fulya，2018）从非民主视角考察政治机构在腐败监管中的重要作用，并指出非民主制度也能够培育独立和自主的监管机制。研究结果显示，在经济发展过程中，政府建设和政治竞争影响渗透到金融市场建设中，这使得那些不具备自由民主资格的国家的政治竞争类型在市场交易监管中发挥着强大的作用。特别是独裁政权的政治竞争类型由于具有较高程度的自治权，能够对监管产生更深刻的影响。④ 劳拉·瑞姆赛特（Laura Rimšaité，2019）通过分析能源部门的腐败行为发现，能源部门产生腐败问题很大程度上是由于资源位置、公共采购和政治决策的垄断性质。因此，降低能源

① GLAESER E L, SHLEIFER A. The rise of the regulatory state［J］. Journal of Economic Literature, 2003, 41（2）：401-425.

② NEUDORFER N S. Commodities and corruption——How the middle class and democratic institutions lead to less corruption in resource-rich countries［J］. Resources Policy, 2018, 58：175-191.

③ 科斯, 阿尔钦, 诺斯. 财产权利与制度变迁——产权学派与新制度学派译文集［M］. 刘守英, 等译. 上海：上海人民出版社, 1994：204-205.

④ FULYA A. Regulating Islamic banks in authoritarian settings：Malaysia and the United Arab Emirates in comparative perspective［J］. Regulation & Governance, 2018（4）：466-485.

腐败发生率建议提高能源管理的透明度，在敏感领域加强能源腐败的预防机制。①

四、研究评价

从国内外对公共资源管理的研究中可以看出，公共资源管理研究所涉及的学科广泛，已经积累了丰富的研究成果。尤其是对市场配置、政府规制以及自主治理的公共资源管理的相关研究，具有深刻的理论意义和实践价值。但是，公共资源管理的既有研究之间的争论表明，公共资源管理研究依然有进一步拓展的空间和必要性。

首先，公共资源管理研究积累了丰富的理论成果，主要包括以命令控制为基础的政府规制理论、以私有产权为基础的市场化管理理论、以公共池塘资源为基础的自主治理理论以及以社会资本为基础的网络治理理论。公共资源管理的政府规制途径以公共资源管理端外部性和市场失灵为前提基础，将具有强制性权威的公共政策安排视为解决"公地悲剧"和集体行动难题的最佳方案。主张通过禁止性和惩罚性权力与征税权力制约浪费和破坏公共资源的行为，通过健全的公共资源管理体系和法规制度体系提高公共资源管理效率。事实证明，政府规制途径在一定程度上缓解了公共资源管理的外部性矛盾。公共资源管理的市场化途径认为公共资源管理的外部性来源于交易费用，只要创立私有产权制度就能够通过市场化途径将公共资源管理的外部性问题内部化，依靠市场机制调节供需平衡，以此实现进行公共资源的合理配置。许多农牧场通过私有化确实达到了良好的治理效果。公共资源管理的新制度主义途径认为在没有政府和市场介入的情况下也能够实现公共资源管理。在公共资源管理中，只要群体成员意识到合作的必要性，借助彼此之间的密切关系、共同的价值、信念，以及社会中实际存在的声望、信誉、舆论等约束因素，从内部形成一个具有有效约束力的合作机制是能够实现有效资源管理的。实践证明，自主治理比政府和市场途径更容易达成合作，具有更突出的优势。公共资源管理的社会资本途径将公共资源治理的绩效水平归因于社会资本存量的高低，各治理主体之间形成相互信任、紧密连接的社会交换网络，并构建畅通的公众参与渠道，通过民主监督和利益表达机制的约束，就能够实现公共资源管理的有效合作治理。上述公共资源管理的政策途径研究为公共资源管理提供了坚实的理论基础。

---

① Rimšaité L. Corruption risk mitigation in energy sector：Issues and challenges ［J］．Energy Policy，2019，125：260-266.

其次，公共资源管理研究探讨了不同领域的实践成果，检验了公共资源管理理论的有效性。公共资源管理在资源配置的市场化、公共资源定价以及公共资源的腐败治理领域积累了丰富的实践成果。关于公共资源配置的市场化研究，主要在海域资源、教育资源以及土地资源领域的市场化实践较为丰富。但是不同研究对于市场化机制是否能够有效配置资源得出不同结论，一部分学者主张推动特定领域公共资源管理从以政府机制为主转向以市场化机制为主，着力加强公共资源的市场化建设；另一部分学者则认为，公共资源管理无法脱离政府机制而依靠市场机制独立运行，需要政府机制和市场机制同时发挥各自优势，主张实行公共资源的半市场化配置。需要指出的是，市场机制在公共资源配置实践中还存在诸多困难有待进一步解决。关于公共资源的定价方式研究，普遍认为合理的公共资源定价是资源配置市场化的先决性条件，公共资源定价应遵循公平效率原则，并且人们通过实践探索出不同的公共资源定价方法。然而许多公共资源定价的实践案例表明，公共资源定价涉及复杂的环境因素和多元利益关系，定价问题不仅仅是技术问题，更是管理和政治问题，公共资源定价难度远超预期。关于公共资源管理的腐败治理研究，普遍认为资源富集性和权力资本化是引发公共资源腐败的根本原因，必须通过完善公共资源管理机制和制度机制遏制公共资源交易过程中的权力异化和腐败现象。然而腐败治理实践表明，各种公共资源腐败治理途径对腐败的遏制效果有限，公共资源腐败治理问题仍有待深入探索。

再次，公共资源管理研究也表明了各种理论范式在实践指导方面仍然存在较大的差异性，但是从另一个角度来看，理论与实践之间的矛盾不仅有助于发掘公共资源管理中存在的新问题，也能够为推进公共资源管理研究提供新方向。具体而言，现有理论表明市场化管理无法回避市场失灵问题，以及市场化能否起到预期的作用。政府规制则必须要面对高额的执行成本和政府失灵，因为政府规制假定政府具有超强的信息搜集和处理能力，并且决策者是明智和出于公心的。自主治理应用的范围和条件比较苛刻。自主治理最重要的在于界定明晰的边界和资源利用者严格遵守制度规范，但是在实际进行公共资源管理的过程中，具备这样条件的公共资源并不是很多，个体追求自己利益最大化的结果，往往会导致个体在公共资源管理中不能严格按照制度的约定去执行，导致公共资源管理的混乱。社会资本途径的公共资源管理同样存在难以适应现实的困境。现代化市场经济的发展逐渐催生了个体化社会，个体行为趋于理性（功利）最大化，人际关系趋于淡漠，在此社会背景下很难保证个体、团体、社会的利益一致性，从而难以轻易达成网络合作。上述理论问题为公共资源管理的进一步研究提供了创新空间。

最后，在关注公共资源管理研究内部理论问题的同时，也应该看到经济社会发展新趋势为公共资源管理带来的契机。在全球日益一体化的大趋势下，跨国公共资源管理也逐渐进入学者的视野。但是由于跨国公共资源的复杂性，公共资源边界的不清晰，此类公共资源的管理也同样面临着"公地悲剧"的考验。尤其是大数据时代的来临，数据资源越来越成为重要的公共资源，如何把这类公共资源管理好是一个重大的理论和现实问题。更进一步说，在全面建设现代化国家的进程中，如何把政府、市场与个人紧密地结合起来，共同推动公共资源管理体系和管理能力现代化，是值得进一步探究的重大理论与实践问题。

第二章

资源与公共资源辨析

公共资源管理本质上是要解决稀缺性资源分配中的利益冲突，通过一定的规则和方式缓解公共资源分配中的矛盾，提升公共资源配置的效率与公平性。有效的公共资源管理，必须首先界定公共资源的科学内涵，相较于广义上的资源，公共资源具有"公共"的价值属性和"公有"的产权属性。本章旨在厘清资源与公共资源的概念、特征与分类，阐明公共资源的作用，分析资源、资产与资金的良性循环等。

一、资源的概念与分类

（一）资源的概念

资源（resources）是一个历史的、可变的经济范畴，是人类生产实践的物质基础和一切经济活动最原初的物质来源。换句话说，资源是创造一切社会财富的源泉。《辞海》将资源的定义表述为："生产资料或生活资料的来源"①。国外权威词典《韦氏新通用词典》（*Webster's New Universal Unabridged Dictionary*）将资源（resources）定义为："①一种供应、支持或者援助的来源，尤其是作为一种储备而存在；②一个国家的集体财富或者生产财富的方式；③通常包括物力、资金或者可以转化为资金和资产的所有权"。②

卡尔·马克思（Karl Marx）认为创造社会财富的源泉是自然资源（土地）和劳动力资源。他在资本论中写道："劳动并不是它所生产的使用价值即物质财富的唯一源泉。正像威廉·配第（William Petty）所说，劳动是财富之父，土地是财富之母。"③ 恩格斯（Friedrich Engels）也明确指出："劳动和自然界在一起

---

① 辞海编辑委员会. 辞海 ［M］. 第六版缩印本. 上海：上海辞书出版社，2010：2540.
② WEBSTER M. Webster's New Universal Unabridged Dictionary ［M］. Library of Congress Cataloging in Publication Data, 1999：1221.
③ 马克思. 资本论（第一卷）［M］. 中共中央马克思恩格斯列宁斯大林著作编译局，译. 北京：人民出版社，1975：57.

才是一切财富的源泉，自然界为劳动提供材料，劳动把材料转变为财富"①。可见，在他们看来，资源包括劳动力资源和自然资源两个基本要素，体现了人与自然界之间的物质变换关系，即社会生产力诸要素之间的关系。从这个意义上说，自然资源作为客观存在的实体，只有与人类社会相结合才能为人类创造社会财富，成为社会财富的源泉。此外，在人类基于客观存在的自然资源并通过劳动创造社会财富的同时，基于其自身的生存和发展需要，不断改进和创造新的生产工具（科学和技术），使得可供人类社会利用的自然资源的内涵与外延得以不断深化，因此，资源是一个可变的历史范畴。

在学术领域，学者基于不同的研究视角，对资源的概念进行了界定。例如，在经济学中，资源被认为是生产过程中所使用的投入，一般可分为自然资源、人力资源和加工资源。② 而在资源学中，学者对资源的定义更加细致。郑佩昭（2013）认为，"资源是指一国或一定地区内拥有的物力、财力、人力等各种物质要素的总称，分为自然资源和社会资源两大类。前者如阳光、空气、水、土地等，后者包括人力资源、信息资源以及经过劳动创造的各种物质资源"③。胡跃龙（2015）认为，"资源是受一定时间定义域与一定空间定义域约束的经济发展不可或缺的生产要素的集合（资源集），或者说，凡是直接影响经济发展的物质与非物质的因素，都可以统称为资源。资源的外延可以是有形的自然资源、人力资源，也可以是资产、资金等财政金融资源，还可以是制度安排或文化传统等非物质资源"④。因此可以看出，资源的本质是一种生产或生活要素，它既包括自然存在的部分，也包括人类社会在与自然互动的过程中创造的内容，它可以是有形的实体存在物，也可以是无形的虚拟权力域，它是历史的、区域的、多样的。

在法律法规层面，我国目前并没有对资源这一概念做出明确的定义，而是直接把资源当成一种锚定的后缀名词使用。例如，《中华人民共和国矿产资源法》以及《中华人民共和国环境保护法》中与"环境"界定对应的影响人类生存与发展的各种天然的和经过人工改造的自然因素的总体，包括大气、水、海

---

① 中共中央马恩列斯著作编译局. 马克思恩格斯文集（第一卷）[M]. 北京：人民出版社，2009：550.

② 蒙德尔，迈尔斯，沃尔，等. 经济学解说（第3版·上册）[M]. 胡代光，译. 北京：经济科学出版社，2000：4.

③ 郑佩昭. 自然资源学基础 [M]. 青岛：中国海洋大学出版社，2013：21.

④ 胡跃龙. 资源博弈：工业化与城市化经济发展资源支撑研究 [M]. 北京：中国发展出版社，2015：12.

洋、土地、矿藏、森林、草原、湿地、野生动物、自然遗迹、人文遗迹、自然保护区、风景保护区等，以及城市和农村都可默认归为资源。

本书认为，资源是指自然界和人类社会中客观存在或者人类社会创造的一切能够推动人类社会进步的有形或无形的生产要素集合。按照属性划分，资源可分为自然资源与社会资源；按照形态划分，资源可分为物质资源与非物质资源；按照所有权划分，资源可分为私有资源与公共资源。从这个意思上说，公共资源是按所有权属性划分基础上作为资源的一个子集而存在的。

（二）资源的特征

资源的种类复杂多样，不同资源有其各自的特有属性，但各种资源也存在一些共同特征。正确认识资源的特征是进行资源探测、评估、开发利用和科学管理的前提。从自然界客观存在的物质资源及人类与自然互动所衍生出的社会资源来看，资源的特征大体包括了自然属性和社会属性，具体表现为系统性、层次性、区域性、多用性、稀缺性（有限性）、增值性等特点。

1. 系统性

系统性是指各种资源的相互依存、相互影响关系共同构成了整个资源系统，它是一个层次分明的整体，不同类型的资源处于不同层级，具有一定内在秩序。以气候资源为例，一直以来，由于人类过度依赖石油、煤炭等化石燃料来提供生产生活所需要的能量，导致二氧化碳等温室气体大量排放，引发了全球气候变暖，而气候变暖则进一步导致冰川融化、海平面上升，沿海地区被淹没，生物多样性遭到毁灭性打击。同样，矿产资源的过度开采也必然导致地表植被破坏，水土流失严重。自然界各类资源是一个相互依存、相互影响的有机整体，不能将它们割裂对待。资源的系统性决定了人类在开发利用资源的过程中，必须基于资源的客观状态属性，避免因为资源系统中的某些成分改变而影响整个资源环境及其内部结构，从而导致资源的系统性破坏。

2. 层次性

资源的层次性主要表现在资源的范围和结构两方面。以人类所处的地球为例，在空间范围上，可将地球分为地下层、地表层和大气层三个层次。地下层包括矿产资源、地下水资源等；地表层有土地资源、地表水资源、动植物资源等；大气层则有空气。从资源结构方面来看，整个资源系统是由单个资源逐步组成的。如矿产、地表水、气候等资源共同构成了自然资源；而矿产资源又包括金属矿产、非金属矿产和能源矿产等，地表水资源包括江、河、湖、海等，气候资源包括气温、降水、光热等。

3. 区域性

区域性是指资源的空间分布不均衡。不同地区的资源储量和种类大不相同，有的地区资源丰富多样，有的地区资源贫乏且类型单一，各地区资源在空间分布上的不均衡遵循着不同的自然规律。以我国为例，受水分循环的影响，从东南沿海到西北内陆，降水量逐渐减少，形成了区域性的植被形态（森林、森林草原、草原、沙漠）；我国又是一个南北跨度巨大的国家，随着太阳辐射热量在地球表面的纬度递变规律，从南海到我国东北，形成了热带雨林、亚热带季风、温带季风、寒带等不同的气候条件；受地壳活动影响，形成了不同的地形地貌，而由此蕴藏和衍生出不同的资源类型。由于自然资源分布存在显著的区域性特征，因此人类与自然资源交互中也形成了不同的社会经济条件和技术工艺，同样具有明显的区域性特征，这就要求人类社会在开发资源过程中要因地制宜，充分考虑区域自然环境和社会经济特点，只有将开发和保护并行，做到科学规划和可持续利用，才能发挥资源的经济效益、环境效益和社会效益。

4. 多用性

某类资源具有多种功能和用途称为资源的多用性。例如，土地资源既可以用来种植农作物，也可以用来规划基础设施建设和房屋建设；水资源既可以用来养殖，也可以用以农业灌溉、工业生产和公众日常生活；森林资源既可以用作建筑材料，又可以涵养水源、保持水土、调节局部气候环境。当然，资源的多用性并不意味着所有的功能和用途都处于同等重要的位置，开发和利用资源应当权衡其为社会带来的效益和危害，坚持经济效益、社会效益和环境效益的统一原则进行合理规划，充分发挥资源的功能和效益。此外，资源开发利用过程中往往会面临一定的机会成本，一种资源用于某种用途时，一般会丧失用于另一种用途所能得到的效益，例如，在城市化发展过程中，城市边缘和农村地区大量耕作用地被工业、交通、住房等建设用地侵占，导致耕地面积减少和农作物减产。

5. 稀缺性

稀缺性指在一定的时空范围内，资源是有限的。这种有限性不仅体现在自然界资源本身的储量和种类上，还体现在人类对资源的利用上。换句话说，在一定时空范围内和一定技术条件下，可供人类利用的资源是有限的，但人类对物质需求的欲望是无限的，资源的有限性和人类需求的无限性的矛盾形成了经济学中所谓的资源稀缺性特征。随着现代科技的发展和人类对自然认识的水平不断提高，可供人类开发和利用的资源在不断拓展，例如，太阳能、风能、潮汐能等似乎具有无限性，取之不尽用之不竭，但在特定时期和一定技术条件下，能为人类提供的能力也是有限的，更不必说储存于地球表面的各类不可再生资源，即使是可再生资源，如土地、森林、水资源等，在一定时期内其可再生能力也有限。因此，人类开发利用一切资源都必须时刻警醒，从长计议，科学谋划。

6. 增值性

增值性是指资源可供人类社会利用并经过劳动加工赋予其价值，内含于资源中的劳动量越大，资源的附加价值就越大。随着人类社会生产力的发展和科技水平的不断提高，人类认识和利用资源的内涵和外延都在不断拓展，因此，资源的数量和质量都在增加，从而为人类社会带来更大的利用价值。

（三）资源的分类

在资源经济学中，大体按照属性把资源分为自然资源和社会资源两大类，其中，社会资源又包括经济资源和劳动力资源。

自然资源（natural resources）是指自然界中客观存在的、对人类社会有价值的实体，如土地、矿产、森林、水等，是能够为人类社会创造财富的一切自然物质和能量的总称[1]，它是人类社会生存发展的物质基础。联合国环境署将自然资源定义为，"在一定时间和一定条件下，能产生经济效益，以提高人类当前和未来福利的自然因素和条件"[2]。换言之，人在自然环境中发现的各类成分，只要它能够以任何方式为人类提供福利的都属于自然资源。从广义上来说，自然资源包括全球范围内的一切要素，它既包括过去进化阶段中无生命的物理成分，如矿物，也包括地球演化过程中的产物，如植物、动物、水、空气、土壤和化石资源等。当然，自然资源的内涵和外延也在不断拓展和深化，历史上人们不认为是自然资源的物质和能量，随着人类社会的进步和科学技术的发展，不断被纳入自然资源的概念范畴。

目前世界上尚未形成统一的自然资源分类系统，根据不同的研究目的和研究角度，可以形成不同分类方法，并且随着人类社会对自然资源认识的进一步深化，对自然资源的分类也处于不断更新变化之中。例如，根据在地球圈层中的不同分布，可以将自然资源分为矿产资源、土地资源、生物资源、水资源、海洋资源、气候资源等；根据资源循环性特点，可以将自然资源分为可再生资源和不可再生资源、耗竭性资源和非耗竭性资源、能重复利用的资源和不能重复利用的资源等；根据自然资源的用途，可以分为农业资源、工业资源、服务

---

① 彭补拙，濮励杰，黄贤全，等. 资源学导论［M］. 南京：东南大学出版社，2014：1.
② 李文华. 中国自然资源通典介绍［J］. 自然资源学报，2016（11）：1969-1970.

业资源等，但这一分类方法相对模糊，当一类资源同时用于农业、工业或服务业时，就很难对其进行科学归类。

社会资源（social resources）是在一定时间条件下，人类通过自身劳动在开发利用自然资源过程中所提供的物质和精神财富的总称。① 与自然资源不同，社会资源是人类活动的产物。社会资源也有广义和狭义之分，广义的社会资源一般包括经济资源和人力资源（劳动力资源）两大类，是人类社会生产发展过程中形成的一切物质资源和非物质资源，如人口资源、劳动力资源、资本资源、科学技术资源、信息资源、文化资源等；狭义的社会资源仅指人类劳动所提供的以物质形态而存在的人力资源和资本资源。值得注意的是，这里的社会资源与社会学中的概念不同，社会学中的社会资源通常是指由于人与人之间交往互动形成的社会网络。因此，同一词汇在不同学科范围具有不同的内涵与外延，由此导致的分类标准也大不相同。

二、公共资源的概念与分类

（一）公共资源的概念

公共资源是一个颇为笼统且极易混淆的概念，与公共经济、共有产权、公共物品、公共服务、社会福利等概念密切相关。由于不同学科研究公共资源问题的出发点和着力点不同，国内外学者分别从不同的研究视角对公共资源进行了解读，对公共资源的概念界定也是各取所需、各有侧重，尚未形成统一的公共资源定义。概括来讲，当前学术界对公共资源的概念界定主要从经济学、法学、公共管理学等三个学科视角展开。

1. 经济学视角

多年来，公共资源问题在经济学研究领域变得越来越重要，诸多学者基于其自身研究领域对公共资源的核心概念进行了界定。从表述上来看，"公共资源"（common resources/public resources）一词在英文语言系统中存在不同的表达和演绎，在中文译著中也有不同译法。例如，加勒特·哈丁（Garrett Hardin，1968）在《公地的悲剧》一书中有"the commons"的表述，普遍翻译为"公地"；埃莉诺·奥斯特罗姆（Elinor Ostrom，1990）在《公共事务的治理之道》一书中把"common pool resourse"被译为"公共池塘资源"；马克思主义学者戴维·哈维（David Harvey，2014）《叛逆的城市：从城市权利到城市革命》中"the commons"被译为"共享资源"；马克思主义学者和社会活动家迈克尔·哈特、安东尼奥·奈

---

① 彭补拙，濮励杰，黄贤全，等. 资源学导论［M］. 南京：东南大学出版社，2014：5.

格里（Michael Hardt，Antonio Negri，2015）《大同世界》中"the commons"译为"共同体"。尽管不同学者在具体研究语境中有不同表述，但"公地""公共池塘资源""共享资源""共同体"等的核心范畴都共同指向了公共资源。

在经济学中，公共资源（common resources）是指介于私有物和纯公共物之间的一种准公共物，是人们共同使用整个资源系统但分别享用资源单位的资源，具有受益的非排他性和消费的竞争性特征。资源系统中的每个成员都可以占有和使用，但每个成员所获取的资源单位却被内化为其个人或组织的利益，使得个人或组织使用资源的直接成本小于社会所需付出的成本，导致资源被过度使用。也正是由于公共资源的双重属性，成为公共资源消费中"搭便车"问题和"公地悲剧"产生的根源。

公共资源使用所产生的"公地悲剧"问题最初由美国学者加勒特·哈丁在《公地的悲剧》一书中提出。哈丁创设了一个公共牧场情境来说明对所有人开放的公共资源治理问题，认为在个人理性驱使下，每个牧人都会选择尽可能多地增加牲畜数量，从而获得更大收益，其结果是造成公共牧场退化。哈丁评论道："这是一个悲剧，每个人都被锁定进一个系统，这个系统迫使他在一个有限的世界无节制地增加他自己的牲畜，在一个信奉公地自由使用的社会里，每个人追求他自己的最佳利益，毁灭的却是所有人趋之若鹜的目的地"①。从其语境中我们不难看出，哈丁所指的"公地"是同时被许多人共同使用的一种公共稀缺资源，如公共牧场、公海资源、国家公园、江河流域、湖泊水体等。埃莉诺·奥斯特罗姆则在哈丁的研究基础上进一步提出公共池塘资源治理问题，对公共资源概念进行了深化，按照奥斯特罗姆的表述，所谓公共池塘资源指的是"一个自然的或人造的资源系统，这个系统大得足以使排斥因使用资源而获取收益的潜在受益者的成本很高（但并不是不可能排除），渔场、地下水流域、牧区、灌溉渠道、桥梁以及湖、海洋等都是资源系统"②。

哈特、奈格里（2015）所谓的公共资源（其研究中称"共同性"）首先是指物质世界的共同财富，如空气、水、大地产出的果实以及大自然；更重要的是他们将公共资源（共同性）视为社会生产的结果，如知识、语言、信息等③，可见哈特、奈格里所指的公共资源具有自然与社会双重属性。同样，哈维（2014）认为公共资源（其研究中的"共享资源"）不仅包括土地、森林、水、

---

① HARDIN G. The Tragedy of the Commons [J]. Science, 1968（162）：1243-1248.

② 奥斯特罗姆. 公共事物的治理之道 [M]. 余逊达，陈旭东，译. 上海：上海译文出版社，2012：52.

③ 哈特，奈格里. 大同世界 [M]. 王行坤，译. 北京：中国人民大学出版社，2015：2.

渔场等自然资源，还包括物质遗产、知识、文化资产等，他抛开公共资源的物质属性认为"公共资源（共享资源）并不是作为一种特定事物、资产甚至特定的社会过程建立起来的，而是作为一种不稳定的和可以继续发展的社会关系而建立起来的①"。这种社会关系是某个社会集团与决定其生存和生活状况的社会和自然环境之间的关系，只不过社会和自然环境可能是实际存在的，也可能是社会集团打算创造的②。

上述学者对公共资源的论述引发了学术界关于公共资源治理问题的讨论，并形成了三种主要路径。一是市场治理路径，主要强调通过市场运作的方式来解决公共资源消费中的"公地悲剧"问题。科斯最先在《社会成本问题》一书中提出著名的"科斯定理"就是旨在解决负外部性问题，即要解决负外部性问题，只要提高组织内部的资源配置效率，使得交易成本为零，就可以达到"帕累托最优"。科斯的研究引发了学术界对这一问题的深入讨论，并形成了一系列著名的理论，如威廉姆森的交易成本理论（Oliver Williamson，1975）③、哈罗德·德姆塞茨和阿尔钦的团队生产理论（Harold Demsetz，Alchian，1972）④、德姆塞茨的产权理论（1985）⑤、迈克尔·C. 詹森和麦克林的委托代理理论（Michael C. Jensen，Meckling，1976）⑥、桑福德·J. 罗斯曼和奥利弗·哈特的不完全合约理论（Sanford J. Grossman，Oliver Hart，1986）⑦ 等。这些理论的核心观点是在公共资源的治理问题上都秉持市场自发的资源配置方式可以使资源效率达到最优，正如史密斯（2012）所说，"把资源当作公共财产来对待，人类就会被锁定在难以自拔的毁灭之中，不管是对公共财产资源所做的经济分析还是哈丁关于'公地悲剧'的论断，无不表明在自然资源和野生动植物问题上避免公

① 哈维. 叛逆的城市——从城市权利到城市革命［M］. 叶齐茂，倪晓晖，译. 北京：商务印书馆，2014：74.

② 周文，陈翔云. 公共资源的马克思主义经济学研究［J］. 政治经济学评论，2018（1）：180-190.

③ OUCHI W.，WILLIAMSON O E. Markets and Hierarchies：Analysis and Antitrust Implications［J］. Administrative Science Quarterly，1977，22（3）：540.

④ ALCHIAN A A.，DEMSETZ H. Production，Information Costs，and Economic Organization［J］. IEEE Engineering Management Review，1972，62（2）：777-795.

⑤ LEHN K.，DEMSETZ K. The Structure of Corporate Ownership ：Causes and Consequences Kenneth Lehn［J］. Journal of Political Economy，1985，93（6）：1155-1177.

⑥ JENSEN M C.，MECHLING W H. Theory of the Firm：Managerial Behavior，Agency Costs，and Ownership Structure［J］. Journal of Financial Economics，1976，3（4）：305-360.

⑦ GROSSMAN S J.，HART O D. The Costs and Benefits of Ownership：A Theory of Vertical and Lateral Integration［J］. Journal of Political Economy，1986，94（4）：691-719.

共池塘资源悲剧的唯一方法，是通过创立一种私有财产权制度来终结公共财产制度。"① 二是政府规制路径，该路径认为仅仅依靠价格机制和产权界定治理公共资源问题可能会导致周期性失灵，因此应该充分发挥政府规制和管理的作用，以此替代私有产权和市场机制。政府规制路径的主要代表人物有哈丁（1978）②，他主张让政府管理公共资源可以有效避免"公地悲剧"。一些实证研究也表明，公共治理实践（市政效率）有助于提升公共资源应用效率。③ 三是自主治理路径，该路径的形成和发展主要建立在公共资源治理中的"市场失灵"和"政府失败"基础之上，主要代表人物就是前文所讲到的奥斯特罗姆，她从博弈论角度探索了政府和市场之外的自主治理公共资源的可能性。

2. 法学视角

法学领域大多从公共资源的共有产权属性（如所有权、使用权、经营开发权、收益权等）及其管理的层面进行讨论。王智斌（2008）认为公共资源指自然资源以外、基于有限准入的公共政策形成的稀缺资源，包括对航线航道、无线电频率等有限资源的使用权、限制利用市政资源形成的出租车营运牌照、公交线路以及政府保障垄断地位的公用事业经营权。④ 王克稳（2011）认为公共资源是指那些中央或地方政府利用国有自然资源进行建设开发或通过公共投资形成的、所有权归属中央或地方政府、供公共使用的资源。⑤ 欧阳君君（2012）在已有分析基础上，结合《行政许可法》的精神，认为公共资源是指国家建设开发或社会投资形成的、归国家所有且供公众使用的资源，以及在此基础上基于政策而衍生的资源。⑥ 蔡小慎、刘存亮（2012）认为公共资源属于国家和社会共有，具有公共性且范围广泛，主要包括工程建设招标项目和政府采购项目所使用的财政资金或国有资金，国有产权交易中的国有资产、国有土地使用权和采矿、探矿权，还包括市政公用事业及设施的冠名权、特许经营权、承包经

---

① SMITH R J. Resolving the Tragedy of the Commons by Creating Private Property Rights in Wildlife [J]. Cato Journal, 2012, 1 (2): 439-468.

② HARDIN G. Political requirements for preserving our common heritage [J]. Wildlife & America, 1978 (31): 310-317.

③ SANTOS R R D., ROVER S. Influence of public governance on the efficiency in the allocation of public resources [J]. Revista de Administração Pública, 2019, 53 (4): 732-752.

④ 王智斌. 行政特许的私法分析 [M]. 北京：北京大学出版社，2008：86.

⑤ 王克稳. 论户外空间资源的法律性质与户外广告设置中的权利 [J]. 江苏行政学院学报，2011 (6)：121-126.

⑥ 欧阳君君. 行政许可法中的"公共资源"界定及其合理配置——基于公物理论的分析 [J]. 城市问题，2012 (11)：49-55.

营权等。① 有的学者则通过列举而非定义的方式对公共资源进行阐释，例如，张春生、李飞（2003）认为公共资源包括各种市政设施、道路交通、航空航线、无线电频率等。②

除了上述学术领域对公共资源概念的界定外，在政府管理和立法层面，也涉及"公共资源"一词的使用和定义。例如，2003 年颁布的《中华人民共和国行政许可法》第十二条第二项规定，"有限自然资源开发利用、公共资源配置以及直接关系公共利益的特定行业的市场准入等，需要赋予特定权利的事项；"设定行政许可③。其中，"公共资源"一词出现在国家官方表述中，但这一法律文件并没有对公共资源的概念内涵和类型特征进行明确的界定，仅把公共资源作为与自然资源、特定行业的市场准入相并列的资源项目直接使用。

地方省级层面的政策法规中，福建省《关于进一步规范公共资源市场化配置工作的若干意见》中，将公共资源定义为："属于社会的公有公用的生产或生活资料的来源，主要包括社会资源、自然资源和行政资源。社会资源主要是指公用事业领域具有基础性、先导性、公用性的资源，如供水、供气、供热、公共交通、污水或垃圾处理等行业的特许经营权等；自然资源主要是指土地、矿藏、水流、森林、山岭、荒地、海域、滩涂等，如经营性土地使用权、采矿权等；行政资源主要是指政府依法履行经济调节、市场监管、社会管理和公共服务职能所形成及衍生的资源，如户外广告设置权、公交线路经营权和网吧经营权等。④ 安徽省批准的《合肥市公共资源交易管理条例》中将公共资源界定为："国家机关、事业单位和被授权的组织所有或者管理的，具有公有性、公益性的资源。"⑤ 河北省质量技术监督局发布的公共资源交易技术中心建设与管理规范的文件中，将公共资源界定为："政府或所属单位以及政府授权的公共管理部门拥有、控制或者掌握的经营性、垄断性或特许经营性的资源。"⑥

① 蔡小慎，刘存亮. 公共资源交易领域利益冲突及防治［J］. 学术界，2012（3）：47-54，269-272.
② 张春生，李飞. 中华人民共和国行政许可法释义［M］. 北京：法律出版社，2003：58.
③ 全国人民代表大会. 中华人民共和国行政许可法［EB/OL］. 中国人大网，2019-05-07.
④ 福建省人民政府办公厅. 福建省人民政府办公厅转发省纪委省监察厅关于进一步规范公共资源市场化配置工作若干意见的通知［A/OL］. 福建省人民政府公报，2006-08-02.
⑤ 合肥市人民政府办公室. 合肥市人民政府关于印发《合肥市公共资源交易管理条例实施细则》的通知［A/OL］. 合肥市人民政府官网，2020-03-23.
⑥ 中央工程治理领导小组办公室. 公共资源交易市场建设相关规章制度选编［M］. 北京：中国方正出版社，2013：138.

部分城市在公共资源配置管理的政策法规中也对公共资源的概念进行了界定。如《厦门经济特区公共资源市场配置监管条例》中提出："公共资源是指本市机关、事业单位和经授权的其他组织拥有、控制或管理的下列专用性、公益性资源。包括国家有限自然资源的开发利用；直接关系公共利益的特定行业的市场准入；机关、事业单位资产以及罚没物品的处置；货物、工程或者服务的政府采购；公共设施的户外广告设置权、公共活动冠名权等应列入配置目录的其他公共资源。"①《中共宁波市委宁波市人民政府关于推进公共资源市场化配置的意见》中，将公共资源定义为："属于社会公用的生产（生活）资源，既有有形资源，也有无形资源，主要包括公用性资源、自然性资源、资产性资源和行政性资源。公共性资源主要是指公共事业领域具有基础性、先导性、公用性的资源；自然资源主要是指土地、矿藏、水流、森林、海域等开发利用所形成的资源；资产性资源是指政府和国有企事业单位使用国有资金采购或国有资产转让所形成及衍生的资源；行政性资源是指政府依法履行经济调节、市场监管、社会管理和公共服务职能所形成及衍生的资源。"②

3. 公共管理学视角

公共资源作为公共管理学科中的一个核心概念，公共管理学者主要聚焦于公共资源的"公共"属性进行概念界定。所谓"公共"，从字义上可以将其理解为社会的、公有公用的，在性质上与个人的、私有的相对。政治与行政学中的"公共"多指那些与市民社会相对应的社会生活内容，是围绕公共部门展开的公共生活形态，介于市民社会日常生活中的私人利益与国家权力领域之间的机构空间和时间。

公共资源的概念有广义和狭义之分。广义的公共资源又称公共财产，指的是为一定共同体内成员共同拥有的有形财产和无形财产，是用于提供和满足共同体内成员需求的资源。它在名义上是共同体内每个成员共同占有和使用的资源，但实际上任何个人都不可能完整地占有或使用它，没有人可以宣称对其拥有完全排他性的独立产权。在理论上，雷晓明等（2011）研究认为，公共资源是指"属于社会公有、社会成员共同使用的自然资源及社会财富，是社会及社会成员公有公用的生产或生活资料。一般来说，公共自然资源、公共设施、公共信息、公共企业以及公共人力资源等都属于广义的公共资源；狭义的公共资

① 厦门市人民代表大会常务委员会. 厦门经济特区公共资源市场配置监管条例［EB/OL］. 厦门市人民代表大会，2012-09-03.
② 宁波市人民政府. 中共宁波市委宁波市人民政府关于推进公共资源市场化配置的意见［A/OL］. 宁波市公共资源交易中心，2008-11-07.

源仅指公共自然资源"①。同样，刘尚希、吉富星（2014）认为"广义的公共资源是指国家和集体所有的各类资产，包括自然状态的资源性资产（如土地、矿产）、经营性资产（如国有企业）、非经营性资产（如公立医院及学校）、国有金融资产（如银行资产、证券资产、外汇）等；狭义的公共资源是指国家和集体所有的自然资源，主要是指土地、矿产、海域、森林等为代表的公有制范畴的各种物质财富"②。

　　韩方彦（2009）认为公共资源是"自然生成或自然存在的资源，它能为人类提供生存、发展、享受的自然物质与自然条件，这些资源的所有权由全体社会成员共同享有，是人类社会经济发展共同所有的基础条件，包括空气资源、水资源、土地资源、森林资源、草地资源、湿地资源、矿产资源、海洋资源等"③，他认为在国内公共资源一般是指具有公共产品性质的自然资源。这一定义与上述学者所定义的狭义公共资源范畴一致，更强调公共资源的自然属性。马壮昌（2011）将公共资源定义为"政府掌握和控制的经济资源，包括政府支出、政府投资形成的资产及由于社会管理形成的专有权益"④。陈鹏辉（2013）将公共资源界定为"一种虚拟的资产，是为了公共事业更好地满足生产和生活需要而依一定的方式拟制出来的财产利益，在实践中表现为政府所拥有或须经政府有关部门许可使用的有形资产和无形资产的总称"⑤。何雷（2018）认为公共资源是"一种生产要素集合，这些生产要素涉及公共利益与社会利益，由国家与社会共享且由公共部门代为治理和提供，可以将其分为原生性公共资源和衍生性公共资源两种类别，其中，原生性公共资源指涉及公共利益与社会福利的自然资源，衍生性公共资源指公共部门在履行公共管理职能过程中所提供的各类公共服务、公共物品及准公共物品"⑥。

　　此外，还有学者从与"公共产品""公共物品""私人物品"等概念的比较分析中揭示公共资源的内涵，尤其注重对公共资源非排他性和竞争性的辨析。

---

① 雷晓明，赵成，王永杰. 中国公共资源问题：理论与政策研究［M］. 西安：西安交通大学出版社，2011：2.

② 刘尚希，吉富星. 公共产权制度：公共资源收益全民共享的基本条件［J］. 中共中央党校学报，2014（5）：68-74.

③ 韩方彦. 中国公共资源管理存在的问题及对策［J］. 理论月刊，2009（5）：79-81.

④ 马壮昌. 建立统一规范的公共资源交易市场［J］. 价格理论与实践，2011（6）：20-21.

⑤ 陈鹏辉，何杰峰. 公共资源出让的根基性问题探讨［J］. 商业时代，2013（35）：112-113.

⑥ 何雷. 公共资源合作治理机制研究［M］. 北京：中国社会科学出版社，2018：3.

例如，屈锡华、陈芳（2004）提出了公共资源与公共产品的区别，认为"公共资源虽然和公共产品一样具有收益的非排他性和效用的不可分割性，但它与公共产品却有着本质的区别——消费的竞争性。公共产品的消费具有非竞争性，任何人消费公共产品不影响其他人对同一公共产品的使用，如国防、基础教育、基础设施等；而在公共资源的消费上则存在明显的竞争性，一部分人对公共资源的消费必然导致资源规模数量减少，在技术条件一定或没有替代资源的情况下会直接影响他人的使用，如水、空气、森林、能源等"①。类似地，唐兵（2011）认为公共资源是"公共物品的一种，具有公共物品的非排他属性，它一旦被提供，便有许多的消费者共同对其进行消费，很难将其中的任何人排斥在外；另一方面，由于公共资源存量是有限的，一旦对该资源的消费程度超过了它所能承受的范围，便会诱发消费者之间的竞争，其结果必然是公共资源因过度消费而陷入耗竭性退化的'公地悲剧'"②。

卓越、陈招娣（2017）在《加强公共资源管理的四个维度》一文中指出，"公共资源是一种公共物品，但由于无法同时满足效用的不可分割性、消费的非竞争性与收益的非排他性三个条件，公共资源并非经济学家所说的纯公共物品；与此同时，并非所有的公共物品都是公共资源，公共资源应该是为人类提供生存、发展、享受的自然物质与自然条件，是非人为原因自然生成、自然存在的资源。广义的公共资源可以分为客体性行为和主体性行为两种类型，前者指客观存在自然资源，后者指政府管理自然资源所衍生出来的行政性资源和社会性资源"③。当然，也有学者从更微观的角度解释公共资源的概念内涵和外延，如温来成、孟巍、张偲（2018）认为"公共资源是一个与私人资源、私有财产相对应的概念，其核心内涵是公共性，是在一定辖区内为社会占有，能为所有居民、企业和其他社会组织生存、发展、享受服务的生产或生活资料的总称。不同于私有财产，公共资源在消费上具有显著的非排他性和竞争性"④。从外延上看，他们认为由于人类社会发展和政治经济体制处于不同阶段，公共资源的范围会有较大差异，他们将现阶段我国公共资源分为三类，包括自然资源、经济资源和社会事业资源等。自然资源如土地、水、森林等；经济资源如政府财政

① 屈锡华，陈芳. 从水资源短缺看政府对公共资源的管理 [J]. 中国行政管理，2004（12）：12-13.

② 唐兵. 论公共资源网络治理中的信任机制 [J]. 理论导刊，2011（1）：49-51.

③ 卓越，陈招娣. 加强公共资源管理的四维视角 [J]. 中国行政管理，2017（1）：6-10.

④ 温来成，孟巍，张偲. 公共资源配置与税收政策选择 [J]. 税务研究，2018（7）：16-21.

收入、金融类和非金融类经营性国有资产等；社会事业资源如政府以及科技、教育、文化、卫生等部门的非经营性国有资产等。杨红伟（2014）则基于私人物品的比较分析，认为公共资源指"在消费或使用上不可能完全排他的一切能够产生价值以提高人类当前和未来福祉的自然和社会物品，其主要形式包括公共自然资源、公共社会资源和公共福利资源"①。

随着我国社会主义市场经济的发展，市场与社会的力量不断发展壮大，市场化的推进进一步加速了政府或公共部门与市场主体之间的互动交流。为了适应实践发展需要和增进社会福祉，以及使有限的公共资源投入获得更大收益，学术界提出了极具中国特色的公共资源交易和可交易公共资源概念。② 不同于西方国家的政府采购或公共采购，公共资源交易的话语体系形成于中国独有的概念体系和思维逻辑，实质上植根于中国特色社会主义市场经济逐步形成与完善的过程中。③ 在交易的范围上，公共资源交易的范围不仅限于政府采购、工程建设招标投标等，还包括国有土地和矿产权、国有资产、国有林权、排污权等各种类型的交易。④ 关于公共资源交易和可交易公共资源的概念，公共资源交易是指对由公共资源管理部门所掌控的公益性、垄断性、专有性的社会公共资源进行交易和提供咨询、服务等业务。而可交易公共资源与此类似，可交易公共资源是由公共权力机构控制并可以由公共权力机构以发包、采购、出让所有权或者使用权等形式给不特定人带来商机或者效益的公共资源。李太锋（2014）把可交易公共资源界定为"权力机构控制，并能够通过发包、出让所有权等为不特定人带来效益的公共资源"⑤。而肖北庚（2015）认为我国现行法律规定中采取招标投标、土地使用权出让、矿业权出让、国有产权交易和政府采购等方式交易的公共资源，都属于可交易公共资源。⑥

从上述文献梳理中可以看到，公共资源问题已经成为理论研究和政府政策

① 杨红伟. 代理悖论与多元共治：传统公共资源管理的缺陷及矫正机制［J］. 经济研究导刊，2014（32）：286-288.

② ZHAO Y H., HUANG Y H. Exploring Big Data Applications for Public Resource Transaction ［J］. Journal of Physics：Conference Series, 2018, 1087（3）：1-8.

③ 王丛虎，门理想. 中国公共资源交易的创新逻辑及实现路径——基于公共资源交易平台整合的视角［J］. 学海，2021（4）：142-150.

④ 国务院办公厅. 国务院办公厅关于印发整合建立统一的公共资源交易平台工作方案的通知. 中华人民共和国中央人民政府官网，2015-8-10.

⑤ 李太锋. 公共资源发展困境及治疗途径探微［J］. 现代经济信息，2014（18）：79.

⑥ 肖北庚. 公共资源统一交易之法律空间与实现途径［J］. 法学评论，2015（6）：22-29.

实践的热点话题，对公共资源概念的系统总结和归纳为我们进一步厘清其概念内涵提供了参鉴。尽管不同学术领域和政府实践层面由于其侧重点和出发点的不同，尚未形成公共资源的统一定义，但对公共资源的理解还是有一些共识的。例如，经济学家都把公共资源与资源一同视为一种稀缺性资源，但公共资源具有消费的非排他性和竞争性，在个体理性驱使下的公共资源消费最终会导致集体非理性，造成所谓的"公地悲剧"；法学家则把公共资源视为全体社会成员公平享有的一项权利，公共资源的所有权属于社会公有，而管理权属于国家和政府；公共管理学者则从公共资源的"公共"属性出发，认为公共资源具有广义和狭义之分，但都属于社会公有公用的、旨在增进社会福利的一种资源。

综合上述不同学科视角对公共资源的定义，本书认为：公共资源是指一种介于私人品和纯公共品之间的准公共品，由社会所有、社会公众共同使用的自然资源及由此衍生的社会财富组成，具有消费的非排他性和竞争性。如公共渔场、公共牧场、地下水资源、江河湖泊、海洋以及公共设施、公共资产等。一般情况下，公共资源由政府机构、事业单位、国有企业及其他被授权组织代为管理，行使产权权利。资源概念是一种广义上的宏观生产要素集合，公共资源是资源领域的一个子集，而可交易公共资源是公共资源领域中可以通过市场化手段进行交易的部分。在政府实践领域中对公共资源的界定通常具有可交易公共资源的性质。

（二）公共资源的特征

根据上述对公共资源概念内涵的梳理和定义可以看出，不同学科因其研究需要不同，对公共资源的定义也各有侧重，并且与资源大类一样，公共资源纷繁复杂，不同种类的公共资源有其内在的独特属性。但从更广泛的意义上讲，不同类型的公共资源存在一些共性，本书从公共资源的供给端和需求端介绍公共资源的一般性特征。具体来说，公共资源供给端的特征表现为整体性、稀缺性、区域性，公共资源需求端的特征表现为非排他性、竞争性、外部性。

1. 整体性

整体性是相对于公共资源的资源属性和影响范围而言的，是指公共资源之间相互依存、相互制约的关系，共同构成了一个有机的公共资源系统，某类公共资源受到破坏将影响整个资源系统和资源的整体价值。各种资源要素相互影响，在公共自然资源方面表现最为明显，比较典型的例子如气候资源、水资源、土地资源之间的相互关系。以我国黄土高原为例，历史上黄土高原经历了多次大规模滥垦滥伐，导致地表植被大面积减少，土地资源长期被过度开垦，也进一步加剧了土地盐碱化和水土流失，这不仅使当地农业生产遭到破坏，也造成了黄河下游省域洪涝灾害严重，威胁人民生命财产安全。同样，如果一家污染企业过度排放废水，污染的不仅是流域水资源，还会使流域渔业资源、生物资源和附近土地资源都受到破坏，其影响范围极其广泛。

公共社会资源之间的相互联系、相互影响也体现了公共资源的整体性特征。就整体价值来说，公共资源具有牵一发而动全身的影响，以我国国有企业为例，国有企业是我国经济发展的重要支柱和财政税收收入的重要来源，政府通过国有企业获得经营性收入和税收收入，然后再以转移支付或补贴购买等方式支持社会公共基础设施建设，如公共交通、公共教育、公共卫生等的建设，来推动社会经济发展和增进社会福利，如果国有企业发展受到影响，导致政府财政收入减少，则势必影响政府宏观调控能力和社会福利资源。公共资源的整体性决定了资源开发过程中一旦改变了资源系统中的某些成分，必然引起周边环境和整个资源系统内部结构的变化，甚至导致不可逆的生态危机。因此，对公共资源的开发利用必须清晰认识到资源系统的整体性特点，做到科学规划、综合开发利用，以保证资源的可持续。

2. 稀缺性

自然资源的稀缺性和人类认识自然、改造自然的能力有限性共同决定了公共资源的稀缺性。自然资源作为人类生存发展的物质基础，不论是耗竭性还是非耗竭性自然资源，其本身就是稀缺的。以矿产资源为例，作为一种非再生性资源，矿产资源的形成一般经历了几千年、几万年甚至上亿年的漫长过程，地球埋藏的矿产资源总量有限，随着人口数量的膨胀，矿产资源形成速度远不及需求的增长，由此必然会带来资源紧张和稀缺问题。即使像循环可再生的水资源，它可以通过一定的大气运动进行补给，但是如果对这种可再生性资源的利用超过一定限度，影响了其循环再生速度和破坏了循环再生系统，也会导致水资源的稀缺。自然资源作为客观存在物，只有通过人类劳动加以改造和利用才能成为适应人类需求的生产资源和生活资料，才能作为公共资源为社会创造财富。因此，公共资源的供给受自然资源的稀缺性制约，也表现出稀缺性特征。

此外，人类在特定历史时期认识自然、改造自然的能力和技术水平总是有限的，相对于人类需求和欲望增长的无限性，公共资源具有稀缺性特征。以公共医疗资源为例，随着社会经济发展和科技水平的进步，人们一方面可以享受到越来越优质的医疗服务，但另一方面医疗资源的供给在许多国家和地区依然是一种极为稀缺的公共资源。从这个意义上讲，不论是受自然约束的耗竭性公共资源，还是受社会科技水平制约的非耗竭性公共资源，都具有稀缺性特征。因此，在一定历史时期，受经济发展和科技水平制约，人类在未开发出公共资源新的替代品的情况下，必须考虑公共资源的可持续利用问题，做到科学规划、合理配置。

3. 区域性

区域性是指公共资源在空间分布上存在差异。这一方面表现为自然性资源在空间分布上的不均衡，有的地区资源集中储量大、质量好、易开发，有的地区资源贫乏、质量差，例如，我国水资源大体上呈南多北少、东多西少的分布特征；煤炭资源主要集中在我国华北、东北、西北和西南等地区；石油资源主要分布在东北、华北和西北等地区。另一方面，公共资源分布的区域性还受地区经济发展和技术水平的影响，在一定社会经济条件和技术工艺条件下，各地区开发资源的能力存在差异，尤其是像社会性公共资源的供给，区域性表现明显。例如，公共基础设施（公共交通、公共医疗、公共教育等）、国有企业、公共信息资源等，在我国主要集中分布于东南沿海的发达省份和发达城市。公共交通基础设施，总体上东部各省铁路营业里程、公路营业里程和内河航道里程以及由此构成的交通网密度明显高于西部各省，社会性公共资源的地区差异巨大。

公共资源的区域性是资源相对稀缺，也即资源竞争性产生的重要原因，当某类公共资源供给不足时，人们竞相消费导致"拥挤"问题产生。因此，要缓解公共资源区域分布的不均衡，尤其是社会性公共资源的区域差异，促进社会全体成员公平享受公共资源投入带来的发展福利，需要关注公共资源分布的区域性特征，在因地制宜投资、开发和利用的同时，充分考虑区域自然环境和社会经济特点，制订科学的发展方案，促进资源互补和福利共享。

4. 非排他性

即不具有占有、使用、受益上的排他性，与私有资源的排他性特征相反，非排他性是公共资源的核心属性，也是评价公共资源管理价值取向的重要标准。公共资源的非排他性不仅意味着一个人从一项资产中受益的同时无法将其他消费者排除在外，而且意味着资产消费者无须（直接）为资产损耗担负各项成本。新制度经济学家认为，当稀缺资源的所有制是共有时，排他性是不存在的①。由此可知，非排他性是由公共资源的产权性质决定的，公共资源从本质上说是社会或集体（共同体）所有，公共资源不同于私有资源，它不具有明确的产权归属。对私有资源来说，一般情况下，其他人不能分享它所带来的效益以及不用

---

① 科斯，阿尔钦，诺斯. 财产权利与制度变迁——产权学派与新制度学派译文集［M］. 刘守英，译. 上海：上海三联书店，1991：192.

担负私有资源确保排他所产生的各项成本，这就使得私有资源所有者具有稳定的激励和预期，可以对资源在未来一定时期内的使用做出合理规划和准备。但于公共资源而言，由于其产权性质为社会或集体所有，在消费者个人理性的驱使下，每个人都倾向于从公共资源中获得最大收益，而不为公共资源消耗或维护承担直接成本，这种由个人理性带来的集体非理性行为，最终导致公共资源消费陷入"公地悲剧"和"囚徒困境"。典型案例有公共牧场、公共池塘等资源的使用，个人过度放牧和过度捕捞带来的直接结果是牧场退化和环境恶化，而个人仅需为此支付少量成本或无须为此担负成本。

公共资源非排他性特征的形成原因主要有以下两点：一是公共资源排他在技术上存在困难。公共资源是全体社会（共同体）成员公平享有的，每一个社会（共同体）成员都有权分享同样的权利，与私有资源相比，公共资源最大的特点在于其在个人之间具有完全不可分割性，每个人在使用公共资源获取自身利益时都无权声明这个资源为他所独有。按照私有资源的排他逻辑，公共资源只有在厘清产权归属的基础上，使每个人拥有互不重合的权利，才能真正做到排他。但现实情况是，许多公共资源要想做到完全排他，在技术和事实上都是难以实现的。例如，跨域河流、公海、地下石油等流动性资源难以通过界定私有产权的途径得到解决。二是即使在技术上可行，由于排他成本过高导致经济上无效率。公共资源的排他成本主要体现在产权界定过程和个人的机会主义行为中，想要做到像私有资源那样产权清晰，在谈判、讨价还价、执行等活动中成本就高得难以想象。

5. 竞争性

消费的竞争性是由公共资源的有限性和稀缺性决定的。公共资源的竞争性意味着一个人从一项资源中获益会给其他消费者带来负的外部效应，即对公共资源的消费超过它所能承受的范围时，会出现"拥挤问题"，每增加一个消费者将会影响其他消费者使用公共资源的数量或质量。换言之，这种资源在特定的时期具有量的确定性，所以人们在使用公共资源的时候容易出现"竞价问题"。竞争性是公共资源区别于纯公共物品的重要特征，纯公共物品不仅在收益上是非排他的，在消费上也具有非竞争性，也就是说，对纯公共物品而言，某一个人对该物品的消费不会排斥或阻碍其他人对该物品的消费，也不会影响其他人从该物品中获益。以一国的国防为例，作为典型的纯公共物品，一个国家一旦提供了某种国防服务，在其领土范围内的任何公民——不论是否自愿接受该种服务——都将受到保护，想要将其领土范围的任何人排斥在服务之外在技术上是极端困难的，并且一个人从国防中受益不会影响其他人获得同样效益，因此不存在竞争性问题。

公共资源的竞争性会使市场资源配置机制失效。从本质上说，公共资源是有限的（稀缺的），并且具有不可分割性或产权分割在技术和效率上存在困难，这就意味着某种公共资源的所有权能与其各种具体用途权利不相分离，在没有分担资源耗费成本的情况下，受个体经济理性驱使，公共资源需求会不断增加，但当消费成员达到一定限度后，公共资源所带来的边际效用将会减少，甚至出现负的外部效应。因此公共资源的竞争性强调政府能够也必须在资源分配、控制和使用过程中扮演关键的或决定性的角色。① 政府通过设置一定的市场准入和审批权限，来维护公共资源消费的市场秩序，保证公共资源得以有效利用。例如，作为典型公共资源的城市公共交通，具有非排他性，每个城市公民都可以在道路行走和驾驶车辆，但当城市公共交通的负荷超过其承受能力时，就会出现拥堵，此时公共交通就具有了竞争性。公共池塘资源同样如此，区域内的每个渔民都可以公平地进行捕捞，但当渔民数量不断增加时，其他渔民能够获得的收益就不断减少，甚至出现渔业资源灭绝和环境退化。

6. 外部性

外部性与公共资源产权界定的复杂性密切相关。产权是由物的存在及使用所引起的人与人之间相互认可的行为关系，它不仅强调人们对财产使用的权利，而且确定了人们的行为规范，是一种社会制度、一种社会工具。② 产权的重要性就在于它在事实上能够让人与人之间进行交易时形成合理预期，产权的界定明确了谁受益、谁受损以及如何进行损害补偿以使他修正人们所采取的行动。对公共资源而言，其所有权是公有或集体所有，共同体内的任何成员都有权分享同样的权利，但任何成员都无权声明这个资源是属于他的财产，也即任何个人无须为这个资源消耗担负各项成本，可以免费使用。由此，在市场机制和个人理性行为的共同作用下，公共资源的使用在为个人带来效益的同时，必然会对他人和社会产生负的外部性。过多的资源使用者会不可避免地造成拥挤，在耗费资源的同时降低使用者边际收益。③

如何将公共资源的外部性内在化一直都是经济学家关注的焦点。在外部性的处理方面，传统经济学家大多主张实行政府干预，以政府有形之手弥补市场机制资源配置中的失灵问题，如实行庇古税，通过向公共资源使用中导致外部

---

① 李蔬君，彭颖．由"公地悲剧"看政府对公共资源的管理［J］．阜阳师范学院学报（社会科学版），2005（1）：41-43.

② 卢现祥，朱巧玲．新制度经济学［M］．2 版．北京：北京大学出版社，2012：115.

③ 吴盛光．论公共资源市场化配置［J］．福州党校学报，2009（1）：14-18.

效应的个人或企业征税，或者给予一定补贴，使其减少外部性行为。但这一外部性处理方法的局限性在于信息披露困难和税收使用的合法性问题，此外，通过补贴以减少外部性行为的方式并不理想，补贴同样会鼓励公共资源消费，进而带来更多负外部性。而诸如科斯等产权经济学家们则认为，可以通过界定产权的方式使外部问题内在化。但外部性是与产权的界定、执行、监督等成本密切联系的，高额的交易费用会导致外部性增加。只有内在化的成本小于内在化的所得时，通过产权界定方式解决公共资源外部性问题才是有效的。上述两种公共资源外部性的解决方式，在信息完全和交易成本为零的情况下都能达到帕累托最优，而现实并不总是如此，信息完全和交易成本为零几乎不存在，因此两种方法都不能达到最优。在公共资源治理实践中，只能根据外部性的范围和特性以及交易成本大小进行次优选择，才能提升公共资源治理效果。

（三）公共资源的分类

作为公共管理核心内容的公共资源不仅在概念上没有形成统一定义（如既有产权意义上的公有属性，也有价值意义上的公共属性），在范围上也是极其笼统和广泛。因此有必要按照一定标准和分类管理原则，厘清公共资源分类管理的目录清单，以提高公共资源的利用效率和整体价值。根据不同分类标准，公共资源的分类也大不相同。按照公共资源的自然属性，可以将其分为自然性资源与社会性公共资源两大类，其中，社会性公共资源又包括行政性和资产性公共资源；按照公共资源的可再生性，可以将其分为耗竭性公共资源与非耗竭性公共资源两大类；按照是否营利，可将其分为营利性公共资源与公益性公共资源。本书依据公共资源的自然属性，将公共资源分为自然性资源、行政性资源和资产性资源三大类。

1. 自然性资源

自然性资源是指自然界中天然存在的、能够为人类社会生产生活所利用并创造社会福利的一切自然物质和能量，是人类生存发展的客观物质基础，具有消费的非排他性和竞争性。自然性资源种类很多，并且随着人类生产力发展、认知水平和技术水平不断提升，自然性资源的内涵和外延也在不断拓展。由于土地资源、矿产资源、水资源在国民经济中应用和表现最为广泛，在此对这三类资源做进一步介绍。

（1）土地资源

土地是人类赖以生存与繁衍的最基本物质条件，是人类居住与生活生产的场所。不同学科对土地的定义不一样，从地理科学的角度来看，土地涵盖了地表的一个区域范围，包括附着于土地的地下矿物、地表土壤以及与地表相联系的自然物，广义的土地还包括现在和过去人类活动对土地施加的种种物质结果和影响。从经济学角度来看，土地往往与法律意义上的不动产相联系，是附着于地球表面的、自然和人工资源的总和，是固定于地球表面无法移动的物质。从政治学角度来看，土地与国土密不可分，是指存在于国土领域内的所有资源，包括自然资源和社会资源。综合上述各学科视角，从更一般的意义上来说，土地是地球上由气候、地貌、土壤、水文、地质、生物及人类活动所组成的自然经济综合体，其性质在不同时间尺度而在不断发生变化，土地和劳动力一道，是社会物质生产最重要的生产资料。①

严格地说，土地与土地资源在概念上存在区别。土地资源是指在一定技术条件下和一定时间范围内能够被人类利用并满足生产生活需要的土地，与土地的概念相比，土地资源更强调土地的价值及其对人类的有用性。人类通过一定的方式对土地进行改造，在此互动过程中，土地资源包含了土地的自然属性和人类利用、改造的社会属性。从自然属性看，土地资源是由各自然要素（气候、降水、土壤、地质、水文等）所组成，并在这些要素长期的相互作用、相互影响下形成与发展的，各要素以不同方式、从不同侧面以及以不同组合综合影响着土地资源，使得土地资源具有数量上的有限性、质量上的差异性、位置上的固定性、功能上的不可替代性和永久性、构成上的整体性等特征。从社会属性看，土地资源是人类社会的重要生产资料和社会财富来源，在人类利用和改造过程中，塑造社会关系、增进人民福祉，土地资源的社会属性具体有供给的稀缺性、利用的制约性、边际效用递减与可改良性等。

土地作为自然性资源主要体现在产权属性和土地制度等方面。土地资源的产权属性反映了土地所有者或使用者对土地的占有、使用、收益和处分的权利；而土地制度是关于土地所有、占有、支配和使用等方面的原则、方式、手段和界限等政策、法律规范和制度的体系，其中，土地所有制是土地制度的核心，是土地所有权的经济基础。我国现阶段的土地制度是以社会主义土地公有制为基础和核心的土地制度，社会主义公有制，即全民所有制和劳动群众集体所有制，这就决定了我国领土范围内的所有土地资源具有公共性，属于典型的公共资源。

（2）矿产资源

所谓矿产资源，指经过一定的地质作用形成的，赋存于地壳内部或地表且具有现实或潜在经济价值的富集物，包括各种固态、液态或气态物质。在人类

---

① 彭补拙，濮励杰，黄贤全，等．资源学导论［M］．南京：东南大学出版社，2014：81.

历史发展的相当长一段时期，矿产资源是人类生产资料的最基本物质来源之一，在人类生产生活、经济建设和社会发展中发挥着举足轻重的作用。随着经济的发展和科技水平的进步，人类对矿产资源的认识和应用也在不断深化和拓展，换句话说，矿产资源不仅包括已经被人类发现的，还包括当前尚未发现而在科技水平不断发展的支撑下，未来可能被人类发现并加以利用的。因此，矿产资源也是一个历史性的概念，随着人类社会生产力的不断发展，矿产资源的内涵与外延也将随之变化。

矿产资源是自然资源的重要组成部分，是社会经济发展的重要自然物质基础。根据《中华人民共和国矿产资源法》第十一条的规定，国务院地质矿产主管部门主管全国矿产资源勘查、开采的监督管理工作。由此可以看出，富藏于国土范围内的所有矿产资源属于国家所有、全体人民共享的一种重要公共资源，国家有关部门负责矿产资源的审批、开发利用，具有显著的公共性。当然，矿产资源除了具有公共性外，还具有其内在特殊性，主要表现在以下三个方面：一是不可再生性。一般而言，矿产资源是历经几百年、几千年、几万年甚至上亿年的漫长历史形成的，而随着人类科技水平的进步，人类仅需几年、十几年或几百年就可以将一处富集的矿产资源开采殆尽，相对短暂的人类社会来说，矿产资源是不可再生的，具有明显的稀缺性和可耗竭性。二是区域性。由于地壳运动的不均衡性，不管是全球还是一个国家，抑或是一个地区，矿产资源的分布都是极不均衡的，有些国家或地区某类矿产资源高度密集，而另一些地区则可能十分匮乏。由此，在全球范围内也形成了极不均衡的矿产资源供给和需求格局，对国际政治、经济和国家安全都产生了重要的影响。三是动态性。矿产资源的动态性与地壳运动、人类经济发展和科技水平密切相关，地壳处于不断运动变化之中，矿产资源的储量和种类也随之变化，并且随着人类生产力和技术水平的提高，目前尚不被认识和应用的矿产资源可能在可预见的未来能够为人类社会进步带来巨大动力。

按照不同的分类依据和标准，矿产资源可以分成不同类型。例如，根据物理状态可分为固态、液态和气态矿产资源，固态矿产资源有煤炭、铁矿石、金银铂等贵金属矿等，液态矿产资源有石油、矿泉水等，气态矿产资源有天然气、二氧化碳等。根据用途和组分可分为能源矿产、金属矿产和非金属矿产。其中，能源矿产主要有煤炭、石油、天然气、可燃冰等；金属矿产又可分为黑色金属、有色金属、贵金属、放射性金属、稀有金属等；非金属矿产主要有石料、硝石、食盐、宝石、金刚石等。

（3）水资源

水是生命之源，是人类社会生产生活必不可少的物质基础，也是最为稀缺的公共资源之一。与其他资源一样，水是地球自然环境演化的产物，连接着所有生态系统，没有水就没有生态系统，就没有人类。目前，地球表面约三分之二的面积覆盖着水。但水与水资源是不同的历史范畴，并不是地球上所有的水都能为人类所利用，只有能够为人类生产生活所利用，并且直接或间接创造社会财富的水才能称之为水资源。换言之，水是自然的，是地球自然环境的一部分；水资源则是相对于人类社会而言的，是为人类社会所利用且有价值的。

西方国家较早使用了水资源的概念，但对水资源这一概念的认识并不一致。美国地质调查局于1894年设立了水资源处，主要业务是观测陆面地表水（河川径流）和地下水。在《中国资源科学百科全书》中，水资源指"地球表层可供人类利用、能不断更新的天然淡水，主要是陆地上的地表水和地下水，包括自然界任何形态的水，如气态水、固态水和液态水。"[①]《中国资源科学百科全书》的定义强调水的有用性、可控性，更能体现水资源对人类的价值属性。在学术界，有学者从自然资源的概念出发，认为水资源是"人类生产与生活资料的天然水源，广义水资源应为一切可被人类利用的天然水，狭义的水资源是被人们开发利用的那部分水。"[②] 从上述对水资源概念的认识可以看出，水资源兼具经济属性和历史属性，指地球上目前和可预见的未来人类可直接或间接利用的水，是自然资源的一个重要组成部分，在当前技术水平下，并不是地球上的所有水都能被称之为水资源，能够为人类利用的水是十分有限的。因此，水资源是一个动态的历史性概念。

水资源是一种可再生的自然资源，与其他自然资源尤其是不可再生资源相比，水资源有其显著的特征。一是循环再生性。水循环是自然界中最基本的物质循环之一，一定区域内的水资源可以在大气辐射作用下，不断得到大气降水的补给，从而构成了水资源消耗、流动、补给之间的循环性。水资源循环是无限的，但在一定时空范围内，水资源循环的速度是有限的，过度开发利用和污染水资源，也容易导致水资源耗竭。二是区域性。水资源的区域性主要受地理环境和气候条件影响，在海陆位置、地形地貌和气候等综合作用下，水资源的区域分布极不均衡。一般而言，在内陆、高海拔、背风坡、高纬度地带降水量

---

① 孙鸿烈.中国资源科学百科全书（上册）[M].北京：中国大百科全书出版社，2000：318.

② 郑昭佩.自然资源学基础[M].青岛：中国海洋大学出版社，2013：186.

少，水资源的补给不足，造成水资源短缺。三是多样性。多样性是相对于水资源利用的内容和形式而言的，在内容上表现为河川径流、地下水、湖泊水、沼泽水、海水等多种形态，而人类利用水资源的形式主要有灌溉、航运、发电、养殖等。四是利弊双重性。水是客观存在的物质，但目前人类的技术水平尚不能完全支配水资源，使得水资源能为人类社会发展提供动力的同时，也可能为人类带来灾难。以大型水利设施为例，兴修水库可以为人类提供航运、灌溉、发电、养殖等便利，但一旦水利设施遭到自然或人为破坏，将对人类经济发展和生命安全带来毁灭性打击。从这个意义上讲，水资源对人类具有利弊双重性。

2. 行政性资源

行政性资源主要是指政府依法履行经济调节、市场监管、社会管理和公共服务职能过程中，为行政系统的存在、运行、发展提供支持的物质因素和精神因素的总和①。从公共资源的视角来看，并非所有的行政资源都具有公共资源的特征，例如，以非物质形态呈现的行政文化、政府形象等就不具有非排他性和竞争性。因此，行政资源不等于行政性公共资源，行政性公共资源是指那些具有受益的非排他性和消费竞争性的行政资源，主要包括行政权力、行政人力资源、公共财政资源等。

（1）行政权力

行政权力是政治权力的一种，它是国家行政机关依靠特定的强制手段，为有效执行国家意志而依据宪法原则对全社会进行管理的一种能力，主要表现为行政立法权、行政决策权、行政执行权、行政处罚权、行政司法权等。由于行政权力的根本目标是通过贯彻执行国家法律、法令和各类政策来有效地实现国家意志，其管理对象是整个社会的公共事务，因此具有公益性和广泛性的特征。公益性体现在行政权力上是一种公权力，行政权力的行使是为了实现社会公共利益、为社会提供公共服务；广泛性则体现在行政权力的作用范围上，随着现代社会经济的发展，行政权力的作用范围越来越广泛，几乎涵盖了一个国家人民从出生到死亡的所有事务，主要包括经济、科技、文化教育、卫生、社会福利、环境保护等各个领域的各项公共事务。行政权力的公益性和广泛性使得任何个人或组织都无法排除在其所带来的社会管理内容和社会福利之外。

行政权力作为一种公共资源，还体现出受益的竞争性特点。以行政审批权为例，为了维护社会经济秩序和促进社会公共资源的有效利用，政府往往会通过一系列规制性权力来调节资源分配，如为防止市场无序竞争和社会资源损失，

---

① 刘志军，孟华. 论行政资源功能与持续性的实现［J］. 学术论坛，1999（5）：64-67.

政府对某一行业的准入和价格实行管制，使社会民事主体需通过市场机制获得该领域的排他性经营权；为实现环境和社会目标，对某一行业实行技术水平的准入控制，使社会民事主体通过市场机制获得准入控制所产生的排他性经营权；针对那些具有较强稀缺性和非排他性的资源，行政事业单位依法授权管理市政公共设施，在提升公共管理绩效和公共利益取向下进行使用管制等。不论是政府的行业准入管制还是其他行政行为，从性质上讲，行政性资源是一种行政权力的延伸，是一种能产生特殊效益的权力授予，当某一个人或企业获得行政审批进入某一行业或领域时，由于资源总是稀缺的，对于社会公众而言，就在一定程度上具有了竞争性。

（2）行政人力资源

行政人力资源是指享有一定公共管理权力，掌握一定公共管理资源，为社会提供公共物品和公共服务，并以公共利益为依归，在国家、政府等公共部门从事公共管理事务的人员。行政人力资源是行政单位履行职能的前提和依托，与私人部门和其他社会组织的一般人力资源不同，行政人力资源有其特殊性，主要体现在：一是行政人力资源行使公共权力；二是行政人力资源追求公共利益；三是行政人力资源的管理对象是公共事务；四是行政人力资源具有公共责任。行政人力资源的职责和使命使其必然具有非排他性特征，每个社会公民都是行政人力资源管理和服务的对象，作为公共部门的人力资源，他们依法掌握着人民和国家赋予的公共权力，必须对公共权力负责，维护经济发展和人民生活秩序，切实主动地为人民提供服务。

当然，从本质上讲，行政人力资源也是稀缺的，这一方面受制于行政人员的自身素质，同时也受社会公共事务的总量和复杂性影响。随着社会经济的不断发展和人民需求的不断增加，社会公共事务变得异常复杂和不确定，这对行政人员的公共事务管理水平提出了更高的要求，行政人员只有不断接受新的管理知识和拥有一定服务技能，才能适应不断变迁发展的社会需求。但行政人力资源的培训和高素质行政人才相对而言总是稀缺的，资源的稀缺性则必然带来竞争，这一点在基层公共事务管理中表现得尤为明显，基层人员配备不足往往会导致工作效率低下，无法在较短的时间内切实解决诸多群众需求。此外，行政人力资源也具有明显的区域性特征，在经济相对发达的城市和地区，行政人力资源通常具有较高的知识素养和服务能力。

（3）公共财政资源

公共财政是指国家（政府）集中一部分社会资源，用于为市场提供公共物品和服务，满足社会公共需要的分配活动或经济行为，它是与市场经济相适应的一种财政管理体制。我国的公共财政是国家（政府）依托行政力量依法进行宏观调控和资源配置的基础，在社会主义市场经济发展过程中扮演着至关重要的角色，具体表现在以下两个方面：一、公共财政是国家宏观调控的重要手段，党的十八届三中全会提出要让市场在资源配置中起决定性作用，但我国社会主义市场经济体制正处于不断完善发展中，市场的资源配置功能并非灵丹妙药，市场机制本身存在的问题必然使其在某类领域效率低下，因此需要更好地发挥政府的作用，通过公共财政政策引导资源有序高效配置；二、公共财政有助于政府供给公共产品、调节收入分配和发挥社会保障功能，政府履行社会管理职责、保障社会公平和满足社会公共需求需要以一定的财政资金为基础，而这类具有非排他性和非竞争性的公共产品供给无法通过市场机制有效实现。

公共财政本身所具有的职能和特征使其具有明显的公共性，但任何资源都受到稀缺性制约，公共财政也是如此，随着现代经济的发展，政府部门依法管理的社会事务越发复杂多样，与社会日益增长的公共需求相比，财政资源总是稀缺的。稀缺带来竞争，某一领域财政资源占有和使用过多会影响到其他领域的发展，因此，在公共财政资源管理中，要做到科学规划、合理配置。

3. 资产性资源

与自然性资源不同，资产性资源是人类活动的产物，是人类社会通过劳动从自然界中汲取物质和能量并作用于人类生产生活形成的所有物质与非物质资源的总称，这些物质与非物质形态的资源属于社会公有、全体社会成员共同使用。主要的资产性资源包括公共设施资源、国有企业、公共信息资源等。

（1）公共设施资源

公共设施是指政府为社会公众提供公共服务产品的各种公共性、服务性设施，由政府投资或政府主导投资的各类公共设施资源组成，并由政府负责管理和维护。按照具体的项目特点可分为教育、医疗卫生、文化娱乐、交通、体育、社会福利与保障、行政管理与社区服务、邮政电信和商业金融服务等设施。按照空间布局可分为全市性公共设施、区域性公共设施、邻里性公共设施三种。

公共基础设施是最基本的公共设施资源，根据《政府会计准则第 5 号——公共基础设施》第一章第二条的规定，公共基础设施指政府会计主体为满足社会公共需求而控制的，同时具有以下特征的有形资产：是一个有形资产系统或网络的组成部分；具有特定用途；一般不可移动。公共基础设施主要包括市政基础设施（如城市道路、桥梁、隧道、公交场站、路灯、广场、公园绿地、室外公共健身器材，以及环卫、排水、供水、供电、供气、供热、污水处理、垃圾处理系统等）、交通基础设施（如公路、航道、港口等）、水利基础设施（如大坝、堤防、水闸、泵站、渠道等）和其他公共基础设施①。公共基础设施是政府资产的重要组成部分，长期以来，我国政府公共基础设施规模巨大，为我国经济社会发展提供了强有力的基础支撑条件。在现代社会中，随着社会经济的发展和人民高质量生活需求的不断增长，对现代化公共基础设施的需求愈来愈高。

此外，诸如教育、医疗卫生、体育、文化等社会事业也是重要的公共资源，有时也被称为"社会性基础设施"，这些资源在本质上都是非排他性的，不需要通过市场竞争即可享受服务。但是，一般来说，像交通、教育、医疗卫生等公共资源具有很强的区域性特征，空间分布上主要集中于经济发达的城市，农村地区此类公共资源较为短缺。因此，在公共资源管理过程中，尤其是在我国共享共建理念指导下，必须充分考虑公共资源布局的区域均衡，保障人民拥有公平享受公共资源的权利和机会。

（2）国有企业

国有企业一般是指资本全部或主要由国家出资兴办的企业，主要包括中央政府和地方政府投资或参与控制的企业。我国国有企业的性质为全民所有制，即企业生产资料归全体人民共同所有，并按照"统一领导、分级管理"原则，由各级有关国家机关或其授权部门，代表国家所有权人负责具体的投资、管理和经营活动。与一般私人企业不同，国有企业在我国社会主义市场经济发展中扮演着特殊角色，国有企业从事生产经营活动既有营利性目的，也有公益性目的，营利性主要表现为追求国有资产保值增值，公益性目的表现为执行国家计划经济政策，担负国家经济管理（调节社会经济）的职能。我国国有企业的建立与发展具有特殊的历史背景，在很长一段时期里，是国家财政收入的主要来源。20世纪80年代以后，为了盘活国有经济和促进社会主义市场经济发展，通过一系列重组措施和放权让利的改革，国有企业退出了一些竞争性较强的领域，但并不意味着要削弱国有企业或国有经济的力量，国有企业是国之重器，国有企业创造的巨大物质财富为国家奠定了工业化、现代化的物质基础，为我们党执政奠定了坚实的经济基础，是实现广大人民共同富裕的根本保障，直接关系着国家安全和国民经济命脉。

中国作为一个社会主义国家，国有企业生产资料属于全体人民共同所有，具有很强的公共性。国企，尤其是大型国企是我国国民经济中的中流砥柱和参

---

① 中华人民共和国财政部. 关于印发《政府会计准则第5号——公共基础设施》的通知［A/OL］. 中华人民共和国财政部官网，2017-04-17.

与国际竞争的主力军，在保障人民生活、维护社会稳定和促进经济发展中发挥着重要作用。一般而言，按照国家或政府出资比例，国有企业可以分为以下几种类型：一是国有独资企业，由政府全额出资并以实现社会公共目标、增加社会福利为主，主要集中于典型的自然垄断和资源类领域，如自来水、天然气、电力、城市公交等城市公用事业领域和烟草、铁路、电信、石油等行业。二是国有控股企业，由政府出资控股并兼具营利性和公益性，集中于准自然垄断领域和国民经济发展的支柱产业行业，如医药等。三是政府参股的企业，这类企业主要以营利性目标为主，政府参股的目的是做大国有经济，增强国家社会管理能力。

（3）公共信息资源

信息资源指可供人类利用并产生效益的一切信息的总称①，作为特定事物发出的一种信号和消息，信息本身并没有价值，其价值体现在能够为人类社会所利用并因此产生效益。当前人类社会已经从工业时代进入信息时代，正经历一场史无前例的信息革命，信息作为一种重要的资源，对促进现代社会生产力发展和科技进步具有重要意义。

公共信息资源是信息资源的公共性表现，有广义和狭义之分，广义的公共信息资源指由政府、市场、社会组织、个人等一切社会主体收集、存储、处理、分析并作用于公共领域的信息资源；狭义的公共信息资源指由公共部门收集、存储、处理、分析并作用于公共领域的信息资源，如政府、市政公用企事业单位、公共服务事业单位等机构在日常管理活动中产生的数据信息。公共信息资源兼具共享性（非排他性）与竞争性特征，一方面，公共信息资源与其他许多公共资源一样，同一信息资源可以被许多用户同时使用，即公共信息资源的获得者可以根据自身情况对信息资源加以开发和利用；另一方面，公共信息资源又体现出一定的竞争性，一旦公共信息的最先开发者获得了某类公共信息的垄断性权利，将会影响其他主体对该资源的利用，其他主体只有通过另外的途径和渠道进行资源的开发和探索。

在信息时代，公共信息资源主要以数据信息为表现形式，数据已经被视为与土地、资本、劳动、技术等一样的重要生产要素，而聚合用户数据可以被概

---

① 彭补拙，濮励杰，黄贤全，等．资源学导论［M］．南京：东南大学出版社，2014：271.

念化为一种公共资源①，个人、企业、政府和广大公众都不具有其垄断产权②。作为一种新型的生产要素，数据蕴藏无限价值，有新时代"黄金"和"石油"之称，具有广泛的应用前景，不论是政府、市场、社会组织还是公民个人，在日常行为和管理活动中产生了大量数据资源，成为公共部门决策者进行公共决策的重要依据。由于这些数据可以以极低的成本复制，几乎无法做到有效排他，特别是公共部门在履行经济调节、市场监管、社会管理和公共服务职能过程中产生有关不同行业、不同领域、不同群体海量的数据资源，具有很强的公共利益性质。公共部门可以通过整合与处理将大量数据转化为富含经济价值与社会效益的知识和信息，一方面为科学有效地公共决策提供依据，另一方面也可以通过一定方式将数据信息去隐私化、去敏感化，应用于科学研究或市场决策，从这个意义上讲，数据资源是一种典型的资产性公共资源。

三、公共资源的作用

资源是人类社会的生产资料和劳动对象，人们可以通过生产活动从资源中获取生存和发展所需的物质和能量。而公共资源作为国家或集体公有共用的资源，是社会共同拥有的财富，是我国社会主义市场经济发展的基本物质条件，直接关系着国家安全、经济发展和人民生活。

（一）公共资源与国家安全

《中华人民共和国国家安全法》第一章第二条指出，"国家安全是指国家政权、主权、统一和领土完整、人民福祉、经济社会可持续发展和国家其他重大利益相对处于没有危险和不受内外威胁的状态，以及保障持续安全状态的能力"。所谓内外威胁，包括了内部威胁和外部威胁两个层面。其中，内部威胁指国内发生的一系列混乱、动乱、骚乱、暴乱，以及其他各种形式的疾患，直接危害到国家生存，造成国家的不安全；外部威胁指自然界或外部社会的威胁和侵害，如重大自然灾害、传染病、外部国家或组织或个人的威胁和侵害等。

当前，我国正处于实现"两个一百年"奋斗目标的历史交汇期，国际国内形势正发生百年未有之大变局，这决定了在实现中华民族伟大复兴的道路上必然会面对各种重大挑战、重大风险、重大阻力、重大矛盾。而公共资源作为国

---

① NAPOLI P M. User Data as Public Resource：Implications for Social Media Regulation ［J］. Policy and Internet, 2019, 11 (4)：439-459.

② DETERMANN L. No One Owns Data ［J］. Social Science Electronic Publishing, 2019, 70 (1)：1-43.

家和政府掌握的最重要的物质资源，是保证我国国家安全和政治稳定的关键。以国有企业为例，作为中国特色社会主义的重要物质基础和政治基础，国有企业是党执政兴国的重要支柱和依靠力量①，是国家财政收入的重要来源之一。当前无论是在国防科技、国际竞争、国际合作，还是国内各行各业的现代化建设中，国有企业都发挥着极端重要的作用。因此，只有坚定不移地做大做强国有企业，不断增强企业的活力、控制力、影响力和抗风险能力，才能保证我国经济稳定增长，国家竞争力稳步提升，才能在应对国内外复杂经济形势时真正发挥"领头羊"和"主力军"的作用，从而保障国家安全。

公共资源在保障国内公共秩序和维护社会稳定中同样发挥着举足轻重的作用。国内公共秩序一般包括社会管理秩序、生产秩序、工作秩序、交通秩序和公共场所秩序等，这些公共秩序的建设和维护都离不开政府投资和管理。例如，为了保障人民的生命财产安全，需要建设一支常备的警察和消防队伍，实施日常管理和应急救援；为了促进经济发展和保障人民出行，需要加大公共交通基础设施建设，而公共交通基础设施前期投入大、共用性强的特点，使得盈利导向的市场主体在该领域的资源配置功能弱化，因此离不开政府前期投资和政策引导。此外，有研究还认为公共资源还会影响社会信任水平，因为公共资源作为居民生产生活的基本条件，当公共资源供给不足时，人们竞相争夺公共资源，而人们争夺公共资源的能力不同，在争夺中处于较弱势地位的居民所受到公共资源不足的影响会更大②，这可能进一步对社会秩序构成威胁。

（二）公共资源与经济发展

公共资源作为物质生产、社会发展和人民生活的基本物质条件，在我国社会主义市场经济发展中起着主导性作用。我国实行公有制为主体、多种所有制共同发展的基本经济制度，决定了国有经济是社会主义公有制的重要成分，而国有经济一切生产资料归国家所有，是典型的公共资源。因此，历届党代会都明确强调，要在关系国家安全和国民经济命脉的重要行业和关键领域保持绝对控制力，做大做强国有经济，以此保障国家经济独立和国家安全。从宏观层面来看，公共资源作为支撑经济发展的重要基础，对经济发展起支撑和导向作用，

---

① 宋笑敏．"国有企业垄断论"的本质透析——基于新时代中国特色社会主义国有经济思想的审视［J］．海南大学学报（人文社会科学版），2018（1）：57-61.
② 史宇鹏，李新荣．公共资源与社会信任：以义务教育为例［J］．经济研究，2016（5）：86-100.

对资源再配置和宏观经济政策制定具有重大现实意义。[①] 国家重大战略部署、重大方针和政策制定都离不开对公共资源的绝对控制，合理配置公共资源有利于国家经济产业结构调整和升级，有利于培育宏观经济环境，协调区域经济发展。从微观层面来看，国家通过掌控和配置公共资源，有利于社会的基础设施投入，聚焦国家重点工程项目，攻克技术瓶颈，提升国家科技实力和国家经济在世界范围内的竞争力。

我国社会主义制度决定了政府负有使用和管理各项公共资源并使其最大限度地达到目的的责任，因此，面对当前日益复杂的国内外环境，要避免可能出现的经济社会问题，推动经济稳步可持续发展，离不开政府对公共资源的合理规划和科学统筹。而我国国有经济是政府掌控的最重要的公共资源之一，党的十九届四中全会提出"增强国有经济竞争力、创新力、控制力、影响力、抗风险能力"，这"五力"目标是党中央和国务院对国有经济发展的新定位和新要求，体现了新时代国有经济的使命和功能定位。以创新力为例，创新力是"五力"目标的关键环节，是国有经济发展的驱动力，创新能力也是信息时代国际竞争的基本逻辑。当前，我国社会主义市场经济发展还处于初级阶段，而国有经济和国有企业掌握着国家大量公共资源，国有经济和国有企业在产业升级、结构调整、技术改造、推广运用新技术、先进管理经验等方面都发挥着先导作用，是我国企业参与国家竞争的重要力量。

（三）公共资源与人民生活

人类的生存和发展必须以资源为基础，对国家和政府而言，公共资源是其履行公共服务职能的载体，缺少公共资源的投入，公共服务就成为无源之水、无本之木。随着我国社会主义市场经济的快速发展，人民生活水平得以显著提高，党的十九大报告指出，当前我国社会主要矛盾已经由"人民日益增长的物质文化需要同落后的社会生产之间的矛盾"转变为"人民日益增长的美好生活需要和不平衡不充分的发展之间的矛盾"。"十四五"规划指出，在新发展阶段要推动质量变革、效率变革、动力变革，公共服务体系也需要实现高质量发展，更好地满足人民美好生活需要。尽管目前我国基本建成了覆盖全民的基本公共服务制度，但是仍然存在着发展不平衡不充分、质量参差不齐、服务水平与经济社会发展不适应等问题，民生保障存在短板，制约了人们迈向美好生活的步伐。为了满足新时期人民不断增长的美好生活需要和高品质生活追求，需要党

---

① 林晓健 . 公共资源与区域经济综合发展水平的关系研究——基于福建省 9 个地市的数据分析 [J] . 学术论坛，2016（11）：74-79.

和政府以公共资源为载体，提高公共资源配置效率，切实增强公共服务能力。

公共资源的合理配置对新时期人民高品质生活的作用主要有：一是兜住底线，使低收入群体特别是困难群体也能享受到国家经济发展红利，保持生活尊严。二是协调区域差距，通过公共财政的转移支付，加大对贫困和落后地区的支持和引导；通过打破区域间行政管辖限制，根据区域资源禀赋和比较优势，引导区域间经济合作与资源开发。

四、资源、资产、资金的良性循环

如前所述，资源是指自然界和人类社会中客观存在或者人类社会创造的一切能够推动人类社会进步的有形或无形的生产要素集合，它既包括石油、煤炭、生物、水、阳光、空气等自然性要素，也包括人类生产生活中创造出来的技术、制度、知识、货币等社会性要素。任何可以被人类开发和利用的物质、能量和信息，只要能够满足人类某种特定的需要，具有一定效用，就可以称之为一种资源。并且，资源是一个历史性的概念，其内涵和外延会伴随着人与自然关系的拓展和加深而不断丰富和复杂化。[①] 而资产是一个权利概念，即资产是一种明确了产权归属的资源，根据国务院发布的《企业财务会计报告条例》，资产指的是"过去的交易、事项形成并由企业拥有或控制的资源，该资源预期会给企业带来经济利益"[②]。资金指国家用于发展国民经济的物资或货币，资金是以货币表现的，用来进行周转，满足创造社会物质财富需要的价值，它体现着以资料公有制为基础的社会主义生产关系。

资源、资产、资金三者之间既相互联系，又相互区别。资产与权利关系相联系，资源要转化为资产，就必须界定资源的权利关系，只有对资源进行分配并界定了权利关系之后，资源才能称之为资产。[③] 而要实现资产向资金的转化，则需要通过市场自由流通，使资产进入增值和追求剩余价值的循环中。因此可以说，资产是具有明确权利归属并可以带来利益的资源，资源可以通过市场交易转化为资产，而资金是具有流通特质的资产，是资产的一部分。就同一类资源而言，资产和资金（资本）可以说是资源的不同面向，资产强调对资源的使

---

① 王利华."资源"作为一个历史的概念［J］.中国历史地理论丛，2018，33（4）：35-45.
② 中华人民共和国国务院.企业财务会计报告条例［EB/OL］.百度百科，2000-06-21.
③ 陈国辉，孙志梅.资产定义的嬗变及本质探源［J］.会计之友（下），2007（1）：10-12.

用和占有，资金（资本）则强调资源的市场流通和对价值剩余的追求①。以土地资源为例，土地资源是指在一定技术条件下和一定时间范围内能够被人类利用并满足生产生活需要的土地，自然性是其固有属性。土地资产则需要明确界定其产权（所有权、占有权、支配权、使用权、收益权和处置权等）归属，如通过一系列法律法规确认产权，使土地资源的所有权人可以将其用于经营以获得收益，它是处于社会关系之中的土地资源。土地资金是附着在土地资产上，按照市场规则进行交易和流通获得的收入，通常以货币为表现形式，是一种以价值形态呈现的社会关系。

公共资源（如土地、矿产、水、基础设施等）要实现向资产和资金的转变，也必须经历资源资产化和资源资金化的过程。所谓资源资产化指"从资源的开发利用到资源的生产和再生产的全过程中，把资源作为资产，按照一定的市场逻辑和经济规律进行投入产出管理，并建立以产权约束为基础的管理体制，确保资源所有者权益不受损害、资源保值增值，增加资源产权的可交易性"②。所谓资源资金化（资本化）是指"具有明确产权归属的资产进入市场，通过市场自由流通和交换，以资金的形式流动起来并实现价值增值的过程"③。由于许多公共资源在进行勘探、开发利用之前具有数量和形态的不确定性，因此对公共资源进行界定、价值分析与核算以及明确产权归属是资源资产化和资产资金化的基础和先决条件，这也是公共资源管理的核心内容之一。

当然，目前我国推进公共资源资产化、资本化（资金化）管理，多指那些可以用于市场化配置的公共资源，如土地资源、矿产资源、水资源、公共基础设施、公共信息资源等。图2-1直观地展示了资源、资产、资金三者之间的循环互动关系，其循环路径大致可以分为以下三个环节。

首先，公共资源资产化，当公共资源预期能够给投资者带来收益并且产权明晰时，可以转化为资产。这其中涉及两个核心步骤，一是价值分析与核算，只有对可交易公共资源进行经济价值核算，并根据资产盈利情况划分不同的资产类型（如公益型、盈利型），才能使公共资源所有者实施不同资源分配策略，或投资者和使用者选择不同经营管理措施。二是产权明晰，清晰界定公共资源

① 韩高峰，袁奇峰，温天蓉. 农村宅基地：从资源、资产到资本［J］. 城市规划，2019（11）：20-30.
② 蒋正举，刘金平."资源—资产—资本"视角下矿山废弃地价值实现路径研究［J］. 中国人口·资源与环境，2013（11）：157-163.
③ 何琳，祝建民，刘莉红. 资产资本化：农户融资路径创新的必然选择［J］. 经济研究导刊，2009（1）：79-80.

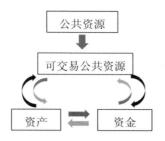

图2-1 资源、资产、资金的良性循环路径图

产权（所有权、占有权、支配权、使用权、收益权和处置权等）是公共资源资产化的必然要求，只有在明确各产权主体的权利和义务关系的基础上，才能确保资产在市场化配置过程，即在转化为资本的过程中做到归属清晰、权责明确、保护严格、流转顺畅。

其次，公共资产资金化，当公共资产产权明晰并可以通过市场方式自由流通交换时，可以转化为资金。公共资源资金化主要通过出让、转让、出租、置换或者以投资参股等方式实现，如政府将土地资源通过一定的标准划拨给学校形成学校的专用资产，港口码头基础设施建设完成之后授权港务集团经营，形成国有企业的专用资产，在必要的情况下，这些专用资产可再进入公共资源市场化配置体系转化为公共资金。近年来，在提升公共管理绩效和效能的发展趋势下，我国机关事业单位的一些闲置资产，一般会通过市场化方式进行剥离和盘活，转化为可交易公共资源，例如，将闲置办公场所出租、冗余公车拍卖等，以此获得公共财政收入。但在我国公共资源的市场化配置，如国有企业资产的处置交易，需要通过专门的国有企业产权交易中心进行资源配置。

最后，将公共资产市场化交易获得的公共资金进一步转化为增进社会福利的公共资源，是公共资源—资产—资金良性循环关系中的重要一环。当前，通过公共资源转化为公共资金，已经成为我国很多地方政府非税收入中最大的一块收入来源，这些收入在扣除对资源开发进行的必要补偿以后，剩余资金和一般税收收入一起汇入公共财政资金池，主要用于民生开支或者维护公共设施，提供基本公共服务。

第三章

公共资源管理的理论分析

公共资源管理的目的在于提高公共资源利用率，实现经济、社会、环境效益最大化和公共资源的可持续利用。[①] 本章旨在阐明公共资源管理的经济学机理，厘清公共资源管理的产权界定、资源定价、交易监管、收益分配，分析公共资源管理的两种方式，即市场配置与政府规制，讨论公共资源管理的市场失灵和政府失灵问题，结合自主治理理论梳理公共资源管理的第三条道路。

一、公共资源管理的主要内容

（一）产权界定

由于公共资源非排他的特性，"搭便车"的激励一直存在，维护资源的集体行动往往难以形成。同时又由于公共资源在消费中的竞争性，对资源的过度和无序使用容易导致资源退化和租金散失。上述的资源治理困境，都指向一个关键问题，即公共资源的产权模糊。根据《新帕尔格雷夫经济学大辞典》的解释，社会中的个体会为使用不充足的公共资源而相互竞争，必须由法律、规章、习惯或等级地位予以确立财产权来解决这一冲突。[②] 因此，对于公共资源的管理配置，首要步骤便是明晰产权，界定资源所有者。产权结构可以是包括从私人产权到公共产权的各种形式。以公共资源的空间产权为例，当某个行动主体占据某一空间时，其他主体想要介入就必须和"先占者"进行互动，互动的形式可能是"交换""强占"或者是"暴力冲突"，这种空间的排他性之于社会行动，如同产权之于经济行动。[③] 空间产权理论还将人与人的互动关系引入公共资源管理，将产权的聚焦对象由以"物"为主体转向了以"人"为主体，前者强调资

---

① 李善民，李孔岳，余鹏翼，等．公共资源的管理优化与可持续发展研究——基于广州市水资源的应用分析［M］．广州：广东科技出版社，2007：26

② 伊特韦尔，米尔盖特，纽曼．新帕尔格雷夫经济学大辞典（第三卷）［M］．陈岱孙，译．北京：经济科学出版社，1992：1099-1104．

③ 叶涯剑．空间重构的社会学解释——黔灵山的历程与言说［M］．北京：中国社会科学出版社，2013：14．

源的控制、使用等权利，而后者强调资源使用过程中人与人之间的互动及关系。①

系统的产权概念起源于西方，主要代表是马克思的产权理论和新制度经济学产权理论。马克思的产权理论认为，产权关系最初是一种人对物的某种排他性的占有关系，这种占有关系确定物的归属主体。在出现阶级和国家以后，私有产权便用国家法律的形式加以确认和维护。因此，产权关系不仅仅是对物的归属和占有关系，更主要的是它反映了一种对物的占有关系所形成的人与人之间的物质利益关系或经济关系。②

制度经济学对产权理论的研究则始于 20 世纪 60 年代，核心分析工具是罗纳德·科斯所提出的"交易费用"。科斯指出"权利的清晰界定是市场交易的基本前提"③。科斯定理认为，在产权明晰和交易费用为零的情况下，市场机制就能解决外部效应问题。即有关当事人可以通过谈判和协商来消除有害的外部效应，实现资源的有效配置。④ 德姆塞茨认为："产权是一种社会工具，其重要性就在于事实上它们能帮助一个人形成他与其他人进行交易时的合理预期……要注意的很重要的一点是，产权包括一个人或其他人受益或受损的权利。"⑤

公共资源的产权界定不明晰，很容易导致"公地悲剧"的产生，产权明晰是实现公共资源配置帕累托最优的必要前提。⑥ 而西方经济学理论认为，稀缺的资源具有内在的经济价值，需要通过市场交换才能获得这些资源，而公共资源属于具有内在价值的自由物品，无须通过市场来完成交换，这些传统观点阻碍了公共资源产权的界定。⑦ 在市场无法有效界定公共资源产权时，引入法律强制力对公共资源进行产权界定成为一种可供寻求的路径。

---

① 陈绍军，任毅，卢义桦. 空间产权：水库移民外迁社区公共空间资源的"公"与"私"［J］. 学习与实践，2018（7）：100-107.

② 吕天奇. 马克思与西方学者产权理论的观点综述与分析［J］. 西南民族大学学报（人文社会科学版），2004（3）：121-126.

③ COASE R H. The federal communications commission［J］. The Journal of Law & Economics，1959（2）：1-40.

④ 科斯. 企业、市场与法律［M］. 盛洪，陈郁，译. 上海：上海三联书店，1990：6.

⑤ 科斯，等. 财产权利与制度变迁——产权学派与新制度学派译文集［M］. 刘守英，等译. 上海：上海三联书店，2014：71.

⑥ 朱珠. 基于公地悲剧视角下公共资源产权界定对策研究［J］. 经济视角（下），2013（4）：84-85.

⑦ 王艳. 我国公共资源产权界定的路径依赖及制度选择［J］. 云南行政学院学报，2006（4）：104-106.

（二）资源定价

在传统思维定式中，公共资源由于其非排他性而无法对实际使用者进行收费，或应由政府免费提供并通过税收来弥补生产和经营成本。① 但一旦公共资源的产权界定成为现实，便有进行资源定价并交易的可能性。公共资源定价属于广义公共定价的一部分，公共定价则是指公共部门运用强制性权力规定某些行业产品或劳务的交易价格。②

如何进行公共资源定价，是一个非常复杂的问题。从兼顾效率、社会公正和成本完全补偿的考量出发，递增阶梯定价机制具有最优性。③ 即在每个数量区段内的边际价格固定，在上下区段之间的边际价格递增，同时需确定阶梯（或等级数）、分割点和各等级上的边际价格。有学者总结了三种定价思路，即影子价格法、机会成本法和边际社会成本定价法。影子价格是根据资源稀缺程度对现行资源市场价格的修正，反映了资源利用的社会总效益和损失；机会成本法强调在无市场价格的情况下，资源使用的成本可以用所牺牲的替代用途的收入来估算；边际社会成本所决定的自然资源价格是凝结在自然资源之上的人类劳动价值和自然资源生态经济价值的综合反映。④

此外，包括诸如收益现值法、人力资本法、旅行费用法等在内的市场估价法也较为常见。其主要考虑到自然资源的开发利用将具有正负两面的效应，因此运用一系列估值方法对自然资源产生的正负效应所产生的正负经济效益进行估价，从而估算出自然资源的市场价值。⑤⑥

根据学术研究与调研实践，总体上分析，公共资源的定价方式可以归纳为三种：市场调节价、政府指导价和政府定价。市场调节价是指由经营者自主制定，通过市场竞争形成的价格。政府指导价是指政府价格主管部门或者其他有关部门，按照定价权限和范围规定基准价及其浮动幅度，经营者在这两个要素的限制下，根据具体行情制定的价格。政府定价是由政府价格主管部门或者其他有关部门，按照定价权限和范围直接制定的价格。公共资源主要分为自然性

① 高丽峰，田雪欣．准公共产品定价的经济学分析［J］．商业时代，2007（9）：13.

② 余斌．公共定价的经济学分析［J］．当代经济研究，2014（12）：21-27.

③ 方燕，张昕竹．递增阶梯定价：一个综述［J］．经济评论，2011（5）130-138.

④ 王舒曼，王玉栋．自然资源定价方法研究［J］．生态经济，2000（4）：25-26.

⑤ TRICE A H，WOOD S E. Measurement of recreation benefits［J］．Land economics，1958，34（3）：195-207.

⑥ COSTANZA R，FOLKE C. Valuing ecosystem services with efficiency，fairness and sustainability as goals［J］．Nature's services：Societal dependence on natural ecosystems，1997：49-70.

资源、行政性资源与资产性资源三种类别。具体每一种类别所具体包含的公共资源项目千差万别，在实践中，针对每一类具体的公共资源项目并不能运用单一的定价方式，而是应该根据具体的公共资源项目综合运用市场调节价、政府指导价与政府定价相结合的定价方式。

党的十八届三中全会提出使市场在资源配置中起决定作用，公共资源定价也应充分发挥市场机制的决定性作用，同时政府部门也需要发挥其本身的规制职能，主要体现在以下三方面。

一是促进公平竞争。定价方式是以成本加成为原则的，在合理健全的市场准入制度下，政府不光应该适当鼓励民营资本以及国外资本进入，形成公共资源生产主体多样化，更需要通过一些手段去促进公平竞争，激发民营企业产出更高的效益，例如，PPP项目、租赁、外包等方式。此外，政府还可以制定相关奖励机制，例如，监管部门服务水平目标奖励机制等，或者给予补助去刺激提供公共资源的企业提高他们的服务水平、生产效率和产品质量。

二是防止公共资源从行政垄断到私人垄断。首先，不能笼统地对整个垄断行业都进行私有化改革，私有化专制垄断不是真正的市场竞争。[1] 其次，在政企分离后政府更需要加强管制措施。对公共资源，尤其是像自来水这种具有天然垄断性特征的公共资源，企业可以通过制定垄断价格，或者价格不变但降低产品质量的做法来获取更多的经济利益，因此，政府必须加强对质量和价格的管制。

三是改变传统定价中的政府主体地位。传统以政府为主体的公共资源定价模式无法实现公共资源配置的帕累托最优，很多公共资源的价格在调整或制定时被质疑没能满足大众的社会利益，导致这种情况出现的根源在于当价格调整和制定时，真正的使用方即社会大众并没有参与进环节中。这类社会公共资源定价机制的不健全易引发社会利益再分配结构不合理，进而导致公共资源供给不充分。[2] 因此，必须改变传统定价中的政府主体地位，引入公共资源定价的社会决策机制[3]，才能真正做到公共资源价格的合理，达到生态、社会、经济三效

① 宋方敏. 我国国有企业产权制度改革的探索与风险［J］. 政治经济学评论，2019，10（1）：126-150.

② 彭劲松. 当代中国利益关系新变化及应对思路［J］. 科学社会主义，2015（4）：68-73.

③ FELTENSTEIN A. Money and bond in a social decision-making process［M］//Proceedings of Water Pricing Conference，Report No 13. Cambridge：Cambridge University Press，1984：59-69.

益统一。① 例如，通过建立定价委员会引入相关利益主体，以及定期举行定价听证会。

（三）交易监管

产权界定和资源定价为公共资源的市场化配置提供了可能性前提，当公共资源满足一定条件时便会进入交易环节。但如果在产权界定和资源定价环节，公共资源未得到妥善处置，那么在交易环节就容易滋生腐败和出现无序乱象，造成公共资源的退化和公共财富的损失。对于公共资源配置过程中滋生的腐败行为，外因方面在于国家经济高速增长、政府规模迅速膨胀以及政府支配权力逐渐加强导致公共资源集中，由此产生垄断、滋生腐败行为；内因方面则主要是行业准入机制的不完善，且作为主导者的政府机关会因部门利益而设置不同的行业准入标准进行寻租。因此，对公共资源交易的监管也是其管理配置的重要内容。

在我国公共资源管理的实践中，现行监管模式严重不适应市场经济发展的要求，造成了公共资源市场化配置过程中的腐败和不公平竞争。在比较了部门分散监管，统一监管和部门监管相结合，统一、独立、专职监管等三种模式的基础上，徐天柱（2014）提出我国应当实行统一、独立、专职监管模式，即构建统一的市场化配置平台，建立统一、独立综合的监管机构，制定严格的市场化交易规则，加强统一的公共服务体系建设。② 侯水平（2007）等则主张发挥行业自律组织的作用，形成行政监管、司法监管及其他方式监管与市场自律相结合的多元化监管模式，使行政监管与市场自律协调运行，在监管过程中综合运用市场手段、法律手段和必要的适度的行政手段及纪检监察措施，形成一个全社会参与的多层次、立体化、有机公共资源监管体系。③

（四）收益分配

产权经济学认为当经济行为存在外部性时，可以将界定不经济的利益或价值留在公共领域，并按照一定的方式进行分配。④ 公共资源收益的分配可以分为

---

① 李玉文，沈满洪，程怀文. 基于 SD 方法的水资源有偿使用制度生态经济效应仿真研究——以浙江省为例［J］. 系统工程理论与实践，2017，37（3）：664-676.

② 徐天柱. 公共资源市场化配置监管模式创新及制度构建［J］. 行政论坛，2014（2）：87-91.

③ 侯水平，周中举. 构建我国公共资源市场化配置监管体制［J］. 西南民族大学学报（人文社会科学版），2007（4）：136-140.

④ 巴泽尔. 产权的经济分析［M］. 费方域，段毅才，译. 上海：上海人民出版社，1997：17-35.

两种方式：一种方式是先收后支，国家作为公共资源的所有者出让公共资源的所有权或经营权而从受让者手中获得收益后，再以财政预算的方式进行支出进行的分配，具有显性化特征；另一种则更为隐蔽，即类似国有资产这类公共资源的定价。① 公共资源定价本身也决定了公共资源收益初次分配，定价的高低直接决定了资源使用者利润水平的高低。

刘尚希、吉富星（2014）认为，公共资源收益共享不会自发地实现，需要一系列的制度安排，其中最为基础性的是产权制度。所有权明确不等于产权改革完成，更不意味着构建了公共产权制度，而国家所有也不等于全民共享。实现公共资源收益全民共享，就必须构建现代公共产权制度，关键在于合理地确定中央政府、地方政府和当地居民三者所占收益的比例，加强公共资源收益形成和分配的法治化管理，并将其纳入预算管理体制和制度的调节范畴②。肖泽晟（2014）同时指出，公共资源的收益分配还应采取公共资源收益权和行政执法权"两权分离"的模式，原则上将受益权向上级政府倾斜，执法权向下级政府倾斜，并由上级政府保障下级政府的执法经费。③ 叶姗（2019）认为，公共资源的收益分配基于产权制度进行，然而公共资源的产权模糊，容易出现"公地悲剧"④。

二、公共资源管理的一般方式

（一）市场配置

市场机制是不通过中央指令而凭借交易方式中的相互作用，以对人的行为在全社会范围实现协调的一种制度，主要包括价格机制、供求机制、竞争机制、风险约束机制等，其中价格机制是其核心和基础。公共资源的市场化配置便是寄希望于由市场的价格、供求与竞争等法则来管理公共资源，充分发挥市场配置公共资源的基础性作用⑤，以期达到公共资源配置效率的最大化。

---

① 曾力. 公共资源出让收益合理分配机制研究［J］. 金融经济学研究，2013（6）：108-115.

② 刘尚希，吉富星. 公共产权制度：公共资源收益全民共享的基本条件［J］. 中共中央党校学报，2014（5）：68-74.

③ 肖泽晟. 论遏制公共资源流失的执法保障机制——以公共资源收益权和行政执法权的纵向配置为视角［J］. 法商研究，2014（5）：3-11.

④ 叶姗. 城市道路资源经营性使用的法律规制——基于互联网租赁自行车市场的发展［J］. 比较法研究，2019（2）：116-130.

⑤ 王丛虎. 公共资源交易平台整合的问题分析及模式选择——基于交易费用及组织理论的视角［J］. 公共管理与政策评论，2015，4（1）：77-86.

在公共资源管理配置中，市场机制能够有效发挥作用还有赖于一些前提条件。譬如，公共资源在排他上应当是可能的，可以通过一定的技术手段或者实行"使用者付费"实现排他；并且公共资源的规模和范围不能太大，涉及的消费者数量必须是有限的，如此一来比较容易使消费者根据一致同意原则订立契约，自主地通过市场来达成目标；公共资源市场机制作用的发挥还离不开一系列制度条件的保障，其中也包括产权制度与必要的政府规制。

（二）政府规制

当人们在面临公共资源悲剧问题与集体行动难题时，往往最先想到的是具有强制性权威的政府。哈丁在讨论"公地悲剧"时，主张在公地治理中采用一致赞同的相互强制、甚至政府强制，而不是私有化。"在一个杂乱的世界上，如果想要避免毁灭，人民就必须对外在于他们个人心灵的强制力，用霍布斯的术语来说就是'利维坦'，表示臣服。"①② 由于存在着"公地悲剧"，所以具有加大强制性权力的政府的合理性是得到普遍认可的；即使避免了"公地悲剧"，它也只有在悲剧性地把利维坦（国家或政府）作为唯一手段时才能做到。③

当政府介入公共资源管理时，其主要作用有：通过禁止权和处罚权来禁止和处罚各种滥用公共资源的行为；通过征税权来引导生产和消费，强化对公共资源的保护；通过政策法规来引导和激励全社会参与公共资源的治理，加强各阶层、集团和社会群体之间的信息交流和沟通，推进公民的治理合作等。④

三、公共资源管理中的政府与市场

在资源配置过程中，何为有效政府，何为有效市场，市场和政府各自应起多大作用，以及政府与市场之间的关系应是怎样，从亚当·斯密（Adam Smith）"看不见的手"到市场失灵，从凯恩斯主义到政府失灵，西方经济学家对资源配置中政府与市场的认识有一个辩证发展的过程。公共资源作为一类特殊的资源，公共资源配置有其特殊性和复杂性，下文对公共资源管理中的政府与市场进行理论阐释。

---

① HARDIN G. The Tragedy of the Commons ［J］. Science, 1968 （162）: 1243-1248.

② HARDIN G. Political requirements for preserving our common heritage ［J］. Wildlife & America, 1978 （31）: 310-317.

③ OPHULS W. Leviathan or oblivion ［J］. Toward a steady state economy, 1973 （14）: 219.

④ 唐兵. 公共资源的特性与治理模式分析 ［J］. 重庆邮电大学学报（社会科学版），2009 （1）: 111-116.

（一）理论溯源："双重失灵"

1. 公共资源管理的市场失灵

1776 年，亚当·斯密《国民财富的性质和原因的研究》（简称《国富论》）的出版标志着西方经济学的诞生，斯密在书中提出了"看不见的手"这一原理，认为个人利益是一切经济活动的根源，它的不变性和一致性能够战胜任何人为的障碍，并给予整个社会体系以统一性。这种对个人利益与公众利益的一致性的乐观态度导致了经济不干涉主义，即有限政府论，斯密认为政府对经济的干预是不必要的和不受欢迎的，并且政府是浪费的、腐败的、无效的，是对整个社会有害的垄断特权的授权。古典经济学"自由放任"的政策主张在新古典经济学中得到了公理化的表现。新古典经济学代表人物马歇尔通过"均衡的概念"，论证了完全竞争的市场经济机制是最有效的经济机制，价格这只"看不见的手"能够调节经济变量之间的流动，实现要素和产品最有效的分配。但是，市场机制的有效性是由价格机制推动的，《现代经济学词典》指出，市场失灵产生于一种商品的非排他性，和（或）非竞争性的消费。非排他性使得个人对无须花费代价即可获得的物品将不支付费用。此时，市场交换体制无法发挥作用。[①] 因此，当市场机制成为具有非排他性属性的公共资源配置的决定性机制时，可能会陷入市场失灵困境。

（1）公共资源管理市场失灵的定义

市场失灵（market failure）问题缘起于 19 世纪末期的边际革命。张伯伦、罗宾逊夫人在杰文斯、门格尔、瓦尔拉斯等人运用边际效用价值论和一般均衡理论，从微观上将市场现象归结为个人选择的基础上，将垄断现象置于市场内生的地位来考虑，从而得出了市场失灵的第一个表现，即垄断。此后，旧福利经济学、新福利经济学等西方现代经济学的发展，又逐步扩展了市场失灵的研究范围。[②] 对于市场失灵，中外尚缺乏一个较为明确的定义。《现代经济学词典》认为，市场失灵表现为市场主体在资源配置方面出现低效率，需要集体或政府采取行动，改进资源配置效率。[③] 从经济学的角度看，严格意义的市场失灵是指主、客观因素下市场在资源配置方面呈现出低效率运行的一种非理想的状态。换言之，如果单凭市场机制的自发调节，往往难以达到帕累托最优状态，

---

① 皮尔斯. 现代经济学词典［M］. 宋承先，寿进文，唐雄俊，等译. 上海：上海译文出版社，1988：376.

② 刘辉. 市场失灵理论及其发展［J］. 当代经济研究，1999（8）：39-43.

③ 皮尔斯. 现代经济学词典［M］. 宋承先，寿进文，唐雄俊，等译. 上海：上海译文出版社，1988：376.

从而无法实现资源的最优化配置。同时，在实际运用的过程中，人们往往将市场机制所引发的收入分配不公、贫富差距等也视作市场失灵的一种表现形式。市场机制在资源配置方面的调节作用，在某些方面还不能充分发挥也视作是一种市场失灵。基于此，公共资源管理的市场失灵可以定义为：单凭市场机制配置公共资源，无法实现公共资源配置的帕累托最优，表现为市场单要素配置公共资源的低效率、不充分、不公平等问题。①

（2）公共资源管理市场失灵的表现

一是市场配置公共资源的低效率问题。在公共资源领域，每增加一个单位的公共资源产量和每增加一个单位的公共资源消费者所引起的成本增加幅度是不同的，前者远高于后者。同时，公共资源的收益一般来说都比较低，甚至存在成本高于收益的情况。市场主体是逐利的，在获利空间狭小的公共资源领域，高效配置公共资源的激励较低，倾向于采取消极被动的行动。此时，由市场单一主体配置公共资源的结果可能是低效率的，这是公共资源管理市场失灵的第一个表现。

二是市场配置公共资源的不充分问题。公共资源的非排他的资源属性和正外部性的特性，使市场经营主体向每一位资源使用者收取费用存在困难，难以避免公共资源使用过程中的"搭便车"行为。由于公共资源使用过程中"搭便车者"的普遍存在，市场价格机制失灵，由此出现了两方面的公共资源配置不充分问题，一方面，市场既缺乏配置公共资源的激励，造成基本公共资源供给数量的不充分。另一方面，市场缺乏识别并满足不同消费者的不同需求偏好的激励，造成满足不同消费者的不同需求偏好的差异化公共资源供给数量的不充分。

三是市场配置公共资源的不公平问题。一方面，市场单要素配置公共资源容易扭曲自由竞争的市场机制，形成垄断，垄断加剧了资源生产者和消费者之间的信息不对称问题，信息不对称使交易者在占有信息不完备的情况下进行交易，从而带来交易行为的盲目性。生产者将较高的价格、价格歧视施加给消费者，从中获取垄断者的额外利润，造成资源配置的社会效益损失和个体间不公平问题；另一方面，市场是逐利的，市场单要素配置公共资源容易出现资源在收益较高的领域和地区集中，在收益较低的领域和地区配置不足的不公平问题。

---

① 鲍金红，胡璇. 我国现阶段的市场失灵及其与政府干预的关系研究［J］. 学术界，2013（7）：182-191.

（3）公共资源管理市场失灵的原因

一是外部性理论。"外部性理论"由庇古提出，外部性理论对私人边际成本和社会边际成本、私人边际收益和社会边际收益之间的差别进行比较。当一个经济主体的行动影响于另一经济主体的环境，而这种影响不是通过市场价格变动产生的时候，便存在着外部性。外部性使得市场即使正常运作也达不到帕累托最优均衡，社会效率受损。公共资源具有强外部性，公共资源使用过程中，私人边际成本要远小于社会边际成本，而私人边际收益远大于社会边际收益，这便容易造成私人对公共资源的过度使用且难以避免"搭便车者"。强外部效应下，市场机制难以发挥作用。由外部性理论可以得出，并不是所有的竞争性市场都能产生使社会总福利最大化的产出水平。

二是公共物品理论。"公共物品理论"由萨缪尔森提出，公共物品是具有非排他性和非竞争性的物品，与公共物品相对应的是私人物品，它带来的益处能够完全被所有者享有。显然纯公共物品是有正面外部效应的，它是最重要的一种特殊的外部性。萨缪尔森认为公共物品的本性是面向公众的，为额外一个消费者提供公共产品的边际成本为零，而且不可能将不付费的使用者从获得这种收益中排除出去，同时市场主体作为理性经济人总是倾向于实现自身可以最大化，总是希望在享受公共物品的同时能够交付尽可能少的费用，由此产生"搭便车"行为，并且由于不论消费者是否为公共产品付费，他们都能从其中获益，所以潜在的购买者没有激励显示他们的真实偏好，由此出现公共产品供给不足问题，即私人市场提供的商品数量将小于最优值，市场需求将不足以为生产者提供充分的收益以补偿他们的成本，结果市场交易将会背离帕累托最优。公共资源因其非排他性被视为公共物品的一种，被称为"准公共物品"。与公共物品相同，公共资源的"公益性"使其通常以免费或低收费的形式存在。此时，市场的价格机制难以正常发挥作用。

三是垄断因素与纳什均衡。影响自由竞争有两种市场结构性原因：第一个是自然垄断。由于资源的稀缺性和规模经济效益，一些行业的自然垄断是难免的，它本身是"经济性"的体现。但垄断者的市场权力可使价格高于竞争条件下的均衡水平，致使生产者剩余增加而消费者剩余减少，造成了绝对效率损失。第二个是寡头垄断性造成的不完全竞争。数理经济学代表人物纳什在这个方面进行了深入的研究。纳什集中关注在一个博弈中能够产生这样一种结果的策略，即在这种策略下，任何一方都不能通过改变当前的策略来提高预期收益，当独立行动的每一方都用尽了所有有利的行动时就会出现"纳什均衡"。纳什提出在双方共谋的合作博弈中寡头垄断者可以通过调整他们的策略以达到比没有博弈时更好的结果，两个寡头垄断者通过达成协议制定同样的高价，从而使他们都能够获得垄断利润，这种少数利益主体博弈达成的纳什均衡往往有损帕累托效率资源配置。令人注意的是，这些行业在进入或退出方面存在着人为的障碍，加上产品差异性的存在，往往实现不了竞争均衡价格。因此，市场机制配置公共资源容易陷入寡头垄断或合谋篡取消费者剩余价值的问题。

四是信息不对称问题。完全竞争市场机制是以信息对各方都是完全的为前提的，但事实上信息既不是完全的更不是公共的，一方交易主体往往利用拥有的信息使另一方处于被动的不确定环境中。市场失灵理论阐释了市场自身的局限性，再具体到公共资源领域，由于公共资源具有某种程度的消费非排他性和消费非竞争性，显示出很大的外部性，而且存在消费的"搭便车"行为，因而如果由私人来经营管理公共资源，会出现供给不足或消费过度的现象。同时，公共资源具有整体性即不可分割性，这就决定了公共资源如受到破坏，将影响到公共资源的整体价值。公共资源在生产上往往带有规模经济特征，具有不同程度的自然垄断性，在生产技术上又具有一定的不可分割性，以上特征都要求政府来经营管理公共资源，至少政府要对公共资源的经营管理保持管制。尤其是 20 世纪 30 年代凯恩斯主义经济学理论诞生以来，政府干预一度成为主流经济学的重要政策主张，这为各国政府对经济活动进行干预、实行管制提供了重要的理论依据。

2. 公共资源管理的政府失灵

市场失败得出的直接结论是必须政府干预，即由政府校正外部性、公共产品、垄断、信息不对称等带来的市场配置公共资源的结果与帕累托最优均衡的偏离，使私人和社会的边际成本与私人和社会的边际收益相等，实现公共资源的有效配置。弥补市场失灵是政府得以参与经济活动的主要动因，但政府在弥补市场失灵缺陷的过程中，政府也可能"失灵"。特别是凯恩斯主义的盛行带来了政府规模膨胀过度、巨额财政赤字、寻租、交易成本增大、社会经济效率低下等问题，政府失灵问题进一步显现。

（1）公共资源管理政府失灵的定义

萨缪尔森指出："应当先认识到，既存在着市场失灵，也存在着政府失灵。当政府政策或集体运行所采取的手段不能改善经济效率或道德上可接受的收入分配时，政府失灵便产生了。"① 一般认为，政府失灵（government failure）是

---

① 萨缪尔森，诺德豪斯. 经济学 [M]. 12 版. 高鸿业，等译. 北京：中国发展出版社，1992：1173.

政府在克服市场失灵或是市场缺陷的过程中所产生的，指政府为弥补市场失灵而对经济、社会生活进行干预的过程中，由于政府行为自身的局限性和其他客观因素的制约而产生的新的缺陷，进而无法使社会资源配置效率达到最佳的情景。公共资源管理中的政府失灵指政府所采取的公共资源配置手段无法改善公共资源配置效率，无法实现公共资源配置的帕累托最优。

（2）公共资源管理政府失灵的表现

一是不恰当的政府干预。不恰当的政府干预表现为公共资源管理中政府越位和政府缺位的现象同时存在。即俗语所谓的"该管的没有管，不该管的瞎管"。就其本质而言，政府干预过多与干预不足，都属于不恰当的政府行为，其根源在于政府没有正确处理与市场之间的关系，权责关系混乱，边界模糊。

二是政策制定缺乏稳定预期。我国财政分权的体制下，地方政府的发展面临激烈的竞争。为谋求本地区在新一轮经济竞赛中的优势地位，地方政府在制定公共政策时往往存在"短视效应"，对公共资源的管理只注重暂时的开发而忽略长远的保护。特别地，地方政府官员只对上级负责的权力结构安排助长了官员的这种"短期"行为。最终的结果是公共政策的制定往往带有很大的波动性，缺乏稳定的预期，并且科学性和合理性欠缺。

三是存在寻租腐败问题。根据布坎南的定义，租金是指支付给生产要素所有者报酬中超过要素在任何可替代用途上能够得到报酬的部分。当数量一定的公共资源被限制使用时，企业在生产的过程中，就有着强烈的动机，用较低的贿赂成本获得较高的收益，产生所谓的"寻租"。与之相对的，当政府以公共资源的垄断者身份出现时，出于个体理性，也有着进行"抽租"和"创租"行为的动机。这些活动的存在，一方面造成了公共资源配置的扭曲，阻止了更有效的生产方式的实施；另一方面，使原本可以用于生产性活动的资源浪费在对社会无益的活动上，造成社会效益损失，还可能引发社会公平、公正和政府失信等问题。

（3）公共资源管理政府失灵的原因

公共选择理论指出，政府—政治过程是一种类似于市场的交换过程，政府及其官员的行为动机并不是为了公共利益，而是为了自身利益及其最大化，因为公共部门是由按照自身最优利益行动的人们所组成的，基于理性经济人的自利动机以及现实的制度设计和制度安排使得政府决策的失误或失败变得不可避免，政府不能制定和执行确保公共资源得以最佳配置的公共政策，也就是说政府所执行的政策不是最好的政策，存在市场失灵，也存在政府失灵。仅仅因为市场是不完善的，并不必然假设政治过程会做得更好。

更重要的是，奥斯特罗姆认为，"政府集中控制所预期的最优均衡，是建立在信息准确、监督能力强、制裁可靠有效以及行政费用为零这些假定的基础上。没有准确可靠的信息，中央机构可能犯各种各样的错误，包括主观确定资源负载能力，罚金太高或太低，制裁了合作的牧人或放过了背叛者"[①]。信息不对称问题的存在，使政府在公共资源管理时难以做出正确的决策。

（二）市场配置：运行机理与配置方式

1. 运行机理

在市场经济条件下，客观上存在着一个把无数杂乱无章的商品交换因素和行为，变为有章可循的动力和平衡系统。这种在市场上对各要素和行为充当发动、阻止和协调功能的系统，就是市场机制。市场机制的形成有着一定的前提条件，首先必须是社会上存在众多的经济上独立的直接依赖于市场的商品生产经营者。同时，社会上有众多有支付能力和能自由购买的需求者，以及较为完善的市场体系，包括商品市场、劳务市场、资本市场、技术市场、信息市场、房地产市场等。在这三者作用下，形成价格机制、供求机制、竞争机制、风险机制，组成统一的市场机制。

（1）价格机制

价格机制是以价格的自发性波动和有规律运动来调节、协调各经济要素关系的系统、功能的总和。市场主体的生产经营决策要以大量的市场供求信息为依据，价格信号能及时、灵敏而准确地反映市场供求的当前状况以及一段时间内可能的变动趋势。同时既定的价格水平是衡量市场经营成果的客观尺度，价格的升降自动分配着市场经营成果，决定市场主体经济利益的实现程度。价格的运动使不同的经营成果得到公正评价，衡量出各种生产要素的贡献，诱导市场主体将有限的资源投到收益最大的领域。由于价格可以公正评价与合理分配经济效益，作为生产者的市场供给主体会密切注意市场需求变化，对价格传递的盈亏可能性做出精明的取舍，进而千方百计降低成本、改进技术、改善管理，以期在最低成本的基础上确定最高售价，获得最大限度的收益。市场配置资源的核心机制是价格机制[②]，在市场机制的作用下，要实现资源的优化配置，实际

---

① 奥斯特罗姆. 公共事物的治理之道——集体行动制度的演进［M］. 余逊达，陈旭东，译. 上海：上海译文出版社，2012：13.

② 李扬，张晓晶. "新常态"：经济发展的逻辑与前景［J］. 经济研究，2015，50（5）：4-19.

上仍然需要发挥价格机制的作用。①

（2）供求机制

在一般意义上，供求机制是由价格、利率等一系列市场要素通过竞争机制而发挥作用的。一方面，价格总水平和利率水平是供给与需求是否平衡的集中表现，是观察和控制总需求和总供给的参照值。因为，如果市场需求超过供给，市场上便会出现货币过多、价格总水平上升、市场利率提高等状况。反之亦然。另一方面，价格和利率机制又对供求起着自动调节作用。在总需求与市场价格水平、利率水平之间有一种相互联系、相互作用的机制。总需求膨胀—货币供给过多—价格水平上涨—货币价值下降—市场利率提高。在高利率的刺激下，投资者减少投资，消费者增加储蓄，最终会把膨胀的总需求压下来，恢复供求总量平衡。相反，总需求不足—货币供给不足—价格总水平下降—市场利率降低。在低利率的刺激下，投资者增加投资，消费者减少储蓄，增加消费，最终达到总供给与总需求的平衡。总之，需要以市场供求机制优化要素资源配置。②

（3）竞争机制

市场运行机制之所以能够有效地配置资源，是因为市场信号——价格能够灵敏地反映各种资源的相对稀缺程度，竞争机制能够使市场差异化资源的配置结果更加合理。③ 而这一点，只有在市场的竞争机制作用下才能达到。竞争机制并非在真空中运行，它在运行中要受到一系列因素的制约，其中主要有：市场力量（即市场参与者左右市场活动的能力）、产品性质（不仅指有形的产品等级、规格、包装等，也包括无形的商品商标、信誉、服务等）、市场壁垒（影响市场要素活动的障碍）和市场信息量（市场参与者掌握市场信息的程度）等。一般来说，市场力量越大、商品越是差异化、缺乏替代性、市场壁垒越高、市场信息量越小，市场竞争就会受阻，市场机制作用的发挥程度受限。反之则相反。

（4）风险机制

风险是遭受损失的可能性，是经济主体在市场经济活动中必然会遇到的情况。在现代经济运行中，随着分工不断深化和专业化水平的逐步提高，交易方

---

① 杨东．互联网金融的法律规制——基于信息工具的视角［J］．中国社会科学，2015（4）：107-126，206.

② 余东华，吕逸楠．政府不当干预与战略性新兴产业产能过剩——以中国光伏产业为例［J］．中国工业经济，2015（10）：53-68.

③ 李仲飞，郑军，黄宇元．有限理性、异质预期与房价内生演化机制［J］．经济学（季刊），2015，14（2）：453-482.

式、信息数量越来越趋于复杂化和多样化，人类的经济行为面临越来越多的风险。如果人是完全理性的，加之信息是完全的，人们就可以不用做出承担风险的决策。但现实中的人在"不确定性"和"复杂性"的前提下，是不可能自动回避风险的，他们必须寻求一种自我保护机制，这种机制既要保证行为主体在面临风险时敢于决策、敢于冒险，同时又能在冒险中获取收益，一旦风险出现，又能及时转嫁风险，风险机制由此产生。

（5）相互关系

从价格机制与其他机制的关系来看，虽然各种机制在市场机制中均处于不同的地位，但价格机制对其他机制都起着推动作用，在市场机制中居于核心地位。价格是市场的唯一信号，供求的变化、利益与风险的权衡，全部反映在价格变动上，或全部以价格变动为依据。供求机制、竞争机制等均是通过价格机制起作用的。没有价格机制，市场的有序运行及其优化资源配置功能的发挥是不可想象的。

供求机制是市场机制的保证机制。在市场机制中，必须首先具备供求机制，才能反映价格与供求关系的内在联系，才能保证价格机制的形成，保证市场机制的正常运行。但价格机制对供求机制起着推动作用，价格涨落推动生产经营者增加或减少供给量，推动消费需求者减少或增加需要量，不断调节供求关系。

竞争机制是市场机制的关键机制。在市场经济中，有竞争，才会促进社会进步、经济发展。价格机制又对竞争机制起着推动作用，价格涨落促进生产经营者开展各种竞争，推进产品创新、技术创新、管理创新，以取得更大利润。

风险机制是市场机制的基础机制。在市场经营中，任何企业在从事生产经营中都会面临着盈利、亏损和破产的风险。价格机制能影响风险机制，价格涨落能推动企业敢冒风险，去追逐利润。

2. 公共资源的市场配置

（1）产权配置

市场不仅仅是一个交换的场所，而且也是交换关系的总和。所谓市场经济就是以交换为枢纽连接起来的经济，交换必须以双方当事人拥有各自要交换的东西的所有权为前提条件，否则就无法进行交换。约翰·康芒斯所指出，交换的实质是所有权的交换，而产权制度是市场交换的前提，也是市场经济形成和发展的基本条件，因此市场经济最基础和最核心的制度就是产权制度，它是决定其他各种制度的元制度。如果没有广泛而普遍的产权制度，市场经济就根本无从形成和建立①。

对于产权的出现，一般从以下方面来理解：第一，人类社会最初出现的产权；第二，当有了新的财产关系出现时，需要建立新的产权制度；第三，旧的产权关系不适应经济发展需要时，被新的产权所替代或者改变②。

对于人类社会最初出现的产权关系，马克思和恩格斯从公有产权的角度论述了原始社会的产权，以土地公有制为典型，认为原始社会的财产关系是自然形成的原始公有产权。可以将马克思和恩格斯对公有产权的论述称之为"自然起源说"。对于私有产权，马克思认为由于生产力的发展，私有产权更适应生产力的需要，从而在很大程度上替代了公有产权，也就是说马克思和恩格斯关于私有产权的模型是"生产力发展模型"。马克思的所有制理论从宏观的、动态的及历史的角度探讨了生产力及其发展水平与产权制度之间的关系，从而揭示了所有制演变的一般规律。

新制度经济学认为，产权的作用在于使外部性内部化。所谓外部性是经济主体的行为对他人产生的影响，但是自己不必承担这种影响的后果。换言之，是行为主体的个人成本和收益与社会的成本和收益不一致。如果行为主体个人的成本小于社会成本，或者收益大于社会收益，就是负外部性；反之，个人成本大于社会成本或者收益小于社会收益，就是正外部性。显然，从个人利益最大化出发，正外部性的行为会减少甚至消失，而负外部性的行为会增加并趋向无限大，这对社会是非常不利的。产权本质上是一种排他性权利③，它通过对权利的界定，也就是划分主体的权利和责任即行为边界的办法，把产权主体的决策行为和经济后果联系起来，也就是将权利和对资产的责任直接联系起来，减少了利益之间的重叠和交叉，减少了个人谋利行为的模糊地带和不确定性，从而使经济主体的行为可能产生的外部性内部化。

产权配置就是明晰产权归属，这是市场机制正常运作的先决条件，然而对于公共资源来说，由于其具有非排他性，也就是说谁也不能独占这样的资源的使用权，谁都可以无阻碍地拥有这样的资源的使用权，也就是所谓的公共产权。公共产权的资源对于使用者来说是免费的，但免费使用不等于这些资源的供给都是免费的。这些资源仍然是稀缺的，需要付出一定的成本才能提供给使用者，

① 周冰. 产权制度是市场经济健康发展的制度基础 [J]. 经济纵横, 2012 (1)：8-12.

② 蒲国蓉, 李轩. 产权, 市场交易的基础——关于产权的理论综述 [J]. 特区经济, 2005 (5)：288-289.

③ 诺思. 经济史中的结构与变迁 [M]. 陈郁, 罗华平, 等译. 上海：上海三联书店, 1991：21.

因此其本身是有价格的。① 而使用者之所以能够免费使用这部分资源，是由于无法排除任何人对资源的使用，或者说排除其他人对资源使用的成本是如此之高，以至于远远超过资源有偿使用所带来的收益，这就是所谓资源配置中的外部性。

在公共产权下，每个所有者可获得来自资源配置的收益，而不必直接承担配置资源所产生的成本，因此，追求自身利益最大化的每个所有者必然会无节制地过度使用资源，其结果就是资源的存量迅速递减，直至资源的枯竭，也就是所谓的"公地悲剧"。可见，产权的清晰界定，对于公共资源的合理利用和优化配置意义重大，尤其在稀缺性的公共资源如矿产资源和土地资源等自然资源逐渐减少的情况下，科学合理地界定产权显得迫切而必要。② 通过划分产权，明晰不同主体的权利、责任边界，建立起有效的激励与约束机制，减少交易成本。通过公共产权的私有化，建立起公共资源的产权交易市场，利用市场手段和市场规律来交易和利用公共资源，防止"公地悲剧"的发生，解决公共资源产权配置问题。

（2）市场定价

价格是商品价值的货币表现，关系到市场各方参与者的切身利益，是交易中最敏感的问题。价格的功能在于传递信息，表达供需双方对商品的共同评价。产品价格一般而言，应该是生产者和消费者博弈选择的结果，使生产与需求相互节制，达到优化资源配置的目的。但公共资源的价格却往往难以实现这些功能，由于公共资源具有很强的外部性，从而使信息提供上容易产生"搭便车"的行为，最终导致市场的需求信息产出不足，难以表现到价格上，使得价格机制在公共资源领域发挥不健全。

可以说私人产品的价格一般是生产者和消费者选择的结果，而公共资源的价格却更多的是决策的结果，私人产品的价格充分展现了商品的交换价值，但公共资源领域由于市场的不完全、不普遍，价格所容纳的信息要考虑显示产品的使用价值，以达到物尽其用的目的。

对于公共资源价格的形成机制主要有三种：市场调节价、政府指导价和政府定价。公共资源定价中的市场配置方式主要指公共资源的市场调节价，市场调节价由供需关系决定，在竞争比较中由市场自生自发地形成。这种价格是众多市场主体相互博弈的结果，具有灵活性和不稳定性的特点，会随着时间和区

---

① 许保利．产权界定的资源配置效应分析［J］．财经问题研究，2004（5）：3-10.
② 朱珠．基于公地悲剧视角下公共资源产权界定对策研究［J］．经济视角（下），2013（4）：84-85.

域的不同而做出相应的反应，较强地体现了经营者的意志，其主要适用于竞争性较强的公共资源。市场调节价试图调和大众的公共利益和经营者的个人利益，将经营者的定价权限圈定在公众的忍受范围内，融国家干预与自主经营于一体。

同时，价格作为指示资源配置的信号，连接着生产与消费。价格的形成不能是随意的，否则会破坏信息的正常产出，误导资源的流动，造成产品的供应不足或者浪费。对于市场调节价，定价的基本依据是生产经营成本和市场供求状况，此外经营者还应当遵循公平、合法和诚实信用的原则，在这种机制下，公共资源的价格是多个中心共同决策的结果，经营者之间存在价格竞争，消费者比较选择后用货币投票的方式实现优胜劣汰。

（3）交易监管

在推进公共资源配置市场化改革的同时，注重相应的监管体制建设。如果没有有效的监督制约机制，就可能出现对资源的无序掠夺性开发、破坏环境以及公共资源开发利用中的腐败等现象。此外，从属于我国公共资源交易内容之一的政府购买正在从市场价值优先转向公共价值优先，而真正体现公共价值的内容，如公平、参与、责任、道德，以及经济公共价值成本、效率、效益、价格等，还明显不足。①② 因此，对公共资源交易的有效监管任重而道远。

公共资源管理配置中的市场监管，就是要提高资源配置主体的行业自律管理意识，完善自律机制。自律机制是指在行业监管部门的监督指导下，由企业、行业协会和市场主体自主制定监管政策并自行实施管理的一种监管机制。自律管理的目的是促进市场主体及其从业人员遵守行业道德，规范操作行为，建立一个公正、有序、高效的公共资源交易市场。构建市场内部自律监管体制，可以从以下三个方面进行。

第一，加强行业协会自律体系建设。由于公共资源交易市场的复杂性、法律的滞后性以及行政监管机构超脱于市场不能及时明察市场的发展变化，难以使保持市场运作稳定有序和运作高效的双重管理目标同时实现。为此，应加强直接置身于市场的行业自律组织的建设，以立法来确认行业自律组织的法律地位，授予其制定市场运作规范、规划并监管市场的权利；应明确规定行业自律组织承担日常业务管理、制定并执行日常业务管理规则、行使相应的惩戒职能，通过培训、年检、谈话、巡察、奖惩等形式，规范约束从业人员的从业行为，

① 彭婧. 从市场价值优先到公共价值优先——政府购买责任研究的进展、不足与展望 [J]. 财政研究，2018（1）：43-52.
② 王丛虎，门理想. 中国公共资源交易的创新逻辑及实现路径——基于公共资源交易平台整合的视角 [J]. 学海，2021（4）：142-150.

防范道德风险；同时也使其在从业人员的培训和资格认定、市场交易活动的监督、市场参与主体的监管、市场信息的披露等方面发挥作用；在法律许可的范围内制定行业发展战略规划，制定行业标准和统一行业规则，加强相互交流，调节业内纠纷等方面充分发挥行业协会的自律、传导和服务功能，以实现其职能。

第二，加快公共资源交易市场的机制和制度改革。① 建立国家机关和市场主体共同参与的联合激励和惩戒机制，形成统一的信用评价标准与合法有效的评价结果应用方式，有利于建立健全守信激励与失信惩戒机制，同时也将促进公共资源交易市场公平竞争。② 整合分散的公共资源交易组织，公共资源交易组织的整合则要结合各地实际，不能苛求统一、死板教条，应该充分考虑并有条件地选择监督功能导向、服务功能导向、政策功能导向和综合功能导向的政策执行组织模式。③

第三，发挥市场主体参与监管的积极性。通过保障公共资源配置市场各参与主体的知情权和监督权，尽可能使操作程序透明化，使信息对称；设立有效的质询投诉机制，倡导市场参与主体积极监督市场行为；快速有效地查处市场参与主体的投诉举报，采取积极有效的措施保护举报人；采取激励措施，调动市场参与主体监督招标拍卖市场行为，维护自身合法权益。

（4）收益分配

市场机制的有效运行大致分为以下几个步骤：首先，通过价格信号来决定生产什么；其次，通过价格的激励和约束来决定如何生产；最后，通过供给与需求的均衡来决定收入分配。供给与需求的均衡决定了工资、地租、利息和利润的水平。在完全竞争条件下，各类生产要素的不同价格受多种因素影响：一是要素的稀缺程度决定了竞争力的大小，从而决定了价格的高低。就要素的供给来说，各种资源都是稀缺的，仅仅是因为相对稀缺性的不同而使其市价不同。二是可替代程度的高低。那些容易被替代的要素价格没有竞争力，那些不易被替代的要素在短期内还会以"短缺"为要挟取得高价格替代增加了潜在的威胁，提高了竞争的赌注，同时迫使人们通过各种途径提高个人的"筹码"，以形成一

---

① 纪杰. 公共资源交易防腐机制新探索——以重庆市 J 区为例 ［J］. 中国行政管理，2013（7）：123-126.

② 陶园，华国庆. 公共资源交易信用评价的立法模式及其体系建构 ［J］. 江淮论坛，2020（6）：114-120.

③ 王丛虎. 公共资源交易平台整合的问题分析及模式选择——基于交易费用及组织理论的视角 ［J］. 公共管理与政策评论，2015，4（1）：77-86.

种垄断地位。①

总之，收入分配决定了价格机制运行的结果，但这种结果在于资源的配置效率而不是收入分配的公平。市场原则的本质是竞争而不是保护，更强调的是效率而不是公平，因此市场化过程可能会带来许多重要的社会不公平结果。② 对于公共资源来说，产权制度以及定价政策影响了收入分配结果，产权的不明晰加剧收入分配的不公平，以地产、矿产等公共资源为例，其产权属于国家，在实际运行中由国家委托各级代理人行使产权权利，这就造成实际行使中产权的残缺或被稀释，由此导致收益配置中各主体之间的不公平。而公共资源在国家这个资源所有者与资源使用者之间的定价本身则决定了公共资源收益初次分配，公共资源定价的高低直接决定了资源使用者利润水平的高低，公共资源定价过高，导致企业利润水平与激励降低；公共资源定价太低，收益从国家汇入企业，企业利润水平随之提高，则可能存在公共资源收益内部化、部门化等问题。

（三）政府规制：理论依据与规制方式

1. 理论依据

（1）规制目标

政府规制直接影响着公共资源的使用情况和利益分配关系。学界形成了政府规制的公共利益理论（public interest theory of regulation）和部门利益理论（sectional interest theory of regulation）两种针锋相对的观点。

公共利益理论认为，政府规制是政府对市场失灵的一种有效回应，其目的在于通过提高资源配置效率，以增进社会福利：完全放任市场化将导致不公正或低效率，而政府规制则是对社会的公正和效率需求所做出的无代价、有效和仁慈的反应。③ 公共利益理论暗含着两个非常强的前提假设：第一，政府是"仁慈"的，以追求社会福利最大化为目标；第二，信息是完全的，政府可以了解所需要的被规制产业的任何信息。部门利益理论认为，确立政府规制的立法机关或规制机构仅代表某一特殊利益集团的利益，而非一般公众的利益。乔治·斯蒂格勒列举了四种企业谋求政府强制力的情形：一是政府对特定产业的税收优惠和直接的货币补贴；二是控制产业进入；三是控制替代品和互补品的

① 谷亚光. 收入分配差距扩大的市场因素分析 [J]. 经济纵横, 2011 (12): 7-11.
② 刘精明. 市场化与国家规制——转型期城镇劳动力市场中的收入分配 [J]. 中国社会科学, 2006 (5): 110-124.
③ 陈富良. 政府规则公共利益论与部门利益论的观点与评论 [J]. 江西财经大学学报, 2001 (1): 21-23.

生产；四是固定价格。① 部门利益理论以其更务实的视角得到了学界更多的推崇。在此基础上衍生出了政府规制俘虏理论（capture theory of regulation）和公共选择理论（theory of public choice）两个重要的分析框架。

需要注意的是，这两种理论在解释政府规制的机理时，都有着其自身的合理性和缺陷。按照公共选择理论的观点，市场是最好的规制者。但实际上，随着现代社会生活的复杂性，公民在市场经济生活中有着更加多元化的需求，这是传统的市场机制无法满足的，作为公共利益的代表，现代政府理应对市场无法满足的公共利益需求做出有效的回应。基于此，政府规制的分析思路在于如何在实现公共利益最大化的同时，避免部门利益的干扰，从而实现"更好的规制"。公共资源管理的政府规制主要是通过公共政策路径，其中包括利用收入分配政策促进社会公平正义，通过产业政策和负面清单引导产业结构转型升级，通过财政和货币政策调节宏观经济运行。②

（2）产权基础

关于产权的定义，罗纳德·科斯、哈罗德·德姆塞茨等人有着不同的表述。《新帕尔格雷夫经济学大辞典》的解释："产权是一种通过社会强制而实现的对某种经济物品的多种用途进行选择的权利。"③

产权规定了谁拥有权力，从而决定了谁在资源使用过程中能参与决策。具体来讲，产权的功能包括以下几个方面：①确定交易边界。产权的界定确定了不同财产权利之间的边界，从而使不同主体对不同的财产具有与之相应的权利。这样，人们的经济交往环境也变得相对确定，各自的选择空间也相对明确，有助于减少侵权行为。②降低交易成本。产权的界定解决了利益与成本的分配问题，简化了计算过程，同时也帮助人们在进行交易时形成合理的预期，降低由于产权模糊所带来的不确定性风险。③优化配置资源。通过建立有效的产权制度，将产权从低效率者手中转移到高效率者手中，提高整个社会的效率。

科斯在对传统新古典经济学批判的基础上，提出了产权界定理论，论述了产权界定的重要性。他指出："没有权利的初始界定，就不存在权利转让和重新组合的市场交易……一旦考虑到进行市场交易的成本，合法权利的初始界定会

---

① 施蒂格勒. 产业组织和政府管制［M］. 潘振民，译. 上海：上海三联书店，1996：56.
② 洪银兴. 关于市场决定资源配置和更好发挥政府作用的理论说明［J］. 经济理论与经济管理，2014（10）：5–13.
③ 伊特韦尔，米尔盖特，纽曼. 新帕尔格雷夫经济学大辞典（第三卷）［M］. 陈岱孙，译. 北京：经济科学出版社，1992：1101.

对经济制度运行的效率产生影响。"① 德姆塞茨对产权界定作了进一步的研究，他指出，产权的主要配置性功能是将受益和受损效应内在化。产权界定包括两种极端形式，即公有制和私有制。从实际情况看，公有制是一种比私有制低效的产权形式。因为公有制会导致很大的外部性，易于出现"公地悲剧"现象。私有制之所以有效，是因为它会使与公有制相联系的许多外部成本内在化，从而使私有制的所有者更有效地使用资源，避免了"公地悲剧"现象。

（3）定价偏差

市场机制在资源定价中有着其独到的优势。在资源定价的发展过程中，也逐渐形成了收益现值模型、CGE 模型、人力资本模型和旅行费用模型等较为成熟的纯粹的市场估计方法。其基本思路是：人们对自然资源的开发利用既会给人类带来正的经济效益，也会造成环境负效应的困扰，通过自然资源在市场上的价值表现，将两种效益进行换算，通过直接或间接的市场价格来估算自然资源和环境资源的经济价值。然而，市场在资源定价中同样存在着经济学意义上的失灵现象，从而为公共定价提供了依据。

首先，市场机制无法完美解决公共资源开发所带来的环境污染、伦理道德等社会外部性问题。纯粹的市场机制往往更关注公共资源的经济价值，而忽视了公共资源背后所隐含的社会性价值。

其次，在价值评估手段的选择上，不同经济学者在意愿支付与意愿接受的选择上本身就存在分歧。这是因为人们对同一件物品，其愿意支付的价格往往低于为失去这件物品而愿意接受的价格②。显然，不同评估手段的选择，势必会对公共政策的价值评估产生深远的影响。

最后，垄断性经营所带来的问题。在完全竞争市场中，由于单个企业的需求曲线是水平的，价格即为企业的边际收益。因此，根据企业利润最大化的条件，边际成本等于边际收益，商品的价格应当按边际成本来确定。但是，对于垄断企业，其需求曲线与全行业的需求曲线一样是向右下倾斜的，价格会高于其边际收益，如果任凭企业按照边际成本等于边际收益来追求利润最大化，价格会高出企业的边际成本，垄断企业的产出量会不足，会损失一些消费者福利。而如果垄断企业的边际成本由于规模经济效益而递减，那么按边际成本定价，

① 科斯，等. 财产权利与制度变迁——产权学派与新制度学派译文集［M］. 刘守英，等译. 上海：上海三联书店，2014：11-42.

② KAHNEMAN D，TVERSKY. A prospect theory：An analysis of decision under risk［J］. Econometrics，1979（47）：263-291.

又会给企业造成亏损，使生产难以维系。

2. 规制方式

（1）产权规制

长久以来，人们对资源产权的认识较为单一，过度强调国家对资源的绝对权力和控制，造成很多资源产权缺失或不完整。当务之急是应该根据产权的不同属性来划分权利的归属，建立健全公共资源产权制度①。所谓公共资源的产权制度，是一系列产权归属的制度集合，包括所有权、交易权、收益权、分配权、转让权等。当前中国公共资源产权制度的缺陷集中体现在产权界定、产权配置、产权交易度和产权保护四个方面②。政府在产权界定中的角色应该是：

一是产权归属的裁判者。政府代表着公共利益③，"如果经济效率来自公共财产资源的开发，那就要求对公共财产资源实行公共控制。"④ 无论是从政府的性质、职能或公共资源的本质属性出发，政府都是明确公共资源产权归属最为权威的裁判者。明确产权归属的关键则在于平衡外部经济的贡献者和受益者之间的利益关系。以环境资源为例，按照"环境有价"理念，一是凡为创造良好的环境做出贡献的地区、企业或个人，应获得环境产权的收益；二是凡享受了环境外部经济的地区、企业或个人，应向环境产权所有者支付相应的费用；三是凡对环境造成损害的地区、企业或个人，应做出相应的经济赔偿。

二是产权配置的协调者。作为协调者，政府应从社会效用最大化与社会公平及正义的角度，对公共资源所产生的利益分配进行必要的协调。首先，科学界定国有资源收益权和公共利益所得及分配关系，务必使公共利益代表在收益权上得到保证，以克服实际存在的公共利益蜕变为部门化、单位化和权力者私人化倾向。具体而言，可以从"利、税、金"三方面入手。其次，按照"成本还原"原则，要求相关企业承担一定的资源开发成本，促进成本内部化，从而实现各相关主体之间合理的利益分配。

三是产权交易的监管者。政府应有所为、有所不为。"有所为"是指强化其市场监管者的职能。"有所不为"是指逐渐弱化、淡化政府传统的资源直接经营者和交易者的角色。政府应从两个方面进行角色转换：一是从直接经营转为授

① 韩方彦. 中国公共资源管理存在的问题及对策 [J]. 理论月刊，2009（5）：79-81.

② 常修泽. 关键在资源环境产权制度 [J]. 瞭望（新闻周刊），2007（20）：42-43.

③ 杨凤. 政府监管的一种规范分析——传统公共利益理论述评及其政策应用 [J]. 经济纵横，2007（24）：78-81.

④ CARRUTHERS I D, STONER R. Economic: Aspects and Policy Issues in Groundwater Development [R/OL]. World Bankstaff working paper, 1981：496.

权经营，收入来源从直接经营为主转为税收收入为主，强化监管角色，同时，防止垄断定价和垄断暴利。二是推动行政性强制交易转变为市场化自愿交易，政府不再直接介入，而是由资源现有使用者与潜在需求者之间直接谈判和交易，政府只是作为"第三方"负责制定交易规则，监督交易行为，维护交易环境和秩序。

四是产权保护的捍卫者。产权制度最终能否得到有效实行，最为核心的一步，还在于公共资源的合法产权是否能够得到应有的保护，资源现有支配者的利益能否不受损害。换言之，整个社会必须形成这样一种理念和行为规范：任何组织和个人在依法取得公共资源的使用权后，在法定期限内应视为其法人或个人的合法财产而得到尊重和保护。作为产权保护的捍卫者，政府除了运用社会手段强化这种理念和思想外，在法律法规上，还应建立健全相应的产权界定和保护制度、行政许可、行政程序及行政审议、复议制度，将权力关进制度的笼子里，特别是要注意避免国家权力对个人利益的侵害。最后，在经济手段上，国家出于公共利益的需求确实需要调整资源使用权时，不应以非经济手段强行操作，而应参照资源的市场价值给予合理的补偿。

（2）交易规制

交易规制是政府在市场经济中，对各类与资源配置直接相关或间接衍生的交易行为所进行的规范性调整。政府规制包括四方面的内容：经济性规制、社会性规制、反垄断规制和规制者规制。所谓经济性规制，是指政府对企业在价格、产量、进入和退出方面进行的限制。社会性规制是指政府对健康、安全、环境的社会领域进行的风险规制。反垄断规制则是对垄断企业进入和退出进行的规制。所谓规制者规制是主要针对规制权力的制定者和执行者进行规制。20世纪90年代以来，对规制者规制的关注成为学界研究的热点。

从公共资源管理的角度看，以上四类规制都属于交易规制的关系范畴之内，特别的公共资源的交易规制突出表现在社会性规制、规制者规制和激励规制上。1970年美国环境保护署（EPA）的成立被认为是政府规制向社会性规制转变的一个标志。从最终效应来看，社会性规制与风险性规制是紧密联系在一起的。因此，政府社会性规制的实质是一种政治行为，它是以保障全体公民的安全、健康、卫生和防止公害、保护环境而对社会经济主体各种特定行为进行规范和限制的政府干预①。对于公共资源的管理而言，非竞争性的物质属性意味着不仅

---

① 植草益. 微观规制经济学［M］. 朱绍文，胡欣欣，等译. 北京：中国发展出版社，1992：281-284.

资源收益是公众共享的，资源开发所带来的成本往往也是需要社会共同分担的。因此，社会性规制有着其存在的必然性。

从政策工具的选择上，社会性规制主要包括：①政府直接禁止；②政府批准；③对于一些环境破坏性大或生产危险性高的企业，发放资格认证；④确定行业标准；⑤通过环境税、生态税、绿色税等新兴税费形式，对损害自然资源较为严重的经济行为进行收费；⑥建立企业信息公开制度。

政府规制是公共规制中起决定作用的规制方式，是弥补市场失效的决定性力量。规制者规制的目的在于，最大限度地减少政府对市场运行所进行的任意和过度的干预，保证政府对市场规制的有效性。规制者规制的路径选择最基本的依然是制度安排。通过一种适宜的制度安排来制约规制者和对规制者实行规制，是市场有效运行必须解决的问题。对规制者规制的基本原则是确立和强化对规制者的机制，以保证规制者将消费者和企业双方利益最大化作为行动基准，防范和减少规制者的机会主义行为，增加规制者的责任感，从而提高市场规制的效率：首先，建立和强化对规制者规制的意识，通过法律制度，设计政府规制经济活动的边界，增加规制的科学性和合理性；其次，加大社会的制度约束，即民主制度约束；再者，建立起对规制者行为的激励体系；最后，不断强化政府规制的责任。

20世纪80年代中期开始，新规制经济学以激励理论为理论框架，开创了政府规制一个全新的研究和应用领域。新规制经济学的研究热点集中体现在接入定价的规制问题上。接入定价问题的提出反映了对垄断运营商进行规制要达到的目标：促进垄断服务使用者有效使用网络设施；促进垄断所有者在努力降低成本的同时，对网络进行投资和维护；在垄断环节形成有效的市场准入，同时在竞争领域顺利引入竞争①。接入定价问题实际上涉及两类接入问题，即单向接入问题和双向接入问题。前者指同时拥有垄断性业务和竞争性业务的在位运营商向竞争性领域的新进入者提供垄断接入服务的情况，这在电力、电信、铁路等多数网络性产业中都存在；后者主要发生在电信产业，指在位运营商和新进入者都能提供垄断服务，并且在业务提供上相互依赖的情况。

（3）价格规制

从生产者的角度看，进行公共定价的第一种方法正是针对垄断性经营所提出的平均成本定价方法，其目的在于维持企业的生产。所谓平均成本定价法是

---

① 张昕竹，拉丰，易斯塔升，等．网络产业：规制与竞争理论［M］．北京：社会科学文献出版社，2000：97.

指政府在保持企业收支平衡的情况下，根据各类需求的相对弹性制定差别价格，尽可能使经济福利最大化的一种定价方法。与边际成本定价法相比，平均成本定价法会带来一些效率损失，所得出的平均成本定价法只是一种次优价格。正如萨缪尔森等指出，要让资本主义企业不盈利是不可能的，企业不是根据边际收益与边际成本的比较来确定价格，而一般是根据所计算的一种产品的平均成本，并在平均成本上加一个固定的比例来进行定价。① 这一私人企业的定价法，同样适用于私人企业生产准公共产品的情形。于是，只好通过制定合理、公正的利润水平，来限制垄断行业的利润率。②

在此基础上又发展出了更具实践意义的与边际成本有关的定价方法，即二部定价法和高峰负荷定价法。所谓二部定价法，是指由两种因素构成的定价体系：一是与使用量无关的按月或按年支付的"基本费"，二是与使用量有关的"从量费"，该法是反映成本结构（固定成本与变动成本）的定价体系。所谓高峰负荷定价法，是指根据高峰和非高峰时的不同需求规定不同价格的方法。企业的生产能力是按高峰期的需求设计的，如果企业提供的产品受技术条件的限制不能储存，那么必然在非高峰期发生设备的闲置和浪费。这样，若不区分高峰需求和非高峰需求，统一进行定价，就难以保证资源的有效配置。③

事实上，无论是按照边际成本、平均成本或是在平均成本之上加成定价，其前提都是要了解生产企业的成本情况。而企业不仅没有动力去公开自己的成本情况，甚至有隐瞒生产成本的利益动机，从而使政府部门无法根据真实的成本情况来定价，实际价格往往偏高。为此，政府必须为企业设计合理的激励机制，从而使企业得以获得信息租金。

从消费者的角度看，除了根据生产企业的边际成本定价外，经济学还有一套根据消费者的边际成本来定价的理论。④ 以桥梁为例，由于不必要为增加一个通过者而增加桥梁的生产，因此，边际生产成本为零。对于不拥挤的桥梁而言，桥梁的消费者的边际拥有成本也为零。于是，按照经济学的效率准则，在边际成本为零时，价格也应为零。从而，这座桥的运营效益也将是零，桥的固定成本无法弥补。而收费又会减少通过量，造成社会福利的净损失。这时，为避免福利损失，这类产品就应由政府免费提供，用统一征税的办法筹集资金，以弥

①　萨缪尔森，诺德豪斯．微观经济学［M］．17 版．萧琛，译．北京：人民邮电出版社，2004：157.

②　王利娜．公共品定价理论评述［J］．东岳论丛，2012（1）：169-171.

③　朱柏铭．公共经济学［M］．杭州：浙江大学出版社，2002：351.

④　黄恒学．公共经济学［M］．2 版．北京：北京大学出版社，2009：65.

补造桥的直接固定成本。

而对于一座拥挤的桥梁而言，生产者的边际生产成本仍然为零，但由消费者承担的边际拥挤成本却增加了。这时如果仍然免费供应，就会出现过度消费。为避免过度消费，当供给量短期内无法增加时，就只有收费。但是，拥挤成本是由消费者而不是生产企业来承担的，所以不应由生产企业来收费，而应由公共部门来提供这类产品，按照边际拥挤成本收费。

实际上，最理想的税应该是这样的：让沿着某条商路行商的旅行者从他们所得的收益中，拿出一定比例的钱来支付税收。这样的税收，其影响显而易见：一是相比原来完全不收取通行费用而言，这种税收尽可能地降低了对旅行者数量的负面影响；二是税收为公共设施的建设提供了资金支持①。

（4）收益规制

在市场经济中，公共资源管理形成了收益在不同交易主体间的差异化分布。政府的收益规制，就是遵照一定的目的和方式，对这种收益分布的原初状态进行人为的调整过程。就规制的目的而言，主要是为了弥补市场在收益分配公平方面的失灵，矫正公共资源管理交易中有悖于社会伦理规范的资源配置行为，从而实现社会福利最大化。

从规制的方式上看，收益规制既有隐性的又有显性的。一方面，就其性质而言，收益规制理应贯穿于上述三种规制的制度设计和微观实践过程中。收益规制以社会公平和公正为价值尺度，不仅体现在政府产权规制的权属界定中，也体现在交易规制的规章制定中，同时也体现在价格规制的具体操作过程中。这是隐性的收益规制。另一方面，在必要的时间和范围内，政府也可以采用诸如行政干预、财政管制等手段，直接对公共资源管理配置过程中的个人收益进行规制。例如，政府可以通过税收的形式，直接缩小个人在公共资源管理配置中所产生的收益差距。通过征收资源开采税、资源使用税及其他各类流转税，使得在资源配置中有所受益的个人，相应地也要承担一定的税负责任，这类做法很好地体现了税收的受益原则，同时也提高了政府公共服务的财政能力基础。再拓展一步，包括收入分配体系、社会保障制度在内的一系列政府基本公共服务职能，实际上都构成了政府收益规制的主要内容。这是我们所说的公共资源管理配置中的政府显性收益规制。

---

① 拉丰．激励与政治经济学［M］．刘冠群，杨小静，译．北京：中国人民大学出版社，2013：129．

四、公共资源管理的自主治理①

市场和政府作为经济中的两大主体，在公共资源管理问题上都存在失灵的可能。实践证明，任何以私有化或者利维坦为唯一方案的资源管理尝试都注定是失败的。人们希望能将市场与政府的优势结合起来，将政府无力规制的部分交给市场、将市场无法调节的部分交给政府。在 20 世纪 90 年代，埃莉诺·奥斯特罗姆（Elinor Ostrom）在大量实证研究的基础上提出自主治理理论，为公共资源的管理提出第三种可能的途径。

（一）理论溯源："第三条道路"

奥斯特罗姆的自主治理理论中体现着浓厚的新制度经济学（new institutional economics）色彩。新制度经济学认为制度是重要的，并且能够进行分析②；它是法学、经济学、组织学的跨学科结合，并且经济学在其中居首要地位。奥斯特罗姆否定科斯的市场交易思想与企业理论，认为任何单一的解决方案都不能解决实际问题，只有"公共制度"能适应当地的实际条件、解决当地的实际问题。企业理论倡导公共资源只有私有化，才能予以最适当的保护，博弈各方才能获得最优效率。公共资源私有化，意味着公共资源最终由企业来管理，公共资源管理的制度要由企业来供给。奥斯特罗姆认为，这一理论有其明显的局限性。第一，对于水资源和渔场等流动性的资源，很难界定产权。第二，企业目的与公共利益之间存在本质冲突。第三，将集体行动中的个人排斥在制度供给之外，这些个人必定会不顾制度的约束而将私人利益置于首位。

同样地，奥斯特罗姆对道格拉斯·诺斯的国家理论也进行了一定程度的批判。国家理论认为，公共资源只有由一个外在的利维坦来支配，才能避免枯竭，只有强权政府甚至是军政府才能对公共资源实行有效的控制。她指出，利维坦所能实现的效率均衡是以政府能够获得准确信息、实施有效监督、合理制裁、不考虑行政费用为基础的。国家理论忽略了这些不得不考虑的变量，因而这一理论不具备管理公共资源的普遍适用性。她认为利维坦"信息准确、监督能力强、制裁可靠有效以及行政费用为零这些假定"③ 是荒谬的。

---

① 这部分内容在附录 1 中进行更系统的回顾与阐述。
② MATTHEWS R C O. The Economics of Institutions and the Sources of Economic Growth［J］. Economic Journal, 1986（9）：3-18.
③ 奥斯特罗姆. 公共事物的治理之道——集体行动制度的演进［M］. 余逊达，陈旭东，译. 上海：上海译文出版社，2012：13.

奥斯特罗姆所倡导的是政府与市场之外的"第三条道路"，即资源使用者自主治理的道路。与奥斯特罗姆同年获得诺贝尔经济学奖的经济学家威廉姆森也在其著作中提出了市场和政府之外的经济治理组织或制度——企业、社区、协会、联盟等，并对其进行了深入研究。①

（二）适用范围

奥斯特罗姆在《公共事物的治理之道：集体行动制度的演进》一书中明确界定了其研究对象——公共池塘资源（common pool resources）的范围，并坦承理论适用范围存在局限，"本书所研究的公共池塘资源的类型是有局限的：①是可再生而非不可再生的资源；②资源是相当稀缺的，而不是充足的；③资源使用者能够互相伤害，但参与者不可能从外部对其他参与者加以重大的伤害。因此，所有不对称的污染问题都不包括在内。同样，一个群体可形成一个卡特尔、控制市场上足够大的份额以影响市场价格的任何情形，也被排除在外。"②

自主治理理论赖以生存的实证资料具有如下四个特征：第一，资源使用上的竞争性，一方资源使用者（参与者）会对其他使用者对资源的使用造成负面影响；第二，资源使用的排他性难度大，资源使用者难以排除其他使用者对该资源的使用；第三，非自然垄断资源；第四，自然资源与相关设施，如森林、湖泊、地下水、水利设施等。当然，在实际生活中一部分非自然资源可以被视为公共池塘资源，比如，公共停车场、人民公园等。但这些资源往往因为使用者之间竞争性不强，或因为排他技术较高、排他难度小而显得不那么典型。

此外，公共池塘资源往往以较小的研究单位出现。比如，一片含水层、一片树林、河流的一条支流，甚至村庄中的一口井、住宅楼旁边的一片绿地。这样的特征决定了以下两个事实：①同一单位公共资源的使用者极其有限；②同一类别公共资源面临的内外环境因素差异大。所以，同一套制度的适用范围相当有限。然而，自主治理理论是根据归纳的逻辑推导而出的，所以扩大理论的适用范围，寻找不同地区、不同类型公共资源管理配置的共同特征的唯一方式就是不断扩大样本范围。

因此，建立资源管理信息数据库与合作研究变得非常重要。艾米·R.波蒂特（Amy R. Poteete）等在《共同合作——集体行为、公共资源与实践中的多元方法》（以下简称《合作》）一书中统计了1990—2004年之间文献数据库

---

①　李增刚.寻求政府与市场之间的经济治理——2009年度诺贝尔经济学奖得主贡献评述[J].国际经济评论，2009（11/12）：61-64.
②　奥斯特罗姆.公共事物的治理之道——集体行动制度的演进[M].余逊达，陈旭东，译.上海：上海译文出版社，2012：33.

（EBSCO）中 172 篇关于自然资源使用者管理自然资源的集体行为的实地实证研究论文，发现其中只有略多于两成的论文（20.9%）为大样本研究（样本规模大于 30）；而观察值数量为 1 的论文竟占到了接近半数（45.3%）。① 该阶段，自主治理理论的研究对象与适用范围存在较大的局限性。

（三）理论发展

研究的意义在于拓宽理论的使用范围并发展理论，自主治理理论被认作是公共资源管理研究的新进展和较为完善的系统理论，一个重要的原因在于其坚实的实证研究基础。随着自主治理理论实证研究的进一步拓展，公共资源管理配置理论的未来发展也具有了相对明确的方向。

首先，自主治理理论的适用范围将不断扩大。第一，《合作》书中指出，将在未来发展跨地区甚至跨国家的公共池塘资源实证研究，这意味着既有公共池塘资源的研究数量、资源使用者的样本数量、资源使用制度的样本数量都将增加，而针对公共池塘资源的自主治理理论也将因为实证材料的丰富不断发展。② 第二，在实证中发掘的公共池塘资源的类型会逐渐增多，甚至突破既有定义，逐渐向广义的公共资源靠拢。随着实证研究的扩大，被研究的公共资源类型也将不断增加，最终会突破既有的狭义"公共池塘资源"的概念，向广义的公共资源概念方向发展。相应地，自主治理理论的适用范围也将突破"公共池塘资源"的边界，向教育、医疗、国企等方面的治理问题延伸，寻找更新的途径、发挥更大的作用。

其次，自主治理理论的操作性将不断增强。在对自主治理理论的评价中，不少声音都在诟病该理论的理想化倾向，比如，过度依赖社会资本③，即过于相信资源使用者在制度供给与遵守过程中的能力和自觉性；再比如，容易陷入"无中心"倾向④。但是，随着理论的不断发展，其内容也将更加规范化、可操作化。现有理论中指出的制度成功设计所需要的八项原则，在未来将完善成为指导各"中心"实际行为的理论准则。因此，自主治理理论本身也将不断得到完善发展，有助于理解公共资源使用冲突情景下自主治理的规则如何促使行动

① 波蒂特，詹森，奥斯特罗姆. 共同合作——集体行为、公共资源与实践中的多元方法［M］. 路蒙佳，译. 北京：中国人民大学出版社，2011：65-67.

② 波蒂特，詹森，奥斯特罗姆. 共同合作——集体行为、公共资源与实践中的多元方法［M］. 路蒙佳，译. 北京：中国人民大学出版社，2011：65-67.

③ 李宾，周向阳. 自主治理：管理现代化的新方向［J］. 现代管理科学，2013（1）：94-96.

④ 李平原. 浅析奥斯特罗姆多中心治理理论的适用性及其局限性——基于政府、市场与社会多元共治的视角［J］. 学习论坛，2014（5）：50-53.

者的合作治理。① 将分散的行动者集合起来，形成集体行动，将外部利益内部化为经济组织的公共利益。②

再次，拓展了传统制度理论的研究视野。传统制度观认为，制度是由政治精英行使代表权通过立法途径制定的正式制度和法律。在奥斯特罗姆看来："'制度'（institution）可以界定为工作规则的总和。"③ 这些博弈规则是每一个利益相关者针锋相对博弈或遵守传统的演进博弈规律自发形成的非正式规则。"在公共池塘资源中，占用者使用的工作规则可能与立法的、行政的或法庭的规则有很大的不同。"相对于正式的规则，公共池塘资源所使用的这种非正式规则可能更有效。通过把非正式规则纳入制度分析的范围，进一步拓展了制度分析的视野。这样在公共池塘资源的治理中，既可以发挥正式制度的确定性、强制性等特点，使集体行动中机会主义得以减少，又可以发挥非正式规则的灵活性、主动性等特点，实现了二者的有机统一。奥斯特罗姆的自主治理理论的一个缺陷在于未能对其所列举的典型案例中"自主治理制度是如何产生的"这一问题给出明确的答案，在制度内生机制上存在一定的模糊性。但是，随着该框架被学者越来越多地运用于案例研究，制度内生机制的谜题逐渐被打开。④

最后，发展了走出集体行动困境的理论架构。为了走出集体行动的困境，当前的政策方案主要有以下两种：以利维坦为唯一的方案和以私有化为唯一的方案。利维坦方案是指由中央政府决定谁能够使用公共池塘资源，他们能够在什么时候使用这些资源，怎样使用这些资源，并且由中央政府对他们进行监督，对违规者进行惩罚。"但是，遵循集中控制的建议所实现的最优均衡，是建立在信息准确、监督能力强、制裁可靠有效以及行政费用为零这些假定的基础上的。"⑤ 然而这些假定在现实社会中几乎是不存在的，拥有不完全信息的中央当局也就不可能实现其政策目标。私有化方案主要是指通过创立一种私有财产制

① BOETTKE P . Is the only form of "reasonable regulation" self regulation?: Lessons from Lin Ostrom on regulating the commons and cultivating citizens ［J］. Public Choice，2010，143（3-4）：283-291.

② 王海娟，胡守庚．自主治理：一种中国农地细碎化治理模式［J］．中国土地科学，2019，33（7）：40-47.

③ 奥斯特罗姆．公共事物的治理之道——集体行动制度的演进［M］．余逊达，陈旭东，译．上海：上海译文出版社，2012：82.

④ 邓国胜，李怀瑞．情景建构、制度内生与自主治理：公益组织参与乡村治理的创新路径［J］．学海，2019（6）：44-49.

⑤ 奥斯特罗姆．公共事物的治理之道——集体行动制度的演进［M］．余逊达，陈旭东，译．上海：上海译文出版社，2012：82.

度来终止公共池塘资源的公共财产制度，由私人企业对公共池塘资源进行占有、使用和管理，通过市场调节来实现对公共池塘资源的可持续利用。然而，正如萨缪尔森指出的："市场经济是我们驾驭的一匹好马。但马无论怎么好，其能量总有个极限，如果超过这个极限，市场机制的作用必然会蹒跚不前。"①

奥斯特罗姆发现，仅把"利维坦"或"私有化"作为解决途径的两极化的思路往往无法走出公共事物治理的困境，并通过对加利福尼亚盆地自来水资源的管理、高山草场的治理、远洋捕鱼作业的合作治理等活动的实证研究，提炼出不同于传统的公共资源管理的方法，发现"许多成功的公共池塘资源制度，冲破了僵化的分类，成为'有私有特征'和'有公有特征'的制度的各种混合"②。从而建构并发展了自主组织和自主治理的集体行动理论。

（四）自主治理的制度安排

在公共资源的管理问题上，一直存在三种悲观的理论：奥尔森的集体行动理论、哈丁的公地悲剧、塔克等人的囚徒困境。奥斯特罗姆认为上述三种理论的题设条件并不完全与事实相符，而且其"隐喻"的特征决定其传达出的信息并不准确，所以上述三种理论中描述的困境也可以由更优的制度制定过程和制度内容设计解决。于是，自主治理理论应运而生。

自主治理理论的主要内容在《公共事物的治理之道：集体行动制度的演进》一书中呈现，该书从三个方面阐述了自主治理理论的核心内容，即影响理性个体策略选择的四个内部变量；制度供给、可信承诺和相互监督；自主治理的具体原则③。上述核心内容，在不同程度上解决了公共资源管理中的问题。

1. 资源估价：制度供给与变量的影响

自主治理理论的第一个问题，制度供给问题是指由谁来设计自治组织的制度、什么人有足够的动力和动机建立组织。这取决于对成本与收益的权衡，有能力以低成本设计制度、且使制度取得高收益的一方就是合适的设计者。对制度所带来的收益、成本进行评估的过程可以视为资源估价过程的一部分，它将资源的价值加以量化。

要评价一套制度的总收益，需要确定影响理性个体策略选择的四个内部变

---

① 萨缪尔逊. 充满灵性的经济学［M］. 胡承红，等译. 上海：上海三联书店，1991：156.

② 奥斯特罗姆. 公共事物的治理之道——集体行动制度的演进［M］. 余逊达，陈旭东，译. 上海：上海译文出版社，2012：19.

③ 郭其友，李宝良. 公共资源和企业边界的经济治理之道——2009 年度诺贝尔经济学奖得主的主要经济理论贡献述评［J］. 外国经济与管理，2009（11）：11-19.

量：预期收益、预期成本、内在规范和贴现率。这样的划分是因为，人们在决策时要权衡预期收益和预期成本，而预期收益和预期成本受到内在规范和贴现率的影响。[1] 通过对预期收益和预期成本的比较，人们能对内在规范做出反应，决定遵守什么、违背什么；保留什么、修改什么。其中，个人所具有的内在规范的类型受到处于特定环境中其他人的共有规范的影响；贴现率受个人所处的自然和经济保障程度的影响。可以说，所有内部变量都直接或间接地受到外部环境的影响。

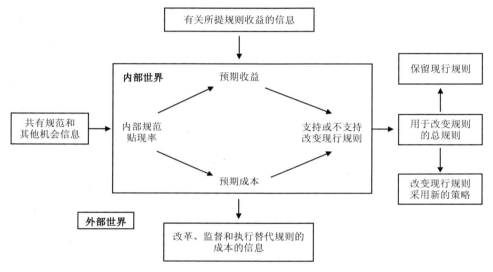

图 3-1　影响制度选择的变量总览

因此，对外部环境中较为重要的变量进行列示与研究也变得格外重要。奥斯特罗姆所列示的环境变量主要有九个：①占用者人数；②公共资源规模；③资源单位在时空上的冲突性；④公共资源的现有条件；⑤资源单位的市场条件；⑥冲突的数量和类型；⑦这些变量资料的可获得性；⑧所使用的现行规则；⑨所提出的规则。

在衡量了成本、收益的情况下，资源的估价才能顺利进行。只有在充分考虑了上述九个变量的基础上，我们才能了解一套新供给的制度的制定、执行成本以及该制度给公共资源带来的收益。

---

① 胡舒扬，赵丽江. 新制度供给与公共资源治理——埃莉诺·奥斯特罗姆的理论分析 [J]. 学习与实践，2015（10）：53-60.

2. 交易监管：可信承诺与相互监督

自主治理理论的第二、三个重要问题是可信承诺问题和互相监督问题。奥斯特罗姆认为，复杂的不确定环境下的个体通常会采取权变策略，所谓权变就是因环境与条件的变化调整自己的行为。在权变策略中，个人遵守制度有如下两个条件：①大多数人同意遵循新制度；②个体自己有利可图且利益让人满意。但即便这两个条件都得到满足，当违反规则所得到的收益大于遵守规则所得到的收益时，个人也有可能违反规则，除非这种行为被人觉察并受到制裁。所以，遵守规则的权变承诺只有在互相监督可以实现的情况下才是可信的，没有监督就不可能有可信承诺。这要求自治集体必须有适当的监督规则和制裁规则，它的成员必须在没有外部强制的情况下激励自己去监督其他成员的活动、实施制裁，这样才能保证规则得到遵守。

奥斯特罗姆认为，只要人们对遵守规则做出了权变的策略承诺，就会产生监督他人的动机，以使自己确信大多数人都是信守承诺的。这一观点也有力破解了"囚徒困境"。奥斯特罗姆认为使用者的实际情况与"囚徒困境"大相径庭。第一，在现实中，资源使用者之间可以通过努力达到足够的交流，在彼此之间形成承诺。第二，现实情境中的个体存在长期互惠关系，个体之间也可以实现避免违约的有效监督。于是就出现了两个层次的博弈。在第一个层次的博弈中，资源使用者为实现集体利益而达成合作共识，即可信承诺问题上的博弈；在第二个层次的博弈中，资源使用者监督他人的合作情况，并在合作、不合作之间进行选择，即有效监督问题上的博弈。

奥斯特罗姆从资源使用者能够改变他们面临的博弈结构出发，将单阶策略选择博弈改变为二阶构建合作制度的博弈，促使使用者选择合作策略①。自主治理实质上完善了多层级的治理结构②，形成层层监管链条。自主治理实现了行动者制度的内部制定，在"制度内生"策略下，公共资源的占用者根据"地方知识"建立了形式和内容各不相同但却又最符合当地实际的可信承诺，使"合作策略"生效③。合作策略使公共资源管理配置过程中的每一个行为人既是制度的执行者，又是制度执行的监督者，从而在降低监督成本的同时也降低了违约的概率。

---

① 柴盈，曾云敏. 奥斯特罗姆对经济理论与方法论的贡献［J］. 经济学动态，2009（12）：100-103.

② 袁方成，靳永广. 封闭性公共池塘资源的多层级治理———一个情景化拓展的 IAD 框架［J］. 公共行政评论，2020，13（1）：116-139，198-199.

③ 格尔茨. 地方知识［M］. 杨德睿，译. 北京：商务印书馆，2017：261.

3. 产权界定与收益分配：有效治理原则的指导

最后一类核心内容，是自主治理的具体原则。奥斯特罗姆认为，一套成功的公共资源治理制度，应该体现下述八个原则：①清晰界定边界：必须对有权从公共资源中提取一定资源单位的个人或家庭以及其权利的范围予以明确界定；②规定占用的时间、地点、技术、资源单位数量的规则，且要与当地条件及所需劳动、物资、资金的供应规则保持一致；③集体选择的安排：要确保绝大多数受操作规则影响的个人应能够参与对操作规则的修改；④自我相互监督：公共池塘资源状况和占用者行为的监督者应该是对占用者负责的人或是占用者本人；⑤分级制裁：违反操作规则的占用者很可能要受到其他占用者、有关官员或二者的分级的制裁，制裁的程度取决于违规的内容、严重性和次数；⑥冲突解决机制：占用者和他们的官员能迅速通过低成本的地方公共论坛，来解决他们之间的冲突；⑦对组织权的最低限度的认可：占用者设计自己制度的权利不受外部政府权威的挑战；⑧分权制企业：在一个多层次的分权制企业中，对占用、供应、监督、强制执行、冲突解决和治理活动加以组织。

在上述八个原则中，排在第一位的是"清晰界定边界"，即产权问题。奥斯特罗姆认为，产权是能被明确且必须被明确的，需要明确的产权包括公共资源使用边界、占用和供应规则等。但是奥斯特罗姆并没有回答谁来界定产权、对既有产权界定要不要进行修改、进行怎样的修改、修改的原则是什么等问题。可以说，产权思想只是自主治理理论前端的"黑箱"，市场决定也好、国家安排也好、集体共商也好，只要产权制度安排的结果被绝大多数使用者认为是合法的，且每个使用者能在产权安排中实现自身对公共资源应有的权利与义务，那么第一条原则就可以被判定为实现。虽然没有给出产权界定操作化的理论解释，但是奥斯特罗姆用大量实证研究证明了"公地悲剧"的极端性，并有力回击了"公地悲剧"与"集体行动的逻辑"中的两点假设：无人界定产权与绝对利己倾向。

在奥斯特罗姆看来，产权最终一定是明确的，"公共池塘资源就像一个向任何人开放的池塘中的水，谁都可以去取，但水一旦为谁所取得，水就变成为私人拥有、私人享用的物品。"① 所以"对所有人开放"只是公共资源的原始状态和属性，永远无主的公共资源几乎不存在；而产权一旦明确，无限追求利益最大化就变成非理性行为，含有利他倾向的合理利用资源行为则变得理性。

---

① 张克中. 公共治理之道：埃莉诺·奥斯特罗姆理论述评 [J]. 政治学研究，2009（6）：83-93.

　　集体行动理论认为，合作总是难以达成的，当个体的理性人意识到自己的单一行为无法改变集体行动的结果的时候，他们会为了实现自己的个人利益牺牲集体利益，最终导致集体的不理性。"即使一个大集团的成员完全不顾自己的利益，他也不会理性地为提供集体或公共物品做贡献，因为他的贡献是无足轻重的。"① 奥尔森的"自私"假设在产权明确后也失去了意义。因为与产权明确相伴的就是收益分配的明确。一旦个体的成本、收益、权限都被明确，个体之间就有了合作实现个人利益的激励，利他行为随之产生。此外，奥斯特罗姆部分赞同亚当·斯密的自然秩序的观点和霍布斯的国家秩序的观点。② 斯密认为交换与同情的人类本能会促使人们将合作诉诸市场机制，从而达到共赢；霍布斯认为人们让渡部分自然权利、选出个人权利的代理人，并由他们制定规则，从而实现国家的治理。从这个角度来说，市场、国家、社会并存的多中心治理体系也能解决集体行动的困境。但从总体上说，奥斯特罗姆的多中心治理理论更关注的是"非政府非市场的交往关系"③。

---

① 奥尔森. 集体行动的逻辑 [M]. 陈郁，郭宇峰，李崇新，译. 上海：格致出版社，2014：59.
② 张鑫. 奥斯特罗姆自主治理理论的评述 [J]. 改革与战略，2008（10）：212-215.
③ 朱宪辰. 自主治理与扩展秩序：对话奥斯特罗姆 [M]. 杭州：浙江大学出版社，2012：6.

第四章

公共资源管理的实践经验

公共资源管理不仅是一个理论问题，更是一个实践问题。公共资源管理的实践包括工程建设招投标、政府采购、国有产权交易、土地出让，以及适合以市场化方式配置的自然资源、资产股权、环境权等，梳理国内外公共资源管理的实践经验，有助于为优化公共资源管理提供有益的借鉴价值。本章从管理现状、管理方式、管理效果三个层面，系统分析国内外公共资源管理的实践经验，厘清公共资源管理的实践进展与启示。

一、公共资源管理的国内经验

加强公共资源管理，维护公共资源的安全和可持续供应，以集约节约、环境友好的方式利用资源，可以保证资源供给的协调和可持续性。为使市场在资源配置中起决定性作用和更好发挥政府作用，对公共资源管理提出了新的更高的要求。立足新发展阶段，推动高质量发展，各级政府对公共资源管理展开了多层次多途径的探索，进一步深化了公共资源交易市场化改革，完善了公共资源交易管理体制，创新了公共资源交易监管机制，规范了公共资源交易行为，管理实践中积累形成的许多值得借鉴的经验，为优化公共资源管理提供了有益的启示。

（一）管理现状

1. 注重整合公共资源类别，推进交易平台"应进必进"

我国公共资源的市场化配置始于 1999 年珠海的产权交易模式。2002 年，经过探索，绍兴市在全国首先实施公共资源统一进场交易，这是全国地市一级第一个集中统一的交易平台。从 2002 年到 2017 年的 15 年间，我国地市级公共资源交易中心多达 300 多个。发展初期，在建设运行和监督管理中主要暴露出公共资源交易市场分散设立、市场资源不共享的问题。这种各自为政、"碎片化"的制度结构，忽视了部门之间的合作与协调。这些问题又引发交易市场乱收费、公共资源交易管理和监督职责不清、监管越位和错位等现象。为了保证公共资源的有效管理，推进公共资源交易市场的健康发展，各地开始进行公共资源管理体制改革，探索整合建立统一、有序、规范的公共资源交易平台。不少地方政府建立了公共资源交易监督管理委员会、公共资源交易监督管理办公室以及公共资源交易中心，构成三位一体的管理框架，通过公共资源交易的决策协调、日常监督和具体实施工作的制度设定，形成相互制约、相互联动的有效管理机制。

2015 年公共资源交易整合进入中央的决策部署，2015 年 7 月 31 日，国务院总理李克强主持召开国务院常务会议，决定整合建立统一的公共资源交易平台，以管理创新促进资源配置高效透明。会议决定，在不增加企业和群众负担的前提下，整合分散设立的工程建设项目招投标、土地使用权和矿业权出让、国有产权交易、政府采购等公共资源交易市场。同年 8 月，国务院发布《国务院办公厅关于印发整合建立统一的公共资源交易平台工作方案的通知》。2016 年，由国家发展和改革委牵头的 14 部委组成联席会议出台了 14 部委的联合规章，即《公共资源交易平台管理暂行办法》。2016 年 6 月底前，地方各级政府基本完成整合工作。2017 年 1 月 10 日，中共中央办公厅、国务院办公厅印发了《关于创新政府配置资源方式的指导意见》，这为公共资源管理的改革实践奠定了理论基础。2017 年 6 月底前，在全国范围形成规则统一、公开透明、服务高效、监督规范的公共资源交易平台体系。

表 4-1　公共资源交易平台发展的五个阶段

阶段	中央政府	地方政府
实践探索阶段 1999—2010 年	1999 年珠海市产权交易中心开启公共资源市场化配置，2002 年浙江省绍兴市率先开展公共资源交易中心的改革，将招标投标、土地使用权出让、矿业权出让，国有产权交易和政府采购等统一纳入统一的交易平台进行交易	

阶段	中央政府	地方政府
快速发展阶段 2011—2015 年	2012 年水利部、交通运输部先后发文，将水利工程建设及交通运输工程项目纳入公共资源交易市场，2014 年财政部发文将政府采购活动纳入公共资源交易中心，2015 年国办发文指导公共资源交易中心的改革，及出台公共资源交易平台管理暂行办法。《国务院办公厅关于印发整合建立统一的公共资源交易平台工作方案的通知》	各地市先后出台公共资源交易平台的管理办法
试点阶段 2016—2017 年	2016 年，由国家发展和改革委牵头的 14 部委组成联席会议出台了 14 部委的联合规章，即《公共资源交易平台管理暂行办法》。国家发改委于 2016 年开展公共资源交易平台整合的试点工作，在安徽、湖北、广东、贵州、宁夏开展试点工作	全国各地开展轰轰烈烈的公共资源交易平台整合工作，整合分散设立的工程建设项目招投标、土地使用权和矿业权出让、国有产权交易、政府采购等进入公共资源交易市场。2016 年 6 月底前，地方各级政府基本完成整合工作
创新发展阶段 2017—2019 年	2017 年 1 月 10 日，中共中央办公厅、国务院办公厅印发了《关于创新政府配置资源方式的指导意见》；2017 年 12 月 19 日，国务院办公厅发出《关于推进公共资源配置领域政府信息公开的意见》	大多数城市在此前阶段完成创建工作，各级地方政府积极探索并进行管理和技术的创新
整合共享阶段 2019 年至今	国务院办公厅转发国家发展改革委关于《深化公共资源交易平台整合共享指导意见的通知》	各地方政府深化公共资源交易，市场化改革，完善公共资源交易管理体制，创新公共资源交易监管体制，规范交易行为整合，建立统一的公共资源交易平台工作，加快建设全国统一大市场

2019 年 9 月，《国务院办公厅转发国家发展改革委关于深化公共资源交易平台整合共享指导意见的通知》，文件明确"将公共资源交易平台覆盖范围由工程建设项目招标投标、土地使用权和矿业权出让、国有产权交易、政府采购等，逐步扩大到适合以市场化方式配置的自然资源、资产股权、环境权等各类公共资源，制定和发布全国统一的公共资源交易目录指引。各地区根据全国目录指引，结合本地区实际情况，系统梳理公共资源类别和范围，制定和发布本地区公共资源交易目录。持续推进公共资源交易平台整合，坚持能不新设就不新设，尽可能依托现有平台满足各类交易服务需要。"

2019 年 12 月，国家发展改革委关于印发《全国公共资源交易目录指引》（以下简称《目录指引》）的通知，在中央政策的明确要求下，各省市根据《目录指引》对公共资源配置的门类与科目进行增减整合，《目录指引》中将公共资源交易目录由工程建设项目招标投标、土地使用权和矿业权出让、国有产权交易、政府采购等，逐步扩大到适合以市场化方式配置的自然资源、资产股权、环境权等各类公共资源，主要包括：①机电产品国际招标；②海洋资源交易（海域使用权出让、无居民海岛等海洋资源使用权出让）；③林权交易（国有林地使用权、租赁权和林木所有权出让、集体统一经营管理的林地经营权和林木所有权出让）；④农村集体产权交易（农村集体土地经营权流转、农村集体经营性资产出租、农村集体资产股权转让、四荒（荒山、荒沟、荒丘、荒滩）地使用权流转）；⑤无形资产交易（基础设施和公用事业特许经营权授予、市政公用设施及公共场地使用权、承包经营权、冠名权有偿转让）；⑥排污权交易（定额出让排污权、公开拍卖排污权）；⑦碳排放权交易；⑧用能权交易；⑨司法机关和行政执法部门开展的涉诉、抵债或罚没资产处置。①

在中央指导下，各省市结合各地实际，在下发目录基础上依法拓展，制定印发了地方公共资源交易目录清单，总体而言，公共资源的交易种类不断扩大。如在 2020 年，浙江省编制印发全省统一的公共资源交易目录，将公共资源分为 18 大类 56 个子项，具体包括工程建设项目招标投标、机电产品国际招标、政府采购、医药集中采购、国有土地使用权出让、矿业权出让、国有产权交易、海洋资源交易、林权交易、农村集体产权交易、无形资产交易、排污权交易、碳排放权交易、用能权交易、人民法院司法处置资产、行政执法部门罚没资产处

---

① 国家发展和改革委员会．国家发展改革委关于印发《全国公共资源交易目录指引》的通知［A/OL］．全国公共资源交易平台网站，2020-01-10.

置、政府储备物资处置、政府与社会资本合作。① 这一分类涵盖大部分国有投资（收益）的公共资源交易项目，囊括了公共（含公益）事业管理、政府特许经营权出让等多种新型交易项目。扩大公共资源竞争性配置种类，在工程建设项目招标投标、土地使用权和矿业权出让、国有产权交易、政府采购这四大类公共资源交易实现竞争性配置的基础上，林权、排污权、用能权、农村产权、特许经营权等其他类公共资源不断进场交易，配置效率不断提高。

2. 注重公共资源的市场化配置，交易规模持续扩大

从全国层面来看，通过整理全国公共资源交易平台公布的交易量数据，2019 年，我国公共资源交易量突破 117 万宗，交易规模约为 20.5 万亿元。② 从项目类别来看，工程建设项目交易量约为 31.2 万宗，占比约 27%；政府采购交易量约为 49.9 万宗，占比约 42%；土地使用权和矿业权交易量约为 3.9 万宗，占比约 3%；国有产权交易量约为 4.3 万宗，占比约 4%；其他交易量约为 28.3 万宗，占比约 24%。

2021 年前三季度，我国公共资源交易量突破 78 万宗。从项目类别来看，工程建设项目交易量约为 21.2 万宗，占比约 26.93%；政府采购交易量约为 36.9 万宗，占比约 46.74%；土地使用权和矿业权交易量约为 9.1 万宗，占比约 11.6%；国有产权交易量约为 3.8 万宗，占比约 4.77%；其他交易量约为 7.7 万宗，占比约 9.8%。整体而言，公共资源交易规模和交易范围覆盖面不断扩大。③

从地方层面来看，近年来地方公共资源交易取得了新的成绩，公共资源交易规模不断扩大，资金分配更为合理，且利用率不断提高，公共资源交易在促进地方经济发展中起到了重要的作用。部分省份近年来交易规模增长迅速。2018—2020 年，浙江省仅工程建设项目招投标、政府采购、土地使用权和矿业权出让、国有产权交易等四类公共资源累计交易金额约 4.6 万亿元，年均增速达 17.71%。2020 年，全省公共资源交易宗数达 8.14 万宗，实现交易额 1.81 万亿元，交易宗数同比增长 22.05%，交易额同比增长 12.36%。其中，工程建设

① 浙江省发展和改革委员会. 省发展改革委等 5 部门关于印发《浙江省公共资源配置领域政府信息公开标准目录（2020 年版）》的通知 ［A/OL］. 浙江省人民政府网站，2020-04-28.

② 中国物流与采购联合会公共采购分会. 中国公共采购发展报告（2020）［M］. 北京：中国财富出版社，2020：97.

③ 全国公共资源交易平台. 全国各省有效期内公告数量统计［R/OL］. 全国公共资源交易平台网站，2021-09-30.

项目招投标交易金额达 6659 亿元，政府采购交易金额达 1638 亿元，土地使用权和矿业权出让交易金额达 9788 亿元，国有产权交易金额达 532 亿元。2019 年，河南省公共资源交易规模为 10477.5 亿元，比上年增加了 39.5%。公共资源交易项目数为 50664 宗，比上年下降约 4.4%。其中，建设工程项目数为 17902 宗，金额为 7016.89 亿元；政府采购项目数为 31112 宗，金额为 2397.45 亿元；土地交易项目数 1350 宗，金额 927.92 亿元，产权交易项目数 296 宗，金额 135.39 亿元。

3. 推进"全国一张网"交易数字化转型，促进公平、便捷

坚持数字化转型，持续打造公共资源交易"全国一张网"。建立全国公共资源交易平台网站，贯彻落实《国务院办公厅关于印发整合建立统一的公共资源交易平台工作方案的通知》的要求，汇集全国公共资源交易、主体、专家、信用、监管信息，依法依规对公共资源交易信息进行公开，并为市场主体和社会公众提供形式丰富的信息服务。全国公共资源交易平台建设包括了全国公共资源交易平台网站和微信公众号。其中，由国家发展改革委法规司指导，国家信息中心主办的"全国公共资源交易"微信服务号于 2020 年 10 月上线运行。"全国公共资源交易"微信服务号目前已汇聚 31 个省（区、市）和新疆生产建设兵团、国家有关平台的工程招投标、政府采购、土地使用权出让和国有产权交易的公告公示数据超过 3600 万条，每日更新 1 万条左右。

同时，全国公共资源交易平台创新统一认证系统，做到 1 张证书处处通行，1 个印章各地使用。国家公共资源交易服务平台多 CA 和电子签章互认系统正式上线运行，这也意味着今后与国家多 CA 互认和电子签章互认系统完成对接的 CA 证书和电子签章，都可以在已对接的交易服务平台内的公共资源交易活动中使用，极大地降低了交易门槛，真正做到"一证通行、一章通用"。目前已支持湖北、贵州、云南、江西、广东、海南六省。

4. 注重控制公共资源配置质量

开展公共资源市场化配置过程中，我国各地除了在增加资源供给数量、扩大资源供给范围等方面下功夫之外，还积极对提高公共资源供给质量进行创新性探索，以保障公共资源有效供给和提高资源利用水平，进一步满足社会公众需求，实现公共资源的社会效益。北京市政府倡导、资助的学习联盟项目（TLF）于 2001 年开始实施，旨在加强先进教育资源共享，具有分布性、集成性、动态性和海量性特征。要求在"学习对象"的层次上，将资源共享环境建设中的技术特性（如技术标准、可存取接入性）与教育特性（如高质量教学资源、教育教学原理的满足等）融合起来，形成有意义的、满足教育教学需要的

可重复使用的资源。为未来高可用性的、生态化的资源共享环境打下基础①。

2009 年，党中央、国务院在开展工程建设领域突出问题专项治理工作的重要部署中，对建立统一规范的公共资源交易市场建设，整合国土资源、住房城乡建设、交通运输、水利等部分分散建立的招标投标市场，推动工程项目招标投标、土地使用权和矿业权出让、政府采购、国有产权交易等公共资源市场交易等工作进行部署。到 2012 年，全国已有 403 个公共资源交易市场建立了"一委一办一中心"模式。

社会主义市场经济制度的建立和不断完善，推进了我国经济高速增长，社会活力日益增强，经济开放程度日益加深。但与此同时，我国公共资源管理与配置方面存在的一些问题开始逐渐浮现。如：资源配置和供给与需求脱钩，部分资源在供给质量上出现了问题；资源配置结构呈现盲目性，地区之间的不公平，等等。

虽然我国政府对绝大部分公共资源所有权及其管理与配置行为作了明确法律规定和政策指导，但在实际工作中，囿于政府财力及行政管理幅度的约束和限制，由政府有效配置的资源种类覆盖范围并不全面，某些公共资源供给数量不稳定，公共资源供给质量也因地方政府实际情况呈现差异化现象，仍存在着公共资源市场化配置结果与政策目标发生偏差、公共资源利用水平有待进一步提高。如，江苏省人民政府 2012 年 12 月 17 日下发的《关于深入推进义务教育优质均衡发展的意见》要求所有中小学生全部就近入学，并规定"有空余学额时，应采取公开报名和摇号方式确定。"②。这加强了对当地教育资源的公平配置，有效控制了"择校"问题。由于摇号入学方式强调住宅地段对享受教育资源的决定性，这也仍一定程度上为"金钱入学""关系入学"留下了空间。经济条件较好的家庭通过购买"学区房"的方式，使孩子获得较好的教育资源。又如，曙光防灾教育公园，位于北京市海淀区四季青桥附近，原本兼顾公园和地震应急避难场所的角色和功能，是典型的公共资源。公园所在街道相关负责人称，公园探索"以绿养绿"模式，将园内建筑、草地租赁给商业机构和个人，如建立高尔夫球训练场、餐厅、会所等多处高档消费场所等，该项资源配置每年租赁收入达 1200 万元。然而，从公共资源的产品属性出发，这种商业化运作模式将原本应供市民们休闲的低进入或无进入门槛的公共资源变成了高消费的

---

① 李玉顺，申军霞，顾忆岚，等．先进教育资源共享与管理典型案例分析［J］．中小学信息技术教育，2011（Z1）：130-132.

② 江苏省人民政府．省政府关于深入推进义务教育优质均衡发展的意见［A/OL］．江苏省人民政府网站，2012-11-17.

俱乐部产品，仅满足小部分高档消费水平的人群，大大降低了公共资源的社会效用。

（二）管理方式

1. 政府主导型模式

政府主导型模式，是指通过行政手段等非市场公开竞争方式来管理公共资源。这种管理方式源于政府根据相关法律规定，对大部分公共资源，尤其是其中很多自然资源实行国家所有权制度。政府及其相关部门运用法律、行政和经济手段，通过立法保障、制度建设和经济规划，对公共资源实施管理和配置。

美国学者阿兰·兰德尔在《资源经济学》一书中指出："国家通过其立法、行政和司法职能，在自然资源的公共管理方面，在制定鼓励办法来影响自然资源的私人管理方面，其作用是极其复杂的"。① 实践中，政府在调节公共资源管理方面承担着大量的工作负荷，土地财政、水资源污染治理，以及除了传统的石油、煤炭等资源，如何有效地利用风能、太阳能等新能源早已提到议事日程等。在理论上，公共资源合理分配与社会的公平、公正密切相关，与社会成员的切身利益密切相关。中国社会仍然属于典型的"大政府、小社会"的社会结构形态，政府在经济、社会、政治、文化等领域配置能力强大。加强公共资源管理，把公共资源管理作为政府的一项基本职能可以促进相关公共资源管理主体建立一套更为合理的公共资源管理方式，健全公共资源的合理、公平、高效的分配机制，有效解决"搭便车"行为和资源耗竭的公共资源困境。②

（1）法律规范

目前，我国对公共资源实施管理和配置方面的法律法规主要有《招标投标法》和《政府采购法》。《招标投标法》以国家发展改革委为主导，适用于工程建设项目，《政府采购法》以财政部为主导，适用于政府采购货物和服务项目。完善法律法规制度具有长远性、根本性的特点。建立健全相关法规制度体系，始终是深化公共资源市场规范化管理的关键。建立规范、高效的公共资源交易制度，要求我们必须紧密联系各地区实际情况，在修订完善现有法规制度的同时，加快立法步伐，尽快形成科学合理、配套完善、简便易行的法律体系，确保公共资源交易行为有章可循、有法可依、规范运行。在公共资源管理监管方面，目前在国家制定的土地管理法、矿产资源法等基本法律的基础上，地方政

① 兰德尔. 资源经济学：从经济角度对自然资源和环境政策的探讨［M］. 施以正，译. 北京：商务印书馆，1989：262.
② 卓越，陈招娣. 加强公共资源管理的四维视角［J］. 中国行政管理，2017（1）：6-10.

府也在结合实际，制定和完善公共资源交易监督管理、公共资源招标投标监督管理、公共资源交易统一规范平台建设公共资源交易管理等地方性法规。同时，在相关的法律法规中积极推行目录管理，具体规定进入公共资源交易中心配置的资源种类，实现公共资源的市场化配置。

（2）行政管理

一是加强制度约束。在产权界定方面，重视产权制度建设。2017 年 1 月，国务院公布《关于全民所有自然资源资产有偿使用制度改革的指导意见》，明确我国将加快建立健全全民所有自然资源资产有偿使用制度。文件明确对由全民所有的自然资源，要建立明晰的产权制度，健全管理体制，完善资源有偿使用制度。对金融类和非金融类经营性国有资产，要建立健全以管资本为主的国有资产管理体制，优化国有资本布局。对用于实施公共管理和提供公共服务目的的非经营性国有资产，要坚持公平配置原则，引入竞争机制，提高基本公共服务可及性和公平性。

在交易管理方面，地方公共资源管理制度进一步完善。安徽省市两级，先后制定出台了《安徽省招标拍卖挂牌出让土地使用权办法》《安徽省房屋建筑和市政基础设施工程施工预选承包商名录管理办法》等近 40 个涉及公共资源配置、公共资产交易、公共产品生产方面的制度规定。安徽省合肥市以市委文件印发了加强和规范招投标管理工作的意见，以政府令印发了招标投标监督管理办法，以纪委文件印发了违反招标投标规定的责任追究办法，构建了较完备的公共资源交易工作制度管理机制。2009 年该市共有 34 家企业和 24 位专家的违规行为受到查处[①]。湖北省则以省政府令出台《招标投标管理办法》，并制定了与之相配套的原规范招标投标活动的规章制度 20 余个，2009 年共查处通报相关违规行为 36 起。山东省菏泽市截至 2013 年共出台相关监管法规和规范性文件 210 个。

二是优化资源配置。在公共资源市场化配置改革中，一些地方政府也非常重视公共资源的社会服务功能，通过精准测定公共资源供应数量及其结构，满足社会成员日益丰富和多样化的需求。如，浙江省温州市在公共停车场资源配置方面，针对不同类型的公共停车需求及其对于整体交通体系的影响，设定不同的停车供给战略。四川省成都市武侯区打造出的"武侯方式"，围绕政社分离改革制度化、社区服务主体多元化、政府购买服务社会化等方面，优化资源管

---

①　安徽省人民政府. 安徽省公共资源交易监督管理办法［N］. 安徽日报，2014-11-28（7）.

理与配置。武侯区为了弥补本土社区社会组织服务能力不强、专业化不足等问题，还积极引入了一批具有品牌影响力的社会组织和专业化社工服务机构。2020 年新冠肺炎疫情发生后，重庆市随即启动新冠肺炎疫情应急科技攻关专项，先后组织实施了四批疫情防控应急科研攻关项目共 57 项，投入财政资金近 3000 万元，调动了全市 100 余家科研机构和单位、2000 余人专家团队参与，面向人民生命健康安全的重大需求，积极探索科研项目快速应急攻关机制，短时间内取得了一系列积极成果。重庆市科技局在新冠肺炎疫情防控应急科技攻关专项实行项目'双短'管理，形成快速响应机制。一是项目立项"短流程"，公开竞争项目，申报时间由不少于 30 天缩短为 7 天，或以定向委托方式直接确定符合条件的项目牵头单位。二是项目实施"短周期"，为凸显项目应急性，重点支持项目研发周期由 2~3 年缩短为 6 个月。项目经费事前一次性拨付，实行"包干"使用。使科研成果及时转化为临床应用，加速了患者诊治康复。

三是建立补偿机制。生态补偿（Eco-compensation）是以保护和可持续利用生态系统服务为目的，以经济手段为主，调节相关者利益关系的制度安排。其主要内容：一是对生态系统本身保护（恢复）或破坏的成本进行补偿；二是通过经济手段将经济效益的外部性内部化；三是对个人或区域保护生态系统和环境的投入或放弃发展机会的损失的经济补偿；四是对具有重大生态价值的区域或对象进行保护性投入。近年来，生态补偿被越来越多地运用于生态资源管理领域，如，北京市综合使用资金、政策、产业、智力补偿方式，具体包括：资金补偿是采用引入生态建设项目、建立生态补偿基金等操作性较强的方式，于 2009 年启动京冀生态水源保护建设和森林保护合作项目，项目计划自 2009 年起至 2011 年总投资 1.5 亿元，由北京市投资，用于官厅、密云两水库上游流域生态环境治理、森林保护等方面，并计划在 2009 年完成造林 8 万亩；政策补偿针对官厅水库具体情况制定关于财政税收、投资项目、产业发展等方面的政策以促进流域上游地区经济发展，补偿的主体是国家，客体是流域上游地区；产业补偿是下游地区以产业项目的方式促进流域上游经济发展的补偿方式，产业转移改善经济结构是官厅水库流域生态补偿的重要形式之一，2006 至 2007 年，北京市在张家口落户项目 351 项，到位资金 81.3 亿元；智力补偿是由生态补偿的主体向客体提供无偿技术咨询和指导以培养流域上游地区的专业人才、技术人才、管理人才等①。

---

① 刘桂环，文一惠，张惠远．基于生态系统服务的官厅水库流域生态补偿机制研究［J］．资源科学，2010，32（5）：856-863.

四是建立政府信息公开制度。2017 年 12 月 19 日，国务院办公厅发出《关于推进公共资源配置领域政府信息公开的意见》。各地政府陆续修订地方文件。2019 年，宁夏回族自治区政府审计通过《关于推进公共资源配置领域政府信息公开的实施意见》，明确公开范围主要包括保障性安居工程建设、保障性住房分配、国有土地使用权和矿产权出让、政府采购、国有产权交易、工程建设项目招标投标、药品和医用耗材采购等 7 类须公开的重点领域事项，还要求确定为主动公开的信息，除法律法规另有规定外，严格按照有关规定，自政府信息形成或变更之日起 20 个工作日内予以公开，行政许可、行政处罚事项应自作出行政决定之日起 7 个工作日内上网公开。① 各级各类政府网站是公共资源配置领域政府信息公开的第一平台。各地各部门要充分依托政府门户网站、部门网站，及时发布公共资源配置领域审批、管理、交易等各类信息。自治区指定"宁夏回族自治区公共资源交易网"作为全区公共资源交易公告公示信息综合发布平台，各类依法应当公开的公共资源交易公告、资格审查结果、交易过程信息、成交信息、履约信息以及有关变更信息等，除在国家和自治区指定的其他公开载体发布外，应当同步在"宁夏回族自治区公共资源交易网"发布。②

（3）经济管理

这里以公共停车场资源为例。福建省福州市公共停车场的用地由政府组织公开挂牌出让，按停车场所处的土地等级，对每车泊位奖励；公共停车场收费标准实行市场调节，停车经营者根据市场因素和停车高低峰时段，在市场调节范围自主定价。四川省成都市对于公共停车设施建设免征土地出让金、市政设施配套费，减免自来水集资费、电力配套费、排污增容费等近二十项税费，以招商引资的方式鼓励公共停车设施建设。杭州市则连续出台多项鼓励政策，推动公共停车场建设，政策内容覆盖了土地供应、产权、审批流程、商业配套、资金补助、税费减免、经营权等多个方面。

2. 市场化管理模式

公共资源市场化管理，是指在政府宏观调控下，遵循客观的市场经济规律，依据现行法律规章，利用市场机制，以实现公共资源配置效用最大化。

传统的由政府决定公共资源使用权归属的公共资源行政审批模式虽然发展

---

① 宁夏全面推进社会公益事业建设领域和公共资源配置领域信息公开［EB/OL］．中华人民共和国中央人民政府网站，2019-03-24.

② 宁夏回族自治区政府办公厅．自治区人民政府办公厅关于印发《推进社会公益事业建设领域政府信息公开的实施意见》《推进公共资源配置领域政府信息公开的实施意见》的通知［A/OL］．宁夏回族自治区人民政府网站，2019-04-10.

较为成熟，但是仍然无法摆脱政府干预的局限性。首先，由于政府行为缺乏透明度和公开性，市场竞争机制难以发挥作用。其次，政府行为目标可能与社会公共利益存在偏离，出于对政府机构、官员自身利益最大化的追求，在交易过程中甚至容易出现权力"寻租"现象等。此外，由于信息不对称，政府难以较全面、正确地掌握信息，成本也很高，容易陷入公共资源配置低效率的窘境。与之相比，引入市场化机制，利用市场手段配置资源，通过市场竞争的方式出让资源使用权，能够达到优质者配置的目的，避免由于不理性竞争带来的负面影响，有利于交易双方做出理性的决策，提高公共资源配给的效率。

（1）健全市场化产权配置制度

自然资源产权制度改革深受国家体制机制的影响，在公有制阶段，产权制度表现为权力过分集中于政府，造成产权不明确。随着中国体制改革的不断推进，自然资源所有权与使用权逐渐分离，部分自然资源可以进行有偿交易，然而，由于缺乏明确的制度规定以及定价机制不完善，造成资源市场化程度低，未能有效实现国家所有权益。① 中共十八届三中全会首次正式提出自然资源产权概念后，在实践中不断健全自然资源资产产权制度。2017 年 1 月 10 日，中共中央办公厅、国务院办公厅印发了《关于创新政府配置资源方式的指导意见》（以下简称《意见》），这为公共资源管理改革奠定了制度基础。《意见》要求要创新政府配置资源方式，自然资源方面要以建立产权制度为基础，实现资源有偿获得和使用；经济资源方面（主要指金融类和非金融类经营性国有资产）要突出国有资本的内在要求，明确委托代理关系的制度安排，建立健全国有资本形态转换机制；社会事业资源方面（主要指非经营性国有资产）要引入市场化手段和方法，实现更有效率的公平性和均等化，促进公共资源配置更高效、更公平、更可持续。到 2020 年，公共资源产权制度进一步健全，形成合理的资源收益分配机制，资源所有者权益得到进一步保障；行政性配置范围进一步厘清，结构进一步优化，市场配置资源的决定性作用明显增强；以目录管理、统一平台、规范交易、全程监管为主要内容的新型资源配置体系基本建立，资源配置过程公开公平公正，公共资源配置的效益和效率显著提高。

（2）实行交易清单制度

在 2019 年国家发展改革委关于印发《全国公共资源交易目录指引》的基础上，各地建立了自己的交易目录。浙江省温州市按照市场化配置要求和"应进

---

① 张伟，刘雪梦，王蝶，等. 自然资源产权制度研究进展与展望［J］. 中国土地科学，2021，35（5）：109-118.

尽进"的原则，将有限自然资源开发利用、公共资源配置以及直接关系公共利益的特定行业的市场准入等事项，逐一罗列目录清单并由政府公布。山东省菏泽市组织开展公共资源市场化配置清查规范工作，有效改善了公共资源家底不清、管理改革方向不明等问题。凡是列入目录的公共资源都应该采取市场配置的方式进行配置，通过招标、拍卖、竞价、挂牌、竞争性谈判、询价等方式进行交易管理。此外，要积极依靠现代科技手段，通过互联网、电子政务的平台建设，增强监督的客观性、准确性和有效性，提高监督的整体水平。①

（3）推行政府出让与采购

我国部分公共资源的市场化配置改革起步较早。2009年以来国内主要城市已开始对户外广告进行市场化运作，通过立法形式将户外广告资源市场化，以市场化招投标、拍卖的形式取代以往简单的审批。这种成功经验被其他类型公共资源的管理所借鉴。珠海市为改变珠江口海砂资源低价、无度、无序的状况，当地海洋行政主管部门选择了市场化挂牌出让这一方式。出让方通过挂牌这一方式对受让方提出资格要求，如在受让方的资质、业绩、硬件设施、银行信用等方面设置交易门槛。珠江口海砂开采海域使用权出让，是全国第一次以挂牌交易方式出让海砂开采海域使用权。这拓展了海域资源市场化的用海类型，为加强海砂资源管理，保护海洋生态环境，进一步推动海域使用权市场化奠定了基础，直接影响和推动了国家海洋局2013年1月正式取消海砂开采海域使用权协议出让模式，在全国范围内推广挂牌出让。

"竞争性磋商"这一新生采购方式，伴随2014年12月31日发布的《政府采购竞争性磋商采购方式管理暂行办法》应运而生。竞争性磋商方式，是在公私合营项目中，采购人、政府采购代理机构通过组建竞争性磋商小组与符合条件的供应商就采购货物、工程和服务事宜进行磋商，供应商按照磋商文件的要求，提交响应文件和报价，采购人从磋商小组评审后提出的候选供应商名单中，确定成交供应商的采购方式。

文件中规定，以下情形的项目可以采用竞争性磋商方式开展采购：①政府购买服务项目；②技术是复杂的或特殊的性质，不能确定具体的规格或具体要求；③先计算出价格总额的；④市场竞争不充分的科研项目，以及需要扶持的科技成果转化项目；⑤按照招投标法及其实施条例必须进行招标的工程。

竞争性磋商方式相较于竞争性谈判、邀请招标、询价等采购方式有如下优点：有更充分的时间做准备，减少了因信息不对称而给供应商之间带来的不公

---

① 卓越，陈招娣. 加强公共资源管理的四维视角［J］. 中国行政管理，2017（1）：6-10.

平竞争；多以"价低者得"，更合乎 PPP 项目的特性，有效扭转了供应商恶性竞争的局面，实质上为采购方获取了更优质的服务，建立了制度保障；竞争性磋商的产生弥补了其他采购方式制度的缝隙，为 PPP 项目实施的复杂提供了更为健全的制度保障①。

（4）交易管理体制逐步完善

在公共资源管理的实践中，各地政府不断探索完善相关管理制度体系。如浙江省积极构建适合省情的公共资源交易管理制度体系，制定实施《关于进一步严格规范工程建设项目招标投标活动的意见》《浙江省政府采购项目电子交易管理暂行办法》《浙江省国有建设用地使用权出让网上交易规则》《浙江省产权交易规则》《关于推进公共资源配置领域政府信息公开工作的实施意见》等，基本形成具有浙江特色的公共资源交易制度体系。此外，相关管理组织体系日益健全。浙江省各市、县（市、区）均建立了统一的公共资源交易平台，并按照"管办分离"要求建立相应管理体制。如，杭州市建立公共资源交易"一委一办一中心"监督管理体制，市政府下设公共资源交易管理工作委员会，组织领导公共资源交易管理工作；管委会下设公管办，行使具体监督管理职能；公管办下设交易中心，负责交易业务的操作执行。宁波市出台《宁波市公共资源交易管理条例》，成为全国首个地方立法赋权实行工程建设项目招投标集中监管和其他公共资源交易领域共同监管相结合模式的副省级城市。

（5）持续建设公共资源管理监管体系

公共资源交易是多元化产权平台的重要组成部分，属于产权交易的新兴领域。它以市场为手段、以实现自然资源和社会资源的最优配置为目标，同时还担负着降低资源转让成本、提高转让效率和深化产权交易市场的任务。山东省菏泽市着眼市场竞争的公开、公平和公正，探索建立统一、开放和规范的公共资源配置市场体系，实行一个平台配置。在监督机制上，2013 年公共资源市场化配置共有监管主体 11 个，着眼于职责明确、分工清晰、形成合力，探索建立公共资源配置监督体系，实行一套机制监督。湖北省将政府投资的水利、交通、能源、城建等建设工程项目，以及公开招标的政府采购项目和医疗器械、药品采购等项目全部纳入综合招投标中心公开交易，并以中心平台为载体，由综合监管部门和行业主管部门共同对招标过程的实施全过程进行监管。在监管机制方面，该省建立了"五统一"的综合监管机制，包括综合监管机构、招投标阳

---

① 冯思遐．当 PPP 遇上竞争性磋商——论"竞争性磋商"成为 PPP 主要采购形式的必然性［J］．中国商论，2016（7）：171-173．

光交易平台、招投标管理制度、招投标专家总库和招投标行业自律组织。同时对行业主管部门自行设立的招投标平台进行整合。①

推动公共资源配置领域政府信息公开。根据国务院办公厅发布的《关于推进公共资源配置领域政府信息公开的意见》，全国各省市持续推动公共资源交易领域信息公开常态化、标准化。电子化交易快速发展。省市县三级公共资源交易平台基本实现电子化交易，具备网上报名、网上交纳保证金、网上交易等基础功能。省级工程建设项目招投标、国有产权交易实现全流程电子化；土地使用权和矿业权出让、政府采购领域建成了全省统一使用的全流程电子化交易平台。如浙江省实现了全省公共资源交易信息在省公共资源交易服务平台"一网公开、一站查询"，为各类市场主体和社会公众获取信息提供便利，接受市场主体、社会公众和新闻媒体监督，确保全省公共资源交易公开透明。

建立领导干部自然资源资产离任审计制度。《领导干部自然资源资产离任审计规定（试行）》于2017年6月审议通过并下发执行，该规定对促进自然资源资产节约集约利用和生态环境安全，完善生态文明绩效评价考核和责任追究制度，推动领导干部切实履行自然资源资产管理和生态环境保护责任具有十分重要的意义。对于不可再生的公共资源来说，注重适度开发、合理保护，确保资源的长期收益和后代人的生存福利；对于可再生资源来说，坚持可持续发展目标，既开发又保护，既生产又发展，实现公共资源的永续收益，正确处理经济建设与生态环境保护的关系，切实强化各级党政领导干部的执政为民意识，促进形成全社会对公共资源的自觉保护意识。

3. 社区管理模式

社区管理模式，是指由社区成员自己设定制度规则约束自己和他人的行为，并亲自参与到公共资源管理过程中来配置公共资源。在公共资源的政府管理与市场机制管理双重失灵的困境下，许多社区的人们借助既不同于国家也不同于市场的制度安排，在一个较长的时间里，对某些资源系统成功地实行适度治理。这一模式也被一些学者定义为"自组织模式"②，或者"社区治理"③"社会治

① 刘汉诚，江滨. 湖北：打造公共资源阳光交易市场 ［J］. 中国监察，2009（18）：42.
② OSTROM E. Self－organization and social capital. Industrial and Corporate Change，1995，4（1）：131-159.
③ BOWLES S，GINTIS H. Social Capital And Community Governance ［J］. The Economic Journal，2002，112（483）：419-436.

理"①。

贵州省贵阳清镇市人民法院生态保护法庭，2014 年 5 月 19 日正式受理贵州省首例跨区域环境公益诉讼案件，居民们经派员实地走访，并对被告排污口处所排污水取样送检，超过国家相关标准。居民们依照民事诉讼法第五十五条的规定，向清镇市人民法院生态保护法庭提起环境公益诉讼，指控被告排放污水超标影响周边居民生产、生活、身体健康和自然环境②。

这一事例表明，如果政府执法不严，使得企业违法成本低、守法成本高，就会使生产者直接向社会排放，实则鼓励了企业的污染行为，出现规模不经济。此外，由于生产企业对污染状况掌握了更全面的信息，污染制造者与监管者之间的信息不对称，造成了政府监管成本高、成效低。因此仅依靠市场化手段配置、行政手段监管对公共资源有效管理是不够的，公民参与公共资源使用的监管是必要可行的。

4. 多中心合作治理模式

多中心管理模式，是指以上三种公共资源管理主体，其中两个或多个主体在公共资源管理和配置过程中分享权利和责任，形成多个资源治理中心。这些资源治理中心既相对独立，同时在公共资源管理和配置过程中互相协作③。多中心管理模式的应用，有利于在具体公共资源管理情境中实现不同主体之间优势互补，克服某些单一管理模式的痼疾。

就我国公共资源供给与利用水平上看，公共文化类资源供给成本高、运营收入低，缺乏对市场化配置的吸引力，提高公共文化资源的供给质量是我国政府需要解决的问题。我国社区公共资源若由政府配置成本高、效率低；此时，若引入社区治理与商业化手段将大大提高配置效率。针对此类公共资源的配置，综合使用政府、市场、社区等多中心管理，将大大提高配置效率。如，杭州市为了提高公共文化资源的供给数量和质量，以制订实施《公共文化服务体系建设"十一五"规划》为总抓手，完善服务设施，强化服务主体，丰富服务内容，落实服务保障，初步形成了布局合理、功能齐备、服务优质的覆盖市、县（市）、街道（乡镇）、社区（村）的四级公共文化服务体系。并在工作中做到

---

① 王浦劬. 国家治理、政府治理和社会治理的含义及其相互关系 [J]. 国家行政学院学报，2014（3）：11-17.

② 项波，段春霞. 生态物权：一种以生态价值为媒介的新型物权 [J]. 生态经济，2016（3）：207-212.

③ MCCARTHY N. Common Pool Resource Appropriation under Costly Cooperation [J]. Journal of Environmental E-conomics and Management, 2001（42）：297-309.

"三个坚持"：①坚持以政府为主导，鼓励社会力量积极参与。市委、市政府将公共文化服务体系建设作为实现政府职能转变的一项重要课题加以研究，着力在解决公共文化服务"有房、有人、有钱"问题上下功夫，充分体现政府在公共文化设施布局规划和建设、公共文化产品供给及引导扶持等方面的作用。②坚持城乡统筹、区域协调发展。③坚持"以人为本"，服务基层，坚持以群众的精神文化需求为导向，以群众满意为标准，以促进人的全面发展为根本任务，把"以人为本"的服务理念落实到具体实践中。深圳市冲破"文不理财"的陈旧观念。坚持"政府主导、社会参与、市场化运作"的基本思路，通过"文企联姻""公益文化项目推介"等活动，积极吸纳社会资本举办公益性文化事业，与企业共办文化项目近 200 个，吸收社会资金 3000 多万元，实现了文企双赢。

针对社区服务资源的配置问题，深圳市龙华区实行菜单式服务办法，苏州市探索推行"邻里中心"模式。

广东省深圳市在社区服务供给上，明确政府要在资金、场地等公共资源方面保障供给，较好解决社区服务资源供给严重不足、历史欠账较多等问题。同时当地政府还充分运用市场手段，鼓励支持社会组织、居委会、物业管理公司等民办机构进入社区服务运营领域，探索建立非行政化供给社区服务的新模式，实现了"政府保障"与"市场机制"良性互动的新突破。如，深圳市龙华新区大浪社区服务中心充分整合、联合社区内各种商业服务资源，采取菜单式服务的办法，供居民自愿选择，受到广泛欢迎。

江苏省苏州市工业园区的"邻里中心"模式，其主要内容包括先期规划、政府投资、公共企业与公民参与①，将社区服务与商业化运作结合起来，实行政府主导、公司化运营、集权式结构、整体性规划与参与式治理。

（三）管理效果

1. 增进了公共资源的数量供给和利用效率

珠海市海砂资源挂牌出让的做法在广东省进行推广并取得了相当的成效。2020 年，广东省自然资源厅的第一宗海砂资源出让采用了海域使用权和海砂采矿权"两权合一"的模式进行，挂牌起始价为 157818 万元，最终出让价格为 62.48 亿元，是挂牌起始价的 39.5 倍，大大提升了海域资源的价格，并间接促进了珠江口地区海砂价格的提高，实现了国家资源所有者的权益，是利用市场机制实现海域资源效率最大化的典型案例。

---

① 陈伟东，舒晓虎 . 城市社区服务的复合模式——苏州工业园区邻里中心模式的经验研究[J] . 河南大学学报（社会科学版），2014（1）：55-61.

浙江省杭州市公共停车场实行市场化配置后，供给数量较快上升，仅2020年新增停车泊位76447个，超额完成全年建设任务，其中公共泊位6585个，进一步解决公共停车场资源稀缺和占道停车造成拥堵的问题。该省舟山市有序做好海域使用权、无居民海岛使用权、排污权等交易业务的受理承办，拓展公共资源配置效率和公平性。推进资源融合共享，上线运行全省首创公共资源交易电子保函服务平台，2020年累计出具电子保函8484笔，为企业释放资金压力约23.35亿元。

推行公共资源市场化配置，节约财政资金。2021年度，浙江省宁波市在市、区县（市）、乡镇（街道）三级公共资源交易平台共完成交易项目17851个，交易额1540亿元，增收65.2亿元，增收率22.4%。节约财政性资金105.6亿元，节约率8.2%。2020年，安徽省六安市全年全市共完成交易项目12604个，成交总金额488.9亿元，节约国有财政性资金46.39亿元，节约率13.79%。实现国有土地和资产增值35亿元，增值率21.34%。

四川省成都市的"武侯方式"，以社区党组织为核心、社区自治组织为主导、社区居民为主体，社区社会组织、志愿服务组织和驻区单位等多元主体，参与的社区协同治理，形成社区治理的"新常态"。社区服务从实现"买岗位"向"买服务"转型，建立政府购买服务的财政奖励和支持机制，持续加大政府购买服务的财政投入力度，进一步延伸了服务链条，丰富了服务内容，提升了服务水平。2018年至2021年近三年期间，武侯区用于购买社会组织服务的资金共计1.57亿元，其中用于购买下沉到社区的139项公共服务和社会管理事项的资金达1.05亿元。

云南省昆明市合理设置公交场站，优化调整公交线网。2021年，该市试点开展"合乘公交""校园公交""社区巴士"服务，升级"昆明公交定制出行"微信小程序。科学规划机动车停车场建设，在全市新增15261个机动车停车泊位。规范停车泊位管理，将主城区1689个停车场70万个泊位联网接入智慧停车信息平台的同时，清理路内泊位50725个，规范设置21771个，并全部接入智慧停车信息平台，提高了停车位的利用效率。

2. 促进了重要公共资源的优化配置

2021年上半年，云南省各级公共资源交易中心完成交易金额约2538.29亿元，同比增长15.74%；完成交易项目共11859个，同比下降11.22%；节约资金约43.05亿元，综合节资率约为1.90%。① 2021年，山东省菏泽市共完成交

---

① 段晓瑞. 云南公共资源交易稳中有进［N］. 云南日报，2021-07-14（4）.

易项目 1171 个，交易总金额 386.05 亿元，节约财政资金 13.24 亿元。其中菏泽市公共资源交易中心共完成交易项目 257 个，交易总金额 33.5575 亿元，节约财政资金 2.6459 亿元。网上商城采购完成采购金额 350.54 万元，中介服务超市累计成交金额 279.8549 万元。辽宁省大连市公共资源交易融资服务平台在 2017 年 7 月至 2019 年 1 月期间，已服务中小微企业 5000 余家，实现中标履约融资授信 10 亿多元，投标电子保函 10 亿多元，平台运行取得良好效果。审批流程进一步简化，企业中标履约融资时间从以往 15 个工作日缩减到 3—7 个工作日，投标电子保函出单时间由过去的以天计缩短为以分钟计，大大提高了企业融资便利性。通过融资服务平台，实现了交易平台、金融机构、中小微企业三方互动，有效降低了企业融资成本，提高了效率，降低了风险。

以公共停车场建设为例，我国长期以来停车设施主要靠城市建设费用来支持，停车设施建设的巨额投资缺口难以填补。一些地方政府通过 PPP 模式，加快停车场建设，并将吸引社会资本、推进停车产业化作为解决城市停车难问题的重要途径。江苏省南京市对道路两侧的停车位资源实行在政府监督和法律规范下，鼓励企业或个人运营管理。江埔区现运营公司按照向政府交纳经营总额 7%管理费的条款规定，获得江浦街道主次干道和一个广场共 683 个临时停车泊位的市场化运营权，自负盈亏。

3. 提升了公共资源使用的群众满意度

公共资源配置收支全部纳入政府预算、部门预算或单位财务收支计划，超收和结余都由政府统筹安排。然后，政府将公共资源收益和支出性资源配置到国计民生急需的地方。这样做不仅能够节约利用资金，提升经济效益；还能够使得节约下来的资源得到有效利用，促进社会事业发展和公共服务能力的提高，提升社会效益。如，安徽省推行公共资源交易电子化、服务标准化、监管智能化、队伍专业化，不断规范交易行为、提高资源配置效率和效益。2018 年 1 月至 7 月，该省 16 个"省市共建、市县一体"公共资源交易平台共完成各类交易项目 134013 个，成交金额 4308.91 亿元，节约资金 643.66 亿元，增收资金 476.64 亿元。节约的资金进行了大量的城市再建设，推进了该市"大发展、大建设、大环境"目标实现，党政机关领导干部没有因招标投标出现一例违法违规行为，大幅提高了当地民众的满意度。

江苏省和四川省结合社区治理工作优化公共资源市场化配置改革的尝试成果颇丰。以苏州"邻里中心"与成都"武侯模式"为代表的政府—市场—社区多中心配置模式，解决了我国社区服务中存在的设施分散、社区服务效率不高、管理混乱、居民参与不足等问题，深受当地民众欢迎。

4. 推动了公共资源供给与生态文明建设协调发展

在传统资源配置模式下，节能型产业由于多属技术型产品且供给成本较高，因此市场推广度受到一定程度的阻碍，造成此类产品供给不足，需要通过政府政策的支持与市场配置相结合，推动此类产品的供给，实现环境保护与生态化发展。

四川省进一步提高生态文明建设装备保障和技术服务水平，推动解决产业发展面临的困难问题。通过加大财政税收支持、加强绿色信贷支持、加大证券市场支持、加强产业用地供应、完善价格支持政策等支持节能环保产业发展的政策措施，不断加强政策引导，加大财税支持，健全规范市场，该行业呈现快速发展态势。2021 年，四川 1300 家环保企业实现营业收入 2420 亿元，同比增长 10.5%；全省节能环保产业和环保基础设施投资 4160 亿元。四川省乡镇购买服务改革工作稳步推进。2021 年以来，乡镇基层开展政府购买服务的范围逐步扩大，项目呈现明显增长态势。2021 年全省各级政府共实施乡镇政府购买服务项目 9179 个，同比增长 18.64%，项目资金合计 620，681 万元，同比增长 12.03%。基本公共服务和社会管理性服务项目占比接近 80%，基层公共服务供给能力得到明显提升。

5. 提升了公共资源行政管理与配置效能

浙江省将建设工程、政府采购、国有土地使用权、行业经营权等公共资源交易职能从主管部门剥离，能够强化主管部门的行业监管职责，改变了过去主管部门既当"裁判员"又当"运动员"的格局。通过角色分离，实现政事分开，从源头上防范风险，提升政府管理效能。广东省珠海市建立产权交易市场，解决了多部门职能不清、交叉管理下的低效与缺位问题，节约了直接审批具体资源配置的成本，通过市场竞争提高了公共资源的配给效率，同时一定程度上避免了寻租与腐败，提高了产权交易与投资的公平性。

安徽省通过建立统一资源交易服务中心，为各类公共资源提供集中交易平台，并按照"统一制定规则流程、统一进场交易、统一建设市场诚信体系"的要求规范中心职责，促进管理制度标准化、服务行为规范化和交易流程阳光化。与此同时，在纪检监察部门内设立公共资源交易监察机构，充分利用现有行政监察资源，对公共资源主管部门和交易各方的行为及交易的过程实现全面监督，推动公共资源交易监管办分离，切实提升监督实效。

湖北省统一监管机制的建设，不仅在分权制衡方面建立合理架构，还在流程之间实现隔离，通过全程监控，增大人为干扰难度，增大操控风险，从而增强防控腐败的有效性，实现规范、高效和防腐的价值取向。其信息交易平台实现公共资源项目网上交易、交易过程网上监管、交易数据网上联动和全程共享、全程受控、全程安全、全程无纸的信息化目标。在关键流程环节上的监察节点实施现场音像监控和即时在线监察，保证交易过程在关键节点上受到有效监控，实现"阳光交易"①。

山东省菏泽市"一套监督机制"的运行，一是在横向上健全了部门之间联动预防监控、联动检查处理、联动监管信用信息、联动考核评价的机制。二是在纵向上建立了统分结合的市场竞争主体、操作机构、中介组织以及评标专家诚信库，健全了失信惩戒机制。三是在项目管理上统筹规范公共资源配置全过程，逐步提高配置比例，从源头上堵塞权力寻租空间。四是在交易操作中，实行"四个切断"，实现公开公平公正交易，开标、评标、定标等环节实现了全程监控，有效预防了围标、串标等腐败行为发生，最大限度减少钱权交易机会。五是在收支上实施集中收付制度，最大限度减少跑冒滴漏，堵塞了形成小金库的漏洞。六是在岗位设置上，建立了内部监督、全程监督、相互监督、社会监督等联动监督机制，使得任何一个部门、任何一个岗位、任何一个人都无法左右市场配置结果。实行公共资源市场化配置改革以来，市级共组织公共资源配置招投标活动发挥市场在资源配置中的决定性作用，实现了转变职能、增进效益、促进公平和有效防腐②。

二、公共资源管理的国外经验

（一）管理现状

1. 公共资源的管理范围

从国际上看，在市场经济发达国家政府管理下的公共资源，虽然在数量上大小不尽相同，但大多都具有管理范围广的显著特点。国外公共资源管理最早的形式始于西方发达国家的政府集中采购制度，我国学者多数认为英国是最早开始政府集中采购活动的国家。20 世纪中后期西方的新公共管理运动，促进了公共资源管理的发展。萨瓦斯认为新公共管理运动的核心就是民营化，即将市场机制引入公共部门的改革中。实践中民营化从最初的更多集中在经济基础设施，如道路、高速公路、铁路、桥梁、机场、电力、电信等，随后逐步推广应用于社会基础设施领域，如医院、学校、政府办公楼、住宅、供水、污水处理、

---

① 刘汉诚，江滨．湖北：打造公共资源阳光交易市场［J］．中国监察，2009（18）：42.
② 山东省菏泽市公共资源交易局．菏泽市对公共资源市场化配置改革的有益探索［J］．中国政府采购，2015（12）：39-47.

监狱等。目前，典型的公私合作伙伴关系已经在经济服务领域，如研究开发、技术转移，职业培训和社会服务领域，如社区服务、社会福利、安全保障、环境规划基础教育等所有领域得到了普遍运用。

美国政府在资源配置上主要集中在公共基础设施如公路、桥梁、通信、城市供排水、煤气等；社会服务和福利设施，如教育、科研、医疗保健、文娱体育等；国家机器建设，如军队、法院、监狱、警察等。如纽约市作为美国的经济文化中心，在公共资源配置方面则主要采取"公私合营"的方式①。市政府只负责管理公共教育、监狱、管教所等司法机构，图书馆、公共安全、公园等公共娱乐场所，医疗卫生、城市供水排水以及社会福利服务，市政府直属的各社会服务机构的运营模式则通过外包、融资、参股、提供土地、减免税收等多样化方式，参与公共资源的运营和管理。纽约市公私合营制度的核心是在严格的监管之下，将公众利益最大化，以提高社会服务效率，减少市政府财政负担。

英国公共资源管理历史改革的着眼点一直在于如何调整政府与社会的关系，如何"卸载"政府包袱，回归小政府模式。为了改变过去政府包揽社会事务的状况，在 1979 年至 1990 年间，英国政府对 46% 的国有企业进行了私有化改革，其中包括煤气、水、电、钢铁等一些重要部门。英国政府在资源配置上主要集中在资源交通、能源、电力、通信以及其他基础设施和科技教育事业上。②

在法国，由政府直接或间接管理的公共资源，涵盖了自然资源、社会资源、行政资源、资产资源（包括公私合作、特许经营）等众多领域，尤其是在城市公共资源的管理和配置方面，真正达到了资源的管理数量明确、种类齐全、涵盖范围广泛以及市场化程度高的要求。法国政府在国内各城市范围内，推行"城建转让管理"的模式，即按照法律规定的程序，通过竞争选定某家企业，采用"建设—运营—转让"（BOT）的方式，对公共资源进行有效运营和管理。BOT模式，即建设、运营、转让，是城市市政公用事业特许经营制度的一种典型形式。政府通过签订特许权协议，将由政府投资经营的市政公用基础设施如污水处理设施，授予通过招投标选中的企业来投资、建设、运营、维护等；特许权期限内，项目公司向用户收取费用，来抵偿投资和经营成本，并获得合理回报，政府则拥有对项目的监督权、调控权；特许期满，项目公司把基础设施移交给政府，从而提高了资源配置的有效性。法国政府实施该模式的具体方式

① 宋华琳.公用事业特许与政府规制——中国水务民营化实践的初步观察［J］.政法论坛，2006（1）：126-133.
② 刘璟.发达国家资源配置市场化的主要历程、模式与借鉴［J］.市场经济与价格，2014（9）：42-47.

有：直接管理、租赁管理、托管管理、特许经营权管理等，管理范围已经拓展到铁路、供水、污水处理、供暖、照明、交通设施、高速公路、停车场、有线电视乃至监狱的运营和管理①。

俄罗斯对自然资源采用分类管理机制。自然资源主要划分为土地、农用地、建设用地、能源、矿物五大类别进行专门化管理。负责管理的职能部门包括经济发展部、农业部、建设与住房公共事务部、能源部、自然资源与生态部五个联邦部。在机构设置上，俄联邦自然资源与生态环境部的职能范围广泛，管理范围涉及全部自然资源，主要针对矿产、石油、天然气、森林绿地以及水资源、稀有动物保护栖息地等进行监控与管理，对有关的自然资源立法问题进行研讨。在职能划分方面，俄罗斯联邦自然资源与生态环境部门的内设机构施行"三权分立"，将决策权、监督权以及执行权互相独立出来。

2. 公共资源的管理质量

欧美发达国家政府越来越重视公共资源运营和管理的经济、生态和社会综合效益，对于新推出的公共资源市场化配置项目，都要进行政治、经济、社会、环境等综合可行性评价，采取公开听证、专家论证等有效方式，广泛听取社会各界的意见，以确保公共资源在质量上的达标。评价公共资源质量的指标，包括有硬件设备、卫生程度、安全程度、周围环境、可及性、多样性、充分性、美感、不文明的行为、景观特征、绿化程度和舒适度等等②。

在森林资源的管理上，美国的森林经营与认证模式具有较好的成功经验。美国是开展森林认证较早的国家之一③。森林认证，是根据所制定的一系列原则、标准和指标，按照规定的和公认的程序对森林经营业绩进行认证，找出优秀的运营者，进而实现森林的良好经营，保证森林的长期生产力，保证可持续林业实践的持续改进④。可以说，美国政府在森林资源的运营和管理上，注重经

① 孙露卉. 国内外经营城市的经验借鉴与启示 [J]. 商业时代, 2012 (2)：130-131.

② LIGN G H T, HOCS M. Diverse Property-rights Structure Impacts on Urban-Rural Public Open Space (POS) Governance：Sabah, Malaysia [J]. Procedia - Social and Behavioral Sciences, 2014 (153)：616-628.

③ ROSÉN K, LINDNER M, NABUURS G J, et al. Challenges in implementing sustainability impact assessment of forest wood chains [J]. European Journal of Forest Research, 2012, 131 (1)：1-5.

④ MERCKER D C, HODGES D G, MERCKER D C. Forest Certification and Nonindustrial Private Forest Landowners：Who Will Consider Certifying and Why? [J]. Journal ofExtension, 2007, 45 (4)：1-11.

济、生态与社会效益三者的协调统一，从而确保了公共资源在质量上的达标①。

美国林务局曾采用"生态系统经营"，作为美国国有林森林经营的基本方针。即按照生态学原理经营森林，重视森林的全部价值，在协调人与森林的关系过程中，注重规范人的行为②。生态系统经营的核心是生态系统的长期维持与保护，其本质特征是自然和人工森林生态系统的生态平衡。采用生态系统经营后，采伐迹地与以前的皆伐施业完全不同，地下植被得以较好地保存，同时还保留了倒伏木和枯立木，从而使森林经营从林分水平提高到景观水平，在景观水平基础上长期保持森林健康和生产力。此外，由于该方案的实施，过去依靠采伐木材为生的人面临着失业，因此，美国政府也重视失业人员的再就业培训和寻找新的就业机会问题，帮助这些采伐工人逐步转向营林业或流入重建工程等行业③。

3. 公共资源的利用水平

协调好公共资源利用的效率与公平间的关系，使公共资源的使用符合社会大众的需求和利益，是实现公共资源优化配置的要求。以德国为例，改善公共福利、创造社会普遍效益是德国政府在进行公共资源运营和管理时的一大目标，基础设施、公共事业类项目，旨在提供高效优质的公共产品和服务，提高全社会的福利水平，保障公共资源的公平合理分配。当前，德国各地区或城市均成立了市政公司，负责自来水、暖气、电力等公共资源的供应。如，慕尼黑市拥有 20 余家水电站、热电厂，以及风力、生物沼气、地热发电站各一家，为该市大部分地区提供用水、电力和暖气，从而实现了公共资源的最优利用效率④。

然而，从国际范围来看，也存在公共资源利用率低、管理水平不高的问题。例如，美国有些公立医疗机构也在开展主流卫生系统之外的服务⑤。如 Johns Hopkins 医院开设的经理人健康项目和 Cleveland Clinic 的个人健康管理项目，都

---

① TEW R D, STRAKA T J, CUSHING T L. The Enduring Fundamental Framework of Forest Resource Management Planning [J]. Natural Resources, 2013, 4 (6): 423.

② FARBER S, COSTANZA R, CHILDERS D L, et al. Linking Ecology and Economics for Ecosystem Management [J]. Bioscience, 2006, 56 (2): 121-133.

③ SCHAAF K A, BROUSSARD S R. Private forest policy tools: A national survey exploring the American public's perceptions and support [J]. Forest Policy & Economics, 2006, 9 (4): 316-334.

④ 李海岩, 宋葛龙. 城市公用事业市场化改革的观察与思考——德国和瑞典城市公用事业改革考察报告 [J]. 经济研究参考, 2005 (10): 38-44.

⑤ 王高林. 守住医疗之"度"——"特需"医疗: 存还是废 [J]. 今日中国论坛, 2010 (4): 10.

为企业高管提供定期的健康检查。Cleveland Clinic 提供该项服务已经约 30 年，为大、中、小企业高管提供健康体检，每人每年收费 2500 美元①。这种特需医疗服务，是实行按成本加适当盈余，同时兼顾市场供求情况的原则进行定价的。许多医院设定的价格偏高，医院为增加收入，不可避免地会倾向于更多地为患者提供特需医疗服务，增加了患者的费用，影响了医院公益性质的实现。同时，由于公立医院把一部分优质资源"挪作他用"，在一定程度上挤占了公立医院的普通医疗资源：不但占用公立医院的场地、设备，而且还会占用医生在普通医疗上花费的时间，使"看不起"特需医疗患者看起病来"更难"，造成公共资源利用水平的低下。公立医院最基本的责任，应该是尽最大可能地满足公众基本的医疗需求，这无疑与"特需医疗"的性质背道而驰。

（二）管理方式

1. 政府主导型模式

（1）法律规范

以水资源管理为例。如，美国在水资源管理方面制定了很多法律法规和政策，其中不少都体现了系统化的整体管理思路，为水资源的综合管理提供了法律基础。联邦层面上有《水资源保护法》，联邦各州也有各种水法，以美国大湖区为例，就保护水资源就有五部法规：1909 年《跨界河流条约》、1985 年《大湖区宪章》、1986 年《水资源开发法》和 2000 年修正案、2001 年《大湖区宪章》附件以及《水资源协定和协议》。美国的水资源管理制度是通过集中管理制度来实现的，实行自上而下的统一集中管理制度，同时设立多个具有行政权力的水资源管理部门，充分发挥水资源管理的市场调节功能；颁布于 1972 年的《清洁水法》，是美国保护水质的框架性法，为管理水污染物排放确立了基本的架构。在该法的总体框架下，美国政府还制定了日最大负荷总量限制、水质管理规划、非点源控制计划等一系列重要的政策措施。除《清洁水法》外，《安全饮用水法》《濒危物种在水资源管理方法》等法律法规对美国水资源管理也具有重要影响。

日本水资源管理的法律框架可以具体分为五个领域：一是水资源开发的总体规划法规，日本根据《国土开发综合法》制定了《国家水资源综合规划》，并据此制定了《水资源开发基本规划》；二是补贴性法规，诸如《河川法》《供水法》《污水法》和《土地改良法》等一系列相关法律都规定了中央政府、地方政府为各类新设施建设以及现有设施运营、维护和管理提供财政支持的范围

---

① 倪卫杰. 高端医疗与公立医院特需服务［EB/OL］. 医谷网，2014-12-08.

和比例；三是水权交易法规，《河川法》对地表水的使用权进行了分配，并禁止进行生活用水和工业用水的交易（特定的土地改良区除外）；四是水务企业的运营和管理，对于生活用水供给、污水处理、农业用水供给和工业用水等不同类型的水务企业，制定了相应的行业性法律来规范其运营和管理；五是水质保护，《环境基本法》规定了污染控制和自然保护的基本原则，《水污染防治法》则阐述了更为详细的指导原则①。

俄罗斯水资源管理法律法规。俄罗斯水资源法律政策的制定是一个非常缓慢的过程。在苏联时期，俄罗斯的生态立法就开始设计水资源管理的内容，但进展缓慢。由于缺乏保障机制，苏联时期对环境保护重视不够，立法也不平衡，因此无法在实践中有效实施相关立法。1991 年起，俄罗斯逐渐对水资源的保护、开发、利用方面进行了系统的管理。俄罗斯国家杜马于 1995 年 10 月 18 日通过了《俄罗斯联邦水法典》，并于同年 11 月 16 日正式颁布与实施。此外，俄罗斯针对水资源的现状和特征，颁布了一系列科学利用水资源的战略和规划。2003年 3 月，俄罗斯水务部门发布了水资源可持续利用政策，旨在确保安全有效地利用水资源，并在不损害环境的情况下使用水资源。近年来，还制定了《可持续水资源管理指南》，其主要目标是建立一套机制，可以促进和鼓励安全有效地利用水资源，而且使用不损害环境。总体来看，可持续利用仍然是水资源保护主题。俄罗斯联邦水资源管理的相关法律法规主要包括宪法、联邦法律、总统令以及俄罗斯联邦规范性法律文件中的有关规定。

其他缺水型国家，如以色列，也规定了《水法典》等法律来保护水资源，在整个管理流程中，重点从总量管理、循环经济、滴灌技术等方法完善水资源使用效率，最终复核年审，完全规避水资源浪费及污染扩大化的现象发生。

（2）行政管理

在公共资源管理体系中，存在由中央政府自上而下地实施与开展资源的治理与保护，形成国家层面的资源管理制度、法规和政策的集中管理模式。通过逐级管理和实施。典型的如荷兰的水资源集中管理。荷兰地域狭小，人口稠密，是著名的低地国家，形成了以政府为主导的集权式水资源管理体制，以逐级授权的形式进行分级管理。荷兰的水资源管理体制分为中央级、省级、水董事会和市镇三级。在国家层面上，交通、公共事务和水管理部（简称水管理部）负责水资源规划和管理，房屋、自然规划与环境部负责水污染防治。在区域层面上，

---

① STEFANO L D. International Initiatives for Water Policy Assessment：A Review ［J］. Water Resources Management，2010，24（11）：2449-2466.

省政府水资源局是水治理的主责部门，主要负责区域内的水资源规划和管理，地表水和地下水水质管理。在市镇层面上，市政府和水董事会是水资源管理部门。①

仍以水资源管理为例。如，新加坡政府设立有公用事业管理局对水资源进行配置。在早期，新加坡的公用事业局主要负责管理该国的饮用水、电和煤气；2001 年 4 月以后，新加坡环境部的管理污水排放和处理的职能也移交给公用事业局。新加坡公用事业局职能的扩大允许它制定和执行历史性的策略，包括保护和扩展该国的水资源、管理暴雨洪水、海水淡化、水需求管理、社区引导、流域管理、超过团体能力的购买淡水行为以及公共教育和宣传等。新加坡建成了一整套下水道收集系统来收集所有的废水和污水，并且还建造了相对独立的排水系统和下水道污水处理体系用来进行广泛的污水处理和再利用。新加坡公用事业局拥有高度的自治权，同时，公用事业局也与其他政府部门在水资源管理领域互相配合，协调一致。公用事业局还积极鼓励私人部门参与水管理事业，以有效地减少公用事业局的经济成本②。

日本政府在水资源配置方面，主要采用的一种行政手段是依法分配水权。在水污染控制方面，日本采用的行政手段包括：实施环境质量标准，监测水质并公开数据，实施工业用水排放标准和规章，对公众开展节水教育，等等。

（3）经济管理

为促进水资源的保护和有效利用，美国等都实施了广泛的经济手段，如对不同用途用水实行不同价格、提供财政支持、实施阶梯水费、鼓励使用回用水的收费体系、节水减免税、超标排污罚款等，均发挥了较好的效果。

在过去十几年里，世界上许多国家在水资源管理中越来越多地采用经济手段，主要包括：①水权及水权交易，具体包括水权分配、水交易和水质交易，这种手段美国采用得比较多，但各州的做法彼此有很大差异；②取水费（税），例如多数欧洲国家都对抽取地表水和地下水收费（税）；③价格和税收，如欧洲诸国和美国就普遍将价格和税收作为环境管理的政策手段，广泛应用于水污染控制、生活用水供给、工业用水供给、污水处理、农业用水等多个方面；④私人投资，即公共部门保留供水和污水处理系统的所有权，而让私营部门参与一些服务的经营管理，同时，各国政府对水务服务提供补贴；⑤财政支持和补贴，

① SHATANAWI M. R, ALJAYOUSI O. Evaluating Market-oriented Water Policies in Jordan: A Comparative Study [J] Water International, 1995, 20 (2)：88-97.

② 白永亮，高璐. 水政策的整体性制度构架：新加坡水管理的经验与启示 [J]. 甘肃社会科学，2015（1）：244-248.

如在以色列，政府通过相关的部门，为改进和增加供水和废水处理厂提供资助和低息贷款，同时由农业农村部提供灌溉水补贴。

（4）宣传教育

在水资源管理方面，新加坡政府曾以"全民水源：节省、珍惜、享用"为口号，开展了一场声势浩大的全民教育运动，旨在提醒国人增强责任感，积极参与节约用水，保持集水区干净，以及利用水源设施进行休闲活动，确保当地获得干净、安全、充足和可靠的长期供水。公用事业局通过开展"10 升挑战赛""清洁绿色周"以及为水相关产品制定水效益标签计划等活动，来提高公民的节水和环保意识，以达到减少用水量的目的。公用事业局每年都要从盈余中抽出数百万新元进行节水宣传活动①。

2. 市场化管理模式

公共资源具有"竞争性"，但却不具有"排他性"。这种特性决定了公共资源的优化配置，必须要走市场化的道路。所谓公共资源市场化管理模式，就是指遵循市场经济的规律，在政府的宏观调控下，依据法律法规，经过科学合理的程序，运用价格调节手段，采取公开招标、拍卖、挂牌和协议出让等公平竞争的方式配置公共资源。其形式非常灵活广泛，包括特许经营、合同承包、管理者收购、管理合同、国有企业的股权转让或者对私人开发项目提供政府补贴等，不同形式下政府和私人部门的参与程度与承担的风险各不相同。具体如下：

（1）招标拍卖制

通常而言，特殊的矿产资源，比如油气、地热等矿产的探矿权和采矿权，一般通过招标拍卖的方式出让。对砂石土等普通矿产资源的勘查开发，许多国家也常采用售（拍）卖制度。采用招标拍卖方式出让矿业权的国家基本可以分为两类：一类是该国的矿业权一级出让市场基本以招标和拍卖为主。例如俄罗斯和阿富汗，其中，阿富汗的矿产法明确规定："矿业权是通过投标获取的，招标程序、期限、条款和条件以及与招标有关的其他事项应得到授权机构批准"；另一类是只有部分情形适用招标和拍卖，这类国家和地区包括美国、瑞典、澳大利亚新南威尔士州、蒙古、吉尔吉斯斯坦、安哥拉等。以招标和拍卖的方式授予矿业权，可以保证矿业权授予的透明度，消除交易中的投机倒把，确保选择到对矿区或矿床的勘查或开发有足够的经验和运营能力的矿业权持有人。

澳大利亚作为世界上最干燥的大陆，政府通过施行一系列制度（水权制度

---

① 白永亮，高璐 . 水政策的整体性制度构架：新加坡水管理的经验与启示［J］. 甘肃社会科学，2015（1）：244-248.

和取水许可审批制度）以鼓励节约用水，政府是水交易的积极参与者。埃莉诺·奥斯特罗姆通过以澳大利亚水权为例的研究发现 20 世纪 90 年代后，澳大利亚政府启动了水务改革，将水权从土地权中独立出来，水权可单独交易，作为一项独立权利。其中，水权可以全部或部分永久或临时转让。早在 20 世纪 90 年代，水资源管理的市场模式最先被智利大规模实施，这可能是智利民族崇尚自由的原因。水资源管理的市场模式被描述为水资源的私有制和自由市场，许多国际组织和许多学者也都赞同水源市场模式。

（2）特许经营制

特许经营制是政府进行交通、供电、供水、医院等公共基础设施建设时常采用的一种模式。由于公共基础设施具有投资规模大、回收期长、风险高的特性，而民间资本却分散且追求低风险，导致基础设施领域很难引进民间资本进行运营。因此，发达的市场经济国家采用特许经营制，在吸引民间资本进入基础设施领域方面创造了较为成功的经验。

法国的城市基础设施领域的特许经营制度早在 17 世纪便已出现，被广泛应用于高速公路、有线电视、通信、城市供暖、垃圾处理、污水处理、停车场等公用设施的建设和运营，并得到世界范围内的认可，被世界银行称为"一种真正的法国模式"。行政部门将基础设施经营权交给民间机构，或是自然人或是法人，由其通过对用户收费等手段以及其他有利条件，对承租的基础设施进行开发建设和管理，自负盈亏，并承担各种风险。政府通过核实和监督合同所规定的技术、财务等方面的运作情况，掌握对基础设施的控制权。通过特许经营的方式，在保证政府对基础设施拥有所有权的基础上，把经营权授予开发建设的公司，从而将基础设施的建设和经营与企业的市场行为结合在一起。获得特许经营权的企业具有独立的法人地位，可以按市场机制的要求独立经营，自负盈亏。这样一方面为基础设施建设提供了资金保障；另一方面，使基础设施的建设经营降低了成本，提高了效率①。

美国纽约市政府在中央公园治理过程中，引入了行业协会这一社会组织，通过与其签订法律协议允许其享有一定的经营和管理权。协议一方面要求协会"提供或促使提供维护以及修理中央公园的特定服务，并使之达到专员的合理满意程度"，并且界定了哪些设施、哪些特权（例如发放许可、从私人特许经营者处筹钱）以及哪些公园功能（包括执法、控制公共道路通过公园）仍然保留在

---

① 王秀云. 国外城市基础设施投融资体制改革对我国的启示［J］. 中国城市经济，2007（11）：76-79.

城市，协议中有近十分之一涉及采购合同程序，包括竞争性招标的要求以及禁止与任何协会雇员的亲属进行金融交易。另一方面，该协议关键合作因素赋予了协会很大的自由，可以决定如何完成其任务，与经济利益冲突的严格规定形成鲜明对比。在协会与政府部门财务条款方面，协议明确规定城市应当支付的总金额，但是该协议更加详细地涉及协会应当带来的资金而非它从城市获得的金钱，它要求"每年至少筹集并花费 500 万美元"用于维护、修理、设计、美化以及改造和重建现有设施，并且建立激励机制，即政府部门每年支付协会 100 万美元的津贴，外加一份奖金，即在 500 万美元之外，协会每筹集 1 美元私人资金就给予其额外 50 美分的奖励，以此来吸引更多的第三部门和私人资源的投入以转化为更多的公共资源和公共服务①。

（3）资金补偿机制

在发达的市场经济国家，生态补偿资金机制已经较为成熟和完善。"生态补偿"这一概念通常是指为"生物多样性补偿"而进行的"生态服务付费"的过程，其生态补偿实践主要可以分为三种类型：政府购买模式、市场模式和生态产品认证计划（间接交易模式）②。从国外已建立的较为成熟的生态补偿资金机制案例来看，国外许多国家除依靠传统的政府财税手段之外，特别注重发挥市场机制的作用来获得生态补偿的资金，以提高生态治理的效益③。具体政策工具有：①绿色偿付。如美国下游生态受益区对上游控制土壤侵蚀、预防洪水及保护水资源的社会团体或个人给予经济补偿；法国瓶装水公司对水源区周围采取环保耕作方式的农民给予补偿④。②配额交易。如美国通过法律、法规、规划或者许可证为环境容量和自然资源用户规定了使用的限量标准和义务配额，超额或者无法完成配额，就要通过市场购买相应的信用额度⑤。③构建生态标签体系。如欧盟对产品的设计、生产和销售进行绿色认证，保证产品寿命周期各个

① CHAPMAN W, ROGERS E B, CRAMER M, et al. Rebuilding Central Park. A Management and Restoration Plan [J]. APT Bulletin, 1988, 20 (1): 62-63.

② PAGIOLA S. A comparative analysis of payments for environmental services programs in developed and developing countries [J]. Ecological Economics, 2008, 65 (4): 834-852.

③ SCHOMERS S, MATZDORF B. Payments for Ecosystem Services: A Review and Comparison of Developing and Industrialized Countries [J]. Ecosystem Services, 2013, 6: 16-30.

④ GÓMEZ-BAGGETHUN E, GROOT R D, LOMAS P L, et al. The history of ecosystem services in economic theory and practice: From early notions to markets and payment schemes [J]. Ecological Economics, 2010, 69 (6): 1209-1218.

⑤ FARLEY J, COSTANZA R. Payments for ecosystem services: From local to global [J]. Ecological Economics, 2010, 69 (11): 2060-2068.

环节能够节约资源、减少污染物排放；美国在保护生态和自然的前提下生产的农副产品贴上认定标签，通过消费者的选择为这些产品支付较高的价格，间接偿付保护自然的代价①。④排放许可证交易。如澳大利亚通过排放许可证交易，使生态服务商品化，并在市场交易中使生态服务提供者获得收益②。⑤国际碳汇交易。一般是指统计国内林业碳汇总量，并将额外的碳汇作为国家碳汇储备，适时出售给外国企业，所得收入大部分补偿给林主③。

其中，生态系统服务付费（payment for ecosystem services，PES）就是生态补偿的一个典型案例。生态环境服务付费，就是一种将环境服务非市场的、具有外部性的价值转化为对环境保护者财政激励的方法④。下面以美国、厄瓜多尔和哥斯达黎加为例进行说明。

美国纽约市 Catskill 流域生态环境服务付费项目中⑤，处于下游的纽约市出资帮助上游的农场主进行农场污染的治理，同时帮助改善他们的生产管理和经营，污染治理的初始投资和日后运转费等费用都由纽约市支付。经过 5 年的项目实施，目标流域中 93% 的农场主自愿加入项目中，而按照原项目设计，只要 85% 的农场加入该项目中，流域水质就能达到目标要求。该流域生态环境服务付费项目所花费的费用，只有使用水净化处理厂这一替代方案费用的 1/8。

厄瓜多尔在国内成立有流域水保持基金⑥。基金的资金收自于用水费，流域水保基金用于保护水土以及生态保护区。水保基金的资金具体用于包括购买生态敏感区土地、为上游居民提供替代的生计方式、农业最佳模式示范、教育和培训等活动。水保基金交由一个公司来运作，公司设有理事会，理事会成员来自地方社区、水电公司、保护区管理局、地方 NGO 以及政府部门等机构。流域水保基金独立于政府，但和政府的生态环境保护项目相互配合和协调。

---

① 胡玉华. 欧盟绿色纺织品生态标签体系探析［J］. 标准科学，2011（1）：83-86.

② SEGERSON K，TIETENBERG T. Emissions Trading：An Exercise in Reforming Pollution Policy［J］. Land Economics，1986，62（2）：214-216.

③ ELLERMAN A D. The EU's Emissions Trading Scheme：A Proto-Type Global System？［J］. Harvard Project on International Climate Agreements，2008（9）：1-30.

④ SATTLER C，TRAMPNAU S，SCHOMERS S，et al. Multi-classification of payments for eco-system services：How do classification characteristics relate to overall PES success？［J］. Ecosystem Services，2013（6）：31-45.

⑤ CLAASSEN R，CATTANEO A，JOHANSSON R. Cost-effective design of agri-environmental payment programs：U. S. experience in theory and practice［J］. Ecological Economics，2008，65（4）：737-752.

⑥ 翟霜菊. 厄瓜多尔安巴托流域水资源优化管理［J］. 水利水电快报，2007，28（17）：8-9.

哥斯达黎加政府 1996 年成立了"森林生态环境效益基金"（FONAFIFO）①。FONAFIFO 被授权支付森林提供的以下生态环境服务：温室气体减少、城乡及水电水源保护、生物多样性保护以及自然景观保护等。哥斯达黎加虽然只有 400 万人口，但 FONAFIFO 的年度预算有 1550 万美元（约 1.2 亿元人民币），主要资金来源有：①从燃料税中提取 3.5%，每年有 350 万美元；②公共部门或企业的协议贡献，每年约 56 万美元；③GEF 项目赠款及市场手段收入（如环境服务认证费），每年 1100 万美元。到 2004 年，有约 7000 个林业主和农场主参加了 FONAFIFO 生态服务付费项目，项目面积达 40 万公顷。

从上述案例可以看出，生态环境服务付费机制的建立既有自下而上的模式（如在厄瓜多尔），也有自上而下的模式（如在哥斯达黎加），但大部分是由小规模实施开始，再加以推广。生态环境服务付费机制多种多样，有基金形式、一对一交易、政府机构运作、交易所形式等，资金来源也广泛来自政府、私人、企业或捐赠等。此外，生态环境服务付费机制更多的是一种奖励机制（遵循受益者付费原则），与惩罚机制（遵循排污者付费原则）相对应。

（4）公共资源金融市场

近些年来，美国水权交易和水市场制度不断创新。其中，水权金融市场和灌溉公司是两个比较显著的制度创新。一般来说，"水权金融"是指与水权有关的各种金融制度安排，主要包括水权及衍生品的交易和投融资、节水项目的研究与开发投融资及其他有关的金融活动。简言之，就是把可交易的水资源与其衍生品（包括虚拟水）作为有价格的一种商品以现货、期货、期权等方式买卖、交易和进行相关投融资活动。② 灌溉公司是在美国得克萨斯州出现的一种水权交易制度。灌溉公司股份以水权作为表现形式，农户通过加入灌溉公司或灌溉协会，依据分配水权，依法取得蓄水权。

3. 社区管理模式

公共经济学和公共政策领域的很多学者指出，社区居民的参与会直接影响到公共资源管理与运营目标的实现。由于资源所在地的社区居民对于公共资源有高度依赖性，公共资源的运营状况直接关系到他们的切身利益，因此当地社区居民对于公共资源的可持续性利用和保护最有经验和"主人翁"意识。所以，

---

① COQ J F L, FROGER G, LEGRAND T, et al. Payment for environmental services program in Costa Rica：a policy process analysis perspective ［R/OL］. 90th Annual Meeting of the South-western Social Science Association，2010-04-03.

② 付实. 美国水权制度和水权金融特点总结及对我国的借鉴 ［J］. 西南金融，2016（11）：72-76.

社区管理模式是实现公共资源可持续发展的最有效方式之一。

在西方发达国家，社区居民参与管理其所在区域内的公共资源已成为当前发展的趋势。例如，英国南彭布鲁克就引入社区居民参与当地旅游资源的管理。居民与当地政府机构合作对旅游资源进行合理开发和规划，规划的各个阶段从社区评估到项目规划和执行推动，再到全程的监督都涉及社区各个层面的当地人。在所有目标的制定中，起重要作用的不是政府而是社区，政府官员或社区外部专家的想法仅仅起到参考的作用。这样的旅游规划反映了社区共同的愿望，尊重了社区对遗迹和环境的关注，提高了当地人对旅游开发规划的支持率，使旅游可持续发展成为可能①。此外，在社区管理方面，NKONGOLO 等研究发现，社区参与矿产资源的管理是可持续发展的要求，然而，该做法无法根除收入管理在矿物开采和交易中存在的不透明性。②

4. 多中心合作治理模式

如前所述，多中心治理是指由政府部门、企业、非政府组织、社区居民等诸多主体共同构建的，基于实现公共资源可持续发展基本目标的一个多元化、相互信任、相互依赖的关系网络。该网络包括网络治理目标、网络治理主体、网络治理投入要素资源及网络治理运行机制等要素。

在水资源管理中，英国的格拉斯哥采用纵向和横向的多中心协调机制来加强水安全。在英国的格拉斯哥，格拉斯哥大都会战略排水伙伴关系（MGSDP）是地方当局、苏格兰环境保护局（SEPA）、苏格兰水务、苏格兰企业、克莱德网关和苏格兰运河之间的合作项目。其职责范围包括减少洪水和改善水质。在意大利，最佳领土地区当局确保当地利益相关者的参与，以综合方式管理供水服务。协调机制的优点是召集几个当局和利益攸关方采取一致行动，以加强水安全和协调水管理，同时避免重叠和重复。③

以公共旅游资源为例。公共旅游资源多中心治理的各方主体都拥有各自的优势资源，政府组织拥有权利优势，可以在政策法规制定方面充分发挥其权威作用，给予一定的政策扶持和法规支持；旅游企业拥有资金上的优势，可以为

①　张朋，王波. 国外社区参与旅游发展对我国的启示——以英国南彭布鲁克为例［J］. 福建地理，2003，18（4）：38-40，45.

②　NKONGOLO J K. Improving the Governance of Mineral Resources in Africa through a Fundamental Rights-based Approach to Community Participation［D］. South Africa：University of South Africa，2013：81-85.

③　ROMANO O，AKHMOUCH A. Water Governance in Cities：Current Trends and Future Challenges［J］. Water，2019，11（3）：500.

公共旅游资源的治理提供充裕、持续的资金支持；非政府组织是公共旅游资源多中心治理的社会基础，它包括资源环保组织、学术交流组织等各种类型，能够为公共旅游资源治理进行宣传、普及工作，在各层级非政府组织之间合作、交流的过程中，可以在治理技术、治理经验以及资金筹措方面发动广泛的群众基础，动员公众力量；当地社区对于公共旅游资源的治理拥有经验与知识上的优势，他们长期生活在资源所在地，清楚地了解当地资源情况与资源治理需求，同时在长期的生活实践中对于资源各种问题的治理也有相当丰富的经验，因此可以提供知识与经验技术方面的资源，同时让当地社区居民参与到资源治理的政策制定中也是极其必要的。综上所述，公共旅游资源多中心治理的各种资源可从不同方面保证公共旅游资源可持续发展目标的实现，构成了公共旅游资源网络治理的有力的支持体系①。

当前，国外公共旅游资源的多中心治理网络已经建立并在不断完善之中。例如：澳大利亚昆士兰州的海洋公园旅游经营者协会（AMPTO），致力于推动大堡礁海洋公园内的最佳实践方式的进一步深化；苏格兰的 Skye 和 Lochalsh 海洋旅游协会（SLMTA），致力于动员社会各界力量，提供实践经验，共同促进苏格兰海洋生物与环境的可持续发展，等等。

（三）管理效果

1. 生态补偿机制，改进了政府公共资源管理与运营观念

当前，国外许多国家，如欧盟各国、美国、加拿大、日本和澳大利亚等国家已经广泛建立和实施了生态补偿机制，其内容涉及河流、森林和矿产资源等领域，在实践中均取得了较好的效果，并形成了许多有益的经验成果。以美国为例，美国采用水土保持补偿机制，对流域内水土保持的保护者给予经济补偿，而资金来源于水土保持的受益者。例如，纽约市就通过征税、发行公债和基金等方式筹集资金，补贴 Catskill 流域上游的生态环境的保护者，激励其改变生产生活的方式，调动其保护流域生态环境的主动性。在土地休耕管理方面，美国土地休耕项目的补偿综合考虑环境效益和补偿成本，以投标竞争的方式选择成本低且效益高的土地进行补偿，根据农户的受偿意愿、采取的经营管理方式以及土地条件筛选补偿对象，补偿标准考虑农户的机会成本，尽量避免采用统一补偿标准带来的补偿资金低效使用和补偿不足导致环境目标难于实现的问题，

---

① TAKESI M, IRINA G. Common-pool resources in East Russia: A case study on the creation of a new national park as a form of community-based natural resource governance [J]. Environmental Economics andPolicy Studies, 2010 (11): 37-52.

在环境保护行为的持续性、资金效率及环境目标的实现方面效果较好。

2. 可持续发展目标的设定，推进了公共资源社会效益的实现

公共资源管理与运营的一个相当重要的目标是实现公共资源的可持续发展。以英国为例，英国旅游理事年会制定了一套可持续旅游指标体系来评价英国的旅游业可持续程度，该指标体系主要围绕三个目标：保护和改善自然和人文环境；维护旅游地社会文化；发展旅游目的地经济。通过该指标体系，英国旅游资源实现了合理开发和利用，有利于该项资源的可持续使用和发展。

新加坡政府对于水资源的管理也是一则典型的成功案例。作为岛国，新加坡国内天然淡水资源很少，20 世纪 50 年代大概只能满足本国用水 20% 左右的需求，其余 80% 依赖从马来西亚进口淡水。但是，新加坡政府通过在供给端和需求端进行合理管控，对水资源进行优化配置，到现在国内已经基本上可以实现淡水资源的自给自足，从而保障了国家安全和经济社会的长期可持续发展。

3. 公共资源统筹协调，保障了经济发展与生态效益双赢

在水资源管理实践方面，有实践数据表明，水管理可以提高水生生态系统服务的质量。例如，水管理的实施可以使水质稳定，相反的，水管理可以对水环境产生重大影响，并可能导致改变水生生态系统提供的服务的数量和质量。[①]因此，作为提高水质的结果，水管理可以为社会提供有形无形的好处。

美国通过各项政策措施和手段强化了对国家公园资源的管理，也有效避免了政企不分以及重经济效益、轻资源保护的弊病。首先，分工明确，工作范围清晰。政府在公园管理体制上实施自上而下的三级垂直管理制度。其次，坚持依法治理公共资源。不仅国家公园管理局的设立及各项措施之实施均以联邦法律为依据，各基层公园也几乎都是"一园一法"，使得美国的国家公园不仅得到了严格的保护，而且也有效地避免了对公共旅游资源的过度开发利用。再次，系统规划，目标多元化。政府规定设立一个新的国家公园必须要满足"全国性意义""适宜性"和"可行性"这三个标准，要求所有的公园资源的开发利用必须要经过"环境评价"，要与严格的环境影响评价有机地结合起来，以便最大限度地减少人类活动对自然进化进程的影响，因而促使国家对公共旅游资源的

---

① PHANEUF D J, SMITH V K, PALMQUIST R B, et al. Integrating property value and local recreation models to value ecosystem services in urban watersheds [J]. Land Economics, 2008, 84 (3): 361 - 381.

合理适度，实现了经济和生态效益的统一①。

4. 公共资源市场化配置改革，具有抑制腐败功能和提高了行政效率

通过市场化改革，以公开、平等和自由的竞争方式配置公共资源，已经成为当前许多国家预防和打击腐败的利器。以韩国为例，20 世纪 80 年代中后期开始的公共资源市场化改革，通过解除政府对企业的管制和出售企业股份两种方式，达到市场化的目的。政府不再直接干预经济、管理企业，从而减少了腐败滋生的机会和寻租空间。20 世纪 90 年代末，政府继续推进市场化改革，拆分国有企业，引入市场竞争，从而改变国有企业垄断资源和市场的局面，使非国有企业也能平等地参与竞争。2000 年以后，在公共资源的市场化中，电子政务得到大力推广②。电子信息平台的使用，将政府与企业的交易进一步透明化，减少了以往暗箱操作的可能，在腐败治理、行政效率提高方面取得了良好的效果。

三、公共资源管理的经验启示

（一）加强制度建设，规范公共资源管理与配置

在国内外公共资源管理实践中，大部分环节都配套了相应较完善的法律法规，作为其规范化管理的有效手段之一。国内当前主要实施的采购法律法规《招标投标法》和《政府采购法》是对政府公共资源管理招投标与政府采购行为合法性的肯定，亦是当政府在招投标、采购过程中非法行为的警告器与惩罚机制。换言之，制定、实施法律法规是政府运用行政手段管理公共资源的关键环节之一，法律规定使公共资源管理与运营的主体行为具有法定的约束力。当然，地方性的规章制度、行政条例是重要且不可缺少的。国家层面的法律往往不能兼顾每个地区的实际情况，这就需要地区在不违反国家法律法规的前提下，制定适宜本地区的规章制度。这不仅仅是法律法规的完善，也是制度、机制的构建和完善。例如，社区化管理中，法律法规为社区居民参与对非政府主体管理公共资源的行为进行监管提供了合法性支持与激励。因此，想要提高公共资源管理主体行为水平，需要通过完善相关法律法规，对公共资源管理的事前、过程、事后三个环节提供配套的制度性保障。同时，提高对污染超标行为的相关法律的惩处力度，亦是一个重要方面。缺乏力度的惩罚措施，使得污染企业

---

① HAMIN E M. The US National Park Service's partnership parks：collaborative responses to middle landscapes ［J］. Land Use Policy，2001，18（2）：123-135.

② 宋心然. 公共资源市场化配置对于控制腐败的有效性——韩国反腐败的经验与启示 ［J］. 理论与现代化，2011（3）：55-60.

治污成本高于污染超标所受罚款的数额，实则是变相鼓励其非法排污行为。同样，对于公共资源的可持续性利用，需要有力度的惩罚性措施给予行为人行为的有效性约束。

1994年3月，全国人大授予厦门特区地方立法权。厦门经济特区是我国的六个经济特区之一，是经中华人民共和国国务院批准实行计划单列，享有省级经济管理权限的城市之一。因此，在公共资源管理方面，厦门市应积极发挥其地方立法权限，促进公共资源优化的制度规范。从公共资源管理实践上看，早在2011年厦门市十三届人大常委会第二十六次会议审议通过了全国首部关于公共资源市场配置的地方法规：《厦门经济特区公共资源市场配置监管条例》，使厦门市在公共资源管理与配置领域的实践走在全国各地市的前列。在进一步深化公共资源管理法制化过程中，各级地方政府既要严格遵循国家公共资源交易的上位法，如《中华人民共和国政府采购法》《中华人民共和国拍卖法》和《中华人民共和国招标投标法实施条例》等法律、法规，也应根据公共资源管理中的具体项目制定具有针对性、符合地方实际的法规条例。

（二）构建统一平台，实现动态化、精细化管理

为了解决公共资源配置存在着不协调、不均衡的问题，国内外公共资源管理实践中经常运用系统的、动态的思维对公共资源的范围进行变动增减，掌握公共资源的配置情况，实现了资源配置效率提高与财政增收的积极成果。例如，菏泽市政府通过公共资源清单法，对当地公共资源进行摸查，更加详尽具体地了解当地公共资源的资源状态和供给情况，同时使当地政府对已投入资金的走向和流量有更全面的了解。这一做法为政府接下来的公共资源配置提供导向，将资金从投资过剩的公共资源项目中转移到发展相对欠缺的项目中，尤其是对节能产品、新技术产品的扶持，改善了公共资源配置结构。因此，运用公共资源动态化管理的方式，加强了政府对当地公共资源的精细化了解，有效促进了对公共资源的管理。

（三）界定产权价格，整合和创新公共资源交易市场

公共资源交易市场在市场体系中占有重要地位。培育与发展公共资源交易市场的目的，是为了将各种公共资源纳入市场运行规则之下，提高公共资源配置效率，实现公共资源可持续发展和提高其社会效益。公共资源市场的培育与发展对于消除环境污染、生态失衡，提高资源利用效率，促进经济、社会、生态效益的协调统一有着重要的作用。

具体来说，实现公共资源管理优化，应加强以下两个方面的工作：一要明确界定公共资源的产权，这是市场形成及市场机制发生作用的前提。要树立资

源资产化的观念，运用行政手段和法律手段来界定产权，加强公共资源的产权管理。既要摸清家底，全面掌握各类公共资源的数量、质量、分布、结构、用途及开发利用现状；还要探索建立和健全公共资源所有权与使用权分离的运营管理体制，对资源的勘探、开发和使用实行许可证制度等多种管理手段。二要理顺公共资源产品的定价体制，建立新的资源价格政策。对各类公共资源进行科学评估，依据不同资源的特点，确定不同的资源价格政策，大力推行资源有偿使用制度，为建立健全公共资源交易市场创造基础条件。

积极试点公共资源金融市场创新。借鉴美国水权作为资本资产如抵押品和附属担保品来融资积极试点水权金融市场创新：一是在积极推进水权交易制度建设和建立水市场的同时，试点建立水权金融市场，允许用户用拥有的水权作为抵押标的物进行抵押，从银行等有关金融机构获得抵押贷款，用于水权转让和交易。二是试点允许银行和证券公司等金融机构参与水权金融商品交易，包括水权实物、水权现货等；试点允许保险公司销售水权交易保险，例如灾害保险、运输保险等；试点允许券公司、银行、保险公司开发销售与水资源和水权交易有关衍生金融商品。三是在未来条件成熟时，通过与证券公司、银行、保险公司合作，可在水权交易所试点水权期货交易和水权指数交易。

（四）发挥各方优势，构建公共资源多中心治理体系

公共资源多中心治理主体的多元性体，现在是由政府部门、企业、非政府组织、社区等多元主体所组成的横向合作网络。一般来说，产权归属模糊、管理法规缺失、公众保护和参与意识较低等多方面因素，通常会引致"公地悲剧"现象的发生。由于公共资源涉及的利益矛盾错综复杂，仅靠单一主体的管理，难以实现经济、社会与环境的平衡发展。前述国内外各领域的公共资源政策实践，均表明要实现公共资源的优化配置和提高管理成效，必须构建一个由政府部门、企业、非政府组织、社区等多元主体所组成的、致力于实现公共资源可持续发展的多中心治理合作网络。

公共资源多中心治理主体的多元性，也体现在这些主体包括不同层级的治理主体，主要是指由当地社区治理主体、区域治理主体、国家治理主体及国际性治理主体构成的纵向网络。多层级的网络有利于各方治理主体多元价值的表达，这样对公共资源的治理难题可以更好、更快地解决，甚至会在实践中产生创新性解决方案。

构建公共资源的多中心治理体系，以使各方面资源得到充分利用，各相关主体的利益需求和意见得到充分表达和考虑。一方面要明确公共资源治理体系各主体的地位，政府部门是公共资源治理体系的主体，它可以运用经济法律等多种手

段为公共物品的供给与分配提供基本原则和依据，发挥着监督者、引导者和协调者的作用；企业、非政府组织、公众媒体等主体是公共资源体系的重要参与者和合作者。另一方面，要建立公共资源多中心治理体系的实体机制，制定地方法规条例为多中心治理体系中的各方主体地位提供法律依据，构建线上线下多渠道交流平台，为各方主体的意见交流与沟通提供媒介，积极发挥政府的主体地位，监督与审查多中心治理中的寻租违法行为，以保障多中心治理体系的持续运行。

（五）坚持绿色发展，实现公共资源开发利用与经济社会和谐发展

坚持节约资源和保护环境的基本国策，坚定走生产发展、生活富裕、生态良好的文明发展道路，协同推进人民富裕、国家富强、中国美丽，形成人与自然和谐发展的现代化建设新格局，必须实现公共资源管理与经济、社会和生态效益的协调发展，需要用法律手段、经济手段、行政手段，来规范公共资源的管理，不断提高环境保护和资源合理利用的效果。

加强公共资源监管是一个实践性的过程，是为了公共资源的可持续发展。1987 年联合国世界环境与发展委员会上提出了可持续发展战略，这一战略有利于实现经济、社会、资源与环境的协调可持续发展，得到当今社会的普遍认同。我国"十三五"规划纲要突出绿色发展的理念，强调绿色是永续发展的必要条件和人民对美好生活追求的重要体现。应对经济社会的发展、公共资源的需求扩增，政府必须明晰公共资源的管理愿景，确立环境保护、生态文明、永续发展的价值理念，积极促进社会生态环境的改善、创造公平竞争的发展环境，加强公共资源的开发、规划、管理、保护与合理利用，努力提高公共资源的利用效率，最大限度地发掘公共资源的经济效益、社会效益和环境效益。①

一要加快建立健全公共资源质量评价指标体系。强化以质量评估为导向的政府绩效管理，打破以供给数量为主要指标的公共服务绩效评价框架；采用公众感知、统计分析、社会舆情相结合的方法，强化公共服务质量和效率指标评价，能引导各级政府不断加强和优化公共资源管理与配置，把有限的公共资源配置到最急需的领域，更好地满足广大人民群众需求。

二要加强专业人才的培养和引入，建立多层级的公共资源管理与配置智库，全面推进公共服务标准化工作，研究服务提供、质量评价、公共服务平台建设等标准化的共性方法，健全重点公共服务领域的标准体系、标准实施监督体系及标准化工作运行体系，能增强公共服务标准化的系统性、科学性、导向性与时效性，切实完善公共资源质量监督评价机制，不断提高对公共资源的综合管理水平。

---

① 卓越，陈招娣. 加强公共资源管理的四维视角 ［J］. 中国行政管理，2017（1）：6-10.

第五章

公共资源管理的厦门探索

随着中国特色社会主义市场经济体制的逐步建立和完善，建立在计划经济体制基础上的公共资源管理模式不能适应社会经济的发展的需求。1988年，厦门市作为国务院确定的国有土地使用权有偿出让改革的试点城市，开始在全市范围内实行土地有偿使用制度改革。2005年以后，厦门市通过积极地推行市场化配置改革来探索公共资源管理的新模式。经过十几年的探索，厦门市公共资源管理改革取得了明显的成效，改善了公共资源配置的效率，提升了公共资源的经济、社会与生态效益。本章梳理厦门市公共资源管理改革的历程和进展，探讨改革中依然存在的深层次矛盾和问题。

一、厦门市公共资源管理的改革历程

进入21世纪以来，厦门市通过积极推动城市公共资源市场化配置改革，对传统的公共资源管理方式、内容进行大刀阔斧的改革，取得了良好的经济、社会和政治效应，使厦门市公共资源管理模式成为同时期全国各地区处置公共资源的一个标尺。总体说来，厦门市的公共资源管理改革大致经历了四个阶段。

（一）早期试点阶段

第一阶段为早期试点阶段（2000—2005年）。以《厦门市土地管理若干规定》（厦门市人民代表大会常务委员会公告第二十一号）的出台为标志，通过不断摸索，积累了公共资源管理的若干经验，为进一步改革奠定了坚实的基础。

作为国务院确定的国有土地使用权有偿出让改革的试点城市，从1988年开始厦门市就在全市范围内实行土地有偿使用制度改革。2000年厦门市作为福建省公共资源市场化配置的两个试点城市之一，于同年9月颁布了《厦门市土地管理若干规定》，规定除经济适用房以外的经营性房地产项目用地使用权必须采用公开拍卖、招标的方式出让，从2000年10月起，经营性土地使用权出让全面实行招标拍卖挂牌（即"招拍挂"）。在取得一定的经验后，配置工作范围从国有经营性土地使用权逐渐延伸到户外灯箱广告位置使用权、收费公厕卫生经营权、"两车"停放点经营权、采矿权、道路清扫保洁作业承包权、滩涂水产养殖权、社区卫生服务以及其他经营性公用事业单位和服务行业等新领域。

这一阶段的改革具有初创性和探索性，国内没有完整和成熟的经验可供借鉴，因此，厦门市公共资源管理改革基本上可以说是摸着石头过河。尽管如此，厦门市在这一阶段的实践中取得了丰硕的成果及宝贵的经验。2003 年以前，厦门水资源由隶属于不同行政主管部门的 14 个企事业单位分散经营，管理成本重复支出，管理体制政企不分，企业缺乏竞争，效益低下。2003 年，厦门市全面启动水务改革，整合水务资源，将部分产权以及制水、污水处理的特许经营权对外公开挂牌招标，成功引资 4.61 亿元，盘活了存量资产，实现产权主体多元化，促进了水资源的高效管理①。

这一阶段公共资源管理改革中也暴露出一些问题，如土地出让过程中存在一些不合理限制性条件；建设工程中出现围标串标、买标卖标、变更设计、变相提高工程造价等。为了加大力度推进公共资源管理改革，打击改革过程中存在的违法违规行为，厦门市采取了相应的举措。2004 年 3 月，厦门市政府办公厅下发《关于进一步规范我市经营性土地招标拍卖挂牌出让工作的通知》（厦府办〔2004〕82 号），要求项目土地"招拍挂"出让的条件设置应遵循"公平、公开、公正"原则，避免"量体裁衣"现象，进入土地市场交易的项目原则上要求达到"熟地"出让的标准；2005 年，厦门市又出台了《厦门市人民政府办公厅转发厦门市国土资源与房产管理局等部门关于规范加油站用地管理的若干意见的通知》（厦府办〔2005〕265 号），将新建加油站用地纳入"招拍挂"出让范畴。同年成立了土地管理委员会，集中审议土地使用权出让方面的重大问题，并建立"单月八日挂牌，双月八日和'九·八'实现招拍挂出让"制度，使公开出让土地使用权更加有序。

（二）稳步发展阶段

第二阶段为稳步发展阶段（2006—2010 年），以三个红头文件的出台为标志，在制度建设、配置实践、政府监管三个方面取得显著进展。

一是制度建设取得重大进展。从 2005 年底到 2006 年底这段时间里，厦门市先后出台了《关于推进行政资源和社会公共资源配置市场化改革的工作意见》（厦委办发〔2005〕28 号）、《厦门市人民政府关于印发进一步深化行政资源和社会公共资源配置市场化改革实施方案的通知》（厦府〔2006〕272 号）、《关于厦门市行政资源和社会公共资源进入产权交易市场交易暂行办法的通知》（厦府办〔2006〕273 号）三个红头文件，这些文件最终确定了厦门市行政和社会公

---

① 厦门推进公共资源配置市场化［EB/OL］．新浪新闻网，2006-09-10．

共资源进场交易的制度和流程。同时,厦门市对公共资源管理操作进行细化,出台了《厦门市户外广告设置使用权有偿使用暂行办法》(厦府〔2005〕329号)、《厦门市药品集中采购招标实施办法》(厦府〔2005〕385号)、《关于规范厦门市建筑市场秩序若干措施的通知》(厦建建〔2006〕96号)等一系列规范、具有较强的可操作性的实施办法,明确了有关公共资源项目市场化配置的实施范围、操作程序和工作规则,为推动公共资源配置市场化改革走上法制化、规范化的轨道提供了制度保障。由此形成的规范的运作和良好的交易效果使厦门成为同时期全国各地区处置公共资源的标尺。

二是管理实践取得丰硕成果。在自然性资源领域,在试点阶段取得的成果的基础上,继续明确除经济适用房以外的经营性房地产项目用地使用权必须采用公开拍卖、招标的方式出让。同时将新建加油站用地纳入"招拍挂"出让范畴,还将厦门国际游艇俱乐部工程项目确定为经营性海域使用权"招拍挂"试点项目,探索海域使用权与土地使用权捆绑挂牌出让。在行政性资源领域,实行管理与服务相分离。比如全面推进机关事业单位自管房产清查处置工作,全面实行直管公房服务管理市场化改革,取消房管所,成立公房管理中心,按照"管理与服务相分离"的思路,将公房小修、租金催缴等专项服务分片区面向社会公开发包,全部实现市场化管理。通过实行大宗货物采购,实现了采购价格更低、采购效率更高、采购质量更优和服务品质更好。这一时期还完成市管工程建筑意外伤害保险市场化工作,通过公开竞争引入4家保险经纪公司和11家保险公司成立"市管工程建筑意外伤害保险服务中心",为企业投保和理赔提供"一站式"服务。此外,建立了公车统一维修和保险制度,大大节约了公车维护成本。在资产性资源领域,实行经营权公开出让。2006年,事业单位资产首次进入公开交易平台进行竞拍,如莲花影剧院旅社五年承租经营权底价年租金46万元,最终成交价达到年租金80.7万元,使莲花影剧院实现增收达178万元。另外,这一阶段开始启动公共停车场经营权市场化运作试点项目,公交车身广告经营代理权进入市产权交易中心实行竞价出让,公园及风景旅游点经营性项目实行市场化配置等。通过对这些资源实施市场化配置,一定程度上实现了公共资源的保护性开发与可持续利用。

三是规范监管上取得明显成效。为了确保公共资源管理,尤其是资源配置工作公开、公平、公正地进行,市纪委、监察局建立了工作责任制,将立项督查、专项检查、派员参与重点事项监督相结合,为防治腐败提供了制度和组织保障。在各类资源市场化配置过程中,各级纪检监察机关提前介入,积极开展对招标文件制定、评标委员会组成、招标工作纪律和评委守则制定及开标、评标、定标等过程的监督，做到事先预防、事中监察和事后督查有机结合，对可能出现的问题提出防范措施，对发现的问题及时督促纠正，防止暗箱操作和腐败现象的发生。在土地批租、建设工程等领域，通过加大对资源市场化配置的监管力度，从而使违纪违法案件数量明显下降[①]。

（三）逐步完善阶段

第三阶段为逐步完善阶段（2011—2015年），它以《厦门经济特区公共资源市场配置监管条例》（2011年，以下简称《条例》）正式出台为标志。这一阶段厦门市公共资源管理得到了进一步的完善，主要体现在以下四个方面。

一是制度体系更加完善。2011年1月，《条例》获得通过并于当年5月1日正式施行。《条例》及依据其制定的《厦门经济特区公共资源市场配置监管条例实施细则》（2011年，以下简称《实施细则》）对厦门市公共资源市场配置的管理方式、市场配置方式及各有关部门的职责以及公共资源配置的监管等做出了规定。根据《条例》与《实施细则》，厦门市先后出台了《厦门市人民政府办公厅关于印发厦门经济特区公共资源市场配置目录的通知》（厦府办〔2011〕193号，以下简称《目录》）、《厦门市财政局关于明确公共资源配置服务机构的通知》（厦财综〔2011〕29号）、《厦门市财政局关于公共资源市场配置备案工作有关事项的通知》（厦财公〔2012〕3号）、《厦门市财政局关于建立公共资源市场配置情况统计分析制度的通知》（厦财公〔2012〕5号）、《厦门市财政局关于印发市级公共资源市场配置暂行规则的通知》（厦财公〔2012〕1号，以下简称《暂行规则》）。这些文件的出台对指导厦门市公共资源的管理与配置改革完善起到了重大的推动作用，促进了厦门市公共资源经济效益与社会效益的双提高。并且按照规定，厦门市对厦门经济特区公共资源市场配置目录不断进行更新，并对公共资源市场配置规则进行了改进（2014年印发了《厦门市财政局关于印发厦门市市级公共资源市场配置规则的通知》（厦财公〔2014〕1号，以下简称《规则》），以此取代原来的《暂行规则》）。

二是平台建设取得突破。根据《条例》和《实施细则》的要求，除土地矿产、建设工程和政府采购外，市级其他公共资源统一进入专设的市级公共资源配置服务机构进行市场配置。《厦门市财政局关于明确公共资源配置服务机构的通知》（厦财综〔2011〕29号）规定在市级专设的公共资源配置服务机构正式成立之前，为了确保《条例》及《实施细则》的施行，由厦门市行政事业资产管理中心作为市级公共资源配置的临时服务机构，负责提供公共资源市场配置

---

① 苏晓春. 厦门市公共资源配置市场化改革的探索［J］. 中国财政，2010（3）：60-61.

服务。随后，厦门市公共资源配置中心作为市级专设配置机构，统一受理公共资源市场配置业务，并取得了重大成效。

三是配置规则不断改进。2012 年，厦门市出台了《暂行规则》，从项目委托到结果备案，划分了 14 个环节对配置工作进行细化完善；并针对竞价、拍卖、招标等各种配置方式的特点，对配置流程分别进行了规范。与此同时，财政局积极履行作为法定监管部门的职能，通过配置前备案、配置中审查、配置结果备案来监督各个具体项目配置流程。提前介入各公共资源项目市场配置方案的制定，针对配置方案的公开、公平、公正以及招标文件中可能存在的歧视性条款，主动与公共资源管理部门沟通研究。实施事后备案管理，仅 2012 年就对 14 宗共计 22 项公共资源项目配置方案进行了备案审查，包括土地招拍挂、房产拍卖、废旧资产处置、罚没物资处置、房产出租、出租汽车经营权招标等。积极做好档案管理、统计数据分析等基础性工作，要求各区财政局以及各配置服务机构定期报送统计分析资料，跟踪、监控公共资源配置动态。2014 年《规则》出台，取代到期的《暂行规则》，进一步完善了公共资源的配置规则。

四是配置目录按时更新。依照《条例》的规定，厦门市公共资源配置采取的是目录管理的方式，即列入配置目录的公共资源应当采取市场配置方式进行配置，市场配置方式包括招标、拍卖、挂牌或者其他公平竞争方式。2011 年列入《目录》的公共资源总共有 5 大类 22 种公共资源，同时《目录》（2011 年）还对列入其中的公共资源管理部门、市场配置方式、配置平台等内容进行了明确。按照《条例》与《实施细则》的规定，公共资源配置目录要定期更新，以适应不断变化的客观环境。如 2013 年的《目录》中就新增了经营性的游艇、帆船泊位海域使用权出让，特殊旅游客运船舶运力投放，行政事业单位废弃电器电子产品回收处理经营权，农村住房统一保险等几项公共资源。

（四）新近发展阶段

第四阶段为新近发展阶段（2016 年至今），特别是 2020 年 2 月《厦门市深化公共资源交易平台整合共享工作方案》（厦府办〔2020〕17 号）[1] 的出台，标志着厦门市公共资源管理改革进一步向前迈进，主要体现在以下三个方面。

一是制度体系进一步完善。为了持续完善公共资源交易市场化配置机制，大力提升公共资源交易服务水平，着力改进公共资源交易监管工作，激发市场活力和社会创造力，《厦门市深化公共资源交易平台整合共享工作方案》的出台

---

[1] 厦门市人民政府. 厦门市人民政府办公厅关于印发深化公共资源交易平台整合共享工作方案的通知［A/OL］. 厦门市政府网，2020-02-25.

明确了厦门市公共资源交易管理的总体要求和工作方向。内容包括推进各类公共资源进平台交易、进一步建立健全配置机制、强化交易平台公共服务职能、建设完善各类交易平台电子系统、强化和完善公共资源交易监管五个方面，并且强调组织和保障措施。2021 年 8 月厦门市财政局为贯彻落实《厦门市人民政府关于印发厦门市公共资源交易监管办法的通知》（厦府规〔2021〕2 号），向各相关单位征求《厦门市公共资源交易目录（征求意见稿）》意见。同年 9 月，厦门市财政局正式印发会同市各公共资源交易行业监管部门组织编制的《厦门市公共资源交易目录》的通知（厦财采〔2021〕13 号）。在《目录》中涉及有限自然资源的开发利用、行政事业单位资产交易、无形资产交易、其他公共资源四大类共 20 个公共资源项目。《目录》显示，保障房及安置房配套的经营性资产出售项目虽已列入公共资源交易目录，但未体现把市公共资源交易中心作为交易平台，除此之外的其他项目均把市公共资源交易中心作为交易平台。

二是交易服务平台重新整合。一方面是成立公共资源交易中心。根据《中共厦门市委机构编制委员会关于组建厦门市公共资源交易中心的通知》（厦委编〔2018〕26 号），于 2018 年 6 月成立厦门市公共资源交易中心。该中心是在原厦门市建设工程交易中心的基础上，整合了厦门市行政事业资产管理中心、厦门市土地发展中心和各区公共资源交易服务相关职责组建而成的，公益一类，隶属于厦门市行政审批管理局管理①。新成立的厦门市公共资源交易中心实行"统一进场、管办分离、规则主导、全面监管"的运作机制，为全市工程建设项目招投标、土地使用和矿业权出让、政府采购、行政事业资产交易等各类公共资源项目进场交易提供综合服务的公共资源交易平台。另一方面，是修订规则及网站。2020 年 4 月 20 日，因公共资源市场配置服务保障机构及网站名称变动，厦门市财政局修订了《厦门市市级公共资源市场配置规则》，将"市公共资源配置中心"修订为"市公共资源交易中心"，"厦门市公共资源市场配置网"修订为"厦门市公共资源交易网"。2021 年 6 月 25 日，厦门市人民政府发布《厦门市人民政府关于印发厦门市公共资源交易监管办法的通知》（以下简称《办法》）（厦府规〔2021〕2 号）②，目的是结合本市实际，加强公共资源交易活动的监督管理，提高公共资源交易的效益。

三是配置效率不断提升。根据我们对公共资源市场配置网配置结果的统计，

---

① 厦门市公共资源交易中心简介［EB/OL］．厦门市公共资源交易网，2021-10-19.

② 厦门市人民政府．厦门市人民政府关于印发厦门市公共资源交易监管办法的通知［A/OL］．厦门市政府网，2021-07-05.

仅 2016 年上半年就有 70 项公共资源在公共资源配置中心成功交易。中心和网站修订后，对厦门市公共资源交易网公共资源配置交易信息的公示情况进行统计，2020 年全年累计公共资源配置项目有 203 项。从 2020 年 10 月到 2021 年 9 月为期一年的统计情况来看，公共资源配置项目已经达到近 240 项。2021 年 1－10 月份配置项目总数为 181 项，2020 年同期项目为 146 项，2020 年与 2021 年同期相比增长近 30 项。项目内容涉及行政事业单位内部商铺招租、公房非住宅项目租赁权、设备资产处置、中小学食堂经营权招租等，配置项目的交易方式均以竞价或招投标的方式完成。根据《厦门市财政局关于印发厦门市市级公共资源市场配置规则的通知》（厦财规〔2020〕1 号）和《厦门市行政审批管理局厦门市财政局关于印发厦门市公共资源交易平台政府采购项目入场交易规则（试行）的通知》（厦审管规〔2021〕1 号），公共资源管理部门将配置方案报财政部门备案后，向交易中心提出项目配置登记。公共资源市场配置招标项目也需执行入场登记要求，并按照规定提交相关材料，线上或现场办理预约场地，获得审批后登记入场。交易中心对办事流程及办理时间作出明确规定，并在网站公布。厦门市公共资源配置通过交易中心平台，逐步常态化、透明化，配置效率稳步提升。

二、厦门市公共资源管理的现状描述

（一）公共资源管理的主体

公共资源管理涉及不同层级、不同职能乃至不同性质的组织。从层级来看，主要涉及中央、省、市、县（区）乃至乡镇（街道办）一级的组织；从职能来看，包括政府各行政管理部门、人大、司法等；从性质来看，除了公共组织以外，还有国有企事业单位与私人组织等。组织间关系的处理与公共资源管理的效果有着密切联系，这主要包括两大方面：一是政府、市场、社会在公共资源管理与配置中的关系；二是公共部门（尤其是政府内部）不同层级、不同职能部门之间的关系（图 5-1）。

1. 公共部门及其关系

在公共资源管理中，中央与省级政府总体上主要通过出台政策法规、制定规划、监督管理的方式间接参与其中，在部分自然性和社会性公共资源的管理中会直接介入使用许可、资源定价、收益分配等方面。以土地资源为例，中央政府授权地方政府代理行使国有土地所有权，通过制定和实施自上而下式的土地利用总体规划和年度计划、设立国家土地督察局等方式来干预和监管地方政府对本地的土地市场的管理。同样，在港口岸线资源管理方面，根据《港口岸线使用审批管理办法》，港口深水岸线使用权由交通运输部会同国家发展和改革委员会进行审批。

在推进公共资源市场化配置改革的重大决策方面，往往是采取地方基层创新与中央顶层设计相结合的路径。2015年6月，国务院办公厅印发《整合建立统一的公共资源交易平台工作方案》（以下简称《工作方案》），提出将工程建设项目招标投标、土地使用权和矿业权出让、国有产权交易、政府采购等公共资源交易纳入规范化、法治化轨道，实行全流程透明化管理。《工作方案》明确提出了整合目标和时间路径。围绕中央政策精神，包括厦门市在内的各级地方政府都在实现公共资源交易平台的整合方面的积极探索创新。

在中央与省级政府的指导和监督下，厦门市公共资源管理具体的决策、执行和监管职责主要由厦门市市区两级政府及所属各部门负责。其中，市级政府及所属各部门主要负责市级公共资源的管理并指导与监督区级政府及其所属各部门的公共资源管理与配置工作。区级政府及所属各部门则负责本区公共资源的管理。市、区政府作为各部门的领导者，是本级公共资源管理的决策者，主要从两个方面开展工作：一是通过出台政策对全市（区）公共资源管理工作进行规划；二是对各部门的职责进行规定（如出台《实施细则》），指导并协调各部门开展公共资源的管理与配置工作。为了更好地促进公共资源市场化改革中部门之间的协调合作，厦门市建立了由市财政局牵头，包括市监察局、市国资委、市发改委、市审计局、市审改办、市物价局、市法制局、市纠风办等部门在内的联席会议，负责统筹、指导和协调全市行政资源和社会公共资源配置市场化改革工作。联席会议下设办公室，依托在市财政局综合处，市审计局、市国资委、市纠风办各分管处室领导及经办人员协助配合负责日常工作。按照职能的不同，厦门市公共资源管理的部门可以分为以下四类。

第一，主导机构。根据《条例》的规定，市、区财政部门是厦门市公共资源管理的主导部门，负责推进、指导、管理全市公共资源市场配置工作。具体来说，主要履行下列四方面的职责：一是制定全市（区）公共资源市场配置管理制度，如市财政局通过出台《厦门市财政局关于印发市级公共资源市场配置暂行规则的通知》（厦财公〔2012〕1号）、《厦门市财政局关于公共资源市场配置备案工作有关事项的通知》（厦财公〔2012〕3号）等文件，建立起了公共资源配置的准入、程序、监管等一系列制度，思明区也出台了《厦门市思明区公共资源市场配置暂行规则》（2012）等文件，建立起本区公共资源管理与配置的制度。二是由市财政局组织编制和调整全市公共资源市场配置目录，报市人民政府批准，区财政局负责向市财政部门汇总申报本区公共资源项目。三是按规定权限审核（批）市（区）公共资源市场配置方式的变更申请以及受理市级公共资源市场配置方案和配置结果的备案，并按规定审查。四是对市（区）级公共资源管理部门和市（区）级公共资源配置服务机构的市场配置工作进行监督，并受理市（区）级公共资源市场配置过程中利害关系人的投诉，组织协调有关部门依法进行调查处理。

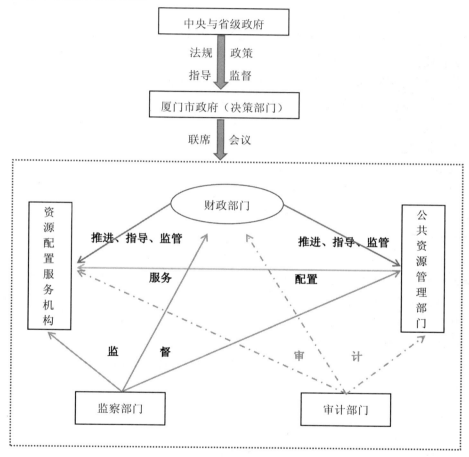

图 5-1 厦门市公共资源管理框架结构

第二，管理机构。市级和各区拥有、控制或者管理公共资源的党的机关、人大机关、行政机关、政协机关、审判机关、检察机关和各民主党派机关、事业单位、被依法授权代行行政职能的社会团体和其他组织作为公共资源管理部门，负责公共资源的具体管理工作，主要履行下列职责：一是如实申报本部门

（含下属单位）公共资源项目并根据配置目录和配置方案规定，实施公共资源市场配置；二是根据《条例》第十二条规定，组织对涉及重大公共利益和人民群众切身利益的公共资源项目的评估、论证或听证；三是向同级财政部门报备公共资源市场配置方案和配置结果；四是依据《条例》第十四条的规定，组织评估工作；五是受理涉及本部门职责的异议，并答复利害关系人。

第三，服务机构。厦门市公共资源配置服务机构主要有土地矿产资源交易市场、市建设工程交易中心以及公共资源交易中心等。公共资源配置服务机构主要是为公共资源市场配置活动提供场所、设施与信息服务，履行如下职责：一是接受公共资源管理部门委托，统一发布配置信息并依照公共资源市场配置目录要求，组织开展公共资源市场配置事务；二是依照规定出具相关证明文件；三是负责本机构公共资源市场配置的统计和分析。此外，公共资源配置服务机构还要受理涉及公共资源市场配置服务的异议，并答复利害关系人。厦门市公共资源市场配置工作在逐步规范及完善过程中形成了各具特点的配置服务机构。考虑到各服务机构已经形成了相对规范且为社会大众所接受的交易规程，因此这部分公共资源仍在原有配置机构配置。经过一段时间的过渡与适应，为了方便社会力量参与公共资源配置，这些服务机构统一到公共资源交易平台开展集中配置服务工作。

第四，监管机构。市、区监察局（监察委员会）作为监察部门，依照《中华人民共和国行政监察法》《中华人民共和国行政监察法实施条例》等规定，监督公共资源市场配置监管部门、公共资源管理部门、公共资源市场配置服务机构及其工作人员履行职责情况，调查处理违法违纪行为，对违反《条例》的行为建议给予纠正。市、区审计局作为审计部门，依照《中华人民共和国审计法》和《中华人民共和国审计法实施条例》等规定，做好公共资源市场配置的审计工作。

2. 政府、市场与社会的关系

政府是公共资源管理的最重要参与者，认清政府与市场、政府与社会之间的关系对优化公共资源管理与配置有着重要作用。

一是政府与市场的关系。长期以来，我国公共资源采取政府行政计划配置和国家所有、分级管理的模式。可交易公共资源的市场化配置改革就是要适应市场经济体制下提高公共服务水平和公共资源可持续利用水平的需要，更充分地发挥市场在资源配置中的决定性作用和更好地发挥政府的作用。在2005年12月颁发的《关于推进行政资源和社会公共资源配置市场化改革的工作意见》（厦委办发〔2005〕28号）中，厦门市委市政府就明确了公共资源配置市场化改革的总体要求是逐步取消政府对"竞争性、有限性、垄断性"的行政资源和社会公共资源指令性配置方式，能够通过市场化配置的，一律交由市场通过招标、拍卖、挂牌或其他公开竞争方式在全社会范围内予以配置。按照"能够推向市场的都推向市场，全面实行公开招拍挂制度"的原则，目前厦门市公共资源市场化配置的范围已从最初的土地使用权等有限自然资源扩大到《2013年度厦门经济特区公共资源市场配置目录》中的27类公共资源，2021年出台的《厦门市公共资源交易目录》则将项目进行了整合和优化，市场在资源配置中的决定性作用正在更大范围的公共资源配置中得到充分体现。

二是政府与国有企事业单位的关系。在公共资源配置市场化改革中政府与国有企事业单位的关系是较为引人注目的。长期以来，政府与国有企事业单位在公共资源配置管理中存在着"政企不分、政社不分"的问题。适应公共资源配置市场化改革的要求，政府与国有企事业单位在公共资源配置中的关系应向"政企分开、政社分开、官办分离"下的契约关系转变。根据调研，政府与其所属的企事业单位之间仍保持着极为密切的关系：一是相关单位作为政府下属企事业单位，接受政府的领导与监督。如厦门市土地开发总公司接受厦门市国土资源与房产管理局的领导监督；厦门市粮食购销有限责任公司系厦门市粮食局下属的国有独资政策性企业，在工作中要接受粮食局的领导监督；二是在政府的领导监督下，国有企事业单位履行政府部门授予的部分公共资源管理职能。如厦门市土地开发总公司负责土地矿产资源市场的建设和日常管理工作；厦门市粮食购销有限责任公司接受政府委托承担各级储备粮油的收购、储存、中转，根据政府决策，具体实施储备粮油的轮换、销售，代储代管粮油和代熏蒸业务，以及仓库和场地租赁等。

三是政府与社会的关系。公共资源配置与管理的目的是通过公共资源的优化配置，实现最大的社会、经济与生态效益，最终造福人民。社会公众一方面是公共资源配置与管理的参与者，同时也是公共资源配置与管理的受益者。公众参与公共资源配置与管理主要涉及以下两个方面：一是通过参与政府组织的评估、论证或听证会对政府管理公共资源的工作提出意见、建议。如根据《条例》第七条的规定：法律、法规、规章没有规定应当实行市场配置的公共资源，应由市资源配置监管部门向社会公众征求意见，并在组织评估、论证或听证后，根据本市实际需要列入配置目录。二是利害关系人可以向政府相关部门提出异议或投诉。根据《条例》与《实施细则》的规定，公共资源配置中的利害关系人对公共资源市场配置过程或者配置结果有异议的，可在规定时间内以书面形式向有关公共资源管理部门或者公共资源配置服务机构提出，公共资源管理部门或者公共资源配置服务机构应当在七日内做出书面答复。对答复不满意者还可以向同级资源配置监管部门书面投诉，资源配置监管部门在收到该书面投诉后，应当对投诉的事项进行调查，组织协调有关部门进行处理，并在十五日内将处理结果答复投诉人。此外，社会公众还可以根据法律法规规定对政府公共资源管理与配置工作进行监督，对违反规定的行为进行检举、揭发。

（二）公共资源管理的对象

随着公共资源市场化配置改革的不断深化，公共资源管理的重点是可交易的公共资源。可交易公共资源可以分为自然性资源、社会性资源、行政性资源与资产性资源等。自然性资源主要涉及对土地、矿藏、水流、森林、海域、滩涂等开发与利用而形成的资源；社会性资源主要涉及公用事业领域具有基础性、先导性、公用性的资源，如供水、供气、供热、公共交通、污水或垃圾处理等行业的特许经营权等；行政性资源主要是指在政府依法履行经济调节、市场监管、社会管理和公共服务等职能过程中所形成及衍生的资源，如户外广告设置权、公交线路经营权和网吧经营权等；资产性资源主要指由行政事业单位和国有企业占有使用的、在法律上确认为国家所有、能以货币计量的各种经济资源的总称，是政府履行社会管理职能、提供公共服务、促进事业发展的重要物质基础。

2011 年厦门市政府出台了《厦门经济特区公共资源市场配置监管条例实施细则》及《厦门经济特区公共资源市场配置目录》，自 2011 年 10 月 1 日起实施。围绕《细则》和《目录》，厦门市财政局还先后制定了《厦门市财政局关于明确公共资源配置服务机构的通知》《厦门市财政局关于印发市级公共资源市场配置暂行规则的通知》及《厦门市财政局关于公共资源市场配置备案工作有关事项的通知》等一系列配套制度。厦门市公共资源市场化配置对象主要包括有限自然资源的开发利用，特定行业的市场准入，机关事业单位资产以及罚没物品的处置，货物、工程和服务的政府采购及其他公共资源五项共 27 类公共资源。其中，属自然性资源的主要包括探矿权有偿出让、经营性土地使用权出让、经营性的游艇、帆船泊位海域使用权出让等 6 类公共资源；属社会性资源的主要包括制水特许经营权、污水处理特许经营权、燃气特许经营权等 7 类公共资源；属行政性资源的主要包括户外广告、公园服务配套设施经营权、公共场地临时经营权等共 4 类公共资源；属资产性资源的主要包括机关事业单位资产的对外出租、机关事业单位资产的出售、货物采购等共 10 类公共资源。2021 年《厦门市公共资源交易目录》继续作出更新和调整，在具体项目的分类上出现变化，由之前的五项 27 类公共资源调整为四项 20 类公共资源，数量上有所减少。

其中，有限自然性资源开发利用项目只有"政府储备用地内不可搬迁设备等处理"一类公共资源；行政事业单位资产交易项目分为行政事业单位资产出租、行政事业单位资产出售和罚没物品处置三大类，包括行政事业单位办公用房出租，除房产之外的其他国有资产出租，公务车辆、执法车辆出售，其他行政事业单位资产出售等九类公共资源项目；无形资产交易项目中也包括三大类项目，即基础设施和公用事业特许经营权授予、市政公用设施及公共场地使用权、承包经营权有偿转让、公共基础设施冠名权有偿转让；其他公共资源则只包括利用公共资源设置户外商业广告设施 1 项公共资源。

（三）公共资源管理的内容

1. 产权界定

在计划经济体制下，我国公共资源管理是通过公共行政体系提供的。传统公共行政要求通过一体化命令结构来管理公共资源，对公共资源的管理只是行政权的一个组成部分，其目的是保持官僚系统的稳定和有序，所以立法机关通常不具备为公共资源界定产权的意识，行政部门也绝不会主动放弃手中的行政权，要求制定有关规则和政策来规范公共资源的管理和使用。然而，随着社会主义市场经济体制的确立，传统的公共资源管理方式以及所有权制度已经不能再适应变化了的环境。市场化改革属于分权改革，对于所有权而言，同样有分权的问题，公共资源要进入市场，也要作同样的分权改革，让所有权能在不同经济主体之间分割，形成同一所有权下的不同产权，如占有权、使用权、开发权、经营权。在市场经济条件下，所有权与产权是既有联系、又有区别的两个概念，所有权制度与产权制度属于两个层面，不能相互替代。

公共资源进入市场，首先面临的问题是包括产权界定、产权交易在内的公共产权制度安排，因为公共资源配置效率、收益共享都系于此。厦门市在公共资源市场化配置方面起步较早，在公共资源的产权界定方面的工作主要涉及以下三项内容。

一是树立公共资源资产化的观念。观念的改变是减少提供其他制度安排的服务费用的最重要的制度安排，因此树立公共资源的资产化观念是明确界定公共资源产权的前提，唯有如此，才能进一步转变政府管理公共资源的方式，使其从原有的掠夺式管理变为可持续性管理。在观念的转变方面，厦门市走在了全国的前列。在计划经济时期，包括厦门市在内的各地政府对公共资源始终秉持着"公有公用公营"的观念，并未将公共资源视为一项资产。然而，随着市场经济的确立与深入发展，公共资源日益稀缺，其资产性日益增强。厦门市政府顺应社会经济的发展变化，改变有关公共资源的固有观念，将公共资源看作是一种资产，具有价值增值性，认定通过对公共资源的有效管理可以增加政府财政收入，从而确立起了公共资源资产化的观念。

二是从单一的公共资源所有权转向多元化的所有权体系。公共资源产权界定是在保持其公有资本归公共所有的前提下界定对公有资本的各项产权，包括对财产的经营权、直接使用权、使用财产的收益权，以及自由交易权在内的一组权利。权利可以结合于同一个产权主体，也可以在不同的主体间分割。如土地资源的配置中交易的是土地的使用权而非所有权，与此类似，经营性的游艇、帆船泊位海域使用权的出让涉及的也是海域的使用权而非所有权，这都是单一的所有权向多元化的所有权体系转变的结果。

三是公共资源产权市场的建立。产权界定是公共资源产权市场建立和完善的前提，公共资源产权市场的建立与完善不仅是产权界定的结果，同时也会促进产权界定工作的推进，两者之间存在着相互促进的关系。厦门市早在1996年10月就率先在福建省成立了第一家工程建设有形市场——厦门市建设工程招标投标中心。接着于2002年6月25日成立了厦门市土地矿产资源交易市场，作为厦门市土地矿产交易的专业场所。2012年厦门市又设立了公共资源配置中心。根据《实施细则》的规定，除土地矿产进入市土地矿产资源交易市场配置，建设工程进入市建设工程交易中心和各区分中心配置，政府采购按原规定渠道进行配置外，市级其他公共资源统一进入市公共资源配置中心进行市场配置。

2. 资源定价

在计划经济体制下，公共资源的管理实行的是国家所有、政府管制的计划供给模式。20世纪80年代以来，随着市场经济体制的确立，公共资源逐步实行有偿出让的制度，公共资源定价开始成为公共资源管理中的一项重要内容。厦门市积极实行公共资源的市场化配置，也必然面临着公共资源定价的问题。公共资源定价可以分为两个层次：一是在公共资源市场化配置确定公共资源中标人、受让人时的资源定价；二是中标人、受让人在开发利用公共资源时向产品或服务使用方收取价格中的资源定价。这两个层次的定价相互影响。

在第一个层次，目前厦门市公共资源主要采取招标、拍卖、挂牌或其他公平竞争方式确定资源使用权或经营权的中标或受让价格。可以明确具体价格的公共资源在实行市场配置前，政府通常会根据受托资产评估机构提供的评估结果，或者依据其他定价方式，确定配置底价。只有当中标或受让价格不低于底价时，公共资源配置才能成功。比如，厦门市经营性土地使用权出让首先委托资产评估机构对拟出让土地使用权价格进行评估，然后由市土地管理委员会联席会议确定出让底价，只有当市场主体竞价不低于出让底价时，土地才可成功出让，否则就会出现流标、流拍或流挂。同样，厦门市粮食局粮食购销首先由粮食局、物价局、财政局、农业发展银行开展四方联席会议，共同讨论粮食拍卖的底价，底价是根据粮食收购的成本加仓储成本来确定的，然后通过公共资源交易平台进行拍卖，以竞拍者中的最高价作为售价。

在第二个层次，利用公共资源提供的产品或服务定价则视与普通民众基本需求和社会公共利益关系程度实行不同程度大小的政府规制。属于普通民众基本需求或者与社会公共利益密切相关的，则受到政府严格的价格规制。属于非大众基本需求的，且与社会公共利益关系不大的，则可以完全市场定价。根据公共资源属性特征，厦门市发改委、物价、财政等有关部门按照有关政策法规，对涉及民生基本需求或社会公共利益的公共资源使用收费进行了价格规制。根据《条例》，涉及政府定价或政府指导价的资源配置项目，公共资源管理部门在制定配置方案前应当按照规定报物价部门核定收费标准，并接受其监督检查。从实践中，厦门市对不同公共资源采取了平均成本定价、二部定价、高峰负荷定价、拉姆齐定价等不同政府规制定价方法。比如，水资源、海域资源等资源使用收费规制是采用拉姆齐定价法面对不同的用户实行差别定价模式。其中，水资源的价格由省物价局、省财政厅、省水利厅按照地表与地下、工业用水、生活用水与第三产业用水等进行分类后制定不同的收费标准，由省政府审批。当前厦门市居民生活用水 18 吨以内的价格是 2.2 元/吨；18-40 吨为 4.4 元/吨；40 吨以上为 6.6 元/吨；工业用水 1.8 元/吨；卖给自来水公司，0.5 元/吨（含水资源费 0.06 元）。根据《海域使用金征收标准》，海域用途、海域等别不同，收费标准也不一样。厦门市将海域用途分为填海造地用海、构筑物用海、围海用海、开放式用海、其他用途用海等五类，海域等别分为三等：思明区、湖里区海域为一等；集美区、海沧区为二等；翔安区和同安区为三等。

3. 交易监管

如果不能及时建立科学有效的监督制约机制，实现对公共资源交易的有效监督，就很可能延展权力寻租空间，导致大规模的腐败。因此交易监督是公共资源管理与配置的重要一环，厦门市在公共资源交易监督领域的工作涉及以下内容。

第一，规定了公共资源交易监管的主体。根据《条例》和《实施细则》的规定，市、区财政部门是厦门市公共资源市场配置工作监管部门，负有监督全市公共资源市场配置工作的重要责任。市、区监察局作为监察部门，依照《中华人民共和国行政监察法》《中华人民共和国行政监察法实施条例》等规定，监督公共资源市场配置监管部门、公共资源管理部门、公共资源市场配置服务机构及其工作人员履行职责情况，调查处理违法违纪行为，对违反《条例》的行为建议给予纠正。市、区审计局作为审计部门，负责公共资源市场配置的审计工作。同时，市财政部门还需负责会同市行业监管部门制定相关配套制度，牵头组建管理评审专家库，统筹协调市行业监管部门间有关事项。

第二，明晰各部门职责分工。公共资源交易实施主体即实施公共资源交易的预算单位负责组织本单位的公共资源交易，并对公共资源交易的结果负有主体责任。公共资源交易实施主体可以根据项目特点和需要，委托公共资源交易代理机构开展交易活动。各预算主管部门则通过建立健全本部门公共资源交易内部监督管理制度和机制，落实部门监管责任。如住房保障、资源规划、机关事务管理、财政、市政园林、交通、城市执法、商务、港口等公共资源交易行业监管部门，按照职责分工，对公共资源交易活动实施具体监督管理，包括制定行业交易监管规则、相关领域交易活动的日常监管以及调查处理相关监管项目的投诉。

第三，规范资源配置流程。作为法定监管部门，市财政局出台了《暂行规则》，从项目委托到结果备案，将配置工作划分为十四个环节，并针对竞价、拍卖、招标等各种配置方式的特点，对配置流程分别进行了规范。同时，通过配置前备案、配置中审查、配置结果备案来监督各个具体项目配置流程，提前介入各公共资源项目市场配置方案的制定，针对配置方案的公开、公平、公正以及招标文件中可能存在的歧视性条款，主动与公共资源管理部门沟通研究。实施事后备案管理，对公共资源项目配置方案进行备案审查，包括土地招拍挂、房产拍卖、废旧资产处置、罚没物资处置、房产出租、出租汽车经营权招标等。此外，市财政局还通过档案管理、统计数据分析等基础性工作，来跟踪、监控公共资源配置动态。

第四，发挥社会力量监控公共资源交易。一方面公共资源配置服务机构必须主动向社会公开配置信息。根据《实施细则》规定，公共资源配置服务机构应通过网络等公众媒体公开发布配置信息。法律法规对公布期有规定的，从其规定；法律法规没有规定的，公布期不少于 20 日。另一方面，公共资源监管部门要回应社会公众的质疑，通过设立监督投诉渠道，主动接受社会公众对公开配置项目的异议、投诉和举报。

4. 收益分配

公共资源收益的分配分为两种方式。[①] 一是国家作为公共资源的所有者出让公共资源的所有权或经营权而从受让者手中获得收益后，再以财政预算的方式进行支出的分配。这是以一种先收后支的方式对公共资源收益进行的分配，具有显性化特征。厦门市出台的《关于推进行政资源和社会公共资源市场化配置改革的工作意见》（厦委办发〔2005〕28号）明确规定：出让行政资源和社会公共资源的特许经营权、使用权、冠名权等取得的收入是政府非税收入的重要组成部分，必须及时足额上缴财政，实行"收支两条线"管理，为取得公共资源收益而发生的经营性成本，纳入部门预算管理。

另外一种公共资源收益分配的方式则更为隐蔽，包括国有资产这类公共资源的定价和在合约期内经济租金在政府和资源受让者之间分配关系的契约规定。此时，公共资源定价的高低直接决定了资源使用者利润水平的高低。公共资源定价过高，导致企业利润水平与激励降低。公共资源定价太低，收益从国家汇入企业，企业利润水平随之提高，则可能存在公共资源收益内部化、部门化等问题。比如，出租车行业管制，随着厦门市人口增加、旅游产业发展等因素带来的对出租车服务需求的稳步上升，出租车行业产生了稳定的经济租金（超过平均利润水平的收益），如果合约中没有对这部分可预期到的增长的经济租金的分配关系做出契约规定，那这部分经济租金就可能被出租车公司以提高收取管理费的方法占为己有，而不是纳入财政，政府规制将无法实现租值社会化。

除了上述方式外，还可以从以下角度考察厦门市公共资源收益分配的现状。一是公共资源收益是如何在不同层级政府之间进行分配的。二是各个部门取得的收益最终会有多少返回到部门中来。按照规定，"收支两条线"管理制度下的各公共资源管理部门应当将收入上缴财政，为取得公共资源收益而发生的经营性成本，纳入部门预算管理。在实践中，许多收益会以专款专用的方式返还到部门中来。如厦门市人防办将地下防空洞进行出租，目前每年收到租金200万元左右，上交市财政，市财政将其中的90%返还给人防办，专款专用。

（四）公共资源管理的方式

如前所述，从理论上看，公共资源管理的方式可以分为政府规制、市场配置及自主治理等方式。然而在实践中，公共资源管理方式并不能用绝对意义上的某一种方式来完全表示，而是结合了政府、市场或自组织等不同配置机制的

[①] 曾力. 公共资源出让收益合理分配机制研究 [J]. 金融经济学研究，2013（6）：108-115.

某种组合方式。如果将公共资源管理整个过程分为统计、规划、经营、监管、维护等不同环节可以进一步发现，在各个环节，政府、市场和自组织三种机制的组合方式也是有着显著不同的。比如，在经营环节，公共资源管理与配置就包括市场竞价、价格规制、交易监管、司法裁决等多种交易治理机制。这也就是说，在交易行为的治理中，市场、政府和自组织之间并不是非此即彼的对立关系，而是相互补充的组合关系。根据交易费用经济学理论，在某项交易活动中，究竟哪种交易治理机制组合更为合理，需要根据交易的属性特征，选择那些能够最小化交易成本的治理机制组合就是最为有效的。总体来看，在推进公共资源市场化配置与管理改革的过程中，市场机制的作用范围在不断扩大，政府治理的方式在持续改善，自组织机制的空间在有序成长。

1. 政府治理机制

政府主要采用制定规划、价格规制、行政审批、税费征收、财政补贴、履约监管、标准制定、信息公开等手段在公共资源配置与管理中发挥作用。

其一，政府在公共资源管理中通过制定规划、行政审批来达成其管理目标。如在停车位资源的管理中，政府管理发挥了重要的作用。首先，由厦门市公安交通管理机关根据《厦门经济特区道路交通安全若干管理规定》《厦门经济特区机动车停车场管理条例》的规定，划定城市道路停车泊位，并报市政府审批。其次，在道路停车泊位划定后，由建设部门按照规划组织建设，并在建设完成后交给特定单位进行管理（湖里区依托国土局来管，思明区依托智能停车管理中心进行管理）。道路停车位资源产生的收益实行收支两条线，相关的收费行为管控主要通过POS机进行，直接进入各区财政局的账户。

其二，政府在公共资源管理中对某些资源采取政府定价的形式以实现公共资源的经济、社会、生态效益的平衡。如前所述，厦门市水资源的定价是由省政府确定的。首先由省物价局、省财政厅、省水利厅按照地表与地下、工业用水、生活用水与第三产业用水等进行分类后制定不同的收费标准，然后再将收费标准呈交省政府，并在省政府审批后成为水资源的价格。

其三，政府通过征税或收费的形式来实现公共资源的管理。环境容量是在人类生存和自然生态系统不致受害的前提下，某一环境所能容纳的污染物的最大负荷量。由于公共环境是典型的公共物品，因此政府对环境容量资源的管理负有不可推卸的职责。英国经济学家庇古最先提出政府可以通过对排污行为征税来弥补私人成本与社会成本之间的差距，这就是所谓的"庇古税"。在我国，庇古税的思想主要以排污费的形式体现出来。1982年国务院发布了《征收排污费暂行办法》，2003年7月开始实施《排污费征收使用管理条例》，2004年3月

《厦门市排放污水收费暂行办法》成文，2008 年 8 月《厦门市人民政府办公厅关于印发厦门市排放污水收费暂行办法的通知》（厦府办〔2004〕78 号）正式下发。厦门市排污费目前由上级政府统一定价，如废气中的二氧化硫和氮氧化物排污费征收标准为 1.2 元/污染当量；污水中的化学需氧量、氨氮和五项主要重金属（铅、汞、铬、镉、类金属砷）污染物排污费征收标准，为 1.4 元/污染当量①。

2. 市场治理机制

市场主要通过主体竞争、价格调节、协商谈判、供求协调、信用评价等方式在公共资源管理与配置中发挥作用。

其一，招拍挂、公开出租等制度形成市场主体竞争机制。招拍挂制度最初用于国有土地使用权出让方面，随后厦门市矿产资源也一律实行招拍挂出让，并根据《矿产资源补偿费征收管理规定》征收一定的资源补偿费。随着公共资源市场化配置改革的深入，招拍挂范围延伸到行政资源及社会公共资源。例如，粮食局通过公共资源交易平台招标进行粮食的收购，在陈化粮出售中则采用了拍卖的方式；海洋与渔业管理局采取招拍挂的方式出让海域使用权；市民政局的广告式路牌、经营性公墓、体育局以及其他部门的闲置办公区域出租、市委宣传部负责的户外广告、广告牌的拆除、艺术家作品、市政园林局管辖的路灯、井盖等道路设施以及交通局所拥有的出租汽车经营权等，都是运用招拍挂的方式来进行配置的。在制度高度完善、操作流程和实施细则科学合理，并有良好的政治、法律环境和人文基础的前提下，实行招拍挂的方式，能够防止和避免腐败行为的产生，有助于提高公共资源利用效率，增强政府对公共资源的管理能力。

其二，市场配置方式离不开价格调节。价格调节在公共资源管理与配置中通过两个方面发挥作用。一是通过价格来影响公共资源的分配。不同的市场主体对公共资源的价格接受程度是不同的，有些市场主体能够接受的价格会明显高于其他主体，公共资源所有者往往会选择出价更高的主体。这样一来，价格就实现了其对公共资源分配的影响作用。以土地使用权为例，厦门市土地使用权采取的是"招拍挂"的形式出让的，不同的企业对于某个地块的价格接受是存在差别的。由于土地使用权的出让遵循的是市场准则，因此出价最高的企业

---

① 国家发展和改革委员会，财政部，环境保护部. 国家发展和改革委员会 财政部 环境保护部关于调整排污费征收标准等有关问题的通知［A/OL］. 国家环保局网，2014-09-01.

才能获得土地使用权。二是通过价格来影响市场主体对公共资源消耗的数量，当价格水平上升时，消费者就倾向减少公共资源的消耗以节省支出；而当价格水平下降时，消费者则会倾向增加公共资源的消耗，以获得更多满足。如前所述，厦门市居民用水实行的就是阶梯定价的方式，由于价格随着消耗量的增加而上升，因此，相较于传统的定价方式，居民用水会更为节约。

其三，协商谈判。协商谈判主要以竞争性谈判为主。竞争性谈判是指招标人直接邀请或以发布招标公告的方式邀请三家以上投标人就招标事宜进行谈判的方式，既可以直接邀请形成有限性竞争招标，也可以发布招标公告形成非限制性竞争招标。由于其既具备类似招标方式激烈竞争的特点，同时较招标方式又更为灵活，因此，一些公共资源采用了竞争性谈判的方式来进行配置。例如，民政局的农村住房统一保险是 2006 年省政府为民办实事的项目，省政府通过竞争性谈判的方式与中国人民财产保险公司达成了合作；2009 年市政府金融办提出的自然灾害公众责任保险，同样是以竞争性谈判方式实现配置的。目前农村住房统一保险是 5.5 元/户/年，自然灾害公众责任保险 0.48 元/人，此外，根据谈判达成的协议，保险公司拿出 5%的保费作为防灾减灾宣传基金①。厦门市人防办也通过公开的竞争性谈判对地下防空洞进行定价出租。在根据等级、权属和资源现状等综合考量后，将其承包给企业或者个人。目前每年收租金 200 万元左右，上交市财政，市财政将其中 90%返还给人防办，专款专用②。

其四，信用评价。信用评价是由专门机构根据规范的指标体系和科学的评估方法，以客观公正的立场，对各类市场的参与者（企业、金融机构和社会组织）及各类金融工具的发行主体履行各类经济承诺的能力及可信任程度进行综合评价，并以一定的符号表示其信用等级的活动，它是建立在定量基础上的定性判断。市场经济愈发达就愈要求诚实守信，愈要求有序的信用交易。信用评价在公共资源市场化配置与管理中发挥着重要作用，通过对市场主体在公共资源利用中的履约情况记录进行考察，对参与市场的主体资质进行信用规定，从而排除不良的市场主体，促使形成规范有序、诚实守信的公共资源配置市场。

3. 自组织机制

长期以来，传统的政府包办模式在公共管理中起着主导作用，因而社会组织在我国比较少受到关注。但随着社会经济的发展，以志愿者组织为代表的公民团体开始蓬勃兴起。在公共资源的管理中，尽管公民自治的深度与广度都还

---

① 注：数据由厦门市民政局提供。
② 注：数据由厦门市人防办提供。

有待加强，但这种情况已经明显增多。

以厦门市同安区芸溪社区为例，芸溪社区在政府的支持下，围绕创建"五型"社区（创业型、学习型、环保型、文化型、情感型社区），积极引导街道辖区内 23 个少数民族居民同驻共建、互相融合。同时还组建了"邻里守望"志愿服务队，建立"三三四"保洁机制，启动社区垃圾分类，不仅有效解决了广场舞噪音扰民的社会问题，还妥善地解决了公共基础设施难维护、垃圾污水处理不到位等公共资源的管理与维护的难题。与此相类似，同安区新民镇以《微法典》为规范的微型"双向自治"社区治理模式改进了传统的社区管理，提高了包括社区公共资源管理在内的公共事务的管理水平①。

（五）公共资源管理的成效

厦门市开始实施公共资源市场化配置改革以来，通过引入市场竞争机制，引导私人企业和社会资本参与公共资源的提供和经营，有效地改变了过去公共资源管理成本高、配置效率低的状况，实现了资源配置优化和公共资源效益的提升，总体上取得了较好的成效。

1. 政府职能逐渐转变

推行公共资源市场化配置后，政府将有限的精力集中在宏观管理方面，从而能够更好地发挥管理者和监督者的作用，增强了政府机关效能，节约了成本，提高了施政能力。如民政局将广告式路牌通过公共资源配置中心进行配置，由中标单位负责路牌的建设、管理与维护，不仅使政府节省了路牌建设、管理与维护的支出，实现了以牌养牌的经济目标，更使政府从建设者、维护者的"工匠角色"中摆脱出来，集中精力进行公共事务的管理监督，提高了政府的管理效率。

2. 资源配置不断优化

一是市场化配置的领域不断扩展。自 2000 年试点以来，公共资源市场化配置范围由最初的土地使用权扩展到海域使用权；从自然资源扩展到行政资源、社会公共资源等多个领域，呈现出多元化发展的态势。二是通过市场化配置的项目不断增多。这与前一项密切联系，随着市场化配置领域的不断扩展，公共资源市场化配置的项目也不断增多。从最初的个别项目增加到 5 大类 27 种公共资源（2013 年配置目录）。三是市场化配置规则不断优化。为适应公共资源市场化配置，解决出现的新问题，厦门市通过出台包括《厦门市市级公共资源市

---

① 同安区"社区治理微型'闭合自控'系统"获评 2014 年度中国社区治理十大创新成果［EB/OL］. 厦门民政局网，2015-04-20.

场配置规则》在内的一系列的政策法规。这些政策的出台优化了市场化配置规则，进一步促进了公共资源市场化配置。四是市场化交易平台不断完善。厦门市于2012年建立起了公共资源配置中心，为除土地矿产、建设工程、政府采购外的公共资源提供了统一的交易平台。与此同时，建立并不断完善公共资源市场配置网，为公共资源的市场化配置提供更加方便、快捷的服务。2021年《厦门市公共资源交易目录》对交易目录种类进行调整与优化，使公共资源配置更符合社会需求。

3. 管理收益显著增加

政府通过市场机制引入竞争，一方面极大地提升了公共资源的配置效率，增加了资源出让的收益，同时降低了政府的管理成本，节约了政府财政支出。以公有房产清查处置工作为例，2008—2009年市清房协调办将接收来的816处（套）处置单位自管房产，合计建筑面积10.05万平方米，通过移交给市公房管理中心作为出租房产，实现月租金收入135.39万元。2016年6月，洪莲北二里840号1-2层非住宅用房通过在公共资源配置中心进行配置，最终以16500元/月的价格成交（前3年的月租金按竞得价缴交，后2年的月租金按竞得价递增15%即为竞得价的115%缴交），成交价超出底价（6810元）近10000元①。

4. 腐败治理卓有成效

为了确保资源配置工作公开、公平、公正进行，市纪委、监察局（监察委员会）建立了工作责任制，将立项督查、专项检查、派员参与重点事项监督相结合，为防治腐败提供了制度和组织保障。在各类资源市场化配置过程中，各级纪检监察机关提前介入，积极开展对招标文件制定、评标委员会组成、招标工作纪律和评委守则制定及开标、评标、定标等过程的监督，做到事先预防、事中监察和事后督查有机结合，对可能出现的问题提出防范措施，对发现的问题及时督促纠正，防止暗箱操作和腐败现象的发生。在土地批租、建设工程等领域，通过加大资源配置市场化的力度，违纪违法案件明显减少。

5. 公共利益得到保障

一方面，行政资源和社会公共资源配置在"市场阳光"下运作，扩大和保障了群众的知情权、监督权和选择权，维护了群众利益，同时还拓展了社会资本的投资领域，为多种所有制经济共同发展提供了一个公开、公平、公正的市场竞争环境，调动了经济主体的积极性、主动性和创造性。另一方面，市政府

---

① 关于洪莲北二里840号1-2层非住宅用房公开招租的竞价结果公示［EB/OL］. 厦门市财政局网，2016-07-05.

把开发利用公共资源所取得的收益用于提高人民生活水平、健全社会保障体系、加快发展医疗卫生事业、加强公共安全保障能力建设，以及道路、城镇供水管网、公共文化和体育设施、城镇污水和垃圾处理设施等公共基础设施建设，使广大市民共享改革与发展成果①。

三、厦门市公共资源管理的问题剖析

尽管厦门市公共资源管理改革取得了相当大的成效，但限于改革内容复杂、改革实践持续时间还较短等因素的影响，厦门市公共资源管理依旧存在不少的问题。具体来说，可以分为以下四个方面。

（一）制度建设方面存在不足

制度建设方面存在的不足主要涉及公共资源管理的政策法规滞后于现实的需求，产权界定不清和市场化配置的激励与约束机制不够健全等方面。

1. 政策法规滞后

厦门市较早制定了公共资源市场化配置改革的地方政策（厦委办发〔2005〕28 号、厦府〔2006〕272 号、厦府〔2013〕298 号），出台了全国首部关于公共资源市场化配置的地方法规（《厦门经济特区公共资源市场配置监管条例》（2011 年 1 月 21 日））。直到 2021 年 6 月，厦门市人民政府出台了《厦门市公共资源交易监管办法》（厦府规〔2021〕2 号），进一步完善公共资源交易的监管法律规定。监管条例前后调整时间跨度较大，10 年间随着经济社会的发展和政府治理的转型，可交易的公共资源的种类和范围在不断地动态变化。法律采取目录管理方式界定公共资源，难以对这种动态变化做出及时反应。同时，公共资源种类繁多，交易属性差异大，为降低交易成本，不同类别的公共资源应适用于不同的交易机制、定价原则，以及汇入财政预算的不同形式。现有法律有关市场化配置管理的规定较为宽泛，尚缺乏更为细化的分类指导。此外，资源管理部门实施公共资源市场化配置的管理行为，必须以本部门和行业的有关资源管理法规政策为依据，其中，很多资源管理法规政策是由中央或省级人大、政府或部门制定的，在市场化配置的实施范围、准入条件、配置方式、价格管理、收益分配等方面的规定已经滞后于社会经济发展，形成了公共资源市场化配置的制度障碍。

---

① 苏晓春．厦门市公共资源配置市场化改革的探索［J］．中国财政，2010（3）：60-61.

2. 产权界定不清

除了有关政策法规滞后以外，产权界定不清也对推进公共资源市场化配置构成了客观制约。首先，部分公共资源（主要是自然资源和公共财政投资形成的社会公共资源）的产权关系在国家、政府部门和资源使用者之间模糊不清，既引起公共资源异化为地方政府、行业主管部门、国有企事业单位或者私人所有的问题，也造成公共资源优化配置难的问题。如，中小学校园体育资源不对外开放使用；交通局房产产权不明晰无人管理；港口、渡船的广告经营权没有纳入港口管理局管理等。其次，受资源形态的动态性、资源使用的外部性、资源分布的空间性等因素影响，部分公共资源在产权的地理边界和权利边界上难以清晰界定，存在权属争议。如，126平方千米的滩涂是划为土地使用权还是海域使用权存在争议；集体所有土地蕴藏的矿产资源使用权和开发权的权利关系与产权归属尚无明晰界定；地下、地上空间资源的开发利用权的地理边界与权利边界的界定等。再次，受政府部门机构改革影响，一些公共资源产权管理存在历史遗留问题。如，水景雕塑和工艺看板由老城管办移交给城市管理行政执法局，存在资产不明的历史遗留问题；早期人防工程部分移交给人防办管理，部分仍由建设单位管理。

3. 激励约束机制不健全

推进公共资源市场化配置改革，必须从外部压力与内在动力两方面建立起有效的激励约束机制。厦门市目前已经从资金管理、行政监督、监察问责等方面加强了制度建设，初步形成用制度规范从政行为、按制度办事、靠制度管人的机制。然而，已有机制在提高各部门的主观能动性和强化对各部门的外在监管方面还存在很多不足，尚无法对各部门主动推进市场化配置改革形成有力的激励约束作用。

其一，公共资源市场化配置收支管理制度仍有待完善。虽然厦门市公共资源配置收入已实行收支两条线管理，将为取得收益发生的成本纳入部门预算管理，这有效地防止了公共资源收益的部门化和福利化，但是，在规范收入使用管理和强化收支预决算管理方面仍有很大完善空间。一是不少公共资源收入的使用安排缺乏详细规定。公共资源市场化配置取得的收入主要能够用于哪些方面目前有关法规政策不明确。二是公共资源收支预决算管理制度尚未完全建立。国有土地出让收支预决算管理制度已初步建立，其他很多公共资源收入和支出管理尚未纳入预决算管理。地方人大对公共资源收支预决算的监督管理仍较为缺乏。三是公共资源市场配置收支信息公开制度尚未建立。这些都不利于约束各部门资源收入支出行为，也无法让公众从内心认同、支持和监督政府的公共资源经营行为。

其二，公共资源市场化配置的监督管理和奖惩机制有待加强。虽然厦门市已经初步建立起由财政、审计、监察等部门负责的公共资源市场化配置监督管理框架，实现了交易、服务和监管的分离，但是，在资源管理碎片化和信息不对称的客观约束下，尚难以有效发挥监管职能，仍需要在绩效考评、资源资产审计、责任追究等制度设计上不断加以改进。一是政府绩效管理对公共资源市场化配置实施情况的考评仍需进一步加强。目前绩效管理较多地关注资源管理部门是否按目录规定开展市场化配置，而对在市场化配置方面采取的改革创新和公共资源收入支出管理缺乏重视。二是公共资源资产审计制度仍有待加强。目前经济责任审计和领导干部离任审计对公共资源资产重视不够。尚需根据公共资源资产属性和经营运行规律，将公共资源资产管理中的政策及执行、资金、资源开发保护、资源利用、资源收益分配等要素全面纳入公共资源资产责任审计。三是公共资源管理责任追究制度有待细化和强化。对在绩效考评、责任审计以及其他监管管理中发现的公共资源市场化配置改革履职不到位、领导干部违规干预和插手公共资源交易活动、造成公共资源收益严重流失、公共资源过度损耗以及生态环境严重受损等影响的，已有法规尚缺乏明晰的责任认定和严格的责任追究规定。

（二）主体建设方面有待改进

公共资源管理的主体包括各级政府，特别是市区两级政府及其所属部门，主体建设的好坏与公共资源管理和配置的优劣有着紧密的联系，厦门市公共资源管理与配置主体建设存在的问题可以归为以下三点。

1. 管理主体对公共资源市场化配置认识还不足

长期以来，公共资源配置都采取政府部门指令性行政配置方式，既易导致公共资源收益的部门化甚至个人化，也易引起公共资源的低效利用或者过度使用。在推进公共资源市场化配置改革的过程中，部分管理部门或囿于部门私利，或源于对公共资源市场化配置缺乏正确理解，对应纳入市场化配置范围的公共资源仍采取无偿使用或行政配置方式，对具有潜在市场价值的公共资源缺乏市场化配置理念。如，港口局部分资源被视为公益性的而不是公共资源来管理；文广新局未充分发挥文物的潜在价值来满足文物维护的资金需求；市政园林局在垃圾处理管理方面未发挥生活垃圾的资源化再生利用功能；公安交通主管部门未认识到车牌资源的稀缺性价值；"拥堵费""车辆限牌"等"道路通行权"尚未作为一种市场化交易和配置的行政许可类公共资源引入交通规制管理中。

2. 存在私利与公益、短期与长期之间的目标冲突

公共资源管理归根到底要实现自然资源和社会公共资源的保护性开发与可持续利用，促进政府公共服务供给的提质与增效。然而，当前公共资源配置管理主体在价值取向上仍或多或少地存在着重视地方利益、部门利益乃至私人利益而轻视国家利益和社会公共利益，重视短期经济利益而轻视长远社会效益的问题。

其一，部分公共资源管理不是着眼于公共资源的有效利用与社会福利的增进，而是出于地方政府或管理部门的私利或者管理的方便。如，为确保及时清退收回临时利用的政府储备用地，并保障各类建设项目用地的需要，市政府规定储备用地经营性临时利用一律不再新增出租，已经租赁的项目原则上期满收回；对于流动商贩经营占道、违章停车等突出问题，政府较少从社会福利增进角度系统思考如何改善政府公共服务，而是依靠城管执法部门和公安交警部门以罚代管。

其二，部分公共资源管理存在管制俘获或政企合谋的风险。与行政配置相比，招标、拍卖、挂牌或其他公开竞争方式，对于降低政府对资源交易活动的行政干预，减少权力寻租和滋生腐败，具有显著作用。然而，在公共资源市场化配置改革实践操作中，资源管理部门申报市场化配置目录、编制公共资源配置方案和实施公共资源市场配置仍受到长官意志的显著影响，存在借市场配置外衣行领导意志之实的权力寻租或政企合谋的风险，比如，市场准入资格的量身定做；采取协议出让、非竞争性谈判等竞争性程度和公开性程度低的配置方式。

其三，公共资源管理缺乏整体性和长远性谋划，更多重视短期利益。受公共资源管理的本位主义和政府官员有限任期等因素影响，管理部门在行使公共权力时局限于狭隘的、一时的地方利益或部门利益，较少从整体性和长远性角度考虑，有时甚至为获得短期的经济利益，而对环境利益和社会效益产生不利影响。如，地下空间资源的开发利用缺乏整体性和长远性的规划引导；海域海水资源、石材矿山资源等自然资源利用许可管理对长远生态环境的影响重视不够。

3. 存在职能交叉、条块分割与权责利界定不清状况

一是部分公共资源管理的权力集中在中央和省级政府，地方缺乏必要的自主权。如：在港口岸线的审批方面，3000米以下由福建省政府审批，3000米-10000米长的港口岸线则需国家相关部门进行审批；在排污权的出让和排污费的征收方面，"四项指标"由福建省在"海交所"统一挂牌交易，全省统筹，排

污费的征收也由全省统一定价管理，厦门市环保局提高排污费的申请遭到省政府的拒绝；土地非农开发和矿产资源开发的许可权力也主要在省级和中央政府。

二是市级管理部门职责交叉普遍，导致部分无利可图的公共资源"应管未管"，而另一些有利可图的资源却是各个部门"争着管"。如，码头收费存在三个部门共同收缴的问题，港口部门收取海岸使用费，国土部门收取土地出让金，海洋局收取海域使用金；公共停车场管理涉及建设、规划、公安交通等主管部门以及国土房产、市政、人防等有关部门；地热资源涉及矿产资源和水资源，存在国土局征收矿产资源补偿费和水利局征收水资源费的重复收费问题；海域管理在国土部门和渔业海洋部门之间存在职能交叉；利用绿地、广场、公园等地下空间建设公共停车场涉及规划、建设、国土、市政、人防等部门。

三是市级管理部门与区级政府之间在公共资源管理上存在条块分割管理下的碎片化和受托管理引起的权责利不清问题。比如从目前来看从管理责任归属看，分散在街区的公共资源主要是小区的道路停车场，这部分公共资源默认由街道管辖，收取一定的费用。有些公共资源采取各区属地管理的原则，与市职能部门之间形成条块分割管理下的碎片化问题。如，在垃圾处理管理方面，生活垃圾的收集和运输、道路清扫保洁都属于各区属地管理，市政园林局负责生活垃圾的大型转运、压缩、末端处置监管，存在监管难的问题。有些公共资源采取区政府的受托管理模式，存在权责利不一致问题。如，城市道路停车泊位在公安交通管理部门审批、施划后由各区管理，湖里区依托国土局来管，思明区依托智能停车管理中心管理；在公房管理方面，思明区范围内的直管公房按照"市财政局负责资产管理、市国土房产局负责产权管理、思明区政府负责经营使用权监管"的模式，由思明区属企业厦门市旧城保护开发公司经营管理；由于存在权责利不一致的问题，市人防办将委托思明区管理的平战结合人防工程逐步收回。

四是政府部门与经营管理者之间有关权利和义务关系的契约存在不完备之处。尽管政府部门与经营管理者签订的合同对交易双方的权利、义务都做了事先详细规定，但是由于合约的不完备性和未来的不确定性，合约中记载着的权利或义务内容总或多或少地存在着挂漏之处，这会激励双方的各种机会主义行为。如，建设部门反映，道路停车设置由公安交警部门审批、建设部门建设完后，停车场由国企建设完成后，由企业进行经营管理，面临着三方面的问题：一是停车者交了停车费后不拿票，导致停车收费存在管理者自己收取后不上交的情况；二是停车位管理企业绩效激励问题；三是道路停车位有时会因为交通管理的限制停车而被取消，被取消的停车位如何进行补偿。

五是政府部门与国有企业、事业单位之间有关公共资源市场化配置管理的权责利关系尚需清晰界定。长期以来受政企不分、政事不分的管理体制的影响，一些公共财政投资形成的社会性公共资源通常采取行政审批方式由国有企业或事业单位作为产权代理主体行使使用权和经营管理权。在推进市场化配置改革进程中，这部分资源面临着如何按照政企分开、政事分开和管办分离的原则，厘清各方权责利关系的问题。如，教育部门反映，使用校园运动场所、体育设施的开发面临着谁来管理的难题。

（三）公共资源管理流程尚待优化

公共资源管理过程包括统计、规划、经营、监管、维护等环节，这些环节之间相互衔接，构成系统。从过程管理来看，公共资源管理存在着重中间而轻两端、静态有余而动态不足、环节割裂突出而系统衔接欠缺的问题。

1. 对统计、规划和监管、维护两端管理重视不够

公共资源管理要能实现经济社会效益的最大化，必须以科学的统计、规划和有效的监管、维护为基础。目前，很多公共资源既存在着家底不清（包括数量、空间分布、利用状况、产权归属）的问题，也缺乏对社会真实有效需求的翔实调查。同时，未来一段时间内可进入市场进行配置的增量公共资源也缺乏前瞻性、长远性和整体性的开发利用规划，不利于统筹当期与长远利益，兼顾经济利益、社会效益与居民福利。作为资源所有者和公共管理者，政府在享有资源权益租金权利的同时，也应承担维持资源可持续性的责任。然而，大量存在的公共资源不当开发利用行为表明政府对市场经营主体的履约监管存在很大不足，既造成了资源资产的过度损耗和生态环境的长久损害，也加大了社会收入分配的不平等程度。

2. 管理思维较为静态固化，发展的动态的适应性管理理念相对不足

当前厦门市正处于城市经济社会快速发展的转型期，各类资源开发利用面临的经济、社会和科技环境都正在发生快速变化。有些资源开发利用，如土地、矿产、海域等有限自然资源，正面临越来越大的资源环境约束。一些市场竞争规制许可类公共资源，如出租车牌照，随着不断增长的日益多样性的需求和快速变革的技术进步，正面临着放松规制的规制转型压力。相反，环境和社会规制性许可类公共资源，则面临着加强规制和转变规制方式的变革压力。同时，随着城市基础设施和公共服务供给的增加，依托于公共资产的附属公共资源开发潜力会越来越大。受制于路径依赖、思维惯性和既得利益等因素的影响，目前公共资源管理过程尚不能对经济、社会和科技环境的快速变化所带来的挑战、压力与机会做出敏感反应和及时调整适应。

3. 缺乏密切的前后衔接与配合，呈现出较为突出的环节割裂特征

在公共资源管理全过程中，统计是基础，规划是龙头，经营是核心，监管是关键，维护是保障，各个环节相互影响，构成系统。这必然要求各环节的管理主体能以系统性思维加强衔接与配合，而不是相互拆台或掣肘。然而，受管理主体之间权责利不清、协调配合机制缺乏、管理方式粗放等因素影响，公共资源管理呈现出环节割裂下的碎片化管理特征。如，监管环节的市场主体履约信息与交易环节的市场主体资质审查不能有效衔接；规划或交易环节的规制管理不能对市场主体经营收益和资源社会利用效益的动态信息做出反应；各个环节的信息难以整合形成覆盖全过程、及时反映公共资源现状的动态管理信息系统。

（四）公共资源管理基础机制存在不足

如前文所述，厦门市公共资源市场化配置已经较为成熟和规范，在国内处于领先水平。但是，仍然存在着市场化配置程度有待提高、信息公开制度有待完善、平台建设有待加强、公共资源交易平台场所有待扩容完善等方面的问题。

1. 市场化配置程度有待提高

一是在厦门市委市政府 2005 年底出台公共资源市场化配置的文件后，部分已列入目录应当市场化配置的公共资源配置仍采取行政审批、计划分配的政府配置方式，如：建筑意外伤害保险还没有在公共资源交易平台进行招投标；图书馆将闲置场地拿给企业办展览，未走公共资源配置程序；地热资源矿权未采取招拍挂方式而是协议出让方式授予土总下属的地热公司。二是一些虽未列入目录但能够采取市场化配置的公共资源未探索实施市场化配置，如：经营性用海、经营性基础设施和社会事业建设用地尚未纳入市场配置范围；"拥堵费""车辆限牌"等"道路通行权"尚未作为一种市场化交易和配置的行政许可类公共资源引入交通规制管理中。三是一些暂时不用的公共资源未采取临时出租等方式发挥资源效益和效率。如：交通局闲置房产、粮食局储备粮库闲置库容、学校公共假期体育资源闲置、土总储备用地闲置、建设局未分配出去的保障房等。四是部分公共资源虽然按目录规定采取了市场配置方式，但是存在程序不规范、定向招投标、价格规制不合理等问题。如：水景雕塑和工艺看板虽通过招标方式外包给企业，但是没有通过公共资源配置中心进行配置。对于一些可以明确具体价格的公共资源，在实行市场配置前，管理部门对定价理论知之甚少，更多依靠领导意志而不是专业评估确定配置底价。对于一些涉及政府定价或政府指导价的资源配置项目，政府定价形式单一，缺乏科学调价机制，不能全面反映资源价值。如：水资源费、排污费不能很好反映资源稀缺程度和环境

损害成本，水价、电价等资源性产品价格规制存在过度管制。

2. 信息公开制度有待完善

一是目前资源管理部门和配置服务机构虽已基本能做好市场配置前的资源配置信息的发布，但是对市场主体资格审查结果等信息仍缺乏公开。二是公共资源处置项目信息公开较为局限，仅在相关政务网站信息公示，有效公告时期内未能广而告之，应当多渠道并进，增强各级政务网站周期滚动公示频度，并按照项目特点主动推送相关领域的企事业单位和社团个人，增加信息公开的有效针对性。三是不论是市场配置，还是政府配置，配置前信息公布及配置后配置结果公示均有待改进。由于公共资源主管部门不同，各个配置项目的配置信息公布情况也不统一。有些部门主管的项目信息披露全面，透明度较高；有些则只公布基本信息，其他信息披露使用统一模板，形同虚设。四是公共资源配置后的履约信息尚未作为市场主体信用信息纳入统一的社会信用信息平台并对外公开。应当健全公共资源项目事后绩效管理体系，并纳入信用信息平台，形成完整的闭环监督管理。

3. 统一交易平台建设有待加强

厦门市公共资源配置虽然已逐步建立起全市规范统一的共享共用公共资源交易平台，一改原来公共资源交易服务和监督管理的碎片化的情况，一定程度上降低了公共资源配置的监管成本和市场主体交易成本。但事实上，各类公共资源项目仍然需要按照类别和产权归属在分散设立的土地矿产资源交易市场、建设工程交易中心、政府采购平台以及市和各区公共资源配置中心等各类不同的交易电子平台进行交易，审核和监管主体并未发生实质变化。除了一些需要进入平台交易的项目外，其他各类项目则由主管部门视情况自主报名，造成交易平台使用的有效性被降低的局面，可以采取定期完善公共资源目录并进行公示，并设置专家建议和公众参与入场配置的公共资源流程，最大化减少资源配置空白区域并提高公众监督参与效率。同时，公共资源交易平台系统更新有必要周期性征求专家公众意见，动态化更新系统逻辑流程；平台业务功能升级更新纳入年度绩效指标，并将采取政府组织与民众意见相结合的绩效评判方式。平台监督主体在依托平台整合牵头部门和相关行业行政监督部门的基础上，应进一步加大各类市场主体监督和社会公众监督。进一步完善平台自身对存在的服务质量、违法违规行为及潜在的垄断行为的社会监督、反馈、举报投诉的流程和操作界面。各类交易平台电子系统的建设和改造升级尚在逐步完善过程中，维护电子系统升级改造需要投入更高质量的技术支持。

4. 公共资源交易平台场所有待扩容完善

公共资源交易场所设置遵循集约利用、因地制宜原则。但不能将"平台"概念等同于"公共资源交易中心",将"应当进入平台交易"理解为"应当进入交易中心交易",如,在财政预算执行旺季和预算收官期,存在交易量大、项目排队等候公共交易中心开评标场室的现象。有必要调整对公共资源交易平台场所的界定,明确场所必备的服务和办公设施与电子软硬件设备,鼓励现有的招投标代理机构完善已有的开评标室,由此完善和统一公共资源交易平台场所的设施标准和服务标准,公共交易平台可以不限于一个场所,形成交易中心为主、符合条件的其他场所为辅的高效运行模式。避免项目扎堆排队等候的窘境。公共资源交易平台的牵头整合部门加强对其他场所按照统一的标准要求开展监督和指导。

公共资源管理与配置优化客观上需要一定的行政成本与运作成本,行政成本包括公共资源管理与配置过程所产生的人员成本、办公成本、公务成本等方面,运作成本涉及交易平台建设、运行、监管所耗费的财力、物力。虽然公共资源管理与配置优化过程中需要一定的财政投入,但是在市场化配置中有利于公共资源实现最大化的经济效益和社会效益,其收益本身作为财政非税收入,能进一步为公共资源管理与配置提供基础的财力保障。有学者通过分析 2012—2014 年福建省 9 个地市的区域经济综合发展水平,考察不同类型的公共资源投入变化对区域经济综合发展水平的影响程度,评价九地市现有公共资源支出效率①。在其研究中,厦门市经济综合发展水平与公共资源支出效率较高,处于全省前列。因此,厦门市公共资源管理在形成自身经验模式的同时,可发挥积极的示范效应和扩散效应,不断推动与不同发展程度的城市之间的合作与交流,在城市圈建设和自贸区建设过程中先试先行,主动发力,再逐步推广带动,以此促进城市经济社会的升级转型和综合发展水平的提高,为区域公共资源治理合作共赢、共建共享发挥更大作用。

---

① 林晓健. 公共资源与区域经济综合发展水平的关系研究——基于福建省 9 个地市的数据分析 [J]. 学术论坛, 2016, 39 (11): 74-79.

第六章

公共资源管理的优化路径

公共资源管理和公共财政管理具有相同的公共受托责任契约结构，公共资源的处置收益是公共财政的重大财源。公共资源管理应该在合规性、稳健性受托责任目标下，通过一系列机制设计和制度安排纳入公共财政管理。为了降低受托方在公共资源管理过程中的交易成本，在合理界定公共资产权归属的基础上，应授权财政管理部门对公共资源市场化配置目录实施动态更新。财政管理部门应依据所承担的受托责任，对公共资源进行科学、合理的目录分类，并保障其公平合理的交易。本章在厘清公共资源产权制度和收益共享机制的基础上，阐明动态调整公共资源管理目录，建立统一的公共资源交易平台，推动规制、激励和综合配套改革以及如何运用科技为公共资源管理赋能。

一、完善公共资源产权制度

公共资源进入市场，首先面临的问题是包括产权界定、产权交易在内的公共产权制度安排。产权不仅包括所有权，还包括"使用权、出借权、转让权、用尽权、消费权和其他与财产有关的权利"[1]，产权中所包含的各项权利可分解、可分属于不同的市场主体，也可以形成不同的产权主体。构建公共资源收益共享机制需要现代化的公共资源产权制度，公共产权制度安排是公共资源收益共享的基础性制度安排，是公共资源收益共享的前置条件。对于公共资源的管理，首先要从公共资源产权制度的构建开始。

完善公共资源产权制度，让公共资源收益真正惠及全体人民，实现社会主义公平正义。如果说公共资源的市场化配置是为了解决效率的问题，那么建构公共产权制度就是为了解决公平的问题。公共产权制度是"社会主义"与"市场经济"有机联系的纽带，通过公共产权改革，可以使庞大的公共资源化为促进社会平等的力量，而不是相反——成为贫富差距扩大的加速器。[2] 在过去，由

---

① 沃克. 牛津法律大辞典 [M]. 李双元，译，北京：光明日报出版社，1988：729.

② 刘尚希，吉富星. 公共产权制度：公共资源收益全民共享的基本条件 [J]. 中共中央党校学报，2014，18（5）：68-74.

于公共产权制度的缺位，公共资源的大量收益被一些部门、企业或利益共同体打着市场化、招商引资、企业改制等各种旗号攫取，让本应属于全体人民的公共资源财富被装进了私人的腰包，滋生了大量的腐败和不公。因此，必须完善我国的公共资源的产权制度，真正让公共资源的收益为全体人民所共享。正如十八届三中全会所提出的，"健全自然资源资产产权制度和用途管制制度，对水流、森林、山岭、草原、荒地、滩涂等自然生态空间进行统一确权登记，形成归属清晰、权责明确、监管有效的自然资源资产产权制度"，并动态地将产权制度拓展至所有具有公共资源属性的资源，才能保证公共资源的公共性，让公共资源的收益更多更公平地惠及全体人民。

"权利的清晰界定是市场交易的基本前提"，① 公共资源进入市场交易的前提是清晰界定产权。在市场经济中，任何要素的交易都以产权的界定与明晰为前提。公共资源明晰产权，就是明确划分公共资源包括所有权在内的各项权能及其所代表的权利和责任，不仅要明晰公共资源的所有权，更要明晰使用权、收益权、处分权等权利，并在中央政府和地方政府间合理分配。我国长期以来资源要素市场的各种混乱现象，就是因为我国公共资源产权界定不清，权责不明，给了一些利益团体可乘之机，这些利益团体将公共资源的使用权和收益权变为己有，将公共利益变为私人利益。因此，必须要界定、明晰公共资源的产权，建立公共产权制度，这样才能降低交易费用，发挥市场在资源配置中的决定性作用，提升市场效率。

在现代经济中，使用权和收益权愈发重要。我国的公共资源的所有权属于国家，但其使用权、收益权却可以分属于不同的主体，这也是公共资源交易的核心环节。例如，矿产资源的所有权属于国家，但其使用和收益的权利却可以通过公开竞标的方式交易出去，为此，应该"深化有偿使用制度改革，健全全民所有自然资源资产收益管理制度"②。土地资源也是同理，土地属于国家，但是地方政府却有处置土地的权力，当前的土地产权制度让地方政府垄断了土地交易的一级市场，③ 让土地资源成为地方政府的生财之道④，是导致我国房价高

---

① COASE R H. The federal communications commission［J］. The Journal of Law & Economics，1959（2）：1-40.

② 国务院关于2020年度国有自然资源资产管理情况的专项报告——2021年10月21日在第十三届全国人民代表大会常务委员会第三十一次会议上［EB/OL］. 中国人大网，2021-10-21.

③ 郭峰. 土地资本化和中国地区金融扩张［J］. 财经研究，2015，41（8）：4-18.

④ 闫坤，徐鹏庆. 分税制、财政困境与地方政府转型［J］. 改革，2015（12）：61-69.

企的一个重要原因。

特别值得关注的是新兴公共资源的产权问题。大数据资源就是一个典型的例子。近年来，随着互联网的快速发展，人们在社交网络、生产制造、物流交通、电子商务、医疗健康等各领域产生了大量的数据，逐渐形成了大数据这一特殊的战略资源。作为一种资源，就不能忽视其产权问题。大数据的产权问题包括拥有、转让、接收和使用大数据权利的界定与让渡机制、大数据分析产生知识及生产效益的享有和分配等。① 那么，谁应该享有这些大数据资源的所有权、使用权和收益权？哪些大数据资源应该由社会公众共享？如何有效地管理共享的大数据资源？② 学者们对此形成了不同的观点，一部分学者认为，从本质上来讲，大数据是一种公共资源。③ 这就延伸出了一个公共资源和私人边界的问题。即如果把大数据看作公共资源的话，那么，作为大数据因子的个人信息与作为大数据的公共资源之间的边界事实上很难区分清楚。④ 这即是说，大数据是由无数个个体的个人信息所组成的，那么，哪些部分的信息属于个体哪些部分属于公共资源实际上是很模糊的。此外，不同于其他的公共资源，大数据作为一种公共资源，还涉及公共资源利用的边界问题、个人隐私、商业机密和国家安全等⑤，数据的天然公共属性使得数据确权和数据治理同等重要⑥，需要特别关注数据确权和数据隐私保护等问题。而如果不将大数据资源视为公共资源，那么如何界定掌握在商业公司或私营机构的大数据的资源属性，这些明显带有公共性质的大数据会不会成为私人部门牟利的私有财产从而损害公共利益？也有学者认为，大数据既具有私权属性，也有公共物品属性。数据确权需要合理平衡数据开发利用中的私人利益与公共利益。⑦ 从这个维度上来说，数据既具有私人利益，也涉及公共利益，数据确权重要的是在将使用权、收益权等各项权

---

① 徐宗本，冯芷艳，郭迅华，等．大数据驱动的管理与决策前沿课题［J］．管理世界，2014（11）：158-163.
② 杨善林，周开乐．大数据中的管理问题：基于大数据的资源观［J］．管理科学学报，2015，18（5）：1-8.
③ 李传军，李怀阳．大数据技术在社会治理中的价值定位——以网络民主为例［J］．电子政务，2015（5）：10-17.
④ 王锋．私密还是透明：智慧社会的隐私困境及其治理［J］．行政论坛，2021，28（1）：98-104.
⑤ 戴香智，马俊达．大数据时代下的社会治理创新：概念、关系与路径［J］．中国科技论坛，2016（10）：39-44，52.
⑥ 王思轩．区块链技术对支付结算的挑战与对策——以"技术治理"为视角［J］．现代经济探讨，2020（1）：93-100.
⑦ 唐要家．数据产权的经济分析［J］．社会科学辑刊，2021（1）：98-106，209.

利在消费者和使用者之间分配，以最大限度地维护个人隐私的同时实现公共利益。

总之，公共数据资源是大数据时代最重要的战略性资源，数据确权是市场经济时代数据作为资源、资产和生产要素的必然工作，中共中央、国务院明确要求对于数据资源要"研究根据数据性质完善产权性质"[1]，"十四五"规划纲要明确提出要"建立健全数据要素市场规则""加快建立数据资源产权、交易流通、跨境传输和安全保护等基础制度和标准规范"等。数据确权应该采取"情景依存的有限产权"，合理平衡隐私保护和数据开放共享、私人利益与公共利益的关系，在以维护多元利益和平衡多维目标的基础上实现数据要素的最大化开发利用。[2] 对于公共数据资源，需要通过一系列的制度安排做好这一数字时代的基础性战略公共资源的确权和管理工作，建立起规范数据市场交易秩序的数据产权制度，以更好地开发利用公共数据资源，推动数字经济高质量安全发展。

二、建构公共资源收益共享机制

如前所述，公共资源是指由政府机构、事业单位、国有企业及其他被授权组织所占有、支配、管理的公有性、公益性资源或者尚不具备排他性和专用性，需要转化为具有排他性和专用性的个人或者集体资源时，应该按照公平、公开、公正的市场化机制给予配置的资源。由于资源具有潜在性特征，在公共利益导向下，政府以社会代理人的角色行使公共管理职能，随着社会经济的发展变化，获得授权的公共资源的形态和数量会产生发展变化。当前公共资源主要包括自然性资源、行政性资源与资产性资源等类别。

由于公共资源具有的潜在性特征，纳入市场化配置的可交易性公共资源需要通过管理部门征集、制定相应的指导目录，督促相应的职能部门把其所管辖的公共资源按照市场化配置规则进场交易。在公共资源管理实践过程中，以年度目录更新的方式需要每年花费大量的时间和精力进行目录调研，其过程中各管理部门和各职能部门之间存在信息不对称将产生讨价还价成本和扯皮冲突。究其原因，还在于当前实践层面上和理论层面上缺乏公共资源概念的合理界定，导致相应的管理部门在公共资源目录制定中缺乏充分的理据支撑。公共资源管理优化配置的一个前提条件，就是对公共资源的概念进行合理、清晰的界定，

---

① 中共中央国务院关于构建更加完善的要素市场化配置体制机制的意见［N］. 人民日报，2020-04-10（1）.

② 唐要家. 数据产权的经济分析［J］. 社会科学辑刊，2021（1）：98-106，209.

在此基础上授权相应的管理部门依据概念阐述和专业判断，对公共资源目录进行实时动态更新，降低管理过程的交易费用、部门扯皮和第三方法律纠纷。那么，什么样的职能部门应该被赋予按照公共资源概念和专业判断的机制对公共资源交易目录实施更新的权利呢？财政管理部门应被赋予这样的权力职责，因为公共资源和公共财政具有相同的公共受托责任。

（一）公共资源收益共享机制是公共财政的拓展

我国是社会主义国家，政府以国家和社会代理人的角色拥有庞大的公共资源，这些公共资源在成为公共服务领域、生产领域或者私人消费领域的基本要素的过程中产生巨大的公共资源处置和经营收益。快速增长的公共资源处置收益亟待建立反哺公共利益的收益分享机制，确保政府以公共利益占有公共资源的正当性、合法性。

由于公共资源在社会生产和生活中发挥着越来越重要的作用，在人口和经济快速增长的条件下，通过市场机制配置的公共资源会产生极高的收益（权益租金和经济租金），当然，有一些公共资源不经过市场机制直接进入公共服务领域，例如学校土地、公园、公立养老院的土地以政府划拨的形式取得。党的十八大提出"建立公共资源出让收益合理共享机制"。从根本上说，建立公共资源出让收益合理共享机制，本质上是设定公共资源收益反哺财政，纳入公共财政大循环的制度设计。

公共资源处置或者运营收益纳入公共财政，和以税收为主体的公共财政没有本质的差别。根据西方的公共经济学理论，汲取税收建立的公共财政，源于市场经济活动中广泛的外部性。在一个快速增长的社会经济中，通过市场经济释放公共资源进入生产和生活领域，也会产生一定的外部性。公共资源普遍通过公开竞价的方式获取，通常由最高者获取要素资源的使用权或者所有权，这本身增加了社会不平等程度。最明显的是土地交易中的招拍挂制度，这种制度虽然能够让公共资源收益尽入政府财库，但是政府收入的仅仅是权益租金（权益所有者一次性出让产权所产生的收益），其后由于人口和社会经济发展和改善产生的经济租金，却难以进入政府财库。其结果是收入分配结果更为不平等，居住成本高昂产生了相对贫困阶层，而这部分人公共财政需要承担责任。

一个典型的例子就是我国的一些沿海发达城市，土地要素在释放进入市场的过程中，政府虽然收入了权益租金，但高速的人口和经济增长同时还使房地产行业收获巨大的经济租金；另一方面却是高昂的房价，普通劳动者逐渐沦为弱势群体，贫富差距加剧可能成为社会不稳定因素。公共资源交易和释放过程产生的负的外部性，反而成为公共财政的责任，从这个角度来讲，公共资源的交易和运营制度设计，必须和公共财政通盘考虑。

经济租金是公共资源进入市场领域，成为社会生产和生活要素之后应该享有的剩余索取，对外部性缺乏预见，可能使政府忽视了对经济租金的剩余索取，用于弥补外部性。对于大多数西方国家来说，土地等自然资源的私有化比例比较高，在漫长的公共资源的市场化配置过程中，这些国家的公共资源权益租金基本释放消耗，依靠存量增长带来的经济租金，成为政府提供公共服务的主要收入来源，例如地方政府的不动产税维持了地方政府大部分的教育支出。但是，对于我国来说，土地所有权属于国家，土地使用权交易采取一次性出让金的制度。这种一次性出让的方法为城市发展获取了大量发展资金，但也使得公共服务难以依靠存量经济租金的发展。

总之，需要建立公共资源处置收益的全民共享机制，但这种全民共享不能简单地理解为国民普遍获得分红，而应该是对公共资源管理运营过程中产生的外部性进行矫正，是一个公共资源处置收益纳入公共财政的过程，是公共财政的拓展。

（二）公共资源处置收益纳入公共财政的框架设计

国家预算是现代公共财政成熟的治理体系，目前我国的公共财政已经归集了一般税收收入预算、国有资本经营预算、社会保险预算，这些预算彼此之间相对独立但又相互关联。如国有资本经营预算除了保持国有企业持续经营发展之外，还需要把每年的利润划出一部分充实一般预算收入；社会保险强调收支自求平衡，社会保险征缴收入专款专用，不能用于一般预算支出，但是如果社会保险出现收支失衡，一般预算收入需要给予补助。

专栏 6-1：公共财政中的公共资源及其受托责任

受托责任是一种普遍的经济关系，也是一种普遍的、动态的社会契约关系。一方是委托人；另一方是受托人或代理人。委托人将资财的经营管理权授予受托人，受托人接受托付后即应承担所托付的责任，这种责任就是受托责任。

现代企业制度中，受托责任的发展与公司制和现代产权理论的发展休戚相关，随着所有权和经营权的分离，资源的所有者和经营者相分离，受托方承担合理、有效地管理与应用受托资源，使其尽可能地能够保值增值。受托方有义务及时、完整地向委托方报告其受托资源管理的情况，现代企业制度主要通过会计和财务报告制度的披露来解脱受托经济责任。

20 世纪 80 年代以来，在新公共管理和政府治理的变革潮流推动下，发达国家公共财政管理突破传统的合规性受托责任（即资金使用符合立法机关的预算授权），更关注预算的绩效和结果以及长期财政的可持续性，迫使政府会计层面上借鉴了企业会计和财务报告制度，一些发达国家实施了权责发生制和政府综合财务报告制度改革。政府财务报告突破了原来传统的预算报告，更专注政府运行的成本和绩效及长期财政可持续性。在这种政府治理变革驱使下，公共财政受托责任包含了合规性、绩效和财政稳健等多元取向。

在我国，地方政府和国企占有大量的自然资源和社会资源，公共财政中的公共资源处置收益和国有企业经营性收益已经占相当大比例，和税收资源相比，公共资源（由于其分散性、存量有限）处置收益面临的可持续性问题，已经开始构成地方政府长期财政稳健的挑战。另外，公共资源的合规性受托责任主要考虑资源市场化配置过程中的公平、公开、公正原则。就此而言，公共资源的受托责任基本上和一般财政预算受托责任一致，需要考虑资源处置交易的合规性和财政稳健受托责任。

当考虑公共资源纳入公共财政之后，这一体系将更为完善，把公共资源纳入公共财政，不仅有助于解决公共资源租金释放过程产生的外部性问题，更符合公共经济学原则；同时也使得公共财政能够阐述更完整的受托责任。公共资源和一般税收资源的不同之处在于，税收资源可循环再生，年度预算资源消耗完之后，第二年再重新制定预算，而公共资源，尤其是自然资源需要考虑可持续问题。

公共资源纳入公共财政之后，具有权利和义务的两面性。一方面是公共资源处置收益对公共财政的贡献，另一方面是政府负有维持资源可持续性的责任和义务，尤其是政府对森林、湖泊、河流等自然生态资源负有维护、修复的义务，需要公共财政的投入。我国经历了三十多年高速经济增长，但以高投入、高消耗维持的经济增长面临着转型，没有考虑资源消耗、资源成本和资源负债的国家预算是并不完整的，对全面评价政府绩效和受托责任，提高政府治理水平也就无从谈起。

党的十八大以来，各个地方政府在中央政府的指导下纷纷展开公共资源管理运营体制改革探索，试图构建统一的公共资源交易平台。但是，这类改革应该避免为追求大而全而盲目扩大平台覆盖面，应该以公共财政管理为基本目标导向。

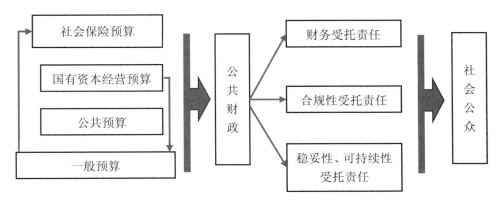

图 6-1　公共财政下的公共资源预算

（三）纳入公共财政之后的公共资源管理体制构建

西方公共财政体制经过上百年的发展，已经形成了一套以公共预算为主体的治理体系。这一体系目前有着完整的预算会计和财务报告制度，一般情况下遵循着审慎、稳健的管理目标。尤其是进入 21 世纪之后，政府治理在全球的变革推动了以公共预算为主的一系列改革，强调公开、透明、绩效取向。党的十八届三中全会提出了"改进预算管理制度。实施全面规范、公开透明的预算制度；建立跨年度预算平衡机制，建立权责发生制的政府综合财务报告制度；建立规范合理的中央和地方政府债务管理及风险预警机制"的目标。同时高度重视自然资源和环境建设，提出"探索编制自然资源资产负债表"的目标任务。应该从十八届三中全会的上述精神出发，以顶层设计的高度探索构建公共资源管理运营纳入公共财政的体制和机制。

具体而言，公共财政承载的诸多公共受托责任：合规性受托责任要求政府预算应该遵循预算授权，避免资金滥用；那么对公共资源，合规性受托责任同样也要求公开、公正和透明的原则，以避免公共资源流失。稳健性受托责任要求公共财政量入为出，控制债务和支出防止财政风险；对公共资源管理运营，则是考虑公共资源运营的可持续性发展。公共财政全面汲取社会经济资源，现代财政治理体制通过预算报告和财务报告来满足合规性受托责任和稳健性受托责任——财政通过披露各类报告解除公共受托责任的传统和范式，对公共资源运营管理体制有着积极的意义。

统计和报告制度是公共资源纳入公共财政管理的基础，没有公共资源统计报告和信息披露，就谈不上管理决策，也谈不上公共资源问责与受托责任。公共资源类目繁多，分散于诸多政府部门，依据相应的行政授权进行管理，过去这些部门对所管辖的公共资源存量和交易状况都有一定的统计报告，但是这些统计报告缺乏信息的归集和集中，难以反映全面的公共资源受托责任信息。公共资源统计报告信息和公共财政的预算和财务报告存在密切的关联，这是因为：公共资产、公共资金和公共资源经常可以相互转化，且政府又负有维护公共资源可持续的责任，公共资源和政府的资产负债表形成一定的钩稽关系。把公共资源纳入公共财政管理，其优点之一，就是财政有着完善的会计和报告体系。当前，我国除了传统的预算会计和决算报告之外，十八届三中全会提出了建立权责发生制政府综合财务报告制度的目标任务，目前财政部正在着手制定相关的准则和实施细则；把重要的公共资源归集并根据资产负债表的原理编制会计报告，这也是十八届三中全会决议中提出的一个重要目标。在完善的会计和报告制度下，把公共资源处置收益纳入公共财政，实现"资产、资源、资金"相互流动和转化的管理过程才能够完全落实公共受托责任。

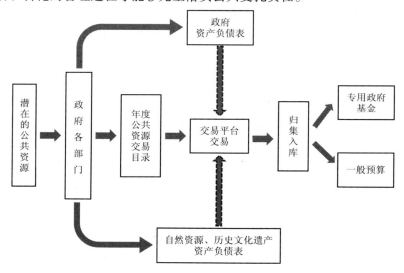

图6-2　公共资源运行各环节

把公共资源处置收益列入公共财政的核心是公共资源处置收益预算化过程（除此之外，其税费体系设计还应遵循公共经济学和规制经济学原则），这一过程需要一系列制度的黏合设计。首先是对公共资源进行适当的界定，并通过调查摸清潜在的公共资源目录；其次是归集各部门所管辖的公共资源，进入可交易公共资源目录清单；再次，对公共资源交易平台进行整合设计，使之能够承担归集的公共资源交易目录中所有公共资源的交易；接下来是归集预算资源，通过适当的预算会计科目设计，把公共资源处置收益归集进入各类专项基金或者是一般预算账户。

目前，对公共资源收益纳入公共财政的这些环节，国家已经出台了一系列的指导文件。如国务院2015年印发的《整合建立统一的公共资源交易平台工作方案》并建立公共资源交易平台整合工作部际联席会议制度，推进公共资源交易平台的整合。2019年，国家发改委又进一步颁布了《关于深化公共资源交易平台整合共享的指导意见》，深入推进公共资源交易平台的整合。此外，还有《国务院办公厅关于推进公共资源配置领域政府信息公开的意见》等文件，推进公共资源配置领域政府信息的公开。各个地方政府也进行了相应的探索，但侧重的环节不尽相同。有些地方政府侧重于对各类公共资源的产权界定，如有的地方政府侧重于对统一的交易平台的探索，如上海市政府发布《深化公共资源"一网交易"改革三年行动方案》，明确62项工作任务，力争到2023年基本建成要素资源市场化配置的"一张网"；[①] 也有些地方政府侧重于对目录的完善，有些地方政府则对预算归集做了一些探索。

三、动态调整公共资源管理目录

把土地矿产等自然资源、各类行政许可（市场准入）经营权、机关事业单位资产处置纳入市公共资源交易中心进行集中配置，有助于规范公共资源配置，提高公共资源处置运营效率，并通过公开、公正、透明的市场机制防止公共资源配置过程中的腐败行为。换言之，对公共资源管理目录进行合理的分类界定是非常必要的，也是非常重要的。因为不同类别的公共资源往往意味着不同的交易机制、定价原则，以及汇入财政预算的不同形式。例如土地矿产类资源主要考虑租税比例设计，而特许权经营可能需要运用规制经济分析对数量和价格的管制。此外，清晰划分公共资源项目的产权归属，在新增资源项目纳入公共资源目录的时候，其管辖权和财产权问题均已厘定清楚才能进入公共资源交易平台进行市场化配置。学术界在对公共资源运营配置进行研究的时候，基本上都需要对公共资源进行适当的界定，而后进行适当的分类，这样有利于探索出一套能降低交易费用的公共资源管理运营机制。

动态调整公共资源管理目录尤其要注意一些新兴行业带有公共资源属性的资源管理问题，需要根据时代的发展和要求动态地调整公共资源目录，凡是带有公共资源属性的资源都应该纳入统一交易的目录。近年来，随着互联网行业的快速发展，一些互联网公司在生产和服务过程中产生了大量

---

① 郭慕清. 上海推动万亿公共资源"一网交易"［N］. 新华每日电讯，2021-09-24（7）.

的用户数据，通过算法以及数据能挖掘延伸出大量的信息，如高德地图的导航信息数据、阿里巴巴公司的购物信息数据、携程公司的旅游信息数据等，这些数据资源带来了一系列的管理问题，如果处理不善，将会造成公共利益的巨大损失。从资源属性看，互联网公司从社会公众身上获取的数据和信息都带有公共资源的属性，是大数据时代重要的战略性基础资源——公共数据资源，理应纳入公共资源管理目录中统一管理。

表 6-1　公共资源动态调整参考目录

一级	二级	子类目	一级	二级	子类目
自然性资源		探矿权	行政管理和政府规制许可	与公共设施附属资源开发	地铁车厢内多媒体广告经营权
		采矿权			地铁空间及沿线广告经营权
		经营性土地使用权出让			港口渡船广告经营权
		工业用地使用权出让			公园服务配套设施经营权
		地热温泉资源开发权			公共场地临时使用权
		矿泉资源开发权			旅游景点服务设施经营权
		建筑和饰面石材			闲置地下防空洞经营权
		经营性基础设施用地、社会事业用地再利用			道路停车场经营、使用权
		储备用地附带石料			公共停车场经营、使用权
		地下空间经营性开发权			胡里山炮台景点经营权
		地下水资源开发权			低空旅游航线特许经营
		水电项目开发权			海岸小型摩托艇特许经营权
		潮汐发电资源开发权			储备用地临时利用经营权
行政性资源	市场竞争规制许可	特殊旅游客运船舶运力投放			环岛路观光自行车特许经营权
		海上游线路特许经营权			沙滩游乐场特许经营权
		岛内海上景点经营权			废物倾倒许可权
		出租汽车经营权			海域使用权
		班车经营权			涉海排污权
		旅游包车运输经营权			填海造地用海许可权
		殡葬特许经营权			构筑物用海许可权
		经营性游艇、帆船泊位			围海用海、开放式用海许可权
		机动车综合性能检测经营权			吉祥车牌号
					拥堵费
					汽车上路权

188

一级	二级	子类目	一级	二级	子类目
行政性资源	社会规制类许可权	排污许可证	资产性资源		公路客运站和公路场站资源
		碳排放指标			安置房、廉租房、保障房、周转房
		制水经营权			公房
		污水处理经营权			公共体育活动场馆资源
		垃圾分拣和垃圾处理特许经营			文物租用、借用
		自然保护区经营管理权			公共文化场馆资源
		公墓用地许可			学校运动场馆、体育设施空闲时间开发
	行政许可	公交车体广告经营权			青少年实践基地
		路牌广告经营权			储备粮库闲置开发
		媒体广告经营权			公共场所地下停车场
		灯柱广告经营权			机关事业单位地下停车场
		阅报栏广告权			机关事业单位办公场所闲置出租、出让
		公共绿化带广告牌经营权			
		道路广告牌经营权			大数据资源

四、建构统一的公共资源交易平台

设置公共资源目录的目的是对公共资源交易进行目录管理，凡是纳入管理目录的公共资源必须进入统一的交易平台中，通过招标、拍卖、竞价、挂牌、竞争性谈判、询价等方式进行交易管理。但建构统一的公共交易平台同样面临着旧有路径依赖、利益分配、碎片化等一系列难题。

（一）推动公共资源交易平台的有机整合

统一的交易平台并不意味着追求大而全简单地把几大平台捆绑在一起，而是在事先明确目标和价值取向的基础上，把原有的政府采购招标、国有资产交易、土地矿产资源交易中心和公共资源交易中心统筹结合，实现公共资源交易平台的有机整合。

公共资源交易平台的有机整合应该遵循以下三个原则。

（1）适当的权力归集，有利于防治腐败。公共资源交易分散、隐匿可能产生腐败行为，导致公共资源利益流失。在市场规则和公平原则下进行竞价，实现公共资源交易的公平、公开、透明，这是目前多数地方政府整合公共资源平台的一个价值取向。

（2）合理的分工，有利于提高资源配置效率。在公共资源管理中，应该把握好专业分工和集中统一的度。我国的公共资源开发大致上遵循"抓大放小"的原则，对于各个具体领域的公共资源管理已经形成了一定的部门化专业管理，如土地矿产资源主要在国土部门专业化管理，港口、港务资源则专门成立了港务集团，实行企业化管理，石油、天然气等重要资源也实行了国有化企业化管理。这些都是对国民经济发展和国计民生具有重要意义的公共资源，在归集公共资源平台管理时要考虑这些资源的专业性，把握好统筹管理的程度，避免过分集中管理对这些公共资源本身造成的损害。

（3）适度整合，有利于降低管理和交易费用。当前剩余的公共资源具有存量小、类别多、形态散的特点，应该在适当分类的情况下进行部门权力的归集和交易平台的整合设计，降低公共资源市场化配置的交易费用。从目前来看，各地方政府所做的探索，主要是对众多零散的公共资源的归集，与原有的公共资源平台进一步整合，应该更强调去碎片化而不是专业化分工。重点通过打破信息壁垒，强化信息共享的方式降低内部交易费用。

当前，我国公共资源交易平台存在的最大问题是碎片化的现象，表现为"线上公共资源交易平台运行模式的碎片化和线下公共资源交易机构整合的碎片化"。一些地方的线上公共资源交易网站难以打开，交易系统老化，交易流程烦琐复杂，线上交易操作极其不便。许多省市线下公共资源交易场所仅是做到了"物理整合"，尚没有达到公共资源交易与监管的全链条人、财、物的统一整合。① 面对统一的公共资源目录更新和平台整合中的内部和外部的阻力，需要通过公共资源处置收益共享机制，明确的目标导向机制来强化公共资源占有的正当性，以破解改革中的阻力，实现公共资源交易平台的有机整合。现有的公共资源交易平台建设，应该注重当前对零散的公共资源的目录整合和平台设计，并从顶层设计的高度把公共资源处置收益共享作为最终目标融入体制设计。可适当地通过专款机制归集公共资源处置收益，以专款专用设计强化政治承诺，获取公众和管理部门对公共资源改革的支持。

（二）归集公共资源进入统一的公共资源交易平台

在有机整合公共资源交易平台之后，就需要将所有涉及公共资源管理的事项全部归集到公共资源交易平台以及围绕其构建起的管理机制之中。归集公共资源进入统一的公共资源交易平台，首先需要对各公共资源管理部门进行权力

---

① 王丛虎，王晓鹏，余寅同. 公共资源交易改革与营商环境优化［J］. 经济体制改革，2020（3）：5-11.

的归集，把原先各部门审批和操作的权力归集到统一的平台，这需要一定的外部督促，通常是监察部门的介入，督促各部门把所管辖的公共资源放置到公共资源配置平台。从本质上说，财政部门制定公共资源管理目录来约束规范各部门交易行为，和财政部门通过会计管理各部门资产没有什么本质区别，都是履行公共受托责任。

归集公共资源进入统一的公共资源交易平台，除了外部督促，还需要外部激励机制，把完善公共资源目录和交易制度列入各职能部门的职责考核范围。公共资源具有潜在性、分散性的特点，需要职能部门发掘、整合公共资源，特别是由于公共服务的发展，一些行政许可类资源附加在公共财产和资产上，如城市公共阅报栏可以开发出广告空间，这类潜在的公共资源需要相应的主管部门进行发掘，但这又不是他们的主要职能，应该制定相应的考核、激励机制，鼓励职能部门充分发掘自己所管辖的公共产品和公共服务的派生资源。

2000年以来，我国财政管理体制进行了一系列重大改革，国库集中支付，收支两条线等改革使得财政资金使用的规范性和效率进一步提升，规范的收支管理下财政归集公共资源交易收益具备了前提条件。但是，把公共资源交易收益归集到公共财政并不像税收征缴入库那样简单，公共资源具有分散性、分布不均衡、可持续性等问题。归集进入财政的方式——收支两条线，归集进入财政的机制：①资源可持续性的合理补偿。资源可持续利用和开发是一个重要的公共资源受托责任。②履行公益性的公共受托责任。公共资源交易收益必须有足够的比例用于公益和民生开支。③专款专用的基金设计。通过适当地建立各类基金，把特定的公共资源处置受益用于专项支出，强化公共资源国家占有的政治信念和公众支持。

目前，大类的公共资源（主要包括土地和矿产资源）已经设定了归集公共财政的机制，但是还存在一些问题。土地出让收益在公共资源中所占的比重最大，土地收益的显著增长导致了一款多用的基金归集方式，在扣除了新增建设用地有偿使用费，国有土地收益金及农业土地开发资金之后，最终归集到社会事业的基金比例并不高，主要包括廉租住房保障基金和教育资金，两者之和难以超过土地出让净收益的20%，最终大量支出用于城市基础建设。矿产资源处置受益包括：矿产资源补偿费、矿业权价款、矿业权使用费、石油特别收益金、矿业权作价出资和入股分红，这些收入都纳入了预算管理。但这种税费征收体系难以严格区分体现国家作为所有权人的权益收益和体现外部性补偿的环境资源税，在支出环节上更难以专门实现公众共享。从目前来看，矿产资源补偿费主要用于矿产资源勘查的成本补偿、国家地质调查勘探和环境补偿与保护支出等，比较丰厚的石油特别收益金则纳入中央非税收入预算中的其他收入项目，在公共预算中统筹使用，未设定专款机制。考虑到我国的矿产资源经营中国有企业占有大量的资源开发，国有企业利润应该是公共资源处置受益的一个间接来源，实际上，几乎每个国有企业都占有重要的公共资源进行经营，如港口资源、广播电视频道资源、矿产矿山，在市场交易制度下，国有企业获得这些公共资源基本上都对各类资源成本费用做了补偿，所获得的经营利润应该大部分用于公益性支出。但是从现实结果看，国有企业上缴经营受益用于技改、调整产业结构和节能减排，大部分都在国有企业内部循环，仅有一部分以国有资本划入社保基金的形式实现公众共享（截至 2020 年末，符合条件的中央企业和中央金融机构划转部分国有资本充实社保基金工作全面完成，共划转 93 家中央企业和中央金融机构国有资本总额 1.68 万亿元）①。未来，需要完善国资监管机构、划转企业和社保基金会有效衔接的工作机制，做好划转国有资本承接、管理、运营②，可以考虑适当增加依靠公共资源获取收益的国有企业资本划转社保的额度，让公共资源获得的收益通过国有企业之手回馈全民。

从顶层设计上看，在考虑公共资源市场化配置的同时就必须同时考虑归集和支出的共享问题。当前，大类公共资源交易收益纳入公共财政的格局已经形成，但于财政支出结构上仍难以体现公共资源处置益全民共享的目标，调整支出结构需要有一个渐进的过程。和土地矿产这些大宗资源相比，当前列入市场化配置的公共资源具有零散性、存量有限的特征，预算归集应该多设立一对一的专属机制，而不是像土地矿产资源收入一款多用，最终难以保证公共利益共享。

自然性资源、行政性资源、资产性资源这三大类目中，除了土地矿产作为公共自然资源的大头之外，剩余的公共资源都较为分散，某些资源的行政管辖存在职能交叉，需要部门协调。因此，统一的公共资源处置平台建设和制度完善需要一个有效的激励和督促机制，如何构建这样的一个机制，我们需要寻找一个坚实的逻辑起点。这个起点就是政府占有公共资源的公共受托责任，公共资源市场化配置过程中产生了较强的外部性，需要回归到公共财政的原则下矫正外部性，因此把公共资源纳入公共财政是合理必要的。从治理结构上看，现代公共财政已经有着一系列成熟稳健的治理体系，如预算公开，财务报告披露，

---

① 曾金华. 中央层面划转部分国资充实社保基金完成［N］. 经济日报，2021-01-13（02）.

② 刘伟. 做大做强全国社保基金［N］. 人民日报，2021-04-26（09）.

可持续性和稳健性管理原则，内控制度。因此，公共财政不论在理论上，还是在实践上都可以提供公共资源交易平台构建的合理的逻辑起点。在这个逻辑起点下，讨论核心是在公共财政原则和公共利益目标下，哪些公共资源应该列入潜在的公共资源市场化配置目录。如前所述，公共资源具有潜在性、零散性、行政职能交叉的特点，要归集这些资源进入统一的市场化配置平台，需要多部门综合努力。

（三）以大部制推动交易平台整合与制度创新

国内一些城市在公共资源平台整合的过程中，普遍成立了公共资源管理委员会，委员会的主要职能是统筹、协调和督促各部门把目录中的公共资源尽快纳入交易中心，制定交易实施细则，完善配套法律法规。目前来看，国内各大城市已经展开的公共资源统一交易平台的整合，不只是把原有的"土地矿产交易""产权交易""政府采购招标""项目招投标"几个平台简单地聚拢组合，还应该产生聚集效应和规模效应。统一的公共资源交易平台制度采取了大部制的结构，常见的结构是：成立一个"公共资源管理委员会"作为决策机构，委员会的主要职能是草拟各项公共资源市场化配置所需要的法律法规；委员会下设公共资源管理局，负责管辖统一的公共资源交易中心的日常运行；公共资源管理局下还应该依据适当的资源分类分设交易部门。从目前来看，国内各试点城市仅仅是很粗略地围绕原有的四大平台，在公共资源管理部门下分设了四个交易部门，但是现有诸多分散的公共资源难以在这四大平台中体现出来。

大量零散的公共资源仍然游离于统一的公共资源交易平台，为了解决这一问题，厦门、宁波、成都等城市在制度整合创新的过程中，通过颁布公共资源交易指导目录，以及目录的动态更新机制，逐步将公共资源全部纳入公共资源交易平台之中。国家发改委也于2019年颁布了《关于深化公共资源交易平台整合共享的指导意见》，提出"应进必进，推动各类公共资源交易进平台""统一规范，推动平台整合和互联共享""公开透明，推动公共资源阳光交易""服务高效，推动平台利企便民"四项原则，剑指公共资源交易分散化、碎片化、不透明、不规范等问题，以匡扶公共资源交易平台在建设早期的阙失，实现"市场化方式配置的公共资源基本纳入统一的公共资源交易平台体系""各级公共资源交易平台纵向全面贯通、横向互联互通，实现制度规则统一、技术标准统一、信息资源共享""电子化交易全面实施，公共资源交易实现全过程在线实时监管"等主要目标，并结合一系列改革举措，努力朝"公共资源交易流程更加科学高效，交易活动更加规范有序，效率和效益进一步提升，违法违规行为发现和查处力度明显加大""统一开放、竞争有序的公共资源交易市场健康运行，市场主体获得感进一步增强"等目标图景迈进。

在公共资源调查摸底的基础上，应该对所有零散的公共资源进行进一步的类目开发和论证，通过公共资源适当、合理的分类，在公共资源交易平台中增设相应的交易部门，管理那些较为分散的公共资源。通过对厦门全市公共资源调查摸底的结果分类，暂时分设为"自然性资源""行政性资源""资产性资源"三个一级类目。从分类结果来看，"行政性资源"集中了大量零散的，来自各个部门管辖的公共资源，建立统一的公共资源交易平台时，可以在原有的4个交易平台基础上考虑增设"行政性资源交易部"。行政性资源可以再进一步分为三个二级目录。

一是市场竞争规制许可经营权。主要是为了市场有序竞争，防止垄断，保障合理的市场供给水平，这是近年来公共经济学着重解决的一个问题。例如出租车的投放数量如何控制，才能满足不断增长的人口和出行需求，随着技术的变革，这一行业维持数量管制越来越艰难，另外，出租车的司机缴交的管理费用被误以为是政府收取的"份子钱"。这反映了出租车公司收取的管理费可能需要重新监管、核定，因为管理费用可能包含着经济租金，这本应作为公共资源受益纳入财政。再例如殡葬行业具有一定的垄断性，需要适度的竞争维持平均利润水平，需要考虑在一个区域内合理的经营牌照的发放数量，这是考验政府在监管过程中经济分析能力的一个问题。根据公共资源受托责任，上述具有经营垄断性质的企业应该具有公共企业的属性（尽管他们可能不是国企），应该公布财务报告，披露公司的利润水平和主要高管的薪酬。

二是环境与社会规制性许可。这一类资源主要考虑外部性控制、环境补偿和社会安全标准，例如负责垃圾回收的企业必须具备技术资质，政府主要审查这类企业的生产技术和工艺，否则有可能在垃圾回收处理过程中造成二次污染。制水许可证、垃圾回收许可证，技术和工艺最优者得，或者是由符合一定技术水平的一系列企业通过竞价获得资质，这需要根据行业的竞争水平和厂商分布情况具体考虑。

三是行政许可与公共设施附属资源开发。行政部门拥有广泛的公共基础设施及其专属空间的管辖权，而这些空间的开发利用是一种潜在的公共资源，可以开发出多种使用价值，最常见的是用作媒体广告空间，开发休闲旅游服务设施，以及海洋空间和资源的适度利用。一般遵循使用者付费的原则，通过公开竞争价高者得。

从上述分析来看，构建统一的公共资源交易平台不应仅仅是原有四大平台入驻各地的市政服务中心，应该开发新的目录和交易部门来容纳零散的行政许可类公共资源（如图 6-3），推动各类公共资源交易进平台。公共资源是市场化配置，也不仅仅是把目录中的资源纳入交易中心，需要做大量的配套改革，因此，公共资源管理委员会应该由发改委牵头，或者是财政部门牵头，由各职能部门负责人和适当的公共经济领域的专家共同组成决策机构。从目前来看，公共资源在市场化配置过程中，由于管理水平和规制技术缺失，存在公共资源受益租税水平不合理，经济租金流失的状况（如专栏 6-1），公共资源管理不仅涉及统一的交易平台建设，也需要适当的规制改革，甚至是财税管理体制的改革。这种复杂的背景，决定了公共资源管理应该按照大部制的改革思路推进完善，建立一个包含决策、执行、监督三个环节的完善的管理体制。

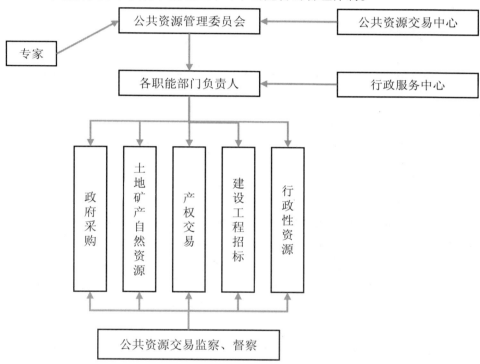

图 6-3 公共资源整合机构示意图

为什么应该在大部制改革思路背景下推进公共资源管理体制改革呢？一般认为，大部制改革的首要目标就是"打破现存的职能部门的组织藩篱，解决行政管理体制领域中长期存在的政出多门、机构重叠、职能交叉、权责脱节、互相扯皮等问题"①，而公共资源管理体制改革正是要解决公共资源管理中的重叠、交叉、脱节等碎片化的问题，用大部制的思路来应对显得尤为恰当。21 世纪以来，人类社会面临的社会问题日益错综复杂，政府治理亟待变革及决策能力、分析能力的提升，好的决策是好的政府治理的前提。当前公共资源管理领域所面临的一些问题是非常复杂的，并非简单地把公共资源列入市场化配置目录就能解决问题，而是需要预先进行决策和法律制定，如专栏 6-2 中阐述的出租车行业的公共资源管理实际上是一个复杂的经济规制问题。因此，公共资源管理委员会应该成为一个决策机构，该决策机构应根据当时所面临的公共资源问题，借助专家和学术资源设置问题和决策议程，开展政策综合研究以为决策的基础。

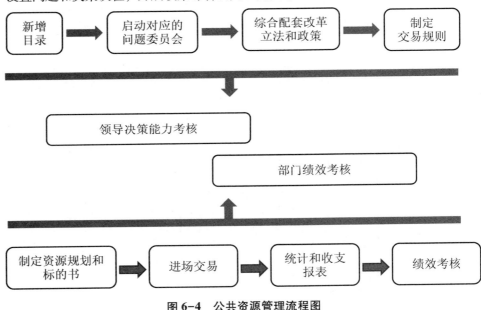

图 6-4　公共资源管理流程图

根据图 6-4 所示，公共资源管理流程是：第一，建立公共资源配置目录并实行动态调整；第二，对新增的公共资源项目启动对应的问题委员会进行多维度论证其市场化配置的可行性；第三，针对论证可行的公共资源项目进行相应的配套改革政策与立法的支持；第四，在政策法规的框架下制定具体的交易规则；第五，在交易规则的指导下制定具体的公共资源规划和标的书；第六，根据以上工作法规及交易条文对公共资源进行市场配置；第七，要同时做好公共资源交易的统计信息与收支报表；第八，根据统计和收支报表进行绩效考核；

① 刘韬．日本大部制改革实践及启示［J］．人民论坛，2016（02）：250-252．

第九，公共资源管理与配置的绩效考核结果分别纳入领导决策能力考核和部门绩效考核之中。

2006 年厦门市财政局关于建立行政性资源和社会公共资源配置市场化工作改革联席会议的制度，适应了公共资源管理改革问题错综复杂的需求。目前，《厦门市公共资源交易监督管理办法》中明确规定，"市、区财政部门是本级公共资源交易综合管理部门，负责协调、指导、管理本市公共资源市场交易综合性工作"，对于具体领域公共资源的交易活动，由"住房保障、资源规划、机关事务管理、财政、市政园林、交通、城市执法、商务、港口等公共资源交易行业监管部门按照职责分工，对公共资源交易活动实施具体监督管理"。在此基础上，"市财政部门负责会同市行业监管部门制定相关配套制度，牵头组建管理评审专家库，统筹协调市行业监管部门间有关事项"①，明确了由财政部门协调指导、各行业监管部门负责具体管理的公共资源交易管理制度，厦门市可以在这个制度的基础上，把公共资源管理改革的联席会议制度上升为公共资源管理委员会的决策体制。

专栏 6-2：管制变革：如何让出租车行业的经济租金归属公共财政

随着厦门市近年来城市建设和软环境的改善，吸引了越来越多的人口落户厦门，因此产生了对出租车行业的需求也稳步上升，这给出租车行业带来了稳定的经济租金（超过平均利润水平的收益）。实际上经济租金的根源来自政府大量财政投入改善人居环境，营造宜居城市，经济租金应归属于公共受益，但现有的出租车行业规制却无法实现租值社会化。

从目前来看，政府通过若干个出租汽车公司维持对这个行业的管制，可能产生一定程度的垄断和经济租金。出租车司机缴纳给公司的管理费可能需要重新审核，是否遵循垄断行业管制需要的成本定价原则。但从目前来看，没有相关行业的财务报告以及审计结果，可能的情况是，经济租金就隐含在出租车司机缴交给公司的高额管理费中。如果出租车公司都属于国有企业，那么这部分经济租金将体现在企业利润中，应该有相当的利润上缴财政。但这种管制很不透明，弊端很多，很容易产生管制者与被管制者的合谋和利益输送。

出租车行业的管制，一般需要考虑以下目标：①适当的投放数量，确保社会大众召车便利；②合理的定价，既需要考虑社会公众的经济承受能力，也需

---

① 厦门市人民政府. 厦门市人民政府关于印发厦门市公共资源交易监管办法的通知［A/OL］. 厦门市人民政府网，2021-07-05.

要让出租车司机维持一定的收入水平；③出租车服务的质量。合理的价格加上适当的许可证数量可以维持出租车司机适当的收入水平，但是如果政府是通过出租车公司来实施管制的，则很难达到管制的效果，经济租金既不是被出租车司机获取，也没有被政府获取。

一种改革的办法是，绕过出租车公司，直接向出租车司机拍卖运营许可证，出租车司机需要承担车辆的成本、牌照的费用、营业税、汽车维修和汽油成本，出租车将成为一项兼具个人投资和解决就业的自我雇佣行业；改革之后，出租汽车公司将变成司机提供培训指导和日常服务（更换座椅套、清洗等日常服务）的服务提供商而不再是东家，如果出租车公司向司机提供这些服务的价格过高，出租车司机在下一年可以转向另一家公司寻求更好的服务。这样，出租车公司就成为可竞争性的行业，而不再是控制牌照资源的东家。

通过改革，出租汽车牌照特许经营权的收益就可以归入财政收入，随着城市人口规模的增长，牌照的数量应该按照合理的比例增长，给财政带来可观的经济租金。为了维持出租车司机一定的收入水平，政府可以通过增加牌照数量（如果召车难度增加司机收入提高）或者回购牌照（如果召车过易司机收入下降）来控制市场的合理水平。

对出租车司机的管理将不再依赖出租车公司，可以成立一个由运管局和社会公众联合组成的委员会，或者引入第三方。对出租车司机及其服务提供商进行评价，如司机违规投诉多次，可取消其运营牌照，如出租车抽查卫生状况不合格，责令其背后的服务提供商整改。

以下是实施有效监管的一系列改革举措和整体机制设计：①逐步收回到期的出租车牌照；②新增的出租车牌照通过公开拍卖发放给个人，竞拍者必须获得出租车驾驶资格；③出租车公司将逐渐不再拥有出租车牌照，出租车公司逐渐变为服务于司机的服务提供商，提供座椅套更换、消毒和清洗服务；④出租车司机每年可以选择一家出租车服务公司，并挂上该公司的牌子；⑤成立由公众和运管局官员组成的管理委员会，委员会每年通过乘客评价对出租司机和出租车公司的服务水平进行评价，对严重违规的司机可以收回出租车牌照。⑥每个出租车司机只能够拥有一辆出租车的牌照，拥有牌照的出租车司机可以选择一个或两个不拥有牌照的出租车司机组成运营伙伴；⑦出租车司机如果想退出该行业，其出租车牌照只能由政府回购；⑧出租车司机职业被界定为灵活就业，其社保参照城镇灵活就业人员的相关规定办理；⑨每年的出租车牌照拍卖收入纳入财政专项基金，其中划出5%用于回购牌照所需，另划出5%作为管理委员会的专项基金。

通过这样的管制变革，还可以把当前互联网租车软件和服务的一些司机纳入统一的监管体系，当然，这可能需要国家层面上对软件提供商的整个数据进行监管。

五、完善规制、激励与配套改革

建立统一、规范的公共资源市场化配置体系，是从源头上遏制腐败寻租，提高公共资源管理有力保障。应加快改革步伐，将公共资源交易市场打造成一个公正开放、竞争有序、服务到位、监督有力、透明高效的服务平台。并在此基础上，对数量庞大而又分散的行政许可与规制类公共资源进行分类整合设计，完善规制改革、监督激励机制等一系列综合配套改革，提高政府公共资源管理水平。

（一）完善市场竞争规制提升公共资源配置的经济福利

对于"市场竞争性规制类公共资源"，正如出租车行业规制改革，需要深入研讨规制改革，强化组织社会化管理目标，切断资源垄断的利益寻租途径。这一领域的改革可能会碰到比较大的阻力，因为对某一领域进行管制的官僚机构，容易被该产业组织所控制。政府监管部门通过出租车公司对该行业实施监管，实际上出租车公司在某种程度上代政府行使监管职能，监管者对被管制对象形成了一定的依赖。从现实来看，出租车司机的服务质量不尽如人意，很多出租车存在车况脏乱现象，司机拒载、中途搭载屡有发生，这说明试图通过出租车公司管好出租车司机的目的并没有达到。相反，出租车公司彼此可能形成利益联盟，垄断牌照资源获得超额租金，出租车公司收取高额的管理费中隐含着经济租金。行业监管改革历来存在路径依赖和制度变迁成本，尤其是垄断行业的监管者和被监管者可能存在合谋和利益输送，这会给公共资源管理的改革带来较大的阻力。对于这类改革，应以政治高度破除改革阻力，地方政府领导和各级管理部门应该高度重视，协同推进。在策略上，可以借助科研部门的政策研究、政策咨询功能，发挥科学研究价值中立的优势，帮助政府部门统一改革中的意见分歧，破除改革阻力。

公共资源管理委员会成立之后，应该专门设定垄断和特许权经营的公共资源改革议程。在技术上，可以从审计问责入手，开展对现有出租车公司的成本和利润审计，因为既然厦门市政府把出租车资源投放给出租车公司，出租车公司并不是通过完全市场化的途径获得公共资源，从而出租车公司具备公共企业的性质，这类审计就非常有必要。发挥审计的监督、问责职能，通过审计发现的问题向人大和政府报告，这是改革最合理的技术突破口。

（二）完善社会性规制提升公共资源配置的社会福利

与社会性规制相关的公共资源的市场化配置同样也需要顶层设计。这类资源管理首先考虑社会安全和环境保护等因素，需要严格技术准入和质量控制，从而也产生了经营的排他性和规制性产权。《中共中央关于全面深化改革若干重大问题的决定》提出，要发展环保市场，推行节能量、碳排放权、排污权、水权交易制度，建立吸引社会资本投入生态环境保护的市场化机制。应该以此为指导思想推进社会性规制改革，并努力通过市场化机制配置规制性产权资源。福建省生态文明建设走在全国前列，森林覆盖率居全国首位，大气和水资源质量也位居全国前列。作为全国生态文明试验区，福建省不仅加大财政对生态文明建设的投入力度，还推动一系列生态文明制度的创新，如在生态产品价值实现机制和排污权交易方面都走在了全国前列，成功探索创新了一批可复制、可推广的制度模式，为全国生态文明体制改革工作提供了新思路、新路径、新方法（如专栏6-3）。

专栏6-3：林业碳汇：让生态资源焕发生机

三明市位于福建省西部山区，是全国首个林业改革发展综合试点城市。辖区范围内共有森林面积共2712万亩，森林覆盖率高达78.73%。如何让森林资源在促进生态文明的同时实现市场价值，成为摆在三明市面前的一道难题。

为了处理好生态建设和经济建设的关系，三明市以林业碳汇为突破口，大胆探索、先行先试，由市发展和改革委员会、市自然资源局、市生态环境局、市林业局和市地方金融监督管理局联合出台《三明市林业碳票管理办法（试行）》，成功探索出将绿水青山转化为金山银山的渠道，在森林生态产品价值实现机制上迈出了重要一步。具体而言，三明市以林木生长量增量为测算基础并依据计量办法换算成的固碳量，以林业碳票的形式发放给林木所有人。林业碳票是指三明市行政区域内权属清晰的林地、林木，依据《三明林业碳票碳减排量计量方法》，经第三方机构监测核算、专家审查、林业主管部门审定、生态环境主管部门备案签发的碳减排量而制发的具有收益权的凭证，赋予交易、质押、兑现、抵消等权能。林农可用林业碳票为凭证，在碳交易市场中换取收益，这些收益来自一定时期内林木生长固碳量的转让费，不影响林业政策的生产、经营，当地林农将其形象地比喻为"空气都可卖钱"。

按当前市场价每吨10元计算，福建省三明市每年获得碳汇收益补偿可超过1亿元。未来，随着全球碳中和行动的持续进行，碳排放权越来越重要，这也意味着碳排放权将的价格将进一步上涨，三明市通过林业这一生态资源获取的碳汇收益补偿将进一步提升。

三明市林业碳票的颁发，有效地破解了森林这类公共生态资源产品价值实现中难度量、难抵押、难交易、难变现等问题。除了林业碳票的创新，福建省还在南平市首创生态森林银行，将森林等分散的生态资源整合运作，提升森林资源的价值；在龙岩市首创林业碳汇指数保险，该保险旨在保护林业碳汇，其理赔款可用于对灾后林业碳汇资源救助和碳源清除、森林资源培育及加强生态保护修复等与林业碳汇富余价值生产活动有关的费用支出，有效保护林业碳汇资源。

一系列制度创新，迅速释放了公共生态资源的红利。习近平总书记指出："'十四五'时期，我国生态文明建设进入了以降碳为重点战略方向、推动减污降碳协同增效、促进经济社会发展全面绿色转型、实现生态环境质量改善由量变到质变的关键时期。"如期实现碳达峰、碳中和目标，一个重要方面在于提升生态碳汇能力，因此，在碳中和的过程中，应充分发挥林业碳汇交易市场的潜力。福建省在林业碳汇各项机制上的探索，有效地提升了生态系统碳汇增量，为实现公共资源的生态效益和经济效益的双赢提供了新的思路。

目前各个城市比较突出的是垃圾回收处理许可权配置仍然有待于从整体制度上进行完善。垃圾回收处理总体上是一个需要较高技术和资质的行业，但是由于在垃圾源头管控上并没有做好，垃圾事实上并没有充分体现出公共资源的价值。首先是垃圾分类，由于缺乏严格的生活垃圾分类管理，居民的垃圾投放基本上没有合理分类，这就增加了垃圾回收和处理的成本。实际上，居民生活垃圾合理分类之后资源的价值马上体现出来，可回收垃圾（如塑料和包装盒）经过环保企业的处理，可以得到高效的利用，回收生产出高价值的原料。但是目前生活垃圾被大量游离的社会人员收集而后转卖给缺乏技术资质的个体回收企业，这些企业在垃圾回收过程中，缺乏技术和质量控制，不仅造成了新的污染，而且回收得到的原料质量低劣（例如市场上大量使用的有毒塑料袋，就是有一些俗称"黑作坊"的个体垃圾回收企业生产出来的）。

互联网大大地改变了人们的生活，居民消费的很多商品更多地通过网络销售和物流配送，这种消费配送方式极大增加了产品包装，使得生活垃圾的价值进一步体现，然而政府部门对此却缺乏敏感性和洞察力，把垃圾回收和处理的重点放在后期环节，即垃圾从居民小区到小区垃圾集转运站这个环节，但这个环节的垃圾已经极大地失去了其利用价值，基本上都是厨余垃圾（大量有机物）夹杂着难以分离的塑料袋和没有分类的各类废弃物。这类垃圾被运送到垃圾分拣中心之后，需要耗费人力分拣，而后分离出需要焚烧处理的和生物降解处理的垃圾。

把城市生活垃圾作为一种公共资源来管理，重点是社会规制的完善和立法。（如专栏6-4）需要制定细化的法律条款，规范公民投放垃圾的行为；需要颁布法律，界定垃圾为一种公共资源，并由此实施严格的管控措施，禁止无资质企业和人员进入垃圾回收行业；集中收集的垃圾其所有权和处理权，可以通过市场化的配置渠道，向有技术资质环保企业公开招标。垃圾回收和处理特许权拍卖所得收入归入财政，在初期财政应用这些收入建立一个"环保志愿者基金"，用于招募和培训垃圾分类和垃圾管控的志愿者①。

专栏6-4：生活垃圾分类"厦门模式"

厦门市于2016年10月全面启动生活垃圾分类工作，是全国首批生活垃圾分类试点城市之一。在2018年和2019年间，厦门连续5个季度在国家住建部对全国46个重点城市垃圾分类工作情况进行考核评分中排名第一。"生活垃圾分类'厦门模式'"在国家发展改革委印发《国家生态文明试验区改革举措和经验做法推广清单》中榜上有名，作为一项先进经验向全国推广。

生活垃圾分类的"厦门模式"包括立法保障、机制设计、硬件配置、教育宣传、志愿引导、监管问责等多个部分。在这些环节中，立法是最基础也是最核心的环节，厦门市发挥地方立法权的优势，通过立法先行。为垃圾分类提供刚性保障。在推动垃圾分类工作之初，厦门市人大常委会就把垃圾分类立法列为重点立法项目，于2017年8月出台了生活垃圾管理的地方性法规——《厦门经济特区生活垃圾分类管理办法》（以下简称《管理办法》），作为厦门垃圾管理的"基本法"，其包括总则、分类投放、分类收集运输与处理、促进措施、监督管理、法律责任以及附则等七个章节，对厦门市的垃圾分类实施、促进、监督与问责等各个环节进行了详尽规定。《管理办法》规定市、区政府应当建立涵盖生产、流通、消费等领域的生活垃圾源头减量工作机制；按照谁产生、谁付费，多产生、多付费的原则，建立生活垃圾计量收费制度；用市场化的手段引入垃圾处理企业，落实生活垃圾处理税收优惠政策，鼓励企业投资生活垃圾资源化和再生产品应用项目，在垃圾处理环节，可回收物由再生资源利用企业进

---

① 在垃圾细化分类开始实施的过程中，需要大量的志愿者对家庭开展入户垃圾分类辅导，并且对居民投放垃圾是否符合分类标准要求进行督导，还需要投入相当的志愿者监控垃圾不再被拾荒人员盗取。按照国际经验，这需要大量的志愿者，志愿者资源是垃圾分类管理成功的关键。

行分拣处理，厨余垃圾由有关企业通过生物处理技术进行资源化利用或者其他无害化方式处理，其他垃圾则采取分拣等方式进行综合利用；在问责处罚环节，对于违反《管理办法》规定的、不履行生活垃圾分类义务且拒不改正情节较严重、造成严重不良影响的行为人，将由市主管部门或者有关部门将相关信息纳入本市社会信用信息共享平台、罚款等方式进行处罚。

此后一年时间内，厦门市又配套出台了《厦门市餐厨垃圾管理办法》《厦门市大件垃圾管理办法》《厦门市生活垃圾分类工作考评办法》等16项配套制度，制定了《厦门市生活垃圾分类操作指南》，形成较为完善的垃圾分类法规配套体系，为厦门市依法依规推动垃圾分类工作奠定了基础。厦门的垃圾分类立法先行获得了全国人大宪法和法律委员会的肯定，该委员会主任委员李飞认为，"厦门的垃圾分类立法立足于生活垃圾减量化、资源化、无害化处理，对生活垃圾分类全链条管理、全过程控制进行了科学可行的制度设计，符合地方实际，符合立法规律，为国家立法进行了先行探索。"在肯定厦门立法经验的同时，"全国人大宪法和法律委员会将把厦门立法经验吸收到国家立法中去，为在全国普遍推行垃圾分类制度提供有力法律保障"。

对于自然保护区经营管理权开发，则需要管理部门制定稳妥的保护和开发相融合的制度。总的来看，如果环境和社会规制产生的特许经营权要进入市场化配置，需要围绕着规制目标进行制度设计和综合配套改革。

（三）强化监督和激励机制提升公共资源管理绩效

行政管辖类许可资源有相当多潜在的公共资源可以发掘，但是资源分布比较零散。这些公共资源依赖于管理部门在行使职能、提供公共服务的过程中对所管辖的公共设施进行使用价值的再开发。一般来说，开发公共设施空间的附加使用价值并不是政府职能部门的主要职责，近年来财政管理体制实施了收支两条线管理，公共资源处置收益和部门利益脱钩，这些职能部门本来就享有政府预算，难有积极性去推动相关的公共资源开发。因此，在组建公共资源管理委员会和交易平台，实现组织机构创新的同时，还应赋予内在的监督和激励机制，强化相关职能部门的绩效管理。

第一，强化督促机制。监察机关应协同财政管理部门督办目录的完善，由于符合公共财政精神和公共受托责任，各部门应努力协调、配合，潜在公共资源目录中尚未实现市场化配置的，应通过完善规章制度、制定交易细则尽快进入平台；对于需要多项配套政策的复杂领域的公共资源管理改革，财政和监察部门应提请公共资源管理委员会在大部制下启动综合研究和问题议程，以使相应的资源尽快纳入公共资源市场化配置平台（如图6-4所示）。另外，也要加强对公共资源配置合同的履约监管，配置合同确立了双方的权责义务，承包方必须按照合同条款进行目标执行，政府部门主要发挥监管职能。为达到对承包方的履约监管，一方面，政府部门要把履约监管放在过程中实施监管，即对监管分为几个过程阶段：初期审查、中期审查、末期审查。每个阶段发现问题后积极督促承包方进行整改，严把过程控制。另一方，发挥其他部门例如审计部门、质量安全监察部门的功能，对承包方的履约质量与安全进行严控把关，以防后期出现无法挽回的损失。

第二，明确激励机制。对于列入潜在公共资源管理目录，但是当前尚未开发的、发掘的公共资源，主要是由于条件未成熟，例如公共阅报栏广告资源，未来的地铁广告资源，鼓励主管部门制定方案、归集资源进入交易平台之后，计入部门考核绩效（如图6-4所示）。

第三，强化绩效与结果的关联。公共资源管理优化配置应按照特定公共资源类别特点制定相应的激励机制，并且要把公共资源管理与配置的效果纳入部门及公务人员的绩效考核。公共资源项目纳入目录，进入综合改革议程，是开始进行绩效考核的时间起点，体现的是对领导决策能力的考核，主要以时间和效率作为指标；配套改革完善，进入可交易领域，挂牌交易，开始根据年度的公共资源交易完成数量和总额，应计入部门绩效考核。

第四，报告机制。对于已经纳入公共资源市场化配置平台的公共资源，资源管理中心应每年记录和报告交易状况，完成情况也将纳入部门绩效考核。

第五，问责机制。对于已经纳入潜在资源交易目录，但是多年来并没有进入公共资源市场化配置中心的，应通过人大启动相应的问责机制。如前所述，一些潜在公共资源进入市场化交易平台需要相应的法规制度完善，职能部门应积极配合设计论证方案提请人大立法，这是考验一个地方政府领导班子决策能力的环节。公共资源管理体制改革需要复杂的经济规制和社会规制的改革，例如垃圾资源的管理，需要政府决策部门制定和完善垃圾分类收集的相关法律和规制。

第六，审计问责。领导干部对所负责领域的公共资源管理承担相应的管理责任，应该把公共资源管理列入领导干部经济责任审计的事项。领导干部经济责任审计是我国对领导干部在任职期间履行责任的全面的审计报告，我国现行的领导干部经济责任审计主要针对预算资源和资金的使用合规性、财务制度的规范进行审计，尚没有把部门所管辖的公共资源管理的制度完善和公共资源运营绩效列入经济责任审计。公共资源管理受托责任列入领导经济责任审计应该包含：①公共资源管理和交易的合规性。部门是否遵守公共资源管理条例，做到所管辖资源尽入公共资源交易平台，是否遵守公开、公平、公正的交易原则，是否存在违规操作和行政干预。②公共资源管理的工作绩效。公共资源管理报表和报告的真实性，公共资源管理规划和预测的有效性。③公共资源管理的稳健性和可持续性。部门所管辖的公共资源的开发和使用，应具有稳健目标，具备可持续性，如环境、森林、水资源关键指标在任期之内是否得以改善或者保持。

六、应用科技为公共资源管理赋能

科学技术的创新与发展特别是以互联网、大数据、云计算、区块链、人工智能、物联网等现代信息技术的持续向各领域渗透，极大地改变了人们的生产生活。由于科学技术具有广泛的覆盖性，将其嵌入和应用于公共资源管理之中，有利于缩减公共资源管理成本、增强公共资源管理的精准度、提升公共资源管理效果，为优化公共资源管理赋予新的能量。当前一些地区已经在公共资源管理中应用了许多新技术，对数量庞大而又分散的公共资源进行了有效的管理。未来，无论是在公共资源监测、公共资源交易还是公共资源配置等公共资源管理的各环节，都要持续加强公共资源管理中的科技应用，推动公共资源的高效精准管理。

（一）科技支撑的公共资源监管

监测监管是公共资源治理的科学决策的前提，特别是土地、矿产、森林、海域等自然资源以及水、供气、供热、公共交通、污水或垃圾处理等社会资源，它们的安全稳定事关公共安全和公共利益，因此，有必要对公共资源实行全方位的监测和管理。然而，这些公共资源数目庞大，囿于人力资源的限制，在传统的监管模式下，监管部门难以将监测触及每个角落。随着科技的进步，卫星遥感技术、物联网技术等现代科技为公共资源的全方位监管提供了可能。

对于森林、海域、国土和矿产等广泛分布的自然资源，要健全以卫星遥感监测、全球定位和地理信息系统技术为支撑的自然资源监测体系，以上天、入地、下海、登极为重点，建立资源调查评价、勘查开发和生态环境综合监测体系，对土地利用覆被变化、耕地、地表和地下水状况、能源资源开采、地质灾害、气候变化等进行动态监测，为资源利用、环境保护和综合监管提供技术和信息支撑。① 在这方面，我国已经取得了长足的进步，以吉林一号高分02D卫

---

① 陈从喜，马永欢，王楠，等．生态国土建设的科学内涵和基本框架［J］．资源科学，2018，40（6）：1130-1137.

星为例，该卫星是一款高分辨率光学遥感卫星，可获取高空间分辨率对地观测彩色静态影像，该卫星主要应用于我国的自然资源监测，为"国土资源监测、矿产资源开发、智慧城市建设、林业资源普查、生态环境监测、公共应急卫生等领域"① 提供全方位的遥感数据服务。先进技术手段还能有效地防止自然资源调查中的人为因素对自然资源数据准确度的干扰，保障自然资源数据的精准性。在自然资源监测系统广泛收集精确数据的基础上，运用云计算和人工智能等技术构建自然资源的智慧监测系统，对自然资源的现状和存在的问题进行准确评估，对自然资源的变化情况进行准确预测，实现对自然资源的全方位动态监测。

对于主要分布在城镇的水、供气、供热、公共交通、污水或垃圾处理等社会资源，应依托物联网、5G、人工智能等技术构建起的城镇公共资源管理系统，对社会公共资源进行有效整合，对城镇各个方面的信息进行分析研判，从而实现城镇公共资源的智慧监管。5G 公共资源管理通过物联网技术，对社区内智慧井盖、智能水表、配电箱、公共车位、智能电表、消防栓、垃圾箱等公共资源设施管理，实时监测公共设施的实时状况、在线状态，让设施管理从"离线"变"在线"，促进基层管理工作提质增效。以社区范围内的公共资源监测为例，通过 5G 技术以及物联网技术，可以将社会范围内的井盖、水表、配电箱、公共车位、电表、消防栓、垃圾箱、燃气管段道、路灯等公共资源设施都链接上网络，由智能系统实时监测公共设施的状况和状态，及时发现处理处于异常状态的设施，保障公共设施的平稳安全运行。

（二）科技支撑的公共资源交易

如前所述，优化公共资源管理需要构建统一的公共资源交易平台，将所有零散的公共资源的交易都包纳入平台之中运行。其中包括政府采购、公共工程招标等公共部门对公共资源的购买；国有土地的招拍挂、矿产、海域、森林等自然资源相关权益出让；排污许可证、碳排放指标、制水经营权等社会性规制许可；特殊旅游客运船舶运力投放、出租汽车经营权、班车经营权、海上游线路特许经营权、污水处理经营权等市场竞争规制许可；地铁车厢内多媒体广告经营权、地铁空间及沿线广告经营权、港口渡船广告经营权、公园服务配套设施经营权等与公共设施附属资源开发，以及其他涉及公众利益、公共安全领域的公共资源销售行为等。统一的公共资源平台的构建，首先面临着效率问题，如何有效整合原本涉及多个方面的公共资源交易系统，使新系统运行高效流畅？

---

① 景洋，孟莹莹."吉林一号"高分 02D 星成功发射［N］. 吉林日报，2021-09-28（2）.

其次还面临着公平问题，公共资源交易有着复杂的利益交织，自然衍生出巨大的寻租腐败空间，如何有效地抑制新平台的寻租腐败行为，让公共资源交易公正公平？解决这两个问题，除了需要良好的制度设计，也需要辅以现代科技手段。

将以互联网、大数据、云计算、物联网、区块链等为代表的信息技术充分应用到公共资源交易的各个环节，能够有效地推动公共资源交易的数据化、公开化、智能化，实现公共资源交易平台"更加科学高效，交易活动更加规范有序，效率和效益进一步提升，违法违规行为发现和查处力度明显加大"的目标。①

首先，建立在互联网、5G、云技术基础上的电子招投标系统能大大优化公共资源交易的流程，减少公共资源交易的环节，降低公共资源交易成本，提高公共资源交易的效率。目前，许多省市正在按照国务院的要求，运用互联网及云平台技术在统一的公共资源交易平台中的电子招投标系统，实现公共资源的网上办理。在实践中，一些走在前列的公共资源交易平台甚至能实现全流程的公共资源交易。以宁波市江北区小型工程项目电子交易平台为例，该平台主要由"网上招标系统""网上投标系统""网上交易服务管理系统""不见面开标大厅""小额工程电子监督系统"等相关系统集合而成。借助云平台架构，依靠云直播及电子发票技术，招标人或招标代理机构、投标人及交易中心、交易监管机构按照提前设置好的投标操作流程，在线上即可发布、编辑、生成、对接和交换有关交易过程的所有信息，足不出户即可完成下载文件、参加开标、在线观看开标过程、实时交流答疑及结果确认等操作全部的公共资源交易流程，且全程无须评标专家参与评标，彻底打破了原先项目招标投标工作的时间限制。② 未来，应继续提升公共资源线上交易比例，提升公共资源交易效率。互联网和云平台同样也为异地评标提供了便利。依托在 5G 高速通信和云平台建立起的远程异地评标协调系统和远程会议系统，评标专家能够全程在线实行视频语音实时沟通、同步打分，彻底打破了区域化评标限制，实现了跨区域同一时间不同地点开展评标工作。③ 远程评标的意义不仅在于节省了专家路途往返的时间，更在于拓宽评标委员会组成来源范围，实现评标专家资源跨区域共享，堵

① 国务院办公厅. 国务院办公厅转发国家发展改革委关于深化公共资源交易平台整合共享指导意见的通知［A/OL］. 中国政府网，2019-05-19.
② 江北区小型工程项目电子交易平台正式上线 数字化赋能江北公共资源交易［EB/OL］. 宁波市江北区人民政府网，2021-04-07.
③ 杭州公共资源交易工作正式迈入"智慧时代"［EB/OL］. 人民网，2020-01-19.

塞不良交易者对在熟知区域内评审专家情况的前提下对评审专家的利益输送，营造健康纯净的评审环境。未来，可以通过5G技术和云平台技术进一步扩大评审专家的跨区域范围，最大程度去除本地专家固定化对评标的干扰，实现真正的盲审。

其次，运用大数据、区块链、人工智能等技术减少公共资源交易过程中的主观因素和人为干扰，营造更加公平公正的公共资源交易环境。公共资源电子化交易平台的建设是公共资源交易智能化发展的初级阶段，更高级的发展则是通过技术手段尽量排除公共资源交易中人为因素的干扰。数据驱动的决策将使政府更多地在事实基础上做出判断，而不是主观判断或者受利益集团干扰进行决策。① 在公共资源交易中，大数据技术基于对过往海量交易数据的快速抓取、挖掘、研判与数据分析，从市场主体行为、参与交易竞争活跃度、采购趋势预判、专家评分偏好等多个维度深度分析公共资源交易行为，及时发现和掌握围标、串标等各类非正常交易行为的线索，合理公正地进行资源定价，让"暗箱操作""权力寻租"无处藏身。以南宁市公共资源平台为例，该市建的"1+6"市县一体化公共资源交易平台运用大数据理念建立城市公共资源交易市场主体的基本信息数据库，通过大数据的深度分析，能够辨别出投标主体的中标率、投标文件的生成电脑编码、评标专家的打分偏好等，这些信息为防止围标串标行为提供了强有力的数据支撑。② 区块链技术具有去中心化、分布式数据存储、可追溯性、防篡改特性、公开透明等特征，在公共资源信用中具有广阔的前景。将区块链技术应用到公共资源交易领域，能够确保交易信息更加公开透明、安全可靠，有效杜绝数据篡改和窃取的同时，保证所有交易信用行为的可追溯性。未来，应该构建基于区块链技术的新型公共资源交易信用体系，确保整个公共资源系统上产生的数据分布式存储、不可篡改、全程可追溯，以解决公共资源交易活动中的信任构建难题，完成交易链上利益的公平分配，维护公共资源交易平台的公平公正。③ 人工智能是"旨在替代、补充或放大几乎所有由人承担的任务"④，在公共资源交易中引入人工智能技术能够用机器评价的交易代替人

① ESTY D C. Good Governance at the Supranational Scale：Globalizing Administrative Law［J］. The Yale LawJourna，2006，115（7）：1490-1562.

② 宋伟，邵景均. 基于大数据的廉政监督模式与发展趋势分析［J］. 中国行政管理，2019（7）：26-30.

③ 王丛虎，王晓鹏，肖源. 浅论基于区块链的公共资源交易信用治理策略［J］. 电子政务，2020（8）：50-59.

④ MAKRIDAKIS S . The Forthcoming Artificial Intelligence（AI）Revolution：Its Impact on Society and Firms［J］. Futures，2017，90（1）：46-60.

为评价的交易，进一步排除人为主观因素的干扰。人工智能可分为弱人工智能、强人工智能和超人工智能。① 当前，人工智能仍然处于弱人工智能时代，只限于解决特定领域问题。在公共资源交易中，可以应用于智能辅助评价系统，通过文字识别、图片识别、语音识别、机器学习等技术，辅以一定的算法和规制，实现智能计算和智能核验等功能，为专家评标提供辅助，以降低评标专家滥用评分自由裁量权和主观评价风险，保障公共资源交易的客观公正。目前，基于人工智能技术的公共资源智能评标系统已在淄博、合肥等一些城市成功实现，这些系统的人工智能仍属于弱人工智能，在公共资源交易评标中发挥辅助评标的作用。②③ 未来，随着人工智能技术的进一步发展，弱人工智能将发展为强人工智能，在强人工智能之下，人工智能也将逐渐由辅助专家评审变为替代专家评审，在公共资源交易评标中完全实现机器评价代替人工评价，让公共资源交易更加高效、公平。

（三）科技支撑的公共资源配置

将大数据、算法和人工智能等技术应用到公共资源配置特别是公共服务资源的配置中，能有效解决公共资源配置供给和需求不匹配的问题，提升公共资源配置效率和精度，通过对公共服务体系和服务流程进行再造实现公共服务水平的提升。具体而言，在掌握资源情况、用户搜索记录以及社交工具所反馈的信息大数据的基础上，人工智能系统可以在各类算法命令的引导下进行识别、筛选、整合与画像，按照共性的最大公约数原则进行结果反馈，精确描绘公共服务过于集中的地区和相对匮乏的地区，把有限的公共资源精准配置到最急需的领域，实现公共资源配置的最优化需求。以杭州市的"城市大脑"为例，为了有效应对城市管理难题，提升城市交通治理绩效，2016 年杭州市政府同阿里巴巴集团进行合作，利用阿里云技术成立了国家新一代人工智能开放创新平台，对整个城市交通状况进行全局实时分析，并提供自动调配公共资源以实现交通调配的最优化。数据显示，有了城市大脑的智能调控，杭州上塘高架路 22 千米的行车里程，出行时间平均节省 4.6 分钟；萧山区 104 个路口信号灯自动调控，车辆通过速度提升 15%。④ 杭州市"城市大脑"的实践开启了现代技术手段下

---

① 李开复，王咏刚．人工智能 ［M］．北京：文化发展出版社，2017：112-113.
② 姜乾相，张绪伟．人工智能显优势 专家评审再升级 我市完成全国首个正式智能辅助评标项目 ［N］．淄博日报，2021-08-04 (2)．
③ 吴奇．合肥 AI 技术"智慧交易"开国内先河 ［N］．合肥晚报，2020-07-13 (A03)．
④ 柳文．杭州"城市大脑"创造美好生活 ［N］．经济日报，2020-04-11 (10)．

用数据决策、管理和服务的新里程，优化了公共资源配置。① 人工智能参与的公共资源配置还能推动公共资源配置正义的实现。在城市治理过程中，公共资源的配置常常受到权力干扰以及市场效益优先的影响而形成非空间正义的配置路线，表现为城市公共资源的空间分布严重不均，一些地区公共资源过分集聚，而一些地区公共资源则严重匮乏。在公共资源配置中应用人工智能，有助于促进不同城市空间内居民的城市权利均等化，推动城市空间正义建构。② 未来，在公共资源配置中应该持续加强大数据和人工智能及各类信息新技术的应用，推动公共资源管理的智能化，实现公共资源配置的精准化和高效化。

---

① 本清松，彭小兵. 人工智能应用嵌入政府治理：实践、机制与风险架构——以杭州城市大脑为例［J］. 甘肃行政学院学报，2020（3）：29-42，125.
② 王杨. 人工智能、城市治理与空间正义重构［J］. 现代城市研究，2019（12）：79-83.

第七章

结　语
——公共资源管理改革的行动纲领

（1）理念上应进一步强化受托责任意识。建议财政部门每年按照适当的目录归类公布公共资源市场化配置类目的交易项目、交易总额，并详细说明收入归集和对应的支出情况，汇入一般收入还是专款专用的基金等问题，确保公共资源管理的公开透明。

（2）完善公共产权制度，构建公共资源处置收益共享机制。公共资源处置收益需要提取一定的基金，专款专用的基金设计主要用于补偿资源征收和管理的成本，维持可持续运行，除此之外的公共资源处置收益应汇入财政一般收入用于民生，让公共资源实现公共价值。

（3）财政部门应根据公共经济和财政管理的专业性不定期修订和公布公共资源市场化配置目录清单。为了避免公共资源流失，降低管理成本，对目录清单的增补可以以两种形式灵活进行：一种是更新整个目录；另一种是把个别资源增补进入目录。可以通过在报纸和公共资源交易网络平台发布公共资源市场化配置目录的增补。增补进目录的公共资源，其交易信息应该在年底的公共资源收支汇总报表中体现。

（4）各部门若对公共资源市场化配置的目录清单有争议，应通过公共资源管理委员会的协商机制解决。财政部门在更新公布公共资源管理目录前，拟新增补的公共资源项目应先行在公共资源管理委员会中征询意见，专家委员会在公共资源项目增补的争议中应发挥最后的仲裁作用。

（5）成立公共资源管理委员会，由相关管理部门的领导和若干名专家组成。有三类专家应该是必不可少的，法律专家、公共经济学及公共管理领域的专家。委员会的主要职能是就公共资源管理领域所需要的综合配套改革进行协商探讨，会同专家委员起草必要的法律和规章。新增补的公共资源项目需要必要的法律和规章，才能使项目交易合法化，目录中已有的项目也可能需要改革，需要法律和规章的修改。

（6）公共资源管理委员会围绕着项目所进行的综合配套改革，可以通过问题委员会开展工作。当某公共资源项目进入新增补的目录，则同时启动该问题委员会。例如本次公共资源课题调研把"垃圾回收、垃圾处理特许经营权"列为潜在的公共资源，其后也应该在委员会中成立"公共垃圾资源管理问题委员会（工作小组）"，开展综合性政策研究。综合性政策研究，是指导公共资源综合配套改革立法必要的基础。

（7）重视辅助性公共资源。公共资源管理改革过程中，需要一些辅助性公共资源，这些资源本身不可交易，不带来处置收益，但不可或缺。志愿者资源在垃圾回收分类改革中必不可少，专家资源也至关重要。

（8）完善激励、监督、考核和问责机制。将公共资源管理效果纳入部门的绩效，强化审计的监督考核功能，公共资源管理的综合配套改革和各部门日常的公共资源管理工作应进入效能管理的考核项目，完善自然资源离任审计制度。

（9）围绕着公共资源管理进行的综合配套改革主要体现为立法和政策制定。应该把各部门主要领导（这些领导都已经列入公共资源管理委员会）在委员会中所做的配套改革决策记入领导的政绩。新的项目进入公共资源市场化配置新增目录之后，应该视为该政策议程启动，大的公共资源项目应在 5 年之内完成立法和政策制定，小的公共资源项目应在 3 年内完成立法和政策制定。如未能及时完成，也应该在相关部门领导考核中列为负绩效。

（10）公共资源管理委员会下辖的公共资源交易中心，主要负责交易项目的交易规则及合约拟定。在公共资源配套改革的法律法规完善之后，相关主管部门应马上启动可交易公共资源的交易规划。有一些公共资源属于一次性出让的公共资源（例如全市的垃圾回收权一次性打包出让），有一些公共资源则属于存量逐步释放的公共资源，如土地、停车场资源、出租车牌号资源。属于存量逐步释放的公共资源的，其相关主管部门应定期向社会公布资源规划，如土地部门应公开土地规划，交通管理部门应公开未来出租车牌号的资源总量、投放目标和计划。应把可交易性公共资源规划作为相关部门的绩效考核项目。对于一次性出让的公共资源，则应从时效、效率上考核相关部门是否在法律完备之后，资源进入可交易状态之后完成制标工作。

（11）完善路径和工具。公共资源管理优化配置应按照特定公共资源类别特点制定激励机制。行政管辖类许可资源目前有相当一部分仍然属于潜在的公共资源，如果要把这类公共资源纳入市场化配置，需要投入一定的人力物力，这包括：①一些资源开发本身就是职能部门的核心业务和本职工作，例如海事部门对围海用海、开放用海、构筑物用海等涉海事务承担日常的审批和管理职能，把这些行政审批行为纳入公共资源管理范畴，通过市场化配置平台更合乎公平、公正、公开的原则。应该把公共资源运营绩效适当地和部门绩效考核挂钩，适当地给予激励。②需要职能部门拟定法规提请人大立法，例如汽车拥堵费、上路权和吉祥车牌号资源，完成这类工作体现了部门领导的改革和决策能力，应该作为对领导考核的激励（参照第9条）。③需要增加职能部门的相应的责任。一些公共服务设施可以开发空间的使用价值，如城市道路、绿化带的广告牌资源，但是设置广告牌可能增加职能部门的维护和监管责任，广告牌损坏可能造成一定的风险——这种风险和收益并存的公共资源，建议采用企业化经营思路，把全市相关的市政设施公共资源打包实行企业化经营。④需要进行项目设计和论证，例如环岛路旅游风景资源和公园服务配套设施开发，需要市政园林部门聘请设计师或者委托设计公司开发出整体方案，这需要一定的投入——建议引进社会资本（PPP模式）合作开发。⑤需要一定的资金投入开发附属公共资源，例如宣传部门可以考虑借鉴其他城市的经验，建设更多的市民阅报栏，阅报栏新媒体资源的广告权可以整体拍卖——可以通过政府绩效预算的形式进行管理，职能部门申请阅报栏建设和改造的预算资金，说明这些预算投入能产生附加的公共资源，以及可能产生的绩效。

（12）强化科技应用。将以互联网、大数据、云计算、区块链、物联网、人工智能等技术为核心的新一代信息技术广泛而深入地应用到公共资源监管、公共资源交易与公共资源配置等公共资源管理的各环节之中，构建起科技支撑下的现代公共资源管理体系，促进公共资源管理的高效与公平。

附录1

公共资源管理的多中心视角：超越、整合与回归

1968 年，加勒特·哈丁在《公地的悲剧》（The Tragedy of the Commons）一文中，构建了一个对所有人开放的牧场，并认为理性放牧者的唯一做法就是在一个有限的世界中无限地增加自己的牲畜，他能从增加的牲畜身上得到直接收益并只需承担过度放牧造成的损失中的部分，因此追求利益最大化的理性个体最终将导致共有资源毫无节制地使用而直至消耗殆尽。这是一个悲剧，每个人追求自己的最佳利益，毁灭是所有人趋之若鹜的目的地。尽管哈丁论文的本意是关注普遍性的人口过度增长问题，但此后"公地悲剧"就成为一种特定表述，意味着只要有许多个人共同使用一种稀缺资源，便会发生环境的退化。从"公地悲剧"出发，公共资源的无序利用状况引起了越来越多学者、官员和民众的关注。

如何才能对许多人共用的公共资源实行最佳的治理？对这一命题的思考，引出了"利维坦"和私有化两种解决方案，即通过建立拥有强大权威的集权政府实施管制，或通过产权私有制将外部性问题内在化。上述的两种传统政策方案，都是为了处理个人理性与集体理性之间的矛盾，其依据既有"公地悲剧"，还包括"囚徒困境""集体行动的逻辑"等经典理论模型。奥斯特罗姆对此类论述进行了认真考察，认为尽管其本身具有一定合理性，但同时存在着致命缺陷：①没有反映制度变迁的渐进性和制度自主转化的本质；②在分析内部变量是如何影响集体供给的规则时，没有注意外部政治制度特征的重要性；③没有包括信息费用和交易费用。①

基于以上论断，埃莉诺·奥斯特罗姆提出了迥异于国家与市场两分法的"第三条道路"——多中心治理，有时也称之为社区治理、自主治理。多中心治理理论强调一群相互依赖且面临集体行动的个体，有可能将自己组织起来，从而在所有人都面对搭便车等机会主义行为诱惑的情况下，提供必要的公共物品

---

① 奥斯特罗姆. 公共事物的治理之道——集体行动制度的演进［M］. 余逊达，陈旭东，译. 上海：上海三联书店，2000：285.

与服务，取得持续的共同收益。① 从整体上看，多中心治理自身具有鲜明的特征：首先，它作为一种新型的制度安排，是对传统意义上的"利维坦"和私有化途径的超越；其次，它反对国家与市场非此即彼的二元对立，而是展望两者的有效整合；最后，它并不完全是灵光一现的思维火花，一定程度上表现为对经典理论和传统智慧的梳理与回归。

一、超越："第三条道路"的提出

（一）传统治理模式

早在哈丁之前，亚里士多德就已提出："凡是属于最多数人的公共事物常常是最少受人照顾的事物，人们关怀着自己的所有，而忽视公共的事物；对于公共的一切，他至多只留心到其中对他个人多少有些相关的事物。"② 斯考特·戈登在另一篇关于渔业和公共财产研究的经典文章中阐述了相似的逻辑，"属于所有人的财产就是不属于任何人的财产……如果渔民今天放弃捕捞就不能保证这些鱼明天还在那里等着他"。③ 现代资源经济学的标准分析结论也表明，只要公共资源对一群人开放，其资源单位的总提取量肯定会大于经济上的最优提取水平，因为"没有可替代的选择"。④ 此后，包括公地悲剧、囚徒困境、集体行动逻辑等在内的理论模型都旨在说明和强调这一悲观预测，即个人的理性终将导致集体的非理性。为了挽救上述的悲剧性结果，许多人同意将国家控制或是私有化作为唯一的解决方案。

1. 国家理论

霍布斯在《利维坦》开篇"论人类"中，就描绘了自然状态以及处于自然状态下的人相互为战的景象。如果没有有形的力量使人们畏服并以刑罚之威约束他们履行信约和遵守自然法，战争状态便是人类自然激情的必然结果。为了建立一种能抵御外来侵略和制止相互侵害的共同权力，就必须把所有的权力和力量托付给某一个人或一个能通过多数的意见把分散意志化为统一意志的集体——这就是国家最初的起源，"即伟大的利维坦的诞生，用更尊敬的方式来说就

---

① 刘峰，孔新峰. 多中心治理理论的启迪与警示——埃莉诺·奥斯特罗姆获诺贝尔经济学奖的政治学思考［J］. 行政管理改革，2010（1）：68-72.

② 亚里士多德. 政治学［M］. 吴寿彭，译. 北京：商务印书馆，1983：48.

③ SCOTT A. The fishery: the objectives of sole ownership［J］. Journal of political Economy，1955，63（2）：116-124.

④ 克拉克. 数学生物经济学——更新资源的最优管理［M］. 周勤学，丘兆福，译. 北京：农业出版社，1984：303.

是活的上帝的诞生"。①

　　哈丁早期的文章主张在公地治理中采用一致赞同的相互强制，甚至是政府强制，而不是私有化。在 *The Tragedy of the Commons* 发表十年后，他认为人们仍然处在被一片"懵懂之云"遮蔽的境况之中，对于基本政治制度的真正性质和每个人在环境保护中的作用尚且无知，因此人们为避免毁灭就必须对外在于个人心灵的强制力表示臣服，用霍布斯式的术语来说就是"利维坦"。② 奥普尔斯也认为具有较大强制性权力的政府的合理性是得到普遍认可的，即使避免了公地悲剧也只是在悲剧性地把利维坦作为唯一手段时才能做到。③

　　认为外在强制力必不可少的假设，导出了对公共资源系统实施政府集权控制的方案，这一方案的支持者主张由政府机构来决定谁能使用公共资源、怎样使用以及使用多少等问题。在具体的公共资源治理实践中，国家或政府主要发挥规制的作用，如产权规制、交易规制、价格规制和收益规制等。其中，产权包括所有权、交易权、收益权、分配权、转让权等，政府充当了产权归属的裁判者、产权收益的分配者、产权交易的监管者和产权制度的捍卫者；交易规制主要涉及经济性规制、社会性规制、反垄断规制和规制者规制等领域；价格规制主要指公共定价问题，有平均成本定价、边际成本定价、二部定价和高峰负荷定价等工具；收益规制是一种再分配过程，贯穿于其他规制方式之中。

　　2. 市场理论

　　与"利维坦"式的集权控制相对，也有不少学者提出在凡是资源属于公共所有的地方，都要强制实行私有财产权制度，通过私有财产权制度的创立来终止公共财产权制度，否则依然会被"锁定在无法改变的毁灭之中"。④⑤ 持此种意见者认为私有化是解决公共资源或公地问题的最优解，而主要的难点在于当公共资源使用者不愿意实行私有化时如何强制其实行。⑥ 部分人对私有化的偏爱，很大程度上源于公共资源供给和消费中长期存在的产权模糊问题，私有化

①　霍布斯. 利维坦［M］. 黎思复，黎廷弼，译. 北京：商务印书馆，1985：132.

②　HARDIN G. Political requirements for preserving our common heritage［J］. Wildlife & America，1978（31）：310-317.

③　OPHULS W. Leviathan or oblivion［J］. Toward a steady state economy，1973（14）：219.

④　DEMSETZ H. Toward a theory of property rights［M］//GOPALAKRISHNAN C. Classic Papers in Natural Resource Economics. London：Palgrave Macmillan UK，1974：163-177.

⑤　SMITH R J. Resolving the Tragedy of the Commons by Creating Private Property Rights in Wildlife［J］. Cato Journal，2012，1（2）：439-468.

⑥　WELCH W P. The political feasibility of full ownership property rights：The cases of pollution and fisheries［J］. Policy Sciences，1983，16（2）：165-180.

方案也主要围绕产权问题展开。

根据《新帕尔格雷夫经济学大辞典》的释义：产权是一种通过社会强制而实现的对某种经济物品的多种用途进行选择的权利。① 新制度经济学的代表人物之一科斯，也认为产权是指一种权利，权利的清晰界定是市场交易的基本前提。② 在新制度经济学看来，产权的作用在于使外部性内在化。所谓外部性是经济主体的行为对他人产生的影响，但自己不必承担这种影响的后果，即行为主体的个人成本和收益与社会的成本和收益不一致。从个人利益最大化出发，正外部性的行为会减少甚至消失，而负外部性的行为会增加并趋向无限大，这与公共资源问题的分析思路有相似之处。

许多学者都认为，在私有产权得以确定的前提下，产权本质上作为一种排他性权利能通过对权利的界定即划分主体行为边界的办法，把产权主体的决策行为和经济后果联系起来，也就是将权利和对资产的责任直接联系起来，减少了利益之间的重叠和交叉，减少了个人谋利行为的模糊地带和不确定性，从而使经济主体的行为可能产生的外部性内在化。③ 凭借这一前提，便可发挥市场机制的作用以破解公共资源的治理难题。市场机制是不通过中央指令而凭借交易方式中的相互作用，以对人的行为在全社会范围实现协调的一种制度，主要包括价格机制、供求机制、竞争机制、风险约束机制等，并以价格机制为其核心和基础。④

（二）新型替代方案

1. 对传统模式的批判

长期以来，理论界和实务界对于如何妥善治理公共资源系统的思考，都无法摆脱传统的国家—市场二分法。尽管许多人声称利维坦或私有化是解决公共资源治理问题的唯一方案，但从世界范围内的实践情况来看，无论是国家还是市场都未能在使个人以长期的、建设性的方式使用自然资源系统方面取得成功。相反，却有一些社群借助于既不同于国家也不同于市场的制度安排，在某些资

① 伊特韦尔，米尔盖特，纽曼. 新帕尔格雷夫经济学大辞典（第三卷）［M］. 陈岱孙，译. 北京：经济科学出版社，1992：1101.

② COASE R H. The federal communications commission ［J］. The Journal of Law & Economics，1959（2）：1-40.

③ 诺思. 经济史中的结构与变迁 ［M］. 陈郁，罗华平，等译. 上海：上海三联书店，1991：21.

④ 林德布鲁姆. 市场体制的秘密 ［M］. 耿修林，译. 南京：江苏人民出版社，2002：4.

源系统成功地实行了适度治理。① 这一巨大的现实反差，使人不得不重新审视以往简化分析方式的有效性与合理性。

在"利维坦"模式中，其最优均衡的实现是建立在信息完全、监督充分、制裁有效以及行政费用为零等前提的基础上。但事实上，政府管制部门往往缺乏关于资源具体特点和资源使用者激励类型的知识，很难做到准确衡量资源总量、妥当安排资源使用、有效监督违规行为并加以制裁，而且创立和维持这样一套体制和相应机构的成本并不为零。② 更重要的是，集权管制消除了资源使用者设计适合自己的规则的动机，并破坏了人们的试错学习过程。斯蒂尔曼认为，把强有力的中央政府作为解决方案，实际上是假定统治者是明智的、有生态学头脑的利他主义者，这也意味着公共资源的使用者被假定是缺乏远见的、自利的、没有生态学头脑的享乐主义者。③

在私有化模式中，假定若产权明晰且交易费用为零，那么市场交易可以确保经济效率的实现，即所谓的科斯定理。但很显然交易成本不可能为零，且往往数额较大，导致通过市场自发实现外部性的内在化变得困难。同时，产权的明晰也不是毫无阻碍的，如土地和森林可以对资源单位进行划分，但如水源和渔场这类的流动性资源很难界定私有产权的边界。即使能够运用一组多样化的权利，使得资源使用者能够运用特定设备在特定时间和地点提取特定数量的资源，但资源系统仍然可能是公有的而非私人的，因为私人权利体制本身就是一个公共制度，它的存在取决于公共组织。④ 克拉克在论述渔场问题时也指出，公共所有制是一个影响遍及几乎每个渔场管理体制的基本事实。⑤

从两种传统的治理模式来看，无论是国家理论还是市场理论，都强调通过资源系统外部的介入来提供解决方案，将制度变迁必须由外部施加给资源使用者作为信条。奥斯特罗姆否定了最优制度安排是容易设计并能由外部权威以很

① 奥斯特罗姆. 公共事物的治理之道——集体行动制度的演进［M］. 余逊达，陈旭东，译. 上海：上海三联书店，2000：10.

② DASGUPTA P，HEAL G M. Economic theory and exhaustible resources［M］. Cambridge：Cambridge University Press，1979：66.

③ STILLMAN P G. The Tragedy of the Commons：A Re-Analysis［J］. Alternatives，1975（4）：12-15.

④ BINGER B R，HOFFMAN E. Institutional persistence and change：The question of efficiency［J］. Journal of Institutional and Theoretical Economics，1989，145（1）：67-84.

⑤ CLARK C W. Restricted access to common-property fishery resources：a game-theoretic analysis［M］. Dynamic optimization and mathematical economics，Boston：Springer US，1980：117-132.

低的成本去强行实施的看法，认为这一过程是困难的、耗时的和引发矛盾的，既需要有一整套在文化上被认同的规则，又需要有关于时间和空间变量的有效信息，并且新的制度安排在现实中也不会完全像在抽象模型里那样运行。①　此外，传统治理方案潜在地带有悲观主义的冷酷逻辑，将公地悲剧视为无法避免的陷阱，这种先验的论断忽视了现实世界的复杂性和人类智慧的创造性。

2. 多中心治理的途径

（1）概念厘定

自从以奥斯特罗姆等为代表的多中心理论被翻译引介到国内后，众多学者对其产生了浓厚的研究兴趣，在不同领域的学术文献中大量引用。但通过梳理可以发现，国内学界对于"多中心"概念的使用极度混乱，导致相关研究成果无法在同一语境下进行交流，制约了学科整体性水平的提升。依笔者拙见，"多中心"概念的混淆至少以下三个方面：①多中心理论的解释范围，即概念的狭义与广义之分；②多中心理论的学科边界，即不同学科背景下的概念差异；③多中心理论与治理理论的关系，即多中心与多中心治理是否指代一致。关于第二个方面的问题，"多中心"一词大量见之于医药学、城市规划、经济管理等领域的文献，其指涉的含义与本书所探讨的公共管理意义上的多中心有着明显差异；关于第三个方面的问题，本书为行文便利将多中心与多中心治理等同，不纠结于语义上的区分，二者的关系将在后文中得到介绍；此处主要针对第一个方面的问题，对多中心理论在公共事务领域内的解释范围进行简析。

在第一个问题上，清楚区分多中心的狭义与广义解释是恰当理解多中心理论的首要前提。奥斯特罗姆所开创的公共资源治理"多中心"方案，是在摒弃了传统的国家—市场二分法后，对既往所谓非此即彼的"唯一方案"的超越。这一新型替代方案，既非纯国家也非纯市场，而是一种混合型制度。因此，此处的"多中心"应取其狭义解释，特指国家与市场之外的"第三条道路"，有时也被命名为社群治理、社区治理或自主治理，但这并不妨碍它们所共同享有的"多中心"治理结构。更具体来说，多中心是指许多带有自我组织、有时还拥有重叠特权的决策中心的共存，它们中的一些组织在不同的规模和一定的规

---

①　奥斯特罗姆. 公共事物的治理之道——集体行动制度的演进［M］. 余逊达，陈旭东，译. 上海：上海三联书店，2000：30.

则之下运行。①② 多中心体制的运行既不是无政府状态，也不同于分层组织或决策中心的授权指定区域，因为它不是在等级制的命令链条中组织起来的，也不具有一个终极的权力中心。③ 它是在有限自治的地方一级上创造一种有利于建立信任的激烈结构，同时也创造一种有利于更好解决问题的多样化环境。④

与之相反，广义上的多中心则是囊括了国家、市场与社群等各类制度安排在内，作为社群自治意义上的多中心仅构成其概念子集。广义的多中心概念，涉及了政治国家和市民社会等宏大叙事，是一种哲学高度上的思辨，也是对近现代以来社会科学领域一系列重要思想成就的汇总。建立起多中心理论的广义视角，就是发展出公共资源多中心治理新的整合性框架，在奥斯特罗姆"第三条道路"的基础上更进一步，谋求再一次的"超越"，这也是本书在之后的部分所要呈现的内容和努力方向。

（2）适用范围

在奥斯特罗姆早期的研究中，将研究对象限定在小范围的公共池塘资源（common pool resources）上，指的是一个排斥资源潜在受益者成本很高（但并非不可能）的自然或人造的资源系统，受其影响的人数可能介于50到15000之间，资源使用者的收益极大地依赖该资源系统。从资源类型上看，主要有近海渔场、小型牧场、灌溉系统以及公共森林，它们都具有一些共同点：①资源是可再生的；②资源是相当稀缺的；③资源使用者能够互相伤害，但伤害不来自外部。出于对资源类型划分的需要，奥斯特罗姆还着重强调了资源系统和资源单位的区别，把资源系统看作是储存变量，在一定条件下能使流量最大化而又不损害存量本身；资源单位是从资源系统中占用或使用的量，如捕鱼的吨数、桥梁的通过量等。⑤

在上述限定条件下，能够控制市场价格的卡特尔组织以及非对称的污染问题等都被排除在分析之外。虽然多中心原初的适用对象是小范围的公共池塘资

① Ostrom E. Polycentricity, complexity, and the commons [J]. The Good Society, 1999, 9 (2): 37-41.

② Aligica P D, Tarko V. Polycentricity: from Polanyi to Ostrom, and beyond [J]. Governance, 2012, 25 (2): 237-262.

③ 奥斯特罗姆，施罗德，温. 制度激励与可持续发展：基础设施政策透视 [M]. 陈幽泓，谢明，任睿，译. 上海：上海三联书店，2000：204.

④ 奥斯特罗姆. 公共资源的未来：超越市场失灵和政府管制 [M]. 郭冠清，译. 北京：中国人民大学出版社，2015：28.

⑤ 奥斯特罗姆. 公共事物的治理之道——集体行动制度的演进 [M]. 余逊达，陈旭东，译. 上海：上海三联书店，2000：48-53.

源，但其实际上能够反映多数资源系统的状况，并且随着其他学者的拓展完善和相关研究的不断推进，多中心治理的范畴已超出原先的限制，被广泛应用于广义的公共资源领域。从定义上来看，公共资源既可指自然生成的资源，它能为人类提供生存、发展、享受的物质条件；也可指由社会群体在进行集体行动时所共享的风俗、风尚、道德、规则等规范形态，或基于制度的章法、程序、法纪等组织形态存在的公共社会资源。①② 因此，多中心理论在公共资源领域的应用尚有很大的拓展空间。

（3）核心问题

多中心治理所要解决的中心问题，是如何使得相互依赖的资源使用者实现自我组织和自主治理，从而抵制机会主义行为的诱惑以取得持久的共同收益。其中，涉及一系列复杂的有关策略选择的环境变量，以及这些变量是如何发生和组合的。更具体而言，多中心治理需要对新制度的供给、可信承诺的获得和相互监督的实施等关键问题作出回应。传统的国家与市场途径是以一种简单的和程式化的方式来促进集体行动的，如国家暴力的强制和企业剩余的激励，虽然它们都讨论了如何通过局外人来提供制度规则、如何才能获得可信承诺以及为什么必须有监督等问题，但尚不能够充分和完备地进行解释，无法对为什么公共资源的治理有时候取得成功而有时候遭遇失败提供合乎逻辑的答案。

新制度的供给虽然是针对公共资源而言，但其本身也是一项"公共物品"，因此存在着所谓的二阶困境，而现代制度理论并没有对此进行充分的讨论。即使引进新制度所有人的境况都会同等程度地变好，但搭便车的动机仍会削弱组织解决集体困境的动机，因此二阶困境并不比一阶困境更容易解决，建立信任和社群观念便是必要的。③ 可信承诺的获得通常是由外部力量来强制实现的，但这涉及委托—代理的问题，代理人的动机和行为往往被忽视。在没有外部强制的情况下，自组织的群体必须激励自己实施监督和制裁，从而保持对规则的遵守。在以往的集体行动理论中，一组委托人是难以对遵守规则的情况进行相互监督的，即使规则是由他们自己设计的。因此，供给、承诺和监督问题构成了一个交织和循环的因果链，将原先单向的和一阶的简化分析演进至多维和多阶的形态。

---

① 韩方彦. 中国公共资源管理存在的问题及对策［J］. 理论月刊，2009（5）：79-81.

② 黄平. 小康社会建设：公共资源与公共管理［J］. 中国特色社会主义研究，2005（1）：23-24.

③ Bates R H. Contra contractarianism：some reflections on the new institutionalism［J］. Politics & Society，1988，16（2-3）：387-401.

（4）制度原则

奥斯特罗姆在考察了世界范围内的大量案例后，认为凡是能够长期存续的自主治理制度，普遍地具有一些相似的设计原则。相反的是，在那些没能提供一套行之有效的制度安排，或所提供的制度安排难以为继的地方，突出表现为一些关键制度原则的缺失。奥斯特罗姆所罗列的设计原则有八条，但她特别指出这只是使得制度安排具有强健性和可持续性的必要条件而非充分条件，并且这种必要性也尚待检验。（参见附表-1）

附表-1　长期存续的公共池塘资源制度的设计原则

项目	内容
清晰界定边界	明确规定资源本身的边界和有权提取资源单位的个人或家庭
使占用和供应规则与当地条件保持一致	规定占用的时间、地点、技术或资源单位数量的占用规则，要与当地条件及所需劳动、物资或资金的供应规则一致
集体选择的安排	绝大多数受操作规则影响的个人能够参与对操作规则的修改
监督	积极检查资源状况和占用者行为的监督者，或是对占用者负有责任的人，或是占用者本人
分级制裁	违反操作规则的占用者很可能要受到其他占用者、有关官员或他们两者的分级制裁
冲突解决机制	占用者和官员能够迅速通过成本低廉的地方公共论坛来解决占用者之间或占用者和官员之间的冲突
对组织权的最低限度认可	占用者设计自己制度的权力不受外部政府威权的挑战
分权制企业	在一个多层次的分权制企业中，对占用、供应、监督、强制执行、冲突解决和治理活动加以阻止

来源：奥斯特罗姆．公共事物的治理之道——集体行动制度的演进［M］．上海：上海三联书店，2000：144.

二、整合："多中心"的制度安排

以上对于多中心理论的介绍主要是在狭义层次上的，特指基于社群的、自主式的公共资源治理方案，包括其概念含义、适用范围、核心问题以及制度原则等。在这一基础上，笔者认为多中心理论有不断向广义层次拓展的趋势，而且这与多中心原有的狭义解释并不冲突。作为"第三条道路"的自主式治理，是对既往那种非国家即市场的简化分析方法的超越。但应该清楚地意识到，既然国家和市场都不能成为解决公共资源治理问题的唯一方案，那么基于社群的自治当然也不是万能药。奥斯特罗姆等学者虽然对传统治理模式进行了批判，但从未彻底否定国家与市场在公共资源行动者舞台上的必要角色，也从未断言所有自我实施了制度供给、承诺和监督的社群都必然取得成功。因此，公共资源的理想治理形态应当是对国家、市场和社群的整合而非分割，是从单向度治理结构向多中心治理结构的演进。已有的和尚在发展中的制度分析框架，也支持了这一整合尝试。

（一）治理结构

1. 单向度

纯粹意义上的国家（政府）、市场（企业）和狭义上的社群（居民）作为公共资源治理中的三类重要行动者，都是在单向度的治理结构中运行的，即只能有一个声音、一种方案，因此各行为主体相互间的关系被认为是互斥的。过往的国家—市场两分法是基于对社群自主治理有效性的先验否定而发展起来的，对于资源使用者内部无法自发供给制度、获取承诺和相互监督的悲观预测，使得外部强加的制度安排具有形式上的合理性，本书之前已就此进行了详细论述。在将狭义社群"逐出"治理体系之外后，国家与市场的取舍同样爆发了一场激烈辩论，其影响一直持续到今日。结合经济思想史来看，国家与市场的渊源很大程度上来自一方对另一方机制失灵的批评。

1776年，《国民财富的性质和原因的研究》（国富论）的出版标志着西方古典经济学的诞生，亚当·斯密在书中提出了"无形的手"这一概念，认为个人利益是一切经济活动的根源，并给予整个社会体系以统一性。这种对个人利益与公众利益的一致性的乐观态度导致了有限政府论，即政府对经济的干预是不必要的和不受欢迎的。古典经济学的理论出发点始终是完全竞争市场，然而在现实生活中这些约束条件是无法得到完全满足的，并且随着自由资本主义向垄断资本主义过渡，资本主义市场经济所固有的一系列弊端如失业、贫富分化、周期性经济危机日趋严重。对于市场失灵（market failure）问题的关注在19世纪末期的边际革命后兴起，可分为效率性市场失灵（垄断、外部性）、公平性市场失灵（通货膨胀、收入差距）及消费者偏好（与社会伦理价值的偏差）三大类。①

① 鲍金红，胡璇. 我国现阶段的市场失灵及其与政府干预的关系研究［J］. 学术界，2013（7）：182-191，311.

弥补市场失灵是政府得以参与经济的主要动因，但政府在弥补市场失灵缺陷的过程中也可能出现失灵（government failure）。特别是战后凯恩斯主义的盛行，带来了政府规模膨胀过度、巨额财政赤字、寻租、交易成本增大、社会经济效率低下等问题，政府失灵问题进一步显现。萨缪尔森指出："既存在着市场失灵，也存在着政府失灵……当政府政策或集体运行所采取的手段不能改善经济效率或道德上可接受的收入分配时，政府失灵便产生了。"① 政府失灵理论中最具代表性的就是以布坎南为代表的公共选择流派，它从经济学的方法出发来研究非市场或政府—政治过程，认为政府及其官员的行为动机并不是为了公共利益，而是为了自身的利益及其最大化。政府失灵可表现为不恰当的政府干预（缺位、错位、越位）、政策缺乏稳定预期（短视效应）、存在抽租和创租行为等。

可以看到，在单向度的治理结构中，某一制度安排为取得"唯一方案"的合法性和权威性地位，便要对其他方案加以批判，选择性地无视自身存在的弊端和对方具备的优势。一旦某一方上台，其他的声音便会受到压制。在这种零和博弈的结构下，无论哪一方占据上风其实都不是治理结构的最优解，因而是难以取得成功和不可持续的。

2. 多中心

通常情况下，人们会将地方分权作为打破中央集权控制的一种手段，权力被分散和下放到官僚机构内部的较低层次，同时提高公民的参与机会。但由于此时权力链条上仍然存在着一个最终权威，因此通过中央政府向较低层官员和公民再分配的临时性权力可以被轻易收回。多中心的制度安排则大大不同于分权，它将有限但独立的规则制定权和执行权分配给许多主体，组建多个而不仅仅是一个治理当局，形成的是一套层次丰富的制度体系。多层次的制度规则体系，决定了多中心途径下的治理结构必然与宪政层面的制度安排紧密相关。宪政选择是集体选择和操作规则等一系列制度规则的元制度，用通俗的话来说就是反映了"制定规则的规则是如何制定的"，这些理念性的内容通过层层传递投射到治理的现实中。奥斯特罗姆所提的八条设计原则中，其中有一条便是"对组织权的最低限度认可"，即外部政治权威或政治体系是否授予了占用者设计自己制度的权力，这涉及社群的自治权及其合法性问题。

"多中心"不仅是关于公共物品和准公共物品提供方式的一套制度安排，更

---

① 萨缪尔森，诺德豪斯．经济学［M］．12 版．萧琛，译．北京：中国发展出版社，1992：1173.

是一种思维方式和价值理念，体现在治理主体、治理基础、治理方式和监督制裁上。① 首先，多中心的治理主体意味着有多个公益物品的供给者和公共事务的处理者，即存在一个由来自不同领域和阶层的不同行为主体组成的错综复杂的网络，该网络可能包括中央政府和地方各级政府、政府派生实体、非政府组织、私人机构以及公民个人。其次，多中心的治理基础是建立在对公共事务的处理上政府、市场和社会的共同参与，而不是单纯的政府集权或市场化。再者，多中心的治理方式意味着政府既不垄断公共事务也不完全淡出，而是转变其自身的角色与任务，以达到更好的治理成效。最后，监督和制裁始终是多中心治理的重点关注问题，是能否实现多中心途径的关键保障。

简单来说，多中心治理意指的是：通过社群组织自发形成的多中心治理结构、"多层级政府"、多中心公共论坛以及多样化的公共政策，力图在最大程度上遏制集体行动中的机会主义行为，谋求公共利益的持续发展。② 所有的治理当局具有有限但独立的官方地位，既会自发地追求自己的利益又能相互协作，没有任何个人或群体可以作为最终的权威凌驾于法律之上。多中心理论的核心在于因地制宜，主张通过分级、分层、分段的多样性制度安排来实现政府、市场和社区间的协调与合作。③ 多中心治理体制有助于"维持社群所偏好的事务状态"④，通过多层级的公共控制将外在效应内部化，减少了搭便车的激励；同时，决策中心的下移鼓励了基层组织和公民参与，从而有效利用地方知识做出合理的决策。当然，多中心治理也需要一些前提，如允许人们组建多元治理机构、政府单位间的权力存在本质差异、拥有统一的司法体系来解决区域间冲突等。

（二）分析框架

多中心治理结构的复杂性和主体的多样性，带来了行动和结果的不确定性，这极大增加了管理公共资源系统的难度，也给政策分析人员带来了挑战。为了能够更好地说明公共资源占用和提取中的互动过程，奥斯特罗姆等人开创性地

---

① 刘峰，孔新峰. 多中心治理理论的启迪与警示——埃莉诺·奥斯特罗姆获诺贝尔经济学奖的政治学思考［J］. 行政管理改革，2010（1）：68-72.

② 谭江涛，王群. 另一只"看不见的手"——埃莉诺·奥斯特罗姆与"多中心"理论［J］. 开放时代，2010（6）：140-150.

③ 张克中. 公共治理之道：埃莉诺·奥斯特罗姆理论述评［J］. 政治学研究，2009（6）：83-93.

④ 麦金尼斯. 多中心治理体制与地方公共经济［M］. 毛寿龙，译. 上海：上海三联书店，2000：46.

提出制度分析与发展框架（IAD），并在此基础上进一步衍生出社会生态系统可持续发展总体分析框架（SES）。框架不同于理论或模型，它是对某一组问题的整体研究方法，确定其组成部分及彼此间的可能关系，有助于规范性研究的开展。IAD、SES等框架将众多相关变量纳入分析之中，使人对多中心的制度安排和治理结构能有更清晰的认识，从而采取必要的行动。

此类分析框架能够用来研究三类一般性问题：①对一个给定的资源系统使用规则可能产生的交互和结果方式的检查，包括资源怎样被过度使用、治理系统可能遇到哪类冲突、是否特定的资源系统可能会崩溃等。换言之，即寻找可以促使某种资源产生可持续性结果的规则，以及如何区别需要不同规则管理的资源。②关于特定背景下的特定资源问题，解答在不同的治理安排、使用方式和结果中什么是可能的内在发展？是否需要一个外部强大的制度？③对于来自外部和内部的干扰，由使用者、资源单位和治理系统组成的某一特定结构是否存在长期的可持续性？①

1. 制度分析与发展框架（IAD）

奥斯特罗姆等人所发展出的制度分析与发展框架（Institutional analysis and development framework），其理论基础来源丰富，包括古典政治经济学、制度经济学、公共选择理论、非合作博弈论等。制度分析与发展框架一直是奥斯特罗姆的研究重点之一，致力于解释包括自然物质条件、共同体属性和应用规则等在内的外生变量如何影响公共资源自主治理中的政策结构，为资源占用者提供一套能够增强信任与合作的制度设计方案及标准，进而评估、改善现行的制度安排。这一框架既可以用来研究静态制度安排，也可以用来研究新规则和新技术不断出现的动态制度安排。

一个完整的制度分析与发展框架包括自然物质条件、共同体属性、应用规则、行动舞台、相互作用模式、评估准则和结果等七组主要变量（参见附图-1）。② 当然，并不是每次进行制度分析时都会用到全部的变量，其作用在于有针对性地指导分析特定场景下的问题。运用该框架时，第一步是确定一个概念单元即行动舞台，通过分析特定情境下的恒定结构以区分各类情境。更重要的是，虽然单个行动舞台就包含着众多的参与者和行动链，但社会现实往往是由有继时关系或并时关系的多重场景构成的，因此制度分析与发展框架具有多层

---

① 奥斯特罗姆. 公共资源的未来：超越市场失灵和政府管制 ［M］. 郭冠清，译. 北京：中国人民大学出版社，2015：39-40.

② 王群. 奥斯特罗姆制度分析与发展框架评介 ［J］. 经济学动态，2010（4）：137-142.

次分析的能力，涉及操作规则、集体选择和宪政选择等不同分析层次。不过，奥斯特罗姆也承认对于动态演进的行动情境的研究是 IAD 框架所面临的有趣挑战和下一步工作。①

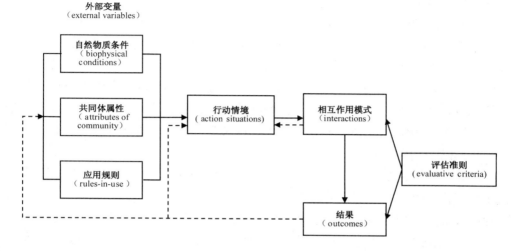

Source：Elinor O. Understanding institutional diversity[J]. Princeton：Princeton University Press，2005，17(34)：8.

附图-1 制度分析与发展框架（IAD）

此处有必要对框架内的一些关键变量加以解释：①行动舞台，包括行动情境（参与者、位置、行动、潜在结果、转换函数、信息、成本和收益）和行动者（偏好、信息处理能力、选择标准、资源）；②自然物质条件，涉及行动的自然可能性、结果的可得性、行动与结果的联结关系以及行动知识；③共同体属性，包括公认的行为标准、对行动场景的共识度、偏好的同质性程度以及成员间的资源分配情况，常用"文化"来指称；④应用规则，即有关什么行动是必须、禁止或允许的以及不遵守规则时会受到什么制裁的规定，包括位置规则、边界规则、权威规则、聚合规则、范围规则、信息规则和收益规则等。②

---

① OSTROM E. Background on the institutional analysis and development framework ［J］. Policy Studies Journal，2011，39（1）：7-27.

② 奥斯特罗姆，加德纳，沃克. 规则、博弈与公共池塘资源［M］. 王巧玲，任睿，译. 西安：陕西人民出版社，2011：28-48.

2. 社会生态系统可持续发展总体分析框架（SES）

21 世纪以来，随着生态环境恶化与环保制度决策的紧迫性，奥斯特罗姆将"多中心"研究理念引入复杂的社会—生态系统研究中，发展出融合自然科学与社会科学的社会生态系统可持续发展总体分析框架（a general framework for analyzing sustainabilityof social-ecological systems）。SES 研究框架主要具有以下特征：①多学科分析，抛弃了传统经济学基于假设的模型化解决路径，引入演化博弈论、政治学、经济学等跨学科的思想和方法；②诊断社会—生态系统，采用多学科的"共同语言"去诊断人地关系系统中的复杂矛盾；③倾向于构建基于集体行动决策的"自主治理思想"；④提出"多中心治理系统"概念，强调政府政策工具、市场竞争机制、社会群体治理以及其他组织均能够在公共资源治理中发挥积极作用。①②③

社会生态系统包括四个核心子系统：①资源系统（例如特定的森林管理区）；②资源单位（如管理区内的树木以及其他植物、野生动物的类型等）；③管理系统（如管理区政府或其他组织、管理区的规则和规则的制定）；④用户（如管理区内以各种方式、出于不同目的使用资源的个人）。这四个子系统直接影响社会生态系统最终的互动结果，同时也受到此互动结果的反作用。由于这些变量镶嵌或被镶嵌于更大或更小的社会和生态背景之中，因此也会受到更宏观或更微观系统的影响。④ 奥斯特罗姆经过大量的实地调查研究，列出分析框架的每个核心变量以及每个核心子系统的二级变量组成（参见附表-2）。SES 分析框架整合了生态子系统演化、自然资源产出、集体行动决策、制度体系域管控绩效等研究领域，将微观变量划分为一级、二级、三级子类，从时间维与空间维上考察变量间的相互作用，实现分析框架模型化。⑤（参见附图-2）

① OSTROM E. A general framework for analyzing sustainability of social-ecological systems [J]. Science, 2009, 325 (5939): 419-422.

② OSTROM E. Sustainable social-ecological systems: an impossibility? [EB/OL]. Available at SSRN, 2012 (2007-07-07).

③ OSTROM E. Beyond markets and states: polycentric governance of complex economic systems [J]. Transnational Corporations Review, 2010, 2 (2): 1-12..

④ ANDERIES J M, JANSSEN M A, OSTROM E. A framework to analyze the robustness of social-ecological systems from an institutional perspective [J]. Ecology and society, 2004, 9 (1): 18.

⑤ 蔡晶晶. 诊断社会-生态系统：埃莉诺·奥斯特罗姆的新探索 [J]. 经济学动态，2012 (8): 106-113.

附表-2　社会生态系统框架一级核心子系统下的二级变量举例①

社会、经济与政治背景（S）	
资源系统（RS）	管理系统（GS）
RS_1部门	GS_1管理组织
RS_2明晰的资源边界	GS_2非政府组织
RS_3资源系统的规模*	GS_3网络结构
RS_4人为设施	GS_4产权系统属性
RS_5生产系统*	GS_5操作规则
RS_6均衡财产	GS_6集体选择规则*
RS_7系统动态的可预测性*	GS_7宪法规则
RS_8储备特征	GS_8监测与惩罚程序
RS_9位置	
资源单位（RU）	用户（U）
RU_1资源单位的可移动性*	U_1单位的数量*
RU_2增长与更新速率	U_2社会经济属性
RU_3资源单位的相互影响	U_3用户的历史
RU_4经济价值	U_4位置
RU_5资源单位数量	U_5领导/企业家精神*
RU_6特色标志	U_6规范/社会资本*
RU_7时间与空间分布	U_7社会生态系统的知识/精神模式*
	U_8资源重要性
	U_9技术运用
互动（I）	结果（O）
I_1不同用户的收益水平	O_1社会变现的度量
I_2用户之间的信息共享	O_2生态表现的度量
I_3商议过程	O_3其他社会生态系统的外部性
I_4用户之间的冲突	

---

① 注：S1 为经济发展，S2 人口趋势，S3 政治稳定，S4 政府资源管理，S5 市场激励，S6 媒体组织；* 为与自主治理有关的次级变量。

续表

社会、经济与政治背景（S）	
I₅ 投资活动	
I₆ 院外活动	
I₇ 自组织活动	
I₈ 网络活动	
ECO₁ 气候模式	相关社会生态系统（ECO）
	ECO₂ 污染模式
	ECO₃ 社会生态系统的流入与流出

Source：谭江涛，章仁俊，王群．奥斯特罗姆的社会生态系统可持续发展总体分析框架述评 ［J］．科技进步与对策，2010，27（22）：42-47.

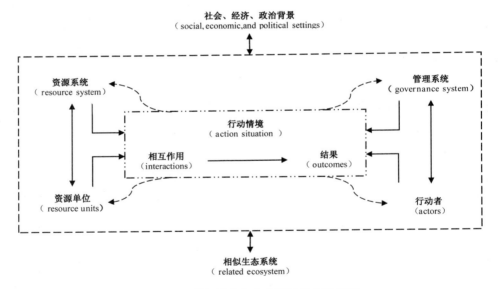

附图-2　嵌入于社会生态系统的行动情境

Source：Ostrom E. A diagnostic approach for going beyond panaceas ［J］. Proceedings of the national Academy of sciences，2007，104（39）：15181-15187.

三、回归：经典与传统的复兴

以奥斯特罗姆夫妇为代表提出的多中心理论，是对既往众多研究成果的超越，并在此前提下呈现逐步的整合趋势，具有极强的开拓性和预见性。但罗马不是一天建成的，多中心理论也并非凭空创造的，而是建立在经典与传统的基础上并实现对其的回归。因此，考察多中心治理便要试着回到过去，如托克维尔在论美国的民主时所言"观察他在母亲怀抱中的婴儿时期，观察外界投在他还不明亮的心智镜子上的初影"①，探究其所处的历史背景、发展契机和具备的理论渊源对塑造自身起到了何种影响，理解其如何反映了经典与传统在新时代的复兴。清楚地认识到多中心理论所蕴含的创新与复古的双重特性，有利于在更广阔的视角下展望其正面临的机遇与挑战。

（一）历史背景

从古希腊时代起，规范研究就成为古典政治学的生命，"几乎所有规范的政治理论……都试图同亚里士多德的古典政治理论重新取得联系"。② 因此，一名政治学家的工作不是回答"是什么"，而是"应该是什么"，从而揭示所谓的客观真理。这种传统的政治学范式将国家以及国家主权、法律制度作为关注的基本内容，使用哲学的、历史的、法律的和制度的研究方法。③ 但随着近现代的到来，传统政治学无力回应科学主义的挑战，不能解释非正式组织的存在和作用，也不能解释与制度原理相悖的政治过程，人们开始抨击传统研究范式只关注价值或"应然"问题而不关注现实或"实然"问题。于是，滥觞于政治学内部的"行为主义革命"在 20 世纪初期兴起，并在第二次世界大战后的头 20 年盛行开来，对整个社会科学领域都产生了重大影响。

20 世纪中叶以来的范式变迁对社会科学领域产生了巨大震动，而紧随其后的是冷战局面终结带来的又一次冲击。20 世纪 90 年代以后，苏联解体使得两极格局崩塌，横贯世界的"铁幕"缓缓拉上，高度意识形态化的冷战思维以及各式各样的"主义"话语也愈发没落，社会主义与资本主义、计划与市场的截然对立不再先天地具有道德感召力。受此影响，以往社会科学领域中流行的一些过分简单化的两分法遭到了人们的质疑，非此即彼的二元对立似乎难以解释现实情境中众多复杂的议题。后冷战时代的学术界，在抛弃了意识形态的包袱和政治环境的高压后，得以将目光投向了更广阔的天地。并且，乘着全球化的浪潮，实证研究的视野得以被拓展至世界范围。

（二）发展契机

严格意义上来说，多中心治理是一个混合概念，是多中心理论与治理理论

① 托克维尔. 论美国的民主·上卷［M］. 董果良，译. 北京：商务印书馆，1997：26.
② 柏伊姆. 当代政治理论［M］. 李黎，译. 北京：商务印书馆，1990：14.
③ 陈明明. 行为主义革命与政治发展研究的缘起［J］. 复旦学报（社会科学版），1999，04：122-128，142.

相结合的产物，前文在对多中心概念进行界定时曾提及这一问题。本书认为，"多中心"与多中心治理在绝大多数情况下可相互替代，二者具有相似的内涵。正是在多中心理论复兴经典与传统的历程中，恰逢治理理论兴起并不断得到完善的契机，从而使得多中心治理的提出顺理成章。同多中心理论一样，治理理论也不是凭空捏造的，而是在西方国家再造政府的改革中逐步成型的，深刻反映着公共管理领域治道变迁的历程。20世纪90年代以来，"治理"及"善治"日益成为公共管理的核心概念，治理理论一跃成为西方学术界的显学。世界银行1992年度的报告就以《治理与发展》为标题，经济合作与发展组织1996年也以《转变中的治理》为题总结经合组织成员国的治理变革。1995年，全球治理委员会发布了《我们的全球之家》报告，将"治理"界定为：各种公共的或私人的个人和机构管理其共同事务的诸多方式的总和，是使相互冲突或不同的利益得以调和并且采取联合行动的持续过程。① 在罗茨看来，治理可用于指代任何活动的协调方式，至少有六种不同的用法：作为最小国家的治理、作为公司治理的治理、作为新公共管理的治理、作为"善治"的治理、作为社会—控制系统的治理以及作为自组织网络的治理。②

实际上，由于分析角度和对象的不同，学界在治理的定义上远未能达成一致，表明了庞杂的治理理论体系有着不同的研究途径，包括政府管理、公民社会以及合作网络等途径。③ 政府管理的途径侧重从政府的角度来理解市场化条件下的公共管理改革，新公共管理浪潮是其典型代表，以市场化和管理主义为政策取向，强调结果导向和顾客导向，注重目标管理、产出控制、绩效评估、部门分权等。公民社会的途径主张治理是公民社会的自组织网络，通过不受国家支配的公民团体或民间组织，社会的各个部分完全可以自我建设、协调、联系、整合和满足，从而形成一个制度化的、不需要借助政府及其资源的公共领域，有敌视政府之嫌。合作网络的途径则试图在网络管理的框架内整合上述两种研究途径，治理被视为对合作网络的管理，是为了实现与增进公共利益，政府部门和私营部门、第三部门、公民个人等众多公共行动主体彼此合作，在相互依存的环境中分享公共权力、共同管理公共事务的过程。合作网络途径下的治理，

---

① 闫健. 民主是个好东西——俞可平访谈录［M］. 北京：社会科学文献出版社，2006：45.

② RHODES R A W. The new governance：governing without government ［J］. Political studies, 1996, 44（4）：652-667.

③ 陈振明. 公共管理学——一种不同于传统行政学的研究途径［M］. 2版. 北京：中国人民大学出版社，2003：81-89.

与多中心理论的广义解释有着紧密联系，都突出表现为多中心的行动体系、有限理性的行为假设和互惠合作的行动策略。

（三）理论渊源

1. 先声："自由的逻辑"

对"多中心性"的认识起源于经济领域，通过对计划经济和市场经济的比较研究，演绎出多中心任务并在政治行政领域获得发展，进而提出在人类社会的各个领域也存在着多中心性的命题。迈克尔·博兰尼在《自由的逻辑》一书中最先提出了"多中心"这一概念，他通过对人类科技发展历史的回顾和对市场经济与计划经济的对比分析逐步梳理出自由智识的逻辑，将对自由的安排总结为"自发秩序"和"集中指导秩序"两种方式，并认为前者才是真正意义上的自由。① 在例如商品经济活动的自发秩序中，利润对人有着激励作用，存在着所谓的"多中心性"选择。博兰尼认为，自由社会的特征是公共自由的范围而不是无效的个人自由之程度，在遵守统一法律的前提下人与人之间凭着自己的主动性相互作用，从而得到社会的自发秩序体系。在自发秩序中活动的人们，不能通过统一集中指挥来解决管理问题，因为自发秩序所形成的工作任务是多中心性的，唯有靠相互调整的体系才能被社会管理。② 各个自由体的一致性不是强加的，而是在完成多中心任务的调整配合中达成的，这就是自由的逻辑。可以说，博兰尼开创了"多中心"理论的先河。

2. 立场：古典自由主义

奥斯特罗姆一直避免于陷入区分传统的集权国家和自由市场相对有效性的尴尬境地，但她本人却忠实地继承着古典自由主义政治经济学的传统。经典的自由主义政体基于强烈的私有财产保护、广泛的公民社会以及有限的政府组织，通过许多不同个人和群体的分散决策提高管理水平和避免错误，同时也提供了更好地激烈以允许人们为利于他人的决策获得奖励（反之受到惩罚）。奥斯特罗姆的论点与此相似，即分散的治理方式能够通过试错发现规则，这些规则被用来解决和克服公共池塘资源问题，并为受到规则影响的人提供激励以促使他们行动。考察奥斯特罗姆对公共财产制度的研究，是理解其学术立场的重要坐标。奥斯特罗姆从未否认过私有产权制度，并视公共财产制度本身是一种排他性私

---

① 王志刚. 多中心治理理论的起源、发展与演变［J］. 东南大学学报（哲学社会科学版），2009（S2）：35-37.

② 博兰尼. 自由的逻辑［M］. 冯银江，李雪茹，译. 长春：吉林人民出版社，2002：142-199.

有产权，它是一种没有将一些东西进一步分解的产权私有化形式。① 而她对于搭便车问题的研究，运用的也是接近于古典自由主义传统核心的洞察力，启发后来的学者去观察非外部权威强加的规则。当主流实证经济学沉浸于定量模型的工作中时，这种案例式研究的价值就更加凸显。

3. 话语：民主理论

作为对多中心治理价值与正当性的追问，民主依旧是回答社会治理多中心实践的"元话语"，但叙事的重心已从人民统治功能拓展到公共治理功能。② 古典的民主形式是保护性的，目的在于尽可能减少公民所面临的危险。自近代资产阶级革命以来，以卢梭、洛克、孟德斯鸠、汉密尔顿等人为代表的古典民主理论，强调的是人民主权、权力制约、议会至上，并将政府假定为一种必要的恶，主张国家与社会的分离。随着国家与社会关系的调整，现代民主理论将关注重点转移到国家治理过程上，以权力制约和保护自由为核心原则的保护型民主逐渐向治理型民主转化。在治理型民主话语中，自由与平等的内涵不断丰富，公民权利深化为包含政治、经济、文化等权利在内的集合体。同时，政治参与成为开放、多元的互动过程，民主的参与者往往是组织化后的利益集体。保护型民主构筑的是以政府为单一中心的权威模式，治理型民主虽未能确立多中心治理模式但已为其生成准备了路径，转换的必要主题是以公共物品和公共服务为内容的社会治理的发展。此外，作为所谓强势民主模式的参与型民主，在重建宪政秩序中赋予了多中心以新的生命力，带来了对民主的新理解。

4. 形式：联邦主义

前文的介绍表明多中心体制具有分散的决策中心，并组建了多个治理当局，彼此之间存在一定的协作关系，此类制度特征在美国的政治体制中有着鲜明体现，可以说多中心理论在形式上深受联邦主义传统的影响。自 1789 年宪法肇始，美国的联邦主义经历了二元联邦主义、合作联邦主义和新联邦主义等阶段。1789 年至 20 世纪 30 年代为二元联邦主义，又称"双重联邦制"，指联邦和州各自在宪法规定的权限范围内行使权力并各负其责、互不干涉的政治模式，被称之为"分层蛋糕"。③ 20 世纪 30 至 70 年代为合作联邦主义，指各个层级的政府

---

① MCKEAN M, OSTROM E. Common property regimes in the forest：just a relic from the past [J]．Unasylva，1995，46（180）：3-15.

② 周亚权，孔繁斌．从保护型民主到自主治理——一个多中心治理生成的政治理论阐释 [J]．南京社会科学，2007（9）：70-76.

③ 谭融．权力的分配与权力的角逐——美国分权体制研究 [M]．天津：天津大学出版社，1994：176.

在履行其特定职能时不是相互隔离和相互独立的，相反呈现为相互连接和相互合作的关系。20年代70年代至今为新联邦主义，指寻求改变美国联邦政府权力日益集中的趋势，力图恢复联邦与州之间权力关系的平衡，使州政府和地方政府重新获得权力的政治模式。美国联邦主义的发展是一个权力关系从相对平衡到相对平衡被打破，继而重新寻求相对平衡的过程，其中也蕴含着分权制衡原则、自由共和主义和精英主义等精神内核。奥斯特罗姆在强调宪政选择层次的分析时，也离不开对美国联邦主义传统的讨论。

四、总结与讨论

"多中心"理论视角下的公共资源治理是一种超越。在"公地悲剧"被正式提出以后，或是利维坦或是私有化，为了所谓的唯一方案地位而争论不休。这类传统的公共资源治理模式，都同意由资源系统外部的介入来提供解决方案，制度变迁必须由外部施加，同时认为悲剧性的冷酷结局是无法避免的。借助国家—市场二分法进行分析虽然简便，但却过于笼统与武断，有时难以解答现实情景中的复杂问题。因此，奥斯特罗姆等人以基于社群自治的"多中心"治理作为新型替代方案，走出了公共资源治理的第三条道路，实现了对以往国家—市场二分法的超越。此时，作为狭义解释的多中心治理所要解决的中心问题，是如何使得相互依赖的资源使用者实现自我组织和自主治理，从而抵制机会主义行为的诱惑以取得持久的共同受益。对公共资源治理难题的研究，被锁定在制度供给、承诺获得和相互监督等核心问题上，并推进到制度设计原则的层面。

"多中心"理论视角下的公共资源治理也是一种回归。多中心理论不是凭空产生的，而是处在社会科学范式变革、国际政治局势迁动的历史大背景下，对经典与传统的复兴。多中心理论秉承着"自由逻辑"的先声，自觉或不自觉地站在了古典自由主义的立场上，认可分散决策方式与私有财产权利的合理性，将广泛的公民社会以及有限的政府组织视为必要。在多中心的内涵与外延上，民主理论编织了其话语，联邦主义则提供了形式。作为对多中心治理价值与正当性的追问，民主依旧是回答社会治理多中心实践的元话语，贯穿于从保护型民主到治理型民主乃至参与型民主的演变中。联邦式的政治体制为多中心治理的实践创造了宪政选择层面的制度基础，并将分权制衡、自由主义等联邦主义传统的精神内核融进多中心理论。此外，乘着治理理论蓬勃发展的契机，多中心治理的概念得到了越来越多的关注与肯定。

多中心治理理论凭借其对治理方式的创新和强大的框架解释力，成为学术界的新宠儿，大有自成一派的趋势。但在现有的理论框架内，多中心治理还远未臻至完美，存在着自身的一些不足。奥斯特罗姆在哈耶克纪念讲座上作了题为《公共资源的未来：超越市场失灵和政府管制》的演讲，很好地概括总结了在多中心途径下实现公共资源治理可持续发展的四大挑战："万能药"陷阱、跨学科框架、预测性理论以及时间序列数据。①

第一个挑战在于"万能药"问题，即是否存在治理的"最好方式"。在对传统治理模式的批判中已经提到，国家或市场都不构成所谓的唯一方案，那么同样多中心也不例外。在实践中虽然一些具体管理系统的运行是卓有成效的，但不同资源系统间差异极大，政府、私人和社群在某些情况下都能起到作用，因此"社群总是最有效的"成了一个认识陷阱。

第二个挑战是如何建立跨学科、多层次的社会生态系统分析框架。已有的IAD、SES等分析框架能够大致锚定分析的重点部分，通过总和变量研究个体和组群之间相互作用产生的结果，即行动状态。对各种行动状态下不同资源参与者进行研究，能够揭示资源系统的长期可持续性。但在分析框架中仅有资源系统、资源单位、管理系统等第一层变量是不够的，需要发展出第二层乃至第三层、第四层以满足分析需要。

第三个挑战是如何运用上述跨学科、多层次的分析框架，去建立和预测更好的理论，识别可能影响行动状况结构的多个变量、治理系统间产生的相互作用、资源使用者和资源系统的状况以及资源可持续管理方面的结果。借助这样的框架，可以获得研究相似系统的方法，从而去评判不同的系统，以理解为什么一些资源系统获得了成功而另一些则失败了。

第四个挑战是关于时间序列数据收集方式的问题。奥斯特罗姆等人所发展出的多中心治理理论，其根本上是建立在实践案例的基础上，综合运用了小样本案例研究法、大样本案例研究法、宏观分析法、实验法、正式模型法等多元研究方法，这就对数据收集提出了严格要求。特别是历时性、动态化的数据类型，对于研究资源系统的演进与可持续具有较大意义。

---

① 奥斯特罗姆.公共资源的未来：超越市场失灵和政府管制［M］.郭冠清，译.北京：中国人民大学出版社，2015：35.

作为公共资源的大数据资源管理：一个理论分析

伴随着社交媒体、工业互联网、视频、图片和用户产生内容（user-generated content，UGC）等应用不断涌现的海量数据，社会各个领域开始了量化进程，诸多领域的数据量都呈现急剧增长态势，数据形态日益复杂①。2015年9月，国务院印发的《促进大数据发展行动纲要》（国发〔2015〕50号）中指出，"信息技术与经济社会的交汇融合引发了数据迅猛增长，数据已成为国家基础性战略资源，大数据正日益对全球生产、流通、分配、消费活动以及经济运行机制、社会生活方式和国家治理能力产生重要影响"②。《中华人民共和国国民经济和社会发展第十三个五年规划纲要》中提出实施国家大数据战略，"把大数据作为基础性战略资源，全面实施促进大数据发展行动，加快推动数据资源共享开放和开发应用，助力产业转型升级和社会治理创新"③。《中华人民共和国国民经济和社会发展第十四个五年规划纲要》中提出要"迎接数字时代，激活数据要素潜能，推进网络强国建设，加快建设数字经济、数字社会、数字政府，以数字化转型整体驱动生产方式、生活方式和治理方式变革"④。可见，大数据资源的重要性日益显著，已上升为"国家基础性战略资源"；有效利用大数据资源也成为国家竞争力的重要影响因素⑤。因此，推动大数据资源管理与配置优化，是提升国家治理能力和治理水平的客观要求和必然选择，对于充分发挥资源和市场优势、释放数据要素价值、提升产业链现代化水平、培育发展数字经济新动能具有重要意义，为构建现代化经济体系和新发展格局提供强大支撑。

---

① 郑大庆，黄丽华，张成洪，等. 大数据治理的概念及其参考架构［J］. 研究与发展管理，2017，29（4）：65-72.

② 白宇，张玉珂. 国务院印发《促进大数据发展行动纲要》［N］. 人民日报，2015-09-06（1）.

③ 王吉全. 中华人民共和国国民经济和社会发展第十三个五年规划纲要［N］. 人民日报，2016-03-18（1）.

④ 中华人民共和国国民经济和社会发展第十四个五年规划和2035年远景目标纲要［N］. 人民日报，2021-03-13（1）.

⑤ 李国杰，程学旗. 大数据研究：未来科技及经济社会发展的重大战略领域——大数据的研究现状与科学思考［J］. 中国科学院院刊，2012，7（6）：647-657.

一、大数据的概念与特征

（一）大数据的概念

"大数据"一词最早出现在 1980 年出版的《第三次浪潮》（*The Third Wave*）一书中。作者托夫勒认为，迄今为止，人类已经历了三次浪潮。第一次浪潮是人类从原始社会进入农业社会，称之为"农业革命"；第二次浪潮是从 17 世纪末开始，人类进入机械时代，称之为"工业革命"；对于第三次浪潮，托夫勒立足于现代科学技术的发展，对未来进行展望和设计，认为"'大数据'才是第三次浪潮的华彩乐章"[①]。

19 世纪 60 年代，数据通常存储在文件中，并由应用程序直接管理；70 年代建立了关系数据模型，数据库技术为数据存储提供了新的手段；到了 80 年代中期，数据仓库的面向主题集成性、时变性和非易失性等优点使之成为数据分析和在线分析的重要平台。21 世纪以来，信息技术的创新使以大数据为主要内容的新一轮科技革命席卷全球。随着智能手机的广泛使用和社交媒体的兴起，各种类型的数据呈指数增长并不断复杂化，数据中存在的关系和规则难以被发现，渐渐超出了传统关系型数据库的处理能力。而大数据技术则能通过分布式技术框架对非关系型数据进行异质性处理，经过数据挖掘与分析，从大量化、多类别的数据中提取价值[②]。麦肯锡公司看到了各种网络平台所记录到的个人的海量信息具备的潜在的巨大商业价值，并在《大数据：创新、竞争和生产力的下一个前沿领域》报告中首次提出"大数据"时代的到来："数据，已经渗透到当今每一个行业和业务职能领域，成为重要的生产因素。人们对于海量数据的挖掘和运用，预示着新一波生产率增长和消费者盈余浪潮的到来。"[③]

对于大数据的定义，目前尚未形成统一的认识。单从字面来看，大数据突出了数据规模的庞大。但这种解释却并不能较好地区别于以往的"海量数据"或者"超大规模数据"等概念。麦肯锡公司在研究报告中提出，大数据指的是大小超出常规的数据库工具获取、存储、管理和分析能力的数据集。同时强调，

---

①　托夫勒 . 第三次浪潮［M］. 黄明坚，译 . 北京：中信出版社，2006：47.

②　涂新莉，刘波，林伟伟 . 大数据研究综述［J］. 计算机应用研究，2014，31（6）：1612-1616，1623.

③　MANYIKA J, CHUI M, BROWN B, et al. Big data：The next frontier for innovation, competition, and productivity［R/OL］. McKinsey Global Institute，2011.

并不是说一定要超过特定 TB 级的数据集才能算是大数据①。维基百科中将大数据定义为无法在一定时间内用常规软件对其内容进行抓取、管理和处理的数据集合。这两种定义都主要从大数据的处理方法和处理工具的视角认识大数据，强调了大数据所涉及的资料量规模巨大，以至于无法通过传统数据库工具对其内容进行抓取、管理和处理。IDC 对大数据的定义给出了量化标准：大数据一般会涉及 2 种或 2 种以上数据形式。它要收集超过 100TB 的数据，并且是高速、实时数据流；或者是从小数据开始，但数据每年会增长 60% 以上②。这个定义指出了大数据具有数据量大、种类多、增长快的特征。美国国家科学基金会（NSF）基于大数据的来源和大数据的技术特征，强调了大数据来源的多样性和特征的复杂性：大数据是指由科学仪器、传感器、网上交易、电子邮件、视频、点击流和（或）所有它现在或将来可用的数字源产生的大规模、多样的、复杂的、纵向的和（或）分布式的数据集③。高德纳咨询公司给出的定义是：大数据是指需要低成本的、形式创新的信息处理模式才能具有更强的决策力、洞察发现力和流程优化能力的海量、高增长率和多样化的信息资产④。这种观点认为大数据是一类信息资产，并对其技术特征、处理方法和应用价值进行了界定。

综上所述，由于大数据的概念过于抽象，目前很难有一个大家比较认可的定义。多数情况下，人们主要是从大数据的特性来理解其内涵，包括数据规模大、种类多、增长快、来源多样性、特征复杂性、数据处理方式的多样化等，这些特征使得大数据无法通过传统数据库工具对其内容进行抓取、管理和处理。因此，与传统的"海量数据""超大规模数据"概念相比，大数据的规模大不仅是量的"大"，而且已经达到质的飞跃。国务院印发的《促进大数据发展行动纲要》指出，大数据是以容量大、类型多、存取速度快、应用价值高为主要特征的数据集合，正快速发展为对数量巨大、来源分散、格式多样的数据进行采集、存储和关联分析，从中发现新知识、创造新价值、提升新能力的新一代信息技术和服务业态⑤。

①　MANYIKA J, CHUI M, BROWN B, et al. Big data：The next frontier for innovation, competition, and productivity［R/OL］. McKinsey Global Institute, 2011.

②　NADKARNI A , SCHUBMEHL D, WARDLEY M , et al. World wide Big Data Technology and Services 2012–2015 Forecast［R/OL］. IDC, 2012.

③　National Science Foundation. Core Techniques and Technologies for Advancing Big Data Science& Engineering（BIGDATA）［EB/OL］. National Science Foundation, 2012.

④　Gartner. Big data［EB/OL］. Gartner Glossary, 2012–05–25.

⑤　白宇，张玉珂. 国务院印发《促进大数据发展行动纲要》［N］. 人民日报，2015–09–06（1）.

（二）大数据的特征

通过以上对大数据的描述可以看出，不同的定义都试图从大数据的特征出发阐述和归纳大数据所具有的内涵。最初人们主要着眼于大数据作为数据集的基本特征，认为大数据应该是满足规模性（volume）——数据级别从 TB 级别跃升到 PB 级别、多样性（variety）——大数据的来源复杂多样和高速性（velocity）——数据的增长速度和处理速度快这三个特点的数据集①，也就是通常所说的"3V"定义②。显然，随着信息技术的发展，"3V"已经不足以描述大数据所具有的全部特征。不少机构尝试在 3V 的基础上增加一个新的特性。关于第 4 个 V 的说法并不统一。国际数据公司（International Data Corporation，IDC）认为大数据还应当具有价值性（value）："'大数据'是为了更经济地从高频率获取的、大容量的、不同结构和类型的数据中获取价值，而设计的新一代架构和技术。"而大数据的价值往往呈现出稀疏性的特点③。这一观点受到了较为普遍的认可，从而形成了所谓的 4V 特性：即更大的容量、更复杂的多样性（包括结构化、半结构化和非结构化数据）、更快的生成速度以及其组合带来的第四个因素——价值④。IBM 商业价值研究院则认为除了规模性（volume）、高速性（velocity）和多样性（variety）之外，大数据的第四个特征为精确性（veracity），认为将精确性作为大数据的第四个属性凸显了应对与管理某些类型数据中固有的不确定性的重要性⑤。

1. 规模性（volume）

规模性主要是指大数据的"量"。规模性是大数据的基本属性，大数据聚合在一起的数据量是巨大的，且已经超出了常规数据处理工具的处理范围。目前，大数据的规模尚是一个不断变化的指标，其计量单位也逐渐由 GB、TB 变为 EB、ZB，大数据量的积累已经达到质的飞跃，并且仍然将持续以前所未有的速度急剧增长。

促使数据规模激增的原因有许多。首先，互联网络的广泛应用使得数据获取、分享变得相对容易。从数据的产生来看，分享数据的主体从原来的政府、

① BEYER M, DOUGLAS L. The importance of "Big Data"：A definition ［EB／OL］. Gartner Research，2012-06-21.
② 孟小峰，慈祥. 大数据管理：概念、技术与挑战 ［J］. 计算机研究与发展，2013（1）：146-169.
③ BARWICK H. The "Four Vs" of Big Data. Implementing Information Infrastrastructure Symposium ［EB／OL］，Computer World，2012-10-02.
④ KIRKPATRICK R. Digital Smoke Signals ［EB／OL］. Unglobalpulse，2012-11-21.
⑤ IBM 商业价值研究院. 分析：大数据在现实世界中的应用 ［R／OL］. IBM 网，2013.

机构变成了普遍社会成员，个人的参与使得分享数据的主体数量大大增多，用户在有意的分享和无意的点击、浏览都可以快速地提供大量数据。在数据的获取上，数据的获取对象从少量的机构扩展到了社会的所有成员，获取方式从以往的调查、取样等专业的方法变成了网络搜索等简便方式，获取的速度也得到了极大的提升，能够轻易地实现在短期内获取大量的数据。

其次，各种传感器数据获取能力的大幅提高，使得人们获取的数据越来越接近原始事物本身，描述同一事物的数据量激增①。早期的单位化数据往往从单一维度对事物进行描述，如文本或音频等其中一种维度，数据类型简单，数据量有限。随着应用的发展，对于事物的描述开始从多方面进行，图像、视频等二维数据大规模涌现，所包含的数据量也越来越大。近年来，随着三维扫描设备以及 Kinect 等动作捕捉设备的普及，描述事物所需的数据维度将越来越多、类型将越来越丰富，数据量本身必将以几何级数增长。

此外，出于统计的需要，人们对于大量数据的需求越来越旺盛。以往研究者往往试图通过抽样以少量的数据来分析事物整体属性，但这可能会带来诸多问题，严重的可能导致结论的错误。而大数据及其分析技术能够尽可能地扩大样本数目，从而提高结论的精确性，这使得当前数据的处理量显著增多。

2. 多样性（variety）

多样性主要指数据存在的形式。数据类型繁多，复杂多变是大数据的重要特性。从数据关系上看，传统的数据尽管数量庞大，但存在类型主要是单一结构化数据，数据属性和格式统一，便于人类和计算机存储、处理、查询。这种关注结构化信息，强调大众化、标准化的属性使得处理传统数据的复杂程度一般呈线性增长，新增的数据可以通过常规的技术手段处理。而随着传感器、智能设备和社会协同技术的爆炸性增长，产生大数据的终端形式多样，大数据的类型逐渐呈现多样化：从生成类型上分为交易数据、交互数据、传感数据；从数据来源上分为社交媒体、传感器数据、系统数据；从数据格式上分为文本、图片、音频、视频、光谱等；从数据关系上分为结构化、半结构化、非结构化数据；从数据所有者上分为公司数据、政府数据、社会数据等。数据类型的层出不穷使得数据已经很难用统一的属性和格式进行表征，而半结构化和非结构化数据呈指数型增长趋势，使得数据存储、处理的难度增加。

---

① 马建光，姜巍．大数据的概念、特征及其应用［J］．国防科技，2013，34（2）：10–17.

3. 高速性（velocity）

高速性不仅是指大数据的产生和增长速度快，也意味着要求数据访问、处理、交付的速度更快，及时对变化着的现实世界做出反应和描述。数据呈爆炸的形式快速增长，以传统系统不可能达到的速度在产生、获取、存储和分析。加速的原因是数据创建的实时性天性，以及需要将流数据结合到业务流程和决策过程中的要求。由于数据不断流动，且数据的产生拥有实时性，数据可能会在某一特定的时段突然急增、快速流动并迅速消失，因此数据的价值具有时效性。这也要求尽可能缩减数据产生、获取与分析之间的时间差，提升数据处理的速度，从而保证数据的价值，实现规模数据的实时处理、有效利用。对于大数据应用而言，很多情况下都必须要在 1 秒钟或者瞬间内形成结果，否则处理结果就是过时和无效的。要求数据的快速处理，是大数据区别于传统海量数据处理的重要特性之一。

4. 价值性（value）

大数据具有价值性，这种价值是低密度但却巨大的。

大数据的价值具有低密度性。数据价值密度的高低与数据总量的大小在一定程度上成反比。在大数据时代，任何有价值的信息的提取依托的就是海量的基础数据。另外，由于大数据往往关注的是非结构化数据，这种数据更多看重对事物整体和全部细节的获取，力争保留数据的原貌，而不会对事物进行抽象、归纳等处理，这也导致其中可能存在大量无意义的信息，数据所蕴含的价值密度降低。

然而，大数据所蕴含的价值也是巨大的。大数据从多维度真实地模拟现实世界，且还与现实世界保持同步性，这就赋予了大数据不可估量的价值[①]。大数据的价值并不主要在其规模，更重要的是如何识别和转化庞大数据背后可能隐藏的规律[②]，能够从数据中寻找常规分析技术所不能得到的信息。大数据的规模效应可以将低价值密度的数据整合为高价值、作用巨大的信息资产。例如，淘宝软件能够通过分析用户平时浏览的商品类型，精准地为用户推送其所需要的商品；对于广告商而言，用户在网页上浏览的信息能够为其设计、制作和投放广告提供参考。IBM 在《分析：大数据在现实世界中的应用》报告中指出[③]："大多数企业都已经认识到'大数据'改善决策流程和业务成效的潜能，但他们

---

① 段忠贤，吴艳秋. 大数据资源的产权结构及其制度构建［J］. 电子政务，2017（6）：23-30.

② GANTZ J，REINSEL D. Extracting Value from Chaos［R］. IDC Iview，2011.

③ IBM 商业价值研究院. 分析：大数据在现实世界中的应用［R/OL］. IBM 网，2013.

却不知道该如何入手。调查显示，各行各业、全球各地的组织都已经开始采取一种注重实效的方式开展'大数据'工作。虽然这些组织大多还处于早期接受阶段，但其中的佼佼者已经开始从'大数据'项目中获得巨大的价值。"因此，大数据所创造的价值是不可估量的。

5. 精确性（veracity）

大数据之所以重要，就是因其能够准确、真实地反映现实世界，如此才能为人们所利用，从中获取更为真实的信息并实现其价值。追求高数据质量是一项重要的大数据要求和挑战，力求采取措施保证网络环境下如此海量数据的真实性和客观性，努力通过大数据分析还原和预测真实的事物。但是，精确性有时也被称为数据的不确定性，即使最优秀的数据清理方法也无法消除某些数据固有的不可预测性。《分析：大数据在现实世界中的应用》报告中指出："很多组织难以应对和驾驭某些数据类型所固有的不确定性，例如天气、经济，或者社交网络所反映的人的情绪和真实想法。对于能否相信网络上的评论、意见、微博消息以及其他形式的自由言论，受访者在调查中提出了质疑。虽然存在不确定性，但社交媒体数据中仍然蕴藏着宝贵的信息。组织必须认识并驾驭数据的不确定性，并了解这些数据应该如何为己所用。"[①]

除了以上的 5V 特性外，大数据还具有可视性（visualization）、合法性（validity）、易变性、处理的复杂性等特征。可视化（visualization）是大数据的一个必然发展趋势，有利于人们有效地对数据进行管理和分析。大数据的合法性（validity）指的是目前国家对大数据的关注日渐增加，并逐渐成为世界各国国家发展战略的重要选择；同时，合法性也要求在对大数据进行收集和分析时要做到遵守法律，不能侵犯个人隐私或者利用大数据进行违法犯罪。易变性（variability）意味着大数据会呈现出多变的形式和类型，这也导致了大数据在处理和分析时难度非常大（complexity），很难甚至无法使用传统的应用软件进行分析。这些特性使得大数据区别于传统的数据概念，不仅强调量的积累，还更进一步指出数据的复杂形式、数据的快速时间特性以及对数据的分析、处理等专业化处理，最终获得有价值信息的能力。

二、大数据资源是一种公共资源

资源是人类赖以生存发展的生产要素，在信息时代，大数据已经广泛被认为是一种资源，已经成为与人类社会生活密不可分的资源。IBM 公司认为大数

---

① IBM 商业价值研究院. 分析：大数据在现实世界中的应用［R/OL］. IBM 网，2013.

据是一类新的自然资源①。高德纳咨询公司也认为大数据是一种信息资产："大数据是指需要低成本的、形式创新的信息处理模式才能具有更强的决策力、洞察发现力和流程优化能力的海量、高增长率和多样化的信息资产。"②

作为一种资源，大数据蕴藏无限价值，有新时代"黄金"和"石油"之称。大数据资源从本质上分析，是信息资源的扩展与延伸，这种扩展延伸不但有量的增加，还包括质的提升。哈佛大学定量社会学研究所主任盖瑞·金（Gary King）在名为"Why 'Big Data' Is a Big Deal"的演讲中指出，大数据技术完全是一场数据革命，这场革命对政府管理、学术及商业带来了很多颠覆式变革。无论是科学领域、社会生产领域还是政治领域，大数据资源的获取与利用都显得尤为重要。对于政府，大数据能够为决策者提供所需要的决策基础。如目前我国正在推进全国健康医疗大数据应用体系建设，极大提高了我国医疗系统的效率和质量。对于企业，大数据资源能够提供大量全面的信息来帮助企业制定正确的经营策略。例如，不少企业基于大数据的客户交易行为分析（如客户信息、客户交易历史、客户购买过程的行为轨迹等数据）和客户社交行为分析（客户在微博、微信、社区里的兴趣、关注、爱好和观点等数据），能够提高产品推荐的精准化和个性化，提升产品销售量。对于学术领域，大数据能够提供丰富的文献信息和数据基础来帮助学者拓宽研究视角、增加样本数量。

大数据也是一种公共资源。大数据资源是公共资源的重要组成部分，其广泛存在于公共部门、私人部门与社会组织之中，它是一种不断累积、含量丰富的信息资源。根据萨缪尔森在1954年发表的《公共支出的纯理论》一文中的理解，公共物品是指"由社会成员均等地消费的物品，每个个人消费这种物品不会导致别人对该物品的消费的减少"③。公共资源是具有很高非排他性的公共物品，是"属于人类社会共享的自然资源与社会资源"，不仅有矿产、土地等有形自然资源，还包括了科技、文化等无形社会资源。数据可以以极低的成本复制，在经济上具有较强的非竞争性，这一点与数据蕴含的信息资源相似。因此，数据，特别是具有公共利益性质的数据，是公共资源的一种。相对于私人部门与社会组织，公共部门作为行使国家公共权力、管理公共事务的权力机构，在履行经济调节、市场监管、社会管理和公共服务职能过程中能够产生有关不同行

---

①　MIRIAM J. Big Data Is a 'New Natural Resource,' IBM Says［EB/OL］. government technology，2012-06-27.

②　Gartner. Big data［EB/OL］. Gartner Glossary，2012-05-25.

③　SAMUELSON P A . The Pure Theory of Public Expenditure［J］. Review of Economics and Statistics，1954（36）：387-389.

业、不同领域、不同群体海量的大数据资源，而分散于各部门的大数据资源通过整合与处理可以转化为富含经济价值与社会效益的"信息资产"，因此，大数据资源可归并为公共资源类别中的"资产性资源"。

大数据资源在"三资"循环中的表现如下：第一环节，大数据资源作为一种公共资源，广泛分布在各个公共部门之中，由于不同公共部门的职能分工差异，每个公共部门在履行行政职能过程中都会产生多样的大数据资源，而拥有不加利用反而会造成公共资源的价值流失，因此，公共部门对大数据资源的发现与归集是开发大数据资源价值的前提。第二环节，发现与归集后的大数据资源通过进一步整合与处理可以转化为富含经济价值的信息资产。主要表现为两种形式：一是大数据原始集合，主要指各种原始数据库的存储；二是分类处理后的大数据资源，主要指针对不同行政职能与服务项目对原始数据进行处理分析后的大数据资源。第三环节，转换为信息资产的部分非涉密性、非敏感性大数据资源，可通过公共资源交易平台进行市场化配置，进而转化为"资金"，以成为非税收入的新增来源。同时，利用大数据资源"三资"转化后的资金重新用于支持大数据资源的开发与利用，进而形成大数据资源、资产、资金的良性循环。

一定意义上，大数据资源与煤、石油、天然气等自然资源有着一定程度的相似性，但二者并不完全相同。作为一类特殊的公共资源，大数据拥有其自身的特性。

1. 公共性

作为一种公共资源，公共性是大数据资源的第一属性，它指出大数据资源归全社会所拥有，并服务于全社会。首先，大数据资源的存在本身具有公共目的性，与社会和人民的利益直接相关联。充当着"推动数字经济、数字社会发展"和促进"社会创新与政府决策"的积极作用。再者，大数据资源在使用时也具有公共性。作为无形的东西，大数据资源一旦被提供，就不可能被某一特定主体垄断，而是具有社会公众共享的特征，不应排斥任何人的使用权利。

2. 决策有用性

大数据的价值主要体现在决策的有用性上。当大数据资源只是作为一种大规模存在的数据时，其直接发挥的效用是有限的。当通过分析、识别、挖掘和转化庞大数据背后可能隐藏的规律①、知识与信息，大数据能够为现实生活中的多种活动提供决策支持。这是大数据资源区别于其他资源的重要特征。

---

① GANTZ J, REINSEL D. Extracting Value from Chaos［EB/OL］. Socedo，2011-07-31.

当数据是任何人都可以挖掘的资源时，决策就从为少数人保留的问题转变为大众的中心问题。在过去，只有统计学家、在行业中受过训练的专家或者管理超级计算机的信息科学家，才有强大的分析工具。但现在有了数据、门户网站以及帮助我们分析和处理数据的应用程序，便可帮助进行分析、决策与应用，这是前所未有的。

3. 可重复开采性

自然资源的开发利用过程通常是不可重复的，随着不断开采，其存量会逐渐减少。但大数据资源不仅可以被政府部门利用，还可以由企事业单位、社会组织和其他各类机构进行开发、重复开采，不断挖掘特定大数据资源的价值，以满足社会公众对信息资源的需求。

4. 功能多样性

大数据资源的功能多样性是指，相对于某些自然资源（例如煤炭、石油、天然气等）的功能是局限的，大数据资源的功能会由于不同对象的不同开发目的和方式而展现出多种多样的功能。例如：政府机构可以利用大数据资源进行医疗卫生管理、舆情监控和公共安全管理等工作，改善行政效率，提高社会管理的质量[1]；企业单位可以利用大数据资源进行社交网络分析，以实现商业模式创新，提高商品销售量[2]，也可以利用大数据资源进行生产销售管理、客户关系管理和人力资源管理等企业管理，以提高企业竞争力[3]；新闻媒体可以利用大数据资源对信息进行抓取，快速准确地自动跟踪、采集数千家网络媒体信息，扩大新闻线索，提高采集速度。

5. 交互性

传统的信息资源是单向流动的，信息资源由信息源流向信息接收者，信息接收者只能被动地接收各类信息。但是伴随着现代通信技术和互联网技术的发展，大数据的来源是多样的，这使得大数据资源的交互性愈发明显。政府、企业和公众都不再是单一的信息传输者或信息接收者，他们既可以是信息源，也可以是信息接收者。而大数据资源价值的产生也更强调流通中所形成的组织内

---

① ABBASI A, CHEN H, SALEM A. Sentiment analysis in multiple languages：Feature selection for opinionclassification in Webforums［J］. ACM Transactions on Information Systems，2008，26（3）：1-34.

② 冯芷艳，郭迅华，曾大军，等. 大数据背景下商务管理研究若干前沿课题［J］. 管理科学学报，2013，16（1）：1-9.

③ SHAW M J, SUBRAMANIAM C, TAN G W, et al. Knowledge management and data mining for marketing［J］. Decision Support Systems，2001，31（1）：127-137.

外资源的融合①，这也要求大数据资源拥有更强的交互性。

6. 高速增长性

与石油等自然资源是不同的，大数据资源的规模不会随着人类不断开采而逐渐减少。相反的，大数据资源的数量不仅不会随着资源的开采而不断减少，反而会呈现高速增长的特征，且这种增长是指数型的、爆发性的。

7. 时效性

大数据资源具有高速增长的动态性特征，因此，其价值会随着时间推移快速衰减，给传统数据分析处理带来巨大冲击和挑战。因此在对大数据资源进行开发利用以形成管理决策时必须关注大数据资源的时效性问题。面对大规模的半结构化和非结构化数据，大数据处理的速度非常重要。

8. 不确定性

大数据的形式和特征是极其复杂的，具有数量规模大、来源广泛和形态结构多样等特点。这些特点在带来诸多可能的同时，也会造成大数据资源在开发时面临许多的不确定性。大数据的广泛存在和来源的多样性使数据越来越多分散在不同的数据管理系统中，资源的采集十分困难。大数据的来源广泛和形态结构多样会造成大数据资源可能存在不完备性，常常包含一些不完整的信息和错误的数据②，从中提取价值的难度大、密度低。例如，某医疗过程数据一致且准确，但遗失某些患者既往病史，从而存在不完备性，可能导致不正确的诊断甚至严重医疗事故。这些都有可能会导致主体在开发利用大数据资源时面临不确定性，对资源开发利用的技术及手段提出了重大挑战。

总之，大数据资源与传统资源并不完全相同，也同时具有正面积极的功能和潜在的风险。由于其自身特性，这类特殊资源为管理领域带来了新机遇的同时，也带来了诸多挑战。目前，大数据作为一种公共资源的重要性愈发凸显。《华尔街日报》将大数据时代、智能化生产和无线网络革命称为引领未来繁荣的三大技术变革。麦肯锡公司认为大数据是下一个创新、竞争、生产力提高的前沿。党的十九届四中全会将数据作为新的生产要素。《促进大数据发展行动纲要》（国发〔2015〕50号）指出，在全球信息化快速发展的大背景下，大数据已成为国家重要的基础性战略资源，成为推动经济转型发展的新动力、重塑国家竞争优势的新机遇、提升政府治理能力的新途径。因此，如何有效管理与配

---

① 陈国青. 大数据的管理喻意［J］. 管理学家（实践版），2014，7（2）：36-41.
② 周晓方，陆嘉恒，李翠平，等. 从数据管理视角看大数据挑战［J］. 中国计算机学会通讯，2012，8（9）：16-20.

置公共部门所拥有的大数据资源，盘活存量，实现大数据资源的经济价值和社会效益是当前信息时代下公共部门公共资源管理与配置优化的新需求。正如2012年联合国发布的《大数据促发展：挑战与机遇》一书指出的，数据革命正在世界各地以不同的方式和速度展开，数字鸿沟的缩窄比预期要快得多，大数据能够创造"国际发展的新机会"①，对于全世界是一个历史性的机遇，合理利用大数据可以为人类造福。

三、大数据资源管理的主要任务

全球范围内，运用大数据推动经济发展、完善社会治理、提升政府服务和监管能力正成为趋势，发达国家相继制定实施大数据战略性文件，大力推动大数据发展和应用。在我国，政府已经认识到大数据资源的重要价值，对大数据资源管理提出了更多的要求和展望。2015年9月，国务院印发《促进大数据发展行动纲要》，全面推进我国大数据发展和应用，加快建设数据强国②。2015年10月，党的十八届五中全会通过了《中共中央关于制定国民经济和社会发展第十三个五年规划的建议》③，首次提出实施国家大数据战略和网络强国战略，"全面实施促进大数据发展行动，加快推动数据资源共享开放和开发应用，助力产业转型升级和社会治理创新"。2016年4月19日，习近平总书记在网络安全和信息化工作座谈会上进一步指出，"信息是国家治理的重要依据，要发挥其在这个进程中的重要作用。"2017年10月18日，习近平总书记在十九大明确提出要建设"科技强国、网络强国、数字中国、智慧社会"④。可见，坚持创新驱动发展，加快大数据部署，深化大数据应用，已成为稳增长、促改革、调结构、惠民生和推动政府治理能力现代化的内在需要和必然选择⑤。

（一）以数字化转型整体驱动治理方式变革，提升政府治理能力

大数据是提升政府治理能力的重要途径。《中华人民共和国国民经济和社会发展第十四个五年规划纲要》中提出，要提高数字政府建设水平，"将数字技术

---

① 勒图. 大数据促发展：挑战与机遇［R/OL］. 联合国"全球脉动"小组，2012.
② 白宇，张玉珂. 国务院印发《促进大数据发展行动纲要》［N］. 人民日报，2015-09-06（1）.
③ 王吉全. 中华人民共和国国民经济和社会发展第十三个五年规划纲要［N］. 人民日报，2016-03-18（1）.
④ 闫妍. 习近平. 决胜全面建成小康社会 夺取新时代中国特色社会主义伟大胜利［N］. 人民日报，2017-10-28（1）.
⑤ 白宇，张玉珂. 国务院印发《促进大数据发展行动纲要》［N］. 人民日报，2015-09-06（1）.

广泛应用于政府管理服务，推动政府治理流程再造和模式优化，不断提高决策科学性和服务效率"①。建立"用数据说话、用数据决策、用数据管理、用数据创新"的管理机制，实现基于数据的科学决策，推动政府管理理念和社会治理模式进步，加快建设与社会主义市场经济体制和中国特色社会主义事业发展相适应的法治政府、创新政府、廉洁政府和服务型政府，逐步实现政府治理能力现代化②。

1. 加强公共数据资源开放共享，强化数据安全保障

在依法加强安全保障和隐私保护的前提下，稳步推动公共数据资源开放。建立健全国家公共数据资源体系，确保公共数据安全，推进数据跨部门、跨层级、跨地区汇聚融合和深度利用。健全政府部门和事业单位等公共机构数据资源目录和责任清单制度，按照"增量先行"的方式，加强对政府部门数据的国家统筹管理，加快建设国家政府数据统一开放平台，提升国家数据共享交换平台功能，深化国家人口、法人、空间地理等基础信息资源共享利用。

制定公共机构数据开放计划，落实数据开放和维护责任，推进公共机构数据资源统一汇聚和集中向社会开放，提升政府数据开放共享标准化程度。扩大基础公共信息数据安全有序开放，探索将公共数据服务纳入公共服务体系，构建统一的国家公共数据开放平台和开发利用端口，优先推动企业登记监管、卫生、交通、气象等高价值数据集向社会开放③。建立政府和社会互动的大数据采集形成机制，制定政府数据共享开放目录。通过政务数据公开共享，引导企业、行业协会、科研机构、社会组织等主动采集并开放数据。开展政府数据授权运营试点，鼓励第三方深化对公共数据的挖掘利用。

2. 支持宏观调控科学化，加强决策科学性

大数据的重要价值在于为政府治理提供"预测分析"与"决策支持"。大数据作为实现公共政策目标的技术，可以在公共政策任何阶段来获取和展现传统政策技术所不能获得的政策信息。在政策议程和政治评估阶段，大数据可以为获取问题信息提供新渠道和依据。同时，大数据应用能够揭示传统技术方式难以展现的关联关系，推动政府数据开放共享，通过高效采集、有效整合、深

---

① 中华人民共和国国民经济和社会发展第十四个五年规划和 2035 年远景目标纲要［N］.人民日报，2021-03-13（1）.

② 白宇，张玉珂.国务院印发《促进大数据发展行动纲要》［N］.人民日报，2015-09-06（1）.

③ 中华人民共和国国民经济和社会发展第十四个五年规划和 2035 年远景目标纲要［N］.人民日报，2021-03-13（1）.

化应用政府数据和社会数据，促进社会事业数据融合和资源整合，极大提升政府整体数据分析能力，为政府了解社情民意、科学把握社会实时动态规律、处理复杂社会问题、提高公共决策的效率和效益水平提供新的方法，提升政府决策和风险防范水平。在政策执行的过程中，政策执行和公共服务也将在大数据支持下获得更多的信息和知识，从而可为公众提供个性化公共服务，提高公众满意度。

因此，应建立国家宏观调控数据体系，及时发布有关统计指标和数据，强化互联网数据资源利用和信息服务，加强与政务数据资源的关联分析和融合利用，加快构建数字技术辅助政府决策机制，提高基于高频大数据精准动态监测预测预警水平，为政府开展分析决策提供信息支持，提高宏观调控的科学性、预见性和有效性；强化数字技术在公共卫生、自然灾害、事故灾难、社会安全等突发公共事件应对中的运用，全面提升预警和应急处置能力。

3. 加快政府部门数据共享，推动政府治理精准化

精准化决策是政府智慧决策的新需求。政府实施大数据资源管理，将大数据作为提升政府治理能力的重要手段，就是要求通过对政府拥有的海量数据资源进行采集、挖掘，进行可视化分析与呈现，从深入洞察的视角进行服务创新，发现和创造新价值，并将其有效应用于政府治理的重大决策中，"实现以数据辅助决策，带动政府科学决策"，进而达到"精准化"决策的治理目的。

政府治理的精准化，需要消除"信息孤岛"和"数据烟囱"。对此，应树立大数据思维，加快数据开放，促进条块协同，既要打通纵向壁垒、处理好与上级政府的关系，又要打破条块分割、协调好本级政府各部门的关系。在企业监管、质量安全、节能降耗、环境保护、食品安全、安全生产、信用体系建设、旅游服务等领域，推动有关政府部门和企事业单位将市场监管、检验检测、违法失信、企业生产经营、销售物流、投诉举报、消费维权等数据进行汇聚整合和关联分析，统一公示企业信用信息，预警企业不正当行为，提升政府决策和风险防范能力，支持加强事中事后监管和服务，提高监管和服务的针对性、有效性[①]。

4. 提高数字化政务服务效能，推进服务便捷化

充分运用大数据手段创新服务方式、提高服务效能、优化营商环境，持续为企业发展和群众办事增便利，是深入推进"放管服"改革的重要手段。应全

---

① 白宇，张玉珂. 国务院印发《促进大数据发展行动纲要》［N］. 人民日报，2015-09-06（1）.

面推进政府运行方式、业务流程和服务模式数字化、智能化，深化"互联网+政务服务"，提升全流程一体化在线服务平台功能，为社会公众提供查询注册登记、行政许可、行政处罚等各类信用信息的一站式服务。例如，机构可以利用历史数据对业务表单进行预处理，保留基本数据，以避免公众反复填写和提交，提高办事效率；机构可以利用大数据细分服务对象，针对性地提供公共服务，从而可以降低相关成本，提高风险辨别和控制能力①。应积极运用大数据手段，简化办理程序，借助大数据实现政府负面清单、权力清单和责任清单的透明化管理，完善大数据监督和技术反腐体系，促进政府简政放权、依法行政。支持从事前审批向事中事后监管转变，推动商事制度改革；促进政府监管和社会监督有机结合，有效调动社会力量参与社会治理的积极性。

（二）以数字化转型整体驱动生活方式变革，加快数字社会建设

大数据为社会生活方式带来了重大变革。《中华人民共和国国民经济和社会发展第十四个五年规划纲要》中提出，要加快数字社会建设步伐，"适应数字技术全面融入社会交往和日常生活新趋势，促进公共服务和社会运行方式创新，构筑全民畅享的数字生活"②。

1. 建设智慧城市和数字乡村，以数字化助推城乡发展和治理模式创新

实现城乡可持续发展，建设智慧城市和数字乡村，已成为当今世界城乡发展不可逆转的历史潮流。智慧城市就是运用信息和通信技术手段感测、分析、整合城市运行核心系统的各项关键信息，从而对包括民生、环保、公共安全、城市服务、工商业活动在内的各种需求做出智能响应。数字乡村是伴随网络化、信息化和数字化在农业农村经济社会发展中的应用，以及农民现代信息技能的提高而内生的农业农村现代化发展和转型进程，既是乡村振兴的战略方向，也是建设数字中国的重要内容。智慧城市和数字乡村的实质都是利用先进的信息技术和大数据手段，为城乡居民创造更美好的生活，促进城乡的和谐、可持续成长。

对此，应该以数字化助推城乡发展和治理模式创新，全面提高运行效率和宜居度。推进新型智慧城市建设，构建"善感知、会思考、有温度"的新型智慧城市生态体系。分级分类推进新型智慧城市建设，将物联网感知设施、通信系统等纳入公共基础设施统一规划建设，推进市政公用设施、建筑等物联网应

---

① MANYIKA J, CHUI M, BROWN B, et al. Big data: The next frontier for innovation, competition, and productivity [R/OL]. McKinsey Global Institute, 2011: 1-137.

② 中华人民共和国国民经济和社会发展第十四个五年规划和2035年远景目标纲要 [N].人民日报，2021-03-13（1）.

用和智能化改造。完善城市信息模型平台和运行管理服务平台，构建城市数据资源体系，推进城市数据大脑建设①。把握数字乡村建设作为全面推进乡村振兴重要抓手这一关键角色，加快推进数字乡村建设，构建面向农业农村的综合信息服务体系，建立涉农信息普惠服务机制，推动乡村管理服务数字化，以数字乡村建设激活乡村振兴新动能。

2. 提供智慧便捷的公共服务，加快民生服务普惠化

构建以人为本、惠及全民的民生服务新体系是大数据发展的主要任务之一。通过大数据手段提供智慧便捷的公共服务，有利于优化公共资源配置，提升公共服务水平。因此，应该围绕服务型政府建设，结合新型城镇化发展、信息惠民工程实施和智慧城市建设，以优化提升民生服务、激发社会活力、促进大数据应用市场化服务为重点，引导鼓励企业和社会机构开展创新应用研究，深入发掘公共服务数据。运用数字技术解决社会公共问题，聚焦教育、医疗、养老、抚幼、就业、文体、助残等重点领域，推动数字化服务普惠应用，推进大数据创新成果与公共服务深度融合，利用大数据洞察民生需求，优化资源配置，丰富服务内容，拓展服务渠道，扩大服务范围，提高服务质量，提升城市辐射能力，推动公共服务向基层延伸，缩小城乡、区域差距，促进形成公平普惠、便捷高效的民生服务体系，持续提升群众获得感。推进学校、医院、养老院等公共服务机构资源数字化，加大开放共享和应用力度。推进线上线下公共服务共同发展、深度融合，积极发展在线课堂、互联网医院、智慧图书馆等，支持高水平公共服务机构对接基层、边远和欠发达地区，扩大优质公共服务资源辐射覆盖范围。加强智慧法院建设。鼓励社会力量参与"互联网+公共服务"，创新提供服务模式和产品②。

3. 构筑美好数字生活新图景

从社交平台到购物平台，从教育平台到工作平台，互联网始终在不断发展中前行，交通数据、企业数据、医疗数据、企业网站数据、教育数据等大数据成为虚拟与现实生活的重要组成部分。例如，在交通出行上，大数据、云计算的发展突破了交通运输行业的传统模式，形成"交通+大数据"的新模式，如通过高德地图、百度地图等软件可以实时监测各地的交通情况，通过滴滴出行等软件可以实现一键实时叫车服务。大数据的出现，方便了社会公众的生活，有

①　中华人民共和国国民经济和社会发展第十四个五年规划和 2035 年远景目标纲要［N］.人民日报，2021-03-13（1）.

②　中华人民共和国国民经济和社会发展第十四个五年规划和 2035 年远景目标纲要［N］.人民日报，2021-03-13（1）.

利于满足人们对于美好生活的向往。

因此，要进一步推动购物消费、居家生活、旅游休闲、交通出行等各类场景数字化，打造智慧共享、和睦共治的新型数字生活。推进智慧社区建设，依托社区数字化平台和线下社区服务机构，建设便民惠民智慧服务圈，提供线上线下融合的社区生活服务、社区治理及公共服务、智能小区等服务。丰富数字生活体验，发展数字家庭。加强全民数字技能教育和培训，普及提升公民数字素养。加快信息无障碍建设，帮助老年人、残疾人等共享数字生活①。

（三）以数字化转型整体驱动生产方式变革，打造数字经济新优势

中国经济现在处在数字化经济转型过程中，大数据成为推动经济转型发展的新动力。在生产组织方式方面，大数据以数据流引领技术流、物质流、资金流、人才流，促进生产组织方式的集约和创新；在经济运行机制方面，大数据推动社会生产要素的网络化共享、集约化整合、协作化开发和高效化利用，可显著提升经济运行水平和效率；在商业模式方面，大数据不断催生新业态，已成为互联网等新兴领域促进业务创新增值、提升企业核心价值的重要驱动力；而大数据产业自身也正在成为新的经济增长点，将对未来信息产业格局产生重要影响。《中华人民共和国国民经济和社会发展第十四个五年规划纲要》中提出，要打造数字经济新优势，"充分发挥海量数据和丰富应用场景优势，促进数字技术与实体经济深度融合，赋能传统产业转型升级，催生新产业新业态新模式，壮大经济发展新引擎"②。加强关键数字技术创新应用，加快推动数字产业化，推进产业数字化转型。

1. 推进基础研究和核心技术攻关，加强关键数字技术创新应用

围绕数据科学理论体系、大数据计算系统与分析理论、大数据驱动的颠覆性应用模型探索等重大基础研究进行前瞻布局，开展数据科学研究，引导和鼓励在大数据理论、方法及关键应用技术等方面展开探索。在大数据的核心技术方面，应聚焦高端芯片、操作系统、人工智能关键算法、传感器等关键领域，加快推进基础理论、基础算法、装备材料等研发突破与迭代应用。加强通用处理器、云计算系统和软件核心技术一体化研发③。在数据存储、数据清洗、数据

---

① 中华人民共和国国民经济和社会发展第十四个五年规划和 2035 年远景目标纲要［N］. 人民日报，2021-03-13（1）.

② 中华人民共和国国民经济和社会发展第十四个五年规划和 2035 年远景目标纲要［N］. 人民日报，2021-03-13（1）.

③ 中华人民共和国国民经济和社会发展第十四个五年规划和 2035 年远景目标纲要［N］. 人民日报，2021-03-13（1）.

分析发掘、数据可视化、信息安全与隐私保护等领域，应采取政产学研用相结合的协同创新模式和基于开源社区的开放创新模式，加强关键技术攻关，形成安全可靠的大数据技术体系。支持自然语言理解、机器学习、深度学习等人工智能技术创新，提升数据分析处理能力、知识发现能力和辅助决策能力①。

2. 形成大数据产品体系，加快推动数字产业化

所谓数字产业化，通常意义上讲就是通过现代信息技术的市场化应用，将数字化的知识和信息转化为生产要素，推动数字产业形成和发展。数字产业化是当前和今后一个时期各地区产业竞争和经济角逐的主战场，是发展数字经济的重要内容，是推动经济高质量发展的重要驱动力。国民经济在科技创新引领下，经济质量将得到大幅度提高，企业在数字产业化的浪潮中孕育着巨大的机会。习近平总书记强调："要发展数字经济，加快推动数字产业化，依靠信息技术创新驱动，不断催生新产业新业态新模式，用新动能推动新发展。"

因此，在大数据产品发展上，应该围绕数据采集、整理、分析、发掘、展现、应用等环节，支持大型通用海量数据存储与管理软件、大数据分析发掘软件、数据可视化软件等软件产品和海量数据存储设备、大数据一体机等硬件产品发展，带动芯片、操作系统等信息技术核心基础产品发展，打造较为健全的大数据产品体系②。在数字产业方面，应该培育壮大人工智能、大数据、区块链、云计算、网络安全等新兴数字产业，提升通信设备、核心电子元器件、关键软件等产业水平。构建基于5G的应用场景和产业生态，在智能交通、智慧物流、智慧能源、智慧医疗等重点领域开展试点示范。鼓励企业开放搜索、电商、社交等数据，发展第三方大数据服务产业③。

3. 推动产业创新发展，培育新兴业态，推进产业数字化转型

产业数字化是指在新一代数字科技支撑和引领下，以数据为关键要素，以价值释放为核心，以数据赋能为主线，对产业链上下游的全要素进行数字化升级、转型和再造的过程。产业数字化不仅可以助力传统企业蝶变，再造企业质量效率新优势，而且还能促进产业提质增效，重塑产业分工协作新格局。同时，还可以孕育新业态新模式，加速新旧动能转换。对于传统产业的数字化转型，

---

① 白宇，张玉珂. 国务院印发《促进大数据发展行动纲要》［N］. 人民日报，2015-09-06（1）.

② 白宇，张玉珂. 国务院印发《促进大数据发展行动纲要》［N］. 人民日报，2015-09-06（1）.

③ 中华人民共和国国民经济和社会发展第十四个五年规划和2035年远景目标纲要［N］. 人民日报，2021-03-13（1）.

应该积极探索大数据与传统产业协同发展的新业态、新模式，促进传统产业转型升级和新兴产业发展，培育新的经济增长点；发展新兴产业大数据，应该大力培育高端智能、新兴繁荣的产业发展新生态，推动跨领域、跨行业的数据融合和协同创新，促进战略性新兴产业发展、服务业创新发展和信息消费扩大，探索形成协同发展的新业态、新模式，培育新的经济增长点。同时进一步完善大数据产业链，建立和完善大数据产业公共服务支撑体系，"在重点行业和区域建设若干国际水准的工业互联网平台和数字化转型促进中心，深化研发设计、生产制造、经营管理、市场服务等环节的数字化应用，培育发展个性定制、柔性制造等新模式，加快产业园区数字化改造"①。在国家政策推动、数据要素驱动、龙头企业带动、科技平台拉动、产业发展联动等多方因素的共同推动下，我国产业数字化转型的效果初步显现，传统产业数字化转型整体进度大大加快。

（四）坚持放管并重，营造良好数字生态促进健康发展

数据要素已经成为经济社会高质量运行的新赋能。但是，随着数据共享、数据开放的推进，大数据共享难度大、数据安全保障压力大、数据要素市场监管难以及数据管理中的法律法规、数据伦理等多方面问题逐渐显现，成为大数据资源管理的挑战。如何加快培育数据要素市场、促进大数据生态健康发展成为大数据在新时代发展的关键问题。《中华人民共和国国民经济和社会发展第十四个五年规划纲要》中提出，要营造良好数字生态，"坚持放管并重，促进发展与规范管理相统一，构建数字规则体系，营造开放、健康、安全的数字生态"②。其中，"放管并重"中的"放"，指以企业为主体，营造宽松公平环境，加大大数据关键技术研发、产业发展和人才培养力度，着力推进数据汇集和发掘，深化大数据在各行业创新应用；而"放管并重"中的"管"，要求完善法规制度和标准体系，科学规范利用大数据，切实保障数据安全。

1. 建立健全数据要素市场规则

数据要素市场的发展主要依靠市场的力量，体现要素价值。但是，作为一种公共资源，大数据要素市场的运行需要由政府把控边界，建立规则、统一整合、适度开放，守护公共利益。《建设高标准市场体系行动方案》提出，要"加快培育发展数据要素市场，制定出台新一批数据共享责任清单，加强地区间、部门间数据共享交换。研究制定加快培育数据要素市场的意见，建立数据资源

---

① 中华人民共和国国民经济和社会发展第十四个五年规划和2035年远景目标纲要 ［N］. 人民日报，2021-03-13（1）.

② 中华人民共和国国民经济和社会发展第十四个五年规划和2035年远景目标纲要 ［N］. 人民日报，2021-03-13（1）.

产权、交易流通、跨境传输和安全等基础制度和标准规范，推动数据资源开发利用。积极参与数字领域国际规则和标准制定。"① 十四五规划也提出，要从"统筹数据开发利用、隐私保护和公共安全""建立健全数据产权交易和行业自律机制""加强涉及国家利益、商业秘密、个人隐私的数据保护""完善适用于大数据环境下的数据分类分级保护制度""加强数据安全评估"② 五个层面出发，对数据资源产权、交易流通、跨境传输和安全保护等方方面面实施包括立法、制度、标准、自律、分类分级、评估等具体措施。

2. 营造规范有序的政策环境

自从 2014 年"大数据"这个词写入政府工作报告以来，我国大数据发展的政策环境掀开了全新的篇章。2015 年以来，中国不仅从顶层设计角度提出了《促进大数据发展行动纲要》和《"十四五"大数据产业发展规划》，在细分市场应用上也相继提出了诸多政策，从规范、标准和指导意见等多角度助力产业发展。目前，进一步构建与数字经济发展相适应的政策法规体系，需要坚持"放管并重"的基本原则。一方面，要"健全共享经济、平台经济和新个体经济管理规范，清理不合理的行政许可、资质资格事项"③，"促进政府数据在风险可控原则下最大程度开放，明确政府统筹利用市场主体大数据的权限及范围"④；另一方面，要"明确相关主体的权利、责任和义务，加强对数据滥用、侵犯个人隐私等行为的管理和惩戒"⑤，依法依规加强互联网平台经济监管、打击垄断和不正当竞争行为，是"坚持放管并重"的具体体现。

3. 加强大数据安全保障

随着大数据的蓬勃发展，大数据的安全问题越来越受到重视。大数据安全是涉及技术、法律、监管、社会治理等领域的综合性问题，其影响范围涵盖国家安全、产业安全和个人合法权益。同时，大数据在数量规模、处理方式、应用理念等方面的革新，不仅会导致大数据平台自身安全需求发生变化，还将带动数据安全防护理念随之改变，同时引发对高水平隐私保护技术的需求和期待。

---

① 建设高标准市场体系行动方案［N］. 人民日报，2021-02-01（1）.
② 中华人民共和国国民经济和社会发展第十四个五年规划和 2035 年远景目标纲要［N］. 人民日报，2021-03-13（1）.
③ 中华人民共和国国民经济和社会发展第十四个五年规划和 2035 年远景目标纲要［N］. 人民日报，2021-03-13（1）.
④ 白宇，张玉珂. 国务院印发《促进大数据发展行动纲要》［N］. 人民日报，2015-09-06（1）.
⑤ 中华人民共和国国民经济和社会发展第十四个五年规划和 2035 年远景目标纲要［N］. 人民日报，2021-03-13（1）.

加强大数据安全保障，首先要健全大数据安全保障法律建设、制度建设和体系建设。其一，明确数据采集、传输、存储、使用、开放等各环节保障网络安全的范围边界、责任主体和具体要求，强化对数据采集与利用行为的监管力度。其二，完善大数据保密工作规范，切实加强涉及国家利益、商业秘密、个人隐私的数据保护，加快推进数据安全、个人信息保护等领域基础性立法。落实信息安全等级保护制度，完善适用于大数据环境下的数据分类分级保护制度。其三，建立大数据安全评估体系，做好大数据平台及服务商的可靠性及安全性评测、应用安全评测、监测预警和风险评估。

加强大数据安全保障，其次要强化安全支撑，提升网络安全威胁发现、监测预警、应急指挥、攻击溯源能力。建设国家网络安全信息汇聚共享和关联分析平台，促进网络安全相关数据融合和资源合理分配，提升重大网络安全事件应急处理能力；深化网络安全防护体系和态势感知能力建设，增强网络空间安全防护和安全事件识别能力；开展安全监测和预警通报工作，加强大数据环境下防攻击、防泄露、防窃取的监测、预警、控制和应急处置能力建设①。

4. 加强大数据国际合作，推动构建网络空间命运共同体

营造一个开放的生态是大数据发展的重要方面。在信息时代要构建人类命运共同体，也要构建网络空间命运共同体，在开放中加强联合创新、协同创新，在深化国际合作中实现互利共赢。对此，要积极参与数字和网络空间国际规则和数字技术标准的制定，推动建立多边、民主、透明的全球互联网治理体系、更加公平合理的网络基础设施和资源治理机制；要积极推动全球网络安全保障合作机制建设，构建保护数据要素、处置网络安全事件、打击网络犯罪的国际协调合作机制；向欠发达国家提供技术、设备、服务等数字援助，使各国共享数字时代红利②。

四、大数据资源管理的核心内容

大数据资源管理是以数据的知识发现和增值利用为目标，从数据的产生到数据的采集、组织、存储以及数据的分析、展示、利用等的面向数据全部生命

---

① 白宇，张玉珂. 国务院印发《促进大数据发展行动纲要》［N］. 人民日报，2015-09-06（1）.

② 中华人民共和国国民经济和社会发展第十四个五年规划和 2035 年远景目标纲要［N］. 人民日报，2021-03-13（1）.

周期进行管理和改进的活动①。通俗来说，大数据资源管理需要从大量低价值密度的原始数据中挖掘有价值的信息，促进从数据到决策的直接转化，从而指导人类行动。对于大数据资源管理而言，每个阶段所关注的重点是不同的，因此必须考虑大数据的生命周期。大数据生命周期是指某个集合的大数据从产生、获取到消亡的全过程，主要包括采集、存储、整合、呈现与使用、分析与应用、归档与销毁等②环节。在此过程中，数据状态不断变化，并且每个状态具有鲜明的阶段特征。伴随着大数据生命周期的各个阶段，数据的价值会发生变化。大数据生命周期强调根据数据价值进行分级管理，在最合适的阶段根据不同的应用场景提供最合适的策略，以确保大数据增值过程的连续性③。因此，大数据资源管理需要针对大数据生命周期不同阶段的特点，采取不同干预策略。

另外，大数据资源管理不仅涉及对数据资源本身挖掘利用的管理，还涉及对大数据的产权和政策法规、数据开放共享和数据安全等一系列数据问题的管理。因此，为有效发挥大数据资源蕴含的潜在价值，需要研究并解决大数据资源的获取、分析、应用、开发共享、处理、产权界定、数据安全、产业发展和政策保障等问题。

（一）大数据的获取问题

数据的产生技术经历了被动、主动和自动的三个阶段，早期的数据是人们为基于分析特定问题的需要，通过采样、抽象等方法记录产生的数据；随着互联网特别是社交网络的发展，越来越多的人在网络上传递发布信息，主动产生数据；而传感器技术的广泛应用使得利用传感器网络可以不用控制全天候的自动获取数据④。其中自动、主动数据的大量涌现，构成了大数据的主要来源。

有了原始数据，要从一堆杂乱无章的数据中抽取有效的信息，剔除失效和无用的数据，储存具有潜在利用价值的数据。正如自然资源开发和利用之前需

---

① 段宇锋，步坤. 中美图书情报专业研究生教育中数据管理项目的发展状况研究 [J].图书馆杂志，2016，35（7）：76-88.

② 张绍华，潘蓉，宗宇伟. 大数据治理与服务 [M]. 上海：上海科学技术出版社，2016：143-164.

③ 张绍华，潘蓉，宗宇伟. 大数据治理与服务 [M]. 上海：上海科学技术出版社，2016：143-164.

④ 孟小峰，慈祥. 大数据管理概念技术与挑战 [J]. 计算机研究与发展，2013，50（1）：146-169.

要探测，大数据资源开发和应用的前提也是有效地获取①。大数据的获取能力一定意义上反映了对大数据的开发和利用能力，大数据的获取是大数据管理面临的首要问题。作为大数据处理分析的主要对象，非结构化数据具有规模巨大、种类繁多、构成复杂、包含大量信息的特点。尽管大量数据中包含少量的无用信息或者错误信息对最终的统计结果无伤大雅，但却也无法完全避免大量无用和错误数据涌入导致分析过程遭受干扰、甚至最终得到完全错误结果的可能性。因此，对于实际应用来说，并不是数据越多越好，拥有包含足够信息的有效数据才是大数据的关键。大数据的管理应重视数据的获取，尽可能过滤和摒除可能影响判断的错误数据和无关数据，使得数据中信息能够尽可能正确、详尽地描述事物的属性。

当前，国内外政府和大型信息技术企业已经意识到大数据资源的重要价值，相继将大数据相关业务作为重要的发展战略之一，收集并存储了大量数据。接下来，制定大数据获取的发展战略，建立大数据获取的管理机制、业务模式和服务框架，应该成为大数据获取中值得关注的重要管理问题。

（二）大数据的分析问题

大数据的分析阶段，是对所获取数据进行目的性的分析，从广泛可用的数据中挖掘和发现隐藏在数据中的信息和规律、提取相应知识的过程。数据分析是大数据处理的关键。数据本身并不具有实际意义，只有带有特定的目的对这些数据进行分析，使之转化成有用的结果，海量的数据才能发挥作用。

目前，诸如关联式分析、聚类分析等已经是较为成熟的数据分析方法，与此同时，新的更直观、更科学的方法也在不断运用中。其中，利用海量的数据对事物的相关性进行分析，进而预测事物的发展，已经成为大数据分析的一类重要应用。如今，数据呈现的状态并非静止不动的，而是在不断流动和更新，这更有利于去通过数据分析来反映事物未来发展的趋势、指导决策，而不仅仅只是记录过去。

但是，非结构化数据的实时分析仍然面临着许多困难：一方面，数据在不断地高速增长、更新，增加了数据实时分析的难度；另一方面，非结构化数据的类型复杂多样，更加难以分析。因此，对多种数据类型构成的异构数据集进行交叉分析的技术，是大数据的核心技术之一。

---

① RAMAKRISHNAN T, JONES M C, SIDOROVA A. Factors influencing business intelligence (BI) data collection strategies: An empirical investigation [J]. Decision Support Systems, 2012, 52 (2): 486-496.

（三）大数据的应用问题

为了更好地发挥大数据资源的决策支持功能，其应用方式问题是不可忽视的重要管理问题。对大数据进行整理、分析的最终目的就是为了应用，只有将数据应用到人类社会生活中、为人们提供服务与便利，才能够体现出大数据的价值。

大数据资源的应用需要考虑的首要问题是如何将大数据科学与具体领域科学相结合。目前大数据在商务应用方面已经基本搭建起数据分析框架、操作框架、服务框架和数据库框架，提供数据供应、日志应用、节点应用、商业智能应用和可视化分析五大类应用。在政务应用方面，大数据的发展极大地改变了政府原有的管理模式和服务模式，节约政府投入、及时有效进行社会监管和治理，提升公共服务能力。联合国于 2012 年 7 月在纽约总部发布了一份名为《大数据促发展：挑战与机遇》的政务白皮书，指出大数据对于联合国和各国政府的历史性机遇，总结了各国政府如何利用大数据更好地服务和保护人民，探讨了如何利用包括社交网络在内的大数据资源造福人类。除此之外，大数据已在网络通信、医疗卫生、农业研究、金融市场、气象预报、交通管理、新闻报道等方面广泛应用。

大数据资源的应用需要考虑的另外一个重要问题是如何创新应用方面，这要求大数据与各行业深度融合。如洛杉矶警察局和加利福尼亚大学合作利用大数据预测犯罪的发生；google 流感趋势（google flu trends）利用搜索关键词预测禽流感的散布；麻省理工学院利用手机定位数据和交通数据建立城市规划；梅西百货的实时定价机制，根据需求和库存的情况，该公司基于 SAS 的系统对多达 7300 万种货品进行实时调价。

（四）大数据的开放共享问题

大数据的真正价值在于如何合法地充分应用，数据开放和数据共享成为大数据的关键因数。大数据资源的应用和发展，对政府、企业和个人都具有深远的影响。但是目前的数据都分别掌握在政府、企业、高校和科研机构手中，倘若数据资源封闭化，则一定会使得大数据的研究和应用变得十分局限。一方面，当特定的数据只被某一特定主体所拥有时，数据的应用方式会变得单一，其价值也将会被局限于某一特定方面。而当不同主体之间实现数据资源共享时，数据才算真正的"活"起来，特定数据的应用形式变得更加多样，价值更加多元。另一方面，在数据处理过程中，由于信息问题趋向复杂化，数据类型多且数量庞大，结构化、半结构化和非结构化数据混杂其中，靠单一机构或个人能力往往难以进行有效的分析和利用。因此，必须要实现多部门、多机构之间的数据资源共享、工具技术整合及人员跨界合作，从而实现对数据的优化整合，实现对大数据资源的最大化利用，获取最大的信息价值。

当前，对于政府而言，在大数据背景下，政府数据管理工作更趋向于高效化和实时化。尽管我国在电子政务发展、数字政府建设和治理方面已经取得诸多成就，但是在具体发展过程中也出现了令人担忧的问题，其中影响到信息资源共享的严重问题就是所谓的"信息孤岛"，它使各部门不能有效实现网络的相互联通，资源无法在各系统间共享，带来了资源浪费、效率低下等众多问题。因此破解数字政府治理中的"信息孤岛"问题具有重要的现实意义。为了进一步提高政府现有的行政效率、推进政府治理新时代的变革，方便企业数据获取与应用、加快大数据产业发展，满足公民查询社会及个人数据的需求、提高民众的参与度和满意度，需要切实推进数据的公开深度和范围，构建开放信息资源共享平台是信息化时代发展的需求。

（五）大数据的处理问题

大数据的处理方法问题是大数据资源管理中重要的基础性问题。从大数据的处理过程来看，大数据处理的关键技术包括：大数据获取、大数据预处理、大数据存储及管理、大数据分析及挖掘、大数据展现和应用。除了大数据的基础处理方法外，基于具体的开发和应用目的，如市场营销、商务智能、公共安全和舆情监控等，还需要涉及特定的合理高效的大数据资源开采技术和处理方法，称之为应用驱动的大数据处理方法。

除此之外，由于大数据的价值会随着时间的推移不断减少，实时性成为数据处理的关键。数据实时处理是大数据区别于传统数据处理技术的重要差别之一，它要求能够在1秒钟内或瞬间内充分、及时地从大量复杂的数据中获取有意义的相关性，找出规律，否则相关的处理结果就是过时的、无效的。因此，数据的实时处理需要实时获取、实时分析、实时共享，任何一个环节的速度都会影响系统的实时性。当前，随着互联网以及各种传感器快速普及，对于数据的实时获取已经不再是症结所在，实时分析大规模复杂数据和在系统之间实现实时共享成为瓶颈，也是大数据领域亟待解决的核心问题。

（六）大数据的所有权和使用权问题

大数据在哪里、谁拥有大数据资源？这是大数据发展过程中必须回答的问题。目前，大数据主要掌握在大型企业或组织手中，而个人拥有的数据则相对较少，这使得个人对大数据资源的利用变得尤为限制。对于大数据资源清晰的产权界定能够帮助个人获得使用相应数据的权利，而非牢牢掌控在特定组织的手中。再者，个人、组织或国家等都是大数据的生产者，极有可能在不知情的情况下暴露自己的生活习惯、喜好、身份信息等等，从而带来安全隐患。此时，明确大数据资源的所有权和使用权能够在一定程度上避免不法分子对于数据信息的滥用。除此之外，大数据资源作为一种新的信息资源，具有价值密度低的特性。从这个角度来看，大数据资源也是一种稀缺资源。而产权是资源稀缺所导致利益冲突与协调的结果，资源产权制度安排决定着资源配置的效率和公平①。对此，需要依靠国家强制力来构建大数据资源产权，以此对稀缺资源进行合理的配置。因此，通过有效的管理机制来界定大数据资源的所有权和使用权是至关重要的管理问题，也是大数据产业健康发展的重要保障。

大数据背景下的数据所有权界定要比传统数据库环境下的产权界定问题复杂得多②。在信息爆炸时代，大数据作为重要的信息资源，对产权的清晰界定尤为重要，但实际上却不能实现产权的完全清晰界定。一切能够对大数据资源实施一定行为的主体，都可以是大数据资源产权的主体，可以是个人，也可以是企业、政府、科研人员等。同时，在大数据的不同生命周期，大数据资源的产权主体也会发生变化。在大数据的产生阶段，必须要明确其产生的源头，谁产生的数据谁就拥有其所有权。在大数据获取阶段，对数据进行有目的地分类筛选和储存的主体拥有数据的所有权，但必须经由大数据的生产者让渡相关权益后才能进行获取。同样，在大数据分析阶段，专业技术人员需要得到数据获取阶段的大数据产权主体的权利让渡，才能够对大数据进行信息挖掘。在应用阶段，相关主体也必须获取专业技术人员的授权，才能使用他们从数据中得到的结论、信息或规律。因此，大数据的产权建构，必须具有灵活性。目前，作为一种新的公共资源，大数据的产权明晰仍是一个渐进的过程，需要在交易的过程中不断地完善。

（七）大数据的安全问题

安全和隐私问题是大数据资源管理中面临的关键问题之一③。在大数据时代的背景下，互联网络的发展使得数据更加容易被产生、获取和传播，大数据在存储、处理、传输等过程中都会面临安全风险。不论是一个国家、企业还是个人，其行为活动时刻面临着被暴露的危险。首先，从国家层面上来看，大数据

① 蒲志仲. 资源产权制度：作用、绩效、问题与改革［J］. 西安石油大学学报（社会科学版），2008（3）：5-1.
② ALSTYNE M V, BRYNJOLFSSON E, MADNICK S. Why not one big database? Principles for data ownership［J］. Decision SupportSystems, 1995, 15（4）：267-284.
③ 冯登国，张敏，李昊. 大数据安全与隐私保护［J］. 计算机学报，2014，371）：246-258.

背景下，国家安全工作面临着新的挑战，尤其是涉及政府事务、经济和市场的机密信息。一旦作为政府机密的内部数据遭遇窃取和泄漏，将对政府日常工作带来困扰，给社会造成极大恐慌，给政府执政带来极大的威胁，对国家的健康发展造成极大的负面影响。在商业领域，大数据在为企业发展提供颇具参考价值的信息资源的同时，也逐渐使得商业机密成为一句空话。对于个人而言，在大数据的背景下，人们通过网络联系的日益紧密，只要我们上网操作就会在服务器上留下相应的痕迹，这使得个人隐私的暴露似乎防不胜防。因此，大数据时代的安全与传统安全相比变得更加复杂、面临更多挑战，如何在大数据环境下确保信息共享的安全性和如何为用户提供更为精细的数据共享安全控制策略成为政府对大数据资源管理过程中首先面临的问题。

大数据的隐私保护既是技术问题也是社会学问题，需要学术界、商业界和政府部门共同参与①。随着民众隐私意识的日益增强，合法合规地获取数据、分析数据和应用数据，是进行大数据分析时必须遵循的原则。目前，我国已经出台《关于加强网络信息保护的决定》对企业收集和使用大数据资源进行规范，但总体来说有关隐私权的法律规定少之又少，并且没有形成完整的法律保护体系，处理相关问题时多采用其他相关法规条例来解释。就政府内大数据的安全管理而言，对大数据的来源渠道的监管和政府信息发布的保障上尚未发布相应的措施和政策保障，对政府内部接受的大数据的真实性和安全性的监管尚处于空缺状态。因此，增强数据安全防范意识，建立行之有效的大数据安全管理的保障迫在眉睫。

（八）大数据产业发展问题

大数据的完整产业链包括数据的采集、存储、挖掘、管理、交易、应用和服务等。一方面，大数据资源产业链的发展将推动传统产业的发展和升级。大数据作为决策依据的属性，能够精准分析供给与需求，减少生产经营中的盲目性，让传统产业创新经营模式，实现智能生产；另外，大数据对传统数据采集、存储和管理的软硬件设备要求更高，也会促进软硬件相关产业的进一步发展。另一方面，大数据资源产业链的发展还会催生新的产业。大数据作为新型经济资源的属性，能够与传统产业融合而产生新型生产性服务业，产生新业态，推动产业升级。例如，疫情期间，依托大数据驱动，以网络购物、共享平台、远程办公、在线教育等为代表的新兴领域逆势上扬，为培育增长新动能创造了机

---

① 中国计算机学会大数据专家委员会，中关村大数据产业联盟．中国大数据技术与产业发展白皮书［R/OL］．中国计算机学会，2013.

会；另外，大数据资源的交易催生出不少以大数据资源经营为主营业务的大数据资源中间商和供应商。

近年来，中国大数据产业发展取得了显著成效。中国经济发展正在实现新旧动能转换，大数据是基础性战略技术，要推动实体经济实现跨越式发展，必须将大数据与传统产业融合，以创新技术为传统产业赋能，从传统行业的生产、流通、销售、服务各个环节入手提升效率，才能有效利用资源，真正把人从繁杂的劳动中解放出来，真正"造福世界各国人民"。

（九）大数据的政策法规问题

大数据的健康规范发展，离不开信息安全相关法律法规的支撑保障。大数据资源的开发和利用是一把双刃剑：对大数据资源进行正向积极的开发和利用，能够方便人们生活、促进经济社会发展；但是，当大数据被不法分子所掌握，利用大数据从事违法犯罪行为时，就会对个人隐私和经济社会带来严重危害。因此，制定严格的法律法规以指导、规范和约束大数据资源的开发和利用，是大数据资源管理过程中十分重要的问题。大数据政策法规的制定，有助于从顶层设计上统筹大数据资源的发展，对大数据资源进行战略管理、宏观协调和综合开发；有助于确定大数据具体的国家标准，为相关行业大数据的发展提供相应指导意见，促进大数据产业的健康发展。同时，大数据政策法规的制定，能够对大数据资源的开发和利用进行严格有效的规范，有效维护大数据所有者的权利，减少信息安全和隐私泄露问题，提升国家大数据安全保障能力。

自2015年我国发布《促进大数据发展行动纲要》以来，中央及地方政府在大数据政策法规的制定上取得了一定的进展。在顶层设计上，各地先后密集出台数据开放相关政策，梳理数据开放目录。在法律环境的建设上，中央网信办制订相关方面的法律法规，加强对公民信息和网络安全的保护；同时，公安部门组织相关单位制订网络安全等级保护基本要求技术标准中的大数据扩展要求；国人期待已久的《网络安全法》于2017年6月1日实施。当然，大数据的研究和应用才刚刚起步，相关的政策法规仍不够健全。例如，对于大数据的开放共享问题，一方面，目前的法律法规仍不能积极引导相关部门进行数据开放和共享，没有为"为何开放共享"提供政策依据；另一方面，目前的法律法规对数据开放共享的内容和范围，数据提供者、使用者和管理者等各类主体的权利、责任和义务，数据采集、流通与使用的规范，以及数据产权、安全和隐私的保护尚不明确，不能解决"如何安全共享"的问题。因此，政府部门和行业组织仍需制定并不断完善大数据产业发展的相关政策法规，为大数据的发展提供政策依据和动力支持。

五、大数据资源管理的政策选择

作为大数据的管理者和使用者，政府既是推动本区域、本领域大数据建设发展的主体，又是重要的数据信息源中心及其集散地，要承担好上述责任，政府必须积极顺应大数据时代的要求，切实加强和完善大数据资源管理工作，培育大数据资源的管理思维和理念，加强大数据资源管理的顶层设计，加快大数据人才队伍建设，深化各部门大数据资源整合与共享，加快数据开放和多领域合作，建立大数据资源服务平台，健全大数据政策法规建设，强化大数据安全保障，不断提升大数据资源管理能力。

（一）培育大数据资源的管理思维和理念

为实现对大数据的有效管理，政府首要任务便是转变传统观念，培育大数据思维和意识。大数据时代的政府治理变革管理和处理数据的技术已日趋成熟，但与此相匹配的思维模式——大数据思维却仍然缺失。大数据思维作为一种全新的信息意识，其所倡导的思维模式使研究、寻求对策都发生了改变①。大数据思维要求将数据变成支持决策、指导科学行动的重要资源②，即树立大数据资源观。同时，大数据时代人类处理数据的思想发生了变化，从抽样处理变为整体全部的处理、从要求准确变为接受杂乱无章、从探求因果关系变为挖掘相关关系③。可见，大数据时代的数据处理不再是对单项的、同类的数据的处理，而是对所有的多种类型的数据进行相关分析。它要求降低在有限信息条件下对信息确定性和精确性的追求，强调通过大规模的数据而不是样本获得知识和价值④。因此，大数据资源的管理必须改变传统的思维模式，重视"琐碎的多数"，重视相关关系，让数据发声，基于对现象之间显著相关性的分解，创造更大的经济或社会效益⑤。政府在应用大数据的同时，应该清醒地认识到大数据的固有缺陷，树立数据安全思想，预防大数据依赖症。在此基础上，必须弘扬大数据思维理念，建立起用数据说话、用数据管理、用数据决策、用数据创新的数据文

---

① 苏丹丹.大数据时代，挑战与机遇并存［N］.中国文化报，2013（6）：10-30.
② 杨善林，周开乐.大数据中的管理问题：基于大数据的资源观［J］.管理科学学报，2015，18（5）：1-8.
③ 迈尔-舍恩伯格.大数据时代［M］.盛杨燕，周涛，译.杭州：浙江人民出版社，2013：105-126.
④ 陆地，靳戈.大数据对电视产业意味着什么［J］.视听界，2013（4）：32-34.
⑤ 黄新华.整合与创新：大数据时代的政府治理变革［J］.中共福建省委党校学报，2015（6）：4-10.

化。对此，应该加大大数据宣传和培养力度，自上而下提高大数据意识，推广大数据理论知识，特别是对于领导干部，需要着力加强其对大数据管理意识，深化其对大数据的重视，从而有效发挥自上而下的带动作用；加强内部教育，通过内部团队学习的模式开展培训和学习，集体学习大数据管理的理论知识，转化以往固有的思维定式，学习和实践相结合，引导工作人员树立科学的大数据管理思维。

（二）加强大数据资源管理的顶层设计

大数据资源的利用是一项长期不断完善的工程，因此从国家战略层面出发，制定有效的运行机制，加快大数据顶层设计制定的推进和落实，是有效推动政府对大数据利用的关键。目前，我国大数据发展正处在从政策制定向实践推进的过渡阶段，还存在政府数据开放共享不足、产业基础薄弱、法律法规建设滞后、创新应用领域不广等问题。这就要求加强顶层设计，统筹协调大数据发展各要素、各环节、各区域的关系，促进大数据发展战略实施，从而为大数据资源公共服务、社会管理、决策支持、科学研究等价值的实现创造条件。

大数据资源管理的顶层设计要关注多主体、多层面相互协调的发展，既要从政府角度做出全局性统筹和战略性规划，也要鼓励引导企业、高校和第三方治理主体参与，加强集成中心的统一实时管控分析能力，加速打破大数据核心技术应用屏障。大数据资源管理的顶层设计要关注多方法、多技术相互配合的发展，既要通过行政措施对大数据发展加以引导和监督，也要依靠管理办法、技术标准、行业规范等法律措施进行规范和约束，更要通过大数据资源获取技术、处理技术、存储技术、安全技术等技术方法进行支持和保障。大数据资源管理的顶层设计要关注多领域、多阶段相互衔接的发展，以数据资源为核心和基础，创新大数据资源的应用方式，完善大数据资源的产业链，加强大数据资源的开放共享。

（三）加快大数据人才队伍建设

大数据的迅猛发展，导致了对于数据专业人才的迫切需求。政府对大数据资源的管理离不开人才的支撑。加快培养和提高政府对大数据管理人才的技术和素质水平，是政府对大数据的管理应用进程中首先需要攻破技术人才门槛的难关，是确保大数据管理工作高效顺畅进行的关键。因此，政府必须把大数据人才培养摆在优先地位，把大数据队伍建设融入国家人才建设总体部署中，明确人才培养的目标和路径，为培养大数据相关人才提供良好的政策环境①。

其一，要加强政策引领和扶持营造良好的大数据人才生态环境。政府应积极开展政策的引领，加强数据人才培养的财政支出，创建有效的人才发展培养的生态环境，多途径深领域的人才培养模式，塑造有助于高技术水平人才就业的大环境，吸引更多社会机构组织和个人对大数据技术的研究和学习。其二，要建立短期与长期教育相结合的大数据人才培养体系，从根本保障出发，落实以短期培养为辅、长期系统教育为主，二者相结合的大数据人才培养模式。大数据人才的短期培养主要通过组织研修班或技术交流，对政府内部人员进行大数据知识和理论的在岗教育，必要时也可以从外部引进相关人才。大数据人才的长期培养，需要有效整合教育资源，引导部分领域内顶尖应用型院校全面建设大数据管理方面的重点学科，开展大数据管理应用型高端人才和复合型人才的培养。高校的人才培养可以加强校企协作，充分利用学校和企业二者的资源，通过校内学习与校外实践，实现素质教育与专业教育的结合。

（四）深化大数据资源整合与共享

数据共享是建设数字政府的关键所在。在现行绩效考核制度下，各地方、各部门争相建设自己的大数据中心，但由于体制机制尚未理顺导致的条块分割、部门利益以及技术标准等多种原因，各部门不能有效实现网络的相互联通，大量数据分散于各行业、各部门，数据资源无法在各系统间共享。这造成了资源浪费、效率低下等众多问题，极大制约了政府的协同管理水平和社会服务效率。2016 年 5 月，李克强总理在"中国大数据产业峰会暨中国电子商务创新发展峰会"致辞中强调："要打破'信息孤岛'和'数据烟囱'，推动政府信息共享，提升政府效能，让企业和群众办事创业更方便。"② 可见，应对各部门"碎片化"的大数据资源关键在于打破部门信息孤岛，实现政府信息的共享。因此，需要加强政府部门内部的数据共享，在相关法律规范的指导下，以国家统一数据平台建设为抓手，以解决重大社会问题为切入点，加强政务部门间、地区间数据交换和共享。一方面，建立"部门间联席会机制"，统一规范与协调部门间大数据资源的收集与整合；另一方面，进一步完善政府信息平台的建设，开发与健全政府信息共享网络板块，实现与部门信息网络数据的同步更新与实时共享。

---

① 黄新华. 整合与创新：大数据时代的政府治理变革［J］. 中共福建省委党校学报，2015（6）：4-10.

② 李克强. 李克强出席中国大数据产业峰会暨中国电子商务创新发展峰会并致辞［N］. 人民日报，2016-05-26（1）.

（五）加快数据开放和多领域合作

数据开放是大数据资源管理的必然选择。数据开放不仅有助于提高公民的知情权，提升公共服务质量和改善政府形象，还可以促进数据在社会的流动，提高大众创新、社会创新与政府治理创新的机会①。当前大数据利用的趋势是对大数据价值的深度挖掘，将大数据所反映的核心理念抽离出来，以演绎、发散为基本方法，实现二次甚至多次利用②。换句话说，大数据的价值不止体现在它的基本用途上，更主要体现在多次利用之后产生的创新性用途上。这就需要推动公共数据的资源开放，将政府拥有的大量数据按照相关规定开放给企业、研究机构和社会公众，增强政府和社会组织以及外部企业的信息流通，深化多领域技术合作，促进政府对大数据管理的技术更深层次快速发展。

应尽快制定公共信息资源共享管理办法，建成政府数据服务网站，推进数据资源的开发和利用。一方面，积极开展政府和商业部门、高效科研机构、社会组织的联合开发大数据应用技术的发展模式，制订"数据政府"创新应用计划，盘活各级政府部门的数据资源，鼓励基于开放数据开展应用创新。政府大数据作为保密性质的重要公共资源，我国采取政府与商业联合开发的模式较为适宜，发挥政府在政策支持上的优越性，利用商业部门的技术经验，优化双方大数据管理。另一方面，切实保障开放数据的实用性，满足公众对数据进行检索、操作与分析的需求。注重开放工具技术的运用，提高数据的实用性，对数据进行科学、合理的分类；着力于开发针对不同用户群体的数据格式与工具，方便公众对数据进行个性化操作；注重对数据的及时更新与维护，应运用智能化识别技术，开放公共服务价值性高的数据，以更好地契合公众对数据的多元化、优质化需求③。

（六）建立大数据资源服务平台

政府对大数据资源的开放与共享离不开良好的平台作为硬件支持。将政府大数据和互联网、云技术结合起来组建政府大数据管理的高效智能系统和平台，有利于增强政府网络系统的建设，通过有效纵向整合，改善政府部门上下级信息流通现状；有利于提供公共技术支撑，推进技术融合、业务融合、数据融合，

---

① 涂子沛. 大数据，正在到来的数据革命，以及它如何改变政府、商业与我们的生活 [M]. 桂林：广西师范大学出版社，2013：209.

② 迈尔-舍恩伯格. 大数据时代 [M]. 盛杨燕，周涛，译. 杭州：浙江人民出版社，2013：105-126.

③ 黄新华. 整合与创新：大数据时代的政府治理变革 [J]. 中共福建省委党校学报，2015（6）：4-10.

实现跨层级、跨地域、跨系统、跨部门、跨业务的协同管理和服务，避免新一轮的行业割据和重复建设；有利于改善政府公共信息服务效率，促进政府公共数据查询服务公开透明，为社会公众提供更便利的服务。

建立大数据资源服务平台，首先要多维度归集大数据资源，建立健全大数据资源更新库，从横向维度与纵向维度归集部门潜在的大数据资源。横向维度方面：重在扩展同一时间点大数据资源"面"的广度，归集部门行政职能履行过程中所积累产生的大数据资源；纵向维度方面：主要以纵向时间"点"为中心轴，归集不同年份所累积的大数据资源，特别是注重对传统纸质数据资料、资源向电子化数据资源的转化与存储。通过对部门大数据资源"点面结合"的归集，进而建立健全大数据资源库，并实现数据库的实时更新。

其次，要加强公共服务数据查询服务基础设施的建设，同时加强互联网云端数据信息的推送，提供公众随时随地方便查阅和获取信息的途径，切实增强数据可获得性。再者，管理大数据首先要进行判别与分类，数据种类和用户需求建立相匹配的政府大数据管理平台，类间采取个性化的数据管理模式，类内采取统一的数据管理模式。最后，在大数据平台实施数据信息公开前，应实施统一标准，做到科学规范，保证数据可比，实现数据共享；明确信息公开的周期，完善大数据平台的反馈系统，定期对大数据平台的功能进行维护和检修。

（七）健全大数据政策法规建设

完善的政策法规，是大数据资源管理与配置有效开展的重要保障。为了确保大数据的稳步运行，就需要建立健全大数据相关法律法规，使大数据运行过程中能够做到有法可依。一方面，制定和颁布大数据资源管理与配置相关政策法规，以明确大数据资源管理与配置的宏观性指导原则与政策导向；另一方面，微观上细化大数据资源管理与配置各个环节的法规权限，特别是对可进行市场化配置的大数据资源设置明确的"信息标准"；此外，各部门内部依据宏观政策指导原则，制定符合本部门实际的大数据归集、开发、处理、转化、配置等各个环节的操作性条例，以规范大数据资源的有效利用。同时，大数据政策法规的建设应该着重关注数据开放、保护等方面制度，实现对数据资源采集、传输、存储、利用、开放的规范管理，促进政府数据在风险可控原则下最大程度开放；明确相关主体的权利、责任和义务，加强对数据滥用、侵犯个人隐私等行为的管理和惩戒；研究推动数据资源权益相关立法工作。

（八）强化大数据安全保障

在通过利用大数据资源创造财富的同时，对数据的深度挖掘也带来了严重的数据安全问题，一方面，不少政府部门的大数据中心由企业进行建设和运维，这有可能会造成国家安全问题；另一方面，许多民众维权意识比较弱，加之不少企业经常对网民信息进行挖掘，容易造成隐私泄露。因此在大数据时代需要维护数据安全和个人隐私保护，既要通过技术提供支持，也要通过完善政策法规强化大数据安全保障。

从技术手段层面看，提升大数据安全保障技术，需要从数据存储、应用和管理过程中加以应对，可以通过数据的方法进行安全储存，从源头防止数据泄漏；通过控制用户访问权限，有效地保证大数据应用安全；通过基于大数据的网络追踪溯源手段，加强对敏感和要害数据的监管；通过制定大数据技术标准和安全标准，为我国政府数据开放构建安全的技术保障生态环境。

在大数据的背景下，政府既是数据的生产者，又是数据的存储者、管理者和使用者，单纯通过技术手段限制政府对用户信息的使用来实现用户隐私保护是极其困难的事①。因此，也需要从法规层面强化大数据安全的保障。要制定数据保密操作规范，明确管理者和使用者在数据收集、整理、分析和共享过程中的责任和权利；明确保密和公开的范围界定标准，做好数据开放的风险评估工作，制定合理可行的大数据开放风险预防机制；制定数据安全使用标准，明确数据使用的操作流程，规范使用目的、内容和方法，积极推进数据应用新引发的问题对应的法律规整；建立统一高效的用户信息安全事件投诉受理机制，作为政府数据安全管理的常态化工作方式。

---

① 冯登国，张敏，李昊. 大数据安全与隐私保护［J］. 计算机学报，2014，37（1）：246-258.

参考文献

译著

［1］萨瓦斯．民营化与公私部门的伙伴关系［M］．周志忍，译．北京：中国人民大学出版社，2002.

［2］兰德尔．资源经济学：从经济角度对自然资源和环境政策的探讨［M］．施以正，译．北京：商务印书馆，1989.

［3］奥斯特罗姆，施罗德，温．制度发展与可持续激励：基础设施政策透视［M］．毛寿龙，译．上海：上海三联书店，2000.

［4］奥斯特罗姆，加德纳，沃克．规则、博弈与公共池塘资源［M］．任睿，王巧玲，译．西安：陕西人民出版社，2011.

［5］奥斯特罗姆．公共资源的未来：超越市场失灵和政府管制［M］．郭冠清，译．北京：中国人民大学出版社，2015.

［6］奥斯特罗姆．公共事物的治理之道——集体行动制度的演进［M］．余逊达等，译．上海：上海三联书店，2000.

［7］波蒂特，詹森，奥斯特罗姆．共同合作——集体行为、公共资源与实践中的多元方法［M］．路蒙佳，译．北京：中国人民大学出版社，2011.

［8］蒙德尔．经济学解说［M］．胡代光，译．北京：经济科学出版社，2000.

［9］皮尔斯．现代经济学词典［M］．宋承先，寿进文，唐雄俊，等译．上海：上海译文出版社，1988.

［10］霍布斯．利维坦［M］．黎廷弼，译．北京：商务印书馆，1985.

［11］马克思．资本论（第一卷）［M］．中共中央马克思恩格斯列宁斯大林著作编译局，译．北京：人民出版社，1975.

［12］格尔茨．地方知识［M］．杨德睿，译．北京：商务印书馆，2017.

［13］纽顿．社会资本与现代欧洲民主［M］//李惠斌，杨雪冬．社会资本

与社会发展．北京：社会科学文献出版社，2000.

［14］科斯，等．财产权利与制度变迁——产权学派与新制度学派译文集［M］．刘守英，等译．上海：上海三联书店，2014.

［15］奥尔森．集体行动的逻辑［M］．陈郁，郭宇峰，李崇新，等译．上海：上海人民出版社，1995.

［16］奥尔森．集体行动的逻辑［M］．陈郁，郭宇峰，李崇新，译．上海：格致出版社，2014.

［17］诺思．经济史中的结构与变迁［M］．陈郁，译．上海：上海三联书店，1991.

［18］达斯古普特．社会资本——一个多角度的观点［M］．张慧东，姚莉，刘伦，等译．北京：中国人民大学出版社，2005.

［19］帕特南．使民主运转起来：现代意大利的公民传统［M］．王列，赖海榕，译．南昌：江西人民出版社，2001.

［20］施蒂格勒．产业组织和政府管制［M］．潘振民，译．上海：上海三联书店，1996.

［21］拉丰．激励与政治经济学［M］．刘冠群，译．北京：中国人民大学出版社，2013.

［22］萨缪尔森，诺德豪斯．微观经济学（第17版）［M］．樊妮，译．北京：人民邮电出版社，2004.

［23］萨缪尔森，诺德豪斯．经济学［M］．萧琛，译．北京：中国发展出版社，1992.

［24］萨缪尔森．充满灵性的经济学［M］．胡承红，译．上海：上海三联书店，1991.

［25］伊特韦尔，米尔盖特，纽曼．新帕尔格雷夫经济学大辞典（第三卷）［M］．陈岱孙，译．北京：经济科学出版社，1992.

［26］植草益．微观规制经济学［M］．朱绍文，译．北京：中国发展出版社，1992.

中文专著

［1］陈振明．政府改革与治理——基于地方实践的思考［M］．北京：中国人民大学出版社，2013.

［2］海涛，爱华．政府采购管理［M］．北京：北京大学出版社，2008.

［3］何雷．公共资源合作治理机制研究［M］．北京：中国社会科学出版

社，2020.

［4］黄新华．公共部门经济学［M］．厦门：厦门大学出版社，2010.

［5］黄新华．公共经济学［M］．北京：清华大学出版社，2014.

［6］姜振华．社区参与与城市社区社会资本的培育［M］．北京：中国社会出版社，2008.

［7］金江军，郭英楼．互联网时代的国家治理［M］．北京：中共党史出版社，2016.

［8］雷晓明，赵成，王永杰．中国公共资源问题：理论与政策研究［M］．成都：西南交通大学出版社，2011.

［9］李培林．社会改革与社会治理［M］．北京：社会科学文献出版社，2014.

［10］李善民．公共资源的管理优化与可持续发展研究：基于广州市水资源的应用分析［M］．广州：广东科技出版社，2007.

［11］李显东．公共资源交易：法律规范系统的构建［M］．北京：中国法制出版社，2019.

［12］梁戈敏．中国政府采购道德风险及其规避［M］．北京：经济科学出版社，2011.

［13］柳新元．利益冲突与制度变迁［M］．武汉：武汉大学出版社，2002.

［14］彭补拙，濮励杰，黄贤全，等．资源学导论［M］．南京：东南大学出版社，2014.

［15］屈小娥．我国环境规制的规制效应研究［M］．北京：经济科学出版社，2019.

［16］孙波．公共资源的关系治理研究［M］．北京：经济科学出版社，2009.

［17］田国强．经济机制理论：信息效率与激励机制设计［M］．北京：商务印书馆，2001.

［18］汪锦军．走向合作治理：政府与非营利组织合作的条件、模式和路径［M］．杭州：浙江大学出版社，2012.

［19］王欢明．基于合作治理的公交服务效益研究——以上海公交服务为例［M］．上海：同济大学出版社，2015.

［20］王文杰．公有企业民营化［M］．北京：清华大学出版社，2005.

［21］吴稼祥．公天下：多中心治理与双主体法权［M］．桂林：广西师范大学出版社，2012.

[22] 夏建中. 中国城市社区治理结构研究 [M]. 北京：中国人民大学出版社，2012.

[23] 薛曜祖. 城乡公共资源优化配置的制度安排研究 [M]. 北京：中国财政经济出版社，2014.

[24] 杨光斌. 习近平的国家治理现代化思想：中国文明基体论的延续 [M]. 北京：中国社会科学出版社，2015.

[25] 袁振龙. 社会管理与合作治理 [M]. 北京：知识产权出版社，2013.

[26] 张学龙，高中伟. 公共资源交易监督管理的探索与实践 [M]. 成都：四川大学出版社，2015.

[27] 赵树凯. 乡镇治理与制度化 [M]. 北京：商务印书馆，2010.

[28] 郑佩昭. 自然资源学基础 [M]. 青岛：中国海洋大学出版社，2013.

[29] 周小亮. 深化体制改革中的利益兼容问题探索 [M]. 北京：商务印书馆，2007.

[30] 朱宪辰. 自主治理与扩展秩序：对话奥斯特罗姆 [M]. 杭州：浙江大学出版社，2012.

[31] 诸大建. 合作的治理：诸大建学术日记（2014）[M]. 上海：同济大学出版社，2015.

中文期刊

[1] 贲慧，张阳. 社会网络对公共医疗资源配置效率的影响研究——以江苏为例 [J]. 江西社会科学，2018，38（5）：227-234.

[2] 安徽省财政厅公共资源（资产）管理课题组. 日本、新加坡公共资源（资产）管理研究 [J]. 中国财政，2010（20）：71-73.

[3] 白永亮，高璐. 水政策的整体性制度构架：新加坡水管理的经验与启示 [J]. 甘肃社会科学，2015（1）：244-248.

[4] 毕翔，唐存琛，吴国庆. 公共资源交易中管理体制改革策略探析 [J]. 领导科学，2021（12）：117-121.

[5] 蔡晶晶. 公共资源治理的理论构建——埃莉诺·奥斯特罗姆通往诺贝尔经济学奖之路 [J]. 东南学术，2010（1）：48-56.

[6] 蔡小慎，刘存亮. 公共资源交易领域利益冲突及防治 [J]. 学术界，2012（3）：47-54.

[7] 曾力. 公共资源出让收益合理分配机制研究 [J]. 金融经济学研究，2013（6）：108-115.

［8］陈安宁.公共资源政府管理初论［J］.资源科学，1998（2）：22-27.

［9］陈富良.政府规则公共利益论与部门利益论的观点与评论［J］.江西财经大学学报，2001（1）：21-23.

［10］陈绍军，任毅，卢义桦.空间产权：水库移民外迁社区公共空间资源的"公"与"私"［J］.学习与实践，2018（7）：100-107.

［11］陈书全.海域资源市场化管理的问题与对策研究［J］.山东社会科学，2012（10）：146-148.

［12］陈伟东，舒晓虎.城市社区服务的复合模式——苏州工业园区邻里中心模式的经验研究［J］.河南大学学报（社会科学版），2014（1）：55-61.

［13］邓金霞.如何确定政府购买公共服务的价格？——以上海为例［J］.中国行政管理，2020，425（11）：101-107.

［14］邓可斌，丁菊红.转型中的分权与公共品供给：基于中国经验的实证研究［J］.财经研究，2009（3）：80-90.

［15］杜函芮，过勇.土地资源的产权交易与腐败［J］.经济社会体制比较，2019（3）：94-105.

［16］冯思遐.当PPP遇上竞争性磋商——论"竞争性磋商"成为PPP主要采购形式的必然性［J］.中国商论，2016（7）：171-173.

［17］付实.美国水权制度和水权金融特点总结及对我国的借鉴［J］.西南金融，2016（11）：72-76.

［18］高丽峰，田雪欣.准公共产品定价的经济学分析［J］.商业时代，2007（9）：13.

［19］高向东，吴瑞君.上海人口空间移动与公共管理和服务资源配置研究［J］.科学发展，2013（3）：58-71，26.

［20］宫笠俐，王国锋.公共环境服务供给模式研究［J］.中国行政管理，2012（10）：21-25.

［21］顾小林，李磊.基于SOA公共资源ROT网络交易模式研究［J］.生产力研究，2009（17）：179-181.

［22］郭其友，李宝良.公共资源和企业边界的经济治理之道——2009年度诺贝尔经济学奖得主的主要经济理论贡献述评［J］.外国经济与管理，2009（11）：11-19.

［23］韩方彦.公共资源的经济属性分析［J］.理论月刊，2009（3）：74-77.

［24］侯水平，周中举.构建我国公共资源市场化配置监管体制［J］.西

南民族大学学报（人文社科版），2007（4）：136-140.

[25] 胡舒扬，赵丽江．新制度供给与公共资源治理——埃莉诺·奥斯特罗姆的理论分析［J］．学习与实践，2015（10）：53-60.

[26] 胡业飞，田时雨．政府数据开放的有偿模式辨析：合法性根基与执行路径选择［J］．中国行政管理，2019（1）：30-36.

[27] 黄平．小康社会建设：公共资源与公共管理［J］．中国特色社会主义研究，2005（1）：23-24.

[28] 黄少安．罗纳德·科斯与新古典制度经济学［J］．经济学动态，2013（11）：97-109.

[29] 黄新华．公共服务合同外包中的交易成本：构成，成因与治理［J］．学习与实践，2013（6）：71-78.

[30] 黄新华．政府管制、公共企业与特许经营权竞标——政府治理自然垄断问题的政策选择分析［J］．东南学术，2006（1）：50-57.

[31] 黄新华．政治交易的经济分析——当代西方交易成本政治学述评［J］．厦门大学学报（哲学社会科学版），2009（5）：5-13.

[32] 纪杰．公共资源交易防腐机制新探索——以重庆市J区为例［J］．中国行政管理，2013（7）：123-126.

[33] 纪杰．公共资源交易平台新探索：基于重庆市JB区的个案研究［J］．电子政务，2013（11）：63-68.

[34] 江燕娟，李放．养老机构公建民营模式下老年人公共养老服务资源利用——基于理论分析与实践检验［J］．社会科学家，2018，258（10）：64-70.

[35] 蒋正举，刘金平．"资源-资产-资本"视角下矿山废弃地价值实现路径研究［J］．中国人口·资源与环境，2013（11）：157-163.

[36] 句华．公共服务合同外包的适用范围：理论与实践的反差［J］．中国行政管理，2010（4）：41-45.

[37] 李国杰，程学旗．大数据研究：未来科技及经济社会发展的重大战略领域——大数据的研究现状与科学思考［J］．中国科学院院刊，2012，7（6）：647-657.

[38] 李海岩，宋葛龙．城市公用事业市场化改革的观察与思考——德国和瑞典城市公用事业改革考察报告［J］．经济研究参考，2005（10）：38-44.

[39] 李兰．公共财政视角下的城市公共资源整合的目标与原则［J］．经济研究导刊，2007（2）：148-149.

[40] 李绍飞．公共资源交易平台建设提速［J］．瞭望，2015（34）：7.

［41］李胜．公共资源利他合作治理及其制度完善［J］．社会科学家，2016（8）：75-78，83.

［42］李燕，唐卓．国有企业利润分配与完善国有资本经营预算——基于公共资源收益全民共享的分析［J］．中央财经大学学报，2013（6）：7-12.

［43］李政，陈从喜，曹庭语．矿业权有形市场建设及其与公共资源交易平台关系探讨［J］．国土资源情报，2013（5）：31-35.

［44］林晓健．公共资源与区域经济综合发展水平的关系研究——基于福建省9个地市的数据分析［J］．学术论坛，2016，39（11）：74-79.

［45］林燕新．珠海：公共资源配置市场化［J］．产权导刊，2010（1）：53-56.

［46］刘桂环，文一惠，张惠远．基于生态系统服务的官厅水库流域生态补偿机制研究［J］．资源科学，2010，32（5）：856-863.

［47］刘汉诚，江滨．湖北：打造公共资源阳光交易市场［J］．中国监察，2009（18）：42.

［48］刘璟．发达国家资源配置市场化的主要历程、模式与借鉴［J］．市场经济与价格，2014（9）：42-47.

［49］刘仁彪．防治腐败要求改革公共资源管理体制［J］．江西财经大学学报，2005（4）：51-55.

［50］刘尚希，樊轶侠．公共资源产权收益形成与分配机制研究［J］．中央财经大学学报，2015（3）：3-10.

［51］刘尚希，吉富星．公共产权制度：公共资源收益全民共享的基本条件［J］．中共中央党校学报，2014（5）：68-74.

［52］刘细良，樊娟．基于公共资源配置的腐败形成机理分析［J］．湖南大学学报：社会科学版，2010（4）：128-132.

［53］刘占虎．权力商品化的若干表现形式及其防范［J］．中州学刊，2018，256（4）：19-24.

［54］龙莉．试论我国公共资源招投标管理体制的改革与创新［J］．经济问题探索，2011（8）：24-28.

［55］卢小君，蔡小慎，魏晓峰，等．寻租视角下公共资源交易领域中的利益冲突防治［J］．领导科学，2013（10）：10-11.

［56］陆军．地方公共产品空间研究导论：一个即将的前沿领域［J］．河北大学学报（哲学社会科学版），2010（5）：66-72.

［57］罗晶．基于大数据技术的智慧城市公共资源配置系统设计［J］．现

代电子技术，2021，44（2）：122-126.

[58] 马剑虹. 公共资源两难管理的社会学习过程和动机释放机制 [J]. 应用心理学，2008，14（4）：371-377.

[59] 欧阳君君. 行政许可法中的"公共资源"界定及其合理配置——基于公物理论的分析 [J]. 城市问题，2012（11）：49-55.

[60] 彭婧. 从市场价值优先到公共价值优先——政府购买责任研究的进展、不足与展望 [J]. 财政研究，2018（1）：43-52.

[61] 邱安民，廖晓明. 论我国公共资源交易及其权力运行规范体系建构 [J]. 求索，2013（5）：226-228.

[62] 屈锡华，陈芳. 从水资源短缺看政府对公共资源的管理 [J]. 中国行政管理，2004（12）：12-13.

[63] 任保平. 公共资源的市场化：内涵、制约因素及其培育对策 [J]. 当代经济研究，2000（12）：48-51.

[64] 山东省菏泽市公共资源交易局. 菏泽市对公共资源市场化配置改革的有益探索 [J]. 中国政府采购，2015（12）：39-47.

[65] 史宇鹏，李新荣. 公共资源与社会信任：以义务教育为例 [J]. 经济研究，2016，51（5）：86-100.

[66] 宋飞，燕娜，杜秋颖. 浅析公共资源政策选择对经济增长的影响 [J]. 经济研究导刊，2015（4）：5-10.

[67] 宋华琳. 公用事业特许与政府规制——中国水务民营化实践的初步观察 [J]. 政法论坛，2006（1）：126-133.

[68] 宋心然. 公共资源市场化配置对于控制腐败的有效性——韩国反腐败的经验与启示 [J]. 理论与现代化，2011（3）：55-60.

[69] 苏晓春. 厦门市公共资源配置市场化改革的探索 [J]. 中国财政，2010（3）：60-61.

[70] 谭淑豪，王济民，涂勤，等. 公共资源可持续利用的微观影响因素分析 [J]. 自然资源学报，2008（2）：194-203.

[71] 唐兵. 公共资源的特性与治理模式分析 [J]. 重庆邮电大学学报（社会科学版），2009（1）：111-116.

[72] 陶园，华国庆. 公共资源交易信用评价的立法模式及其体系建构 [J]. 江淮论坛，2020（6）：114-120.

[73] 王丛虎，门理想. 中国公共资源交易的创新逻辑及实现路径——基于公共资源交易平台整合的视角 [J]. 学海，2021（4）：142-150.

［74］王丛虎，王晓鹏，肖源．浅论基于区块链的公共资源交易信用治理策略［J］．电子政务，2020（8）：50-59.

［75］王丛虎，王晓鹏，余寅同．公共资源交易改革与营商环境优化［J］．经济体制改革，2020（3）：5-11.

［76］王丛虎．公共资源交易平台整合的问题分析及模式选择——基于交易费用及组织理论的视角［J］．公共管理与政策评论，2015（1）：77-86.

［77］王丛虎．公共资源交易综合行政执法改革的合法性分析——以合肥市公共资源交易综合行政执法改革为例［J］．中国行政管理，2015（5）：29-32.

［78］王军．论公共资源交易中电子招标系统的完善［J］．行政与法，2015（5）：27-31.

［79］王利娜．公共品定价理论评述［J］．东岳论丛，2012（33）：169-171.

［80］王莉．控制行政管理支出，优化公共资源配置［J］．中国统计，2007（9）：43-44.

［81］王能发，蔡绍洪．公共资源管理中克服公地悲剧的轻微利他博弈分析［J］．贵州财经学院学报，2011（4）：91-94.

［82］王浦劬．国家治理、政府治理和社会治理的含义及其相互关系［J］．国家行政学院学报，2014（3）：11-17.

［83］王睿倩．发达地区社会管理现代化的公共资源配置和公共政策创新研究［J］．湖北社会科学，2012（11）：45-48.

［84］王秀云．国外城市基础设施投融资体制改革对我国的启示［J］．中国城市经济，2007（11）：76-79.

［85］王艳．我国公共资源产权界定的路径依赖及制度选择［J］．云南行政学院学报，2006（4）：104-106.

［86］项波，段春霞．生态物权：一种以生态价值为媒介的新型物权［J］．生态经济，2016（3）：207-212.

［87］肖北庚．公共资源统一交易之法律空间与实现途径［J］．法学评论，2015（6）：22-29.

［88］肖泽晟．从公众参与到利益衡量和理由说明——重大公共资源配置行政决策程序法治化的方向［J］．法学杂志，2013（9）：77-82.

［89］肖泽晟．论遏制公共资源流失的执法保障机制——以公共资源收益权和行政执法权的纵向配置为视角［J］．法商研究，2014（5）：3-11.

［90］谢永，应风雷，潘晓晖，等．城市公共资源有偿使用收入管理模式创新——以杭州市为例［J］．地方财政研究，2017（2）：55-59.

［91］徐天柱.公共资源市场化配置监管模式创新及制度构建［J］.行政论坛,2014（2）：87-91.

［92］杨承志,张瑶.公共资源交易指数的构建、监测与评价——以宁波镇海区为例［J］.产业与科技论坛,2014（2）：96-99.

［93］杨凤.政府监管的一种规范分析——传统公共利益理论述评及其政策应用［J］.经济纵横,2007（24）：78-81.

［94］杨红伟.代理悖论与多元共治:传统公共资源管理的缺陷及矫正机制［J］.经济研究导刊,2014（32）：286-288.

［95］杨瑞金,冯秀华.巴西政府公共资产管理及启示［J］.中国财政,2006（4）：79-80.

［96］杨武松.公共资源市场化配置法律保障的结构性问题与对策［J］.学习与实践,2015（1）：60-68.

［97］杨先明,李波.土地出让市场化能否影响企业退出和资源配置效率?［J］.经济管理,2018,40（11）：55-72.

［98］叶继红,李雪萍.农民工共享城市公共资源问题研究——基于苏州市相城区的考察［J］.南京人口管理干部学院学报,2011,27（4）：12-17.

［99］余斌.公共定价的经济学分析［J］.当代经济研究,2014（12）：21-27.

［100］袁方成,靳永广.封闭性公共池塘资源的多层级治理——一个情景化拓展的 IAD 框架［J］.公共行政评论,2020,13（1）：116-139,198-199.

［101］张捷,王海燕.社区主导型市场化生态补偿机制研究——基于"制度拼凑"与"资源拼凑"的视角［J］.公共管理学报,2020（3）：126-138.

［102］张紧跟,胡特妮.论基本公共服务均等化中的"村（居）法律顾问"制度——以广东为例［J］.学术研究,2019（10）：47-55.

［103］张劲松,杨书房.论区域公共资源管理的政府多元治理［J］.学习论坛,2012,28（1）：42-46.

［104］张克中.公共治理之道:埃莉诺·奥斯特罗姆理论述评［J］.政治学研究,2009（6）：83-93.

［105］张青.公共部门多任务委托——代理分析:资产所有权、管理权和预算规则的确定［J］.制度经济学研究,2013（3）：116-141.

［106］张蕊.厦门积极探索公共资源市场配置改革［J］.中国财政,2012（19）：61-62.

［107］张伟,刘雪梦,王蝶,等.自然资源产权制度研究进展与展望［J］.

中国土地科学, 2021, 35 (5)：109-118.

[108] 赵立波, 朱艳鑫. 公共资源交易管办分离改革研究 [J]. 中国行政管理, 2014 (3)：21-25.

[109] 赵伟伟, 白永秀. 资源开发过程中腐败的发生及制度影响 [J]. 资源科学, 2020, 42 (2)：251-261.

[110] 郑大庆, 黄丽华, 张成洪, 等. 大数据治理的概念及其参考架构 [J]. 研究与发展管理, 2017, 29 (4)：65-72.

[111] 周文, 陈翔云. 公共资源的马克思主义经济学研究 [J]. 政治经济学评论, 2018 (1)：180-190.

[112] 周志鹏. 公共资源市场化配置的地方经验与启示——以宁波、温州、菏泽和厦门为例 [J]. 中国经贸导刊, 2016 (14)：33-34.

[113] 朱富强. "公地悲剧" 如何转化为 "公共福祉" ——基于现实的行为机理之思考 [J]. 中山大学学报 (社会科学版), 2011 (3)：182-189.

[114] 朱军. 土地供给冲击, 公共资源配置与中国经济波动—— "动态新凯恩斯主义" DSGE 模型的视角 [J]. 资源科学, 2013 (6)：1115-1124.

[115] 朱珠. 基于公地悲剧视角下公共资源产权界定对策研究 [J]. 经济视角 (下), 2013 (4)：84-85.

[116] 卓越, 陈招娣. 加强公共资源管理的四维视角 [J]. 中国行政管理, 2017 (1)：6-10.

英文期刊

[1] ALCHIAN AA., DEMSETZ H. Production, Information Costs, and Economic Organization [J]. IEEE Engineering Management Review, 1972, 62 (2)：777-795.

[2] BOETTKE P. Is the only form of "reasonable regulation" self regulation?：Lessons from Lin Ostrom on regulating the commons and cultivating citizens [J]. Public Choice, 2010, 143 (3-4)：283-291.

[3] BOWLES S, GINTISH. Social Capital And Community Governance [J]. The Economic Journal, 2002, 112 (483)：419-436.

[4] CHRISTIAN M, STEFAN S, ANJA H P, et al. Expression and function of somatostatin receptors in peripheral nerve sheath tumors. [J]. Journal of Neuropathology & Experimental Neurology, 2005 (12)：1080-1088.

[5] CLAASSEN R, CATTANEO A, JOHANSSON R. Cost-effective design of

agri-environmental payment programs: U. S. experience in theory and practice [J].
Ecological Economics, 2008, 65 (4): 737-752.

[6] COASE R H. The federal communications commission [J]. The Journal of
Law & Economics, 1959 (2): 1-40.

[7] COASE R. The Problem of Social Cost [J]. Journal of Law and Econom-
ics, 1960 (3): 1-44.

[8] COSTANZA R, FOLKE C. Valuing ecosystem services with efficiency,
fairness and sustainability as goals [J]. Nature's services: Societal dependence on
natural ecosystems, 1997: 49-70.

[9] ELLERMAN A D. The EU's Emissions Trading Scheme: A Proto-Type
Global System? [J]. Harvard Project on International Climate Agreements, 2008
(09): 1-30.

[10] FARBER S, COSTANZA R, CHILDERS D L, et al. Linking Ecology and
Economics for Ecosystem Management [J]. Bioscience, 2006, 56 (2): 121-133.

[11] FARLEY J, COSTANZA R. Payments for ecosystem services: From local
to global [J]. Ecological Economics, 2010, 69 (11): 2060-2068.

[12] FULYA A. Regulating Islamic banks in authoritarian settings: Malaysia
and the United Arab Emirates in comparative perspective [J]. Regulation & Govern-
ance, 2018 (4): 466-485.

[13] GIBSON C C, LEHOUCQ F E, WILLIAMS J. T. Does privatization
protect natural resources? Property rights and forests in Guatemala [J]. Social
Science Quarterly, 2002, 83 (1): 206-25.

[14] GÓMEZ-BAGGETHUN E, GROOT R D, LOMAS P L, et al. The history
of ecosystem services in economic theory andpractice: From early notions to markets
and payment schemes [J]. Ecological Economics, 2010, 69 (6): 1209-1218.

[15] GROSSMAN S J., HART O D. The Costs and Benefits of Ownership: A
Theory of Vertical and Lateral Integration [J]. Journal of Political Economy, 1986,
94 (4): 691-719.

[16] HARDIN G. The Tragedy of the Commons [J]. Science, 1968 (162):
1243-1248.

[17] HARDING. Political requirements for preserving our common heritage [J].
Wildlife & America, 1978 (31): 310-317.

[18] KAHNEMAN D, TVERSKY. A prospect theory: An analysis of decision

under risk [J] . Econometrics, 1979 (47): 263-291.

[19] LEHN K. , DEMSETZK. The Structure of Corporate Ownership : Causes and Consequences Kenneth Lehn [J] . Journal of Political Economy, 1985, 93 (6): 1155-1177.

[20] LIGN G H T, HOCS M. Diverse Property-rights Structure Impacts on Urban-Rural Public Open Space (POS) Governance: Sabah, Malaysia [J] . Procedia - Social and Behavioral Sciences, 2014 (153): 616-628.

[21] MAKRIDAKIS S . The Forthcoming Artificial Intelligence (AI) Revolution: Its Impact on Society and Firms [J] . Futures, 2017, 90 (1): 46-60.

[22] MATTHEWS R C O. The Economics of Institutions and the Sources of Economic Growth [J] . Economic Journal, 1986, December (9): 3-18.

[23] MCCARTHY N. Common Pool Resource Appropriation under Costly Cooperation [J] . Journal of Environmental E-conomics and Management, 2001 (42): 297-309.

[24] MERCKER D C, HODGES D G, MERCKER D C. Forest Certification and Nonindustrial Private Forest Landowners: Who Will Consider Certifying and Why? [J] . Journal ofExtension, 2007, 45 (4): 1-11.

[25] NORTH D C, THOMAS R P. The Rise and Fall of the Manorial System: A Theoretical Model [J] . The Journal of Economic History, 1971, 31 (4): 777-803.

[26] OPHULS W. Leviathan or oblivion [J] . Toward a steady state economy, 1973 (14): 219.

[27] PAGIOLA S. A comparative analysis of payments for environmental services programs in developed and developing countries [J] . Ecological Economics, 2008, 65 (4): 834-852.

[28] PETER N. Efficient Mechanisms for Public Goods with Use Exclusions [J] . Review of Economic Studies, 2004, 71 (4): 1163-1188.

[29] REINSBERG B, STUBBS T, KENTIKELENIS A, et al. Bad governance: How privatization increases corruption in the developing world [J] . Regulation & Governance, 2020, 14 (4): 698-717.

[30] ROSÉN K, LINDNER M, NABUURS G J, et al. Challenges in implementing sustainability impact assessment of forest wood chains [J] . European Journal of Forest Research, 2012, 131 (1): 1-5.

[31] SAMUELSON P A . The Pure Theory of Public Expenditure [J] . Review of Economics and Statistics, 1954 (36): 387-389.

[32] SATTLER C, TRAMPNAU S, SCHOMERS S, et al. Multi-classification of payments for ecosystem services: How do classification characteristics relate to overall PES success? [J] . Ecosystem Services, 2013 (6): 31-45.

[33] SCHAAF K A, BROUSSARD S R. Private forest policy tools: A national survey exploring the American public's perceptions and support [J] . Forest Policy &Economics, 2006, 9 (4): 316-334.

[34] SCHOMERS S, MATZDORFB. Payments for Ecosystem Services: A Review and Comparison of Developing and Industrialized Countries [J] . Ecosystem Services, 2013, 6: 16-30.

[35] SHATANAWI M. R, ALJAYOUSI O. Evaluating Market-oriented Water Policies in Jordan: A Comparative Study [J] . Water International, 1995, 20 (2) : 88-97.

[36] SMITH R J . Resolving the Tragedy of the Commons by Creating Private Property Rights in Wildlife [J] . Cato Journal, 2012, 1 (2): 439-468.

[37] STEFANO L D. International Initiatives for Water Policy Assessment: A Review [J] . Water Resources Management, 2010, 24 (11): 2449-2466.

[38] SUN S C, DUAN Z Y. Modeling passengers' loyalty to public transit in a two-dimensional framework: A case study in Xiamen, China [J] . Transportation Research Part A: Policy and Practice, 2019, 124: 295-309.

[39] TEW R D, STRAKA T J, CUSHING T L. The Enduring Fundamental Framework of Forest Resource Management Planning [J] . Natural Resources, 2013, 4 (6): 423.

[40] TRICE A H, WOOD S E. Measurement of recreation benefits [J] . Land economics, 1958, 34 (3): 195-207.

[41] ZENG Y B, XU W Q, ChenL L, et al. The Influencing Factors of Health-Seeking Preference and Community Health Service Utilization Among Patients in Primary Care Reform in Xiamen, China [J] . 2020 (14): 653-662.

[42] ZHAO Y H. , HUANG Y H. Exploring Big Data Applications for Public Resource Transaction [J] . Journal of Physics: Conference Series, 2018, 1087 (3): 1-8.

[43] ZHU X Q, ZUKLIN T, ZHANG Y L. Enhancing and promoting national

environmental goals through local integrated coastal management initiatives and legislation：Evidence from Xiamen［J］．Ocean & Coastal Management，2021，207：104706.

报纸

［1］习近平．决胜全面建成小康社会 夺取新时代中国特色社会主义伟大胜利［N］．人民日报，2017-10-28（1）．

［2］建设高标准市场体系行动方案［N］．人民日报，2021-02-01（1）．

［3］白宇，张玉珂．国务院印发《促进大数据发展行动纲要》［N］．人民日报，2015-09-06（1）．

［4］中共中央关于全面深化改革若干重大问题的决定［N］．人民日报，2013-11-16（1）．

［5］王吉全．中华人民共和国国民经济和社会发展第十三个五年规划纲要［N］．人民日报，2016-03-18（1）．

［6］中共中央国务院关于构建更加完善的要素市场化配置体制机制的意见［N］．人民日报，2020-04-10（1）．

［7］中共中央关于制定国民经济和社会发展第十四个五年规划和二〇三五年远景目标的建议［N］．人民日报，2020-11-04（1）．

［8］中华人民共和国国民经济和社会发展第十四个五年规划和2035年远景目标纲要［N］．人民日报，2021-03-13（1）．

网页链接

［1］福建省人民政府办公厅．福建省人民政府办公厅转发省纪委省监察厅关于进一步规范公共资源市场化配置工作若干意见的通知［A/OL］．福建省人民政府公报，2006-08-02.

［2］关于洪莲北二里840号1-2层非住宅用房公开招租的竞价结果公示［EB/OL］．厦门市财政局网，2016-07-05.

［3］国家发展改革委员会．国家发展改革委关于印发《全国公共资源交易目录指引》的通知［A/OL］．全国公共资源交易平台网站，2020-01-10.

［4］国家发展和改革委员会，财政部，环境保护部．国家发展和改革委员会财政部环境保护部关于调整排污费征收标准等有关问题的通知［A/OL］．国家环保局网，2014-09-01.

［5］国务院办公厅．国务院办公厅关于印发整合建立统一的公共资源交易平台工作方案的通知［A/OL］．中华人民共和国中央人民政府官网，2015-8-10.

［6］国务院办公厅．国务院办公厅转发国家发展改革委关于深化公共资源交易平台整合共享指导意见的通知［A/OL］．中国政府网，2019-05-19.

［7］杭州公共资源交易工作正式迈入"智慧时代"［EB/OL］．人民网，2020-01-19.

［8］合肥市人民政府办公室．合肥市人民政府关于印发《合肥市公共资源交易管理条例实施细则》的通知［A/OL］．合肥市人民政府官网，2020-03-23.

［9］江北区小型工程项目电子交易平台正式上线数字化赋能江北公共资源交易［EB/OL］．宁波市江北区人民政府网，2021-04-07.

［10］江苏省人民政府．省政府关于深入推进义务教育优质均衡发展的意见［A/OL］．江苏省人民政府网站，2012-11-17.

［11］宁波市人民政府．中共宁波市委宁波市人民政府关于推进公共资源市场化配置的意见［A/OL］．宁波市公共资源交易中心，2008-11-07.

［12］宁夏回族自治区政府办公厅．自治区人民政府办公厅关于印发《推进社会公益事业建设领域政府信息公开的实施意见》《推进公共资源配置领域政府信息公开的实施意见》的通知［A/OL］．宁夏回族自治区人民政府网站，2019-04-10.

［13］宁夏全面推进社会公益事业建设领域和公共资源配置领域信息公开［EB/OL］．中华人民共和国中央人民政府网站．2019-03-24.

［14］厦门市公共资源交易中心．厦门市公共资源交易中心简介［EB/OL］．厦门市公共资源交易网，2021-10-19.

［15］厦门市人民代表大会常务委员会．厦门经济特区公共资源市场配置监管条例［EB/OL］．厦门人大，2012-09-03.

［16］厦门市人民政府．厦门市人民政府办公厅关于印发深化公共资源交易平台整合共享工作方案的通知［A/OL］．厦门市政府网，2020-02-25.

［17］厦门市人民政府．厦门市人民政府关于印发厦门市公共资源交易监管办法的通知［A/OL］．厦门市人民政府网，2021-07-05.

［18］蒋升阳．厦门推进公共资源配置市场化［EB/OL］．搜狐新闻网，2006-09-10.

［19］厦门市民政局．同安区"社区治理微型'闭合自控'系统"获评

2014 年度中国社区治理十大创新成果［EB/OL］．厦门民政局网，2015-04-20.

　　［20］浙江省发展和改革委员会．省发展改革委等 5 部门关于印发《浙江省公共资源配置领域政府信息公开标准目录（2020 年版）》的通知［A/OL］．浙江省人民政府网站，2020-04-28.

后　记

公共资源管理是公共管理与公共政策的重要研究领域。开启全面建设社会主义现代化国家的新征程，在高质量发展中促进共同富裕，除了要立足新发展阶段，贯彻新发展理念，构建新发展格局，形成促进共同富裕的分配制度，夯实共同富裕的物质基础，畅通共同富裕的经济循环外，还有一个很重要的方面就是要加强公共资源管理，通过公共资源配置改革，提升公共资源的效益，为共同富裕创造更好的条件。本书从概念的厘定出发，探讨公共资源管理的理论与实践问题，形成公共资源管理改革的行动纲领。并在此基础上，梳理公共资源管理的学术演进和发展脉络（附录1），阐明作为公共资源的大数据资源管理的主要任务、核心内容和政策选择（附录2）。

本书在写作过程中参考了国内外学者的相关研究成果，这些研究成果不仅是本书写作的起点，更是奠定了本书写作的基础。感谢相关地方政府部门（尤其是财政部门）在调研中给予的支持和帮助，没有调研获取的相关数据和资料，要对案例进行分析几乎是不可能的。在本书的写作中，韩笑（第一章）、温永林（第二章）、蒋洋（第三章）、李珑（第四章）、蒋慧琼（第五章）、石术（第六章）、陈俊杰（附录1）、汪雅晨（附录2）参与了不同章节的写作、讨论和修改，本书也凝聚了他们的努力和贡献。此外，林东海博士为本书贡献了他的智慧，他提出的很多真知灼见（如资源基金循环、财政受托责任等）都在书中得到体现。

随着中国特色社会主义进入新时代，社会主要矛盾转化为人民日益增长的美好生活需要和不平衡不充分的发展之间的矛盾，公共资源的有效管理不仅有助于满足人民对美好生活的追求，也有利于促进区域和城乡协调均衡发展。期待公共管理与公共政策领域的专家学者和实务部门的领导（管理人员），携手一起关注和深入探究公共资源管理的理论与实践问题，让公共资源在推动高质量发展和实现高品质生活中发挥应有的作用。

黄新华

2021 年 10 月 27 日